Hikeline
Wanderführer

Michael Seiterle

Spessart

Die schönsten Wanderungen in der grünen Lunge im Herzen Deutschlands

VERLAGESTERBAUER

Hikeline®-Wanderführer
Michael Seiterle
Spessart

A-3751 Rodingersdorf, Hauptstr. 31
Tel.: +43/2983/28982-0, Fax: -500
E-Mail: hikeline@esterbauer.com
www.esterbauer.com
2. neu konzipierte Auflage 2022
ISBN: 978-3-85000-982-9
Bitte geben Sie bei jeder Korrespondenz die Auflage und die ISBN an!

Umschlagbild: borisbelenky - stock.adobe.com
Bildnachweis: Archäologisches Spessartprojekt e. V.: S. 31; © celeste clochard - fotolia: S. 218; © crimson - fotolia: S. 148; © Franz Gerhard - fotolia: S. 146; Gde. Mespelbrunn/S. Gregor: S. 183; Holger Leue: S. 75; © Ilhan Balta - fotolia: S. 95; Markus Belz: S. 144; © mojolo - fotolia: S. 122, S. 129; pixabay: S. 20, S. 230; riebevonsehl - stock.aobde.com: S. 22; © Schneider Foto – Fotolia: S. 120; © Scotch - fotolia: S. 35; TI der Stadt Klingenberg a. Main: S. 256; Tourismusverband Liebliches Taubertal, Thomas Weller: S. 220
Michael Seiterle: alle anderen Fotos

Dank an alle, die uns bei der Erstellung dieses Buches tatkräftig unterstützt haben.
Das *Hikeline*-Team: Birgit Albrecht-Walzer, Katharina Amon-Schneider, Beatrix Bauer, Michael Binder, Veronika Bock, Petra Bruckmüller, Roland Esterbauer, Dagmar Güldenpfennig, Martina Kreindl, Ingrid Leidinger, Daniela Lehnerova, Gregor Münch, Mario Nakić, Karin Neichsner, Carmen Paradeiser, Amélie Pommier, Manuel Randa, Petra Schartner, Sonja Schleifer, Christian Thoren, Isabella Tillich, Martin Trippmacher, Carina Winkelhofer, Martin Wischin, Wolfgang Zangerl

Kartografie erstellt mit
(www.axes-systems.com)

Kartenlegende

* in Auswahl

Wanderweg auf Hartbelag
z. B.: befestigter Fußweg • ruhige Anliegerstraße

Wanderweg
breiter oder gut begehbarer Weg
z. B.: Wald- und Forstweg

Wandersteig, Pfad
schmaler Weg/Pfad • Wiesenweg

Klettersteig, Kletterstelle
• schwierige Stelle
• Trittsicherheit erforderlich
• Leiter

Verkehrsreicher Abschnitt
Strecke auf oder direkt an Straße mit starker Verkehrsbelastung

Variante, Alternativstrecke
z. B.: Ausflüge • Abkürzungen • Ein- oder Ausstiege • alternative Hauptroute

Anschlussetappen und weitere Touren

Wanderweg geplant

Wanderweg gesperrt

Tunnelstrecke, Unterführung

Fährverbindung; Lift

Stadt-/Ortsplan

Routenverlauf; Wegpunkt

Gefahrenstelle; Text beachten

Treppe

Tourist-Information

Hotel, Pension; Jugendherberge

Campingplatz; Zeltplatz

Gasthaus

Einkaufsmöglichkeit; Kiosk

Erlach – sehenswerter Ort

Einrichtung im Ort vorhanden

sonstige Sehenswürdigkeit

sehenswerte Kirche; Kapelle

sehenswertes Kloster

sehenswerte Synagoge; Moschee

sehenswerte/s Schloss, Burg

sehenswerte Ruine

sehenswertes Denkmal; Wegkreuz

sehenswerte/s Bergwerk; Höhle

sehenswerter Turm; Leuchtturm

sehenswerte Wassermühle; Windmühle

sehenswertes/r Kraftwerk; Flughafen

Museum

Ausgrabung; Römische Objekte

Tierpark; Natur-Information

Naturpark; sonstige Natursehenswürdigkeit

Aussichtspunkt

Rastplatz; Unterstand

Schutzhütte; Grillplatz

Wanderparkplatz

Brunnen*

Freibad, Badestelle; Hallenbad

Bushaltestelle*

Maßstab 1 : 35.000

1 cm ≙ 350 m 1 km ≙ 2,9 cm

0 1 2 3 km

Vorwort

Der Spessart ist das größte zusammenhängende Laubmischwaldgebiet in Deutschland. Die weiten Blätterozeane, die sanften offenen Hügel des Vorspessarts, die vielen idyllischen Fluss- und Bachtäler und nicht zuletzt der erhabene Main machen diesen Landstrich so vielfältig und abwechslungsreich.

Im Frühjahr verzaubern die Blütenlandschaften der Streuobstwiesen, im Sommer locken die kühl-schattigen Wälder und urige Einkehrmöglichkeiten – teilweise mitten im Wald gelegen. Der Herbst bringt flammende Laubfarbenspiele und saftige Reben an den Spessarträndern. Im Winter stapft man im knirschenden Schnee durch die einsamen Wälder und träumt sich zurück in die Räuberzeiten.

Zu jeder Jahreszeit lohnt der Spessart eine Wanderung. 45 Touren führen durch die schönsten Landschaften des Mittelgebirges: Von verwunschen Pfaden über idyllische Täler bis hin zu spektakulären Aussichtspunkten. Auch kulturelle Höhepunkte wie Fachwerkaltstädte und alte Burganlagen können auf den 45 Touren erwandert werden.

Präzise Karten, genaue Streckenbeschreibungen, zahlreiche Stadt- und Ortspläne sowie Hinweise auf das kulturelle und touristische Angebot der Region – in diesem Buch finden Sie alles, was Sie zu einer Wanderung im Spessart brauchen – außer gutem Wetter, das können wir Ihnen nur wünschen.

Kirche; Kapelle
Kloster
Synagoge; Moschee
Schloss, Burg
Ruine
Denkmal
Wegkreuz
Bergwerk
Höhle
historischer Grenzstein, Römerstein
Grabanlage, Hügelgrab
Turm; Leuchtturm
Wassermühle; Windmühle
Funk-, Sendeanlage
Kraftwerk
Umspannwerk, Trafostation
Windkraftanlage
Sportplatz, Stadion
Golfplatz; Tennisplatz
Flughafen; Landeplatz
Quelle
Kläranlage
Schiffsanleger; Schleuse

Nur in Ortsplänen

Parkplatz
Parkhaus/Tiefgarage
Post*
Apotheke*
Krankenhaus
Feuerwehr
Polizei
Theater*

Wald; Wiese, Weide
Nassfläche, Sumpf, Moor; Heide
Weinbau; Garten
Friedhof; Sand, Düne
Steinbruch, Tagebau; Gletscher
Fels; Schutt
Gebäude; Siedlungsfläche
öffentl. Gebäude; Industriegebiet
See/Staumauer/Fluss
A13 Autobahn
B12 Schnellverkehrsstraße
B236 Fernverkehrsstraße
Hauptstraße
Pass (820 m) untergeordnete Hauptstraße / Pass
550 Nebenstraße / Höhenpunkt
Fahrweg; Weg
Pfad; Fähre
Eisenbahn / Bahnhof; S-Bahnhof
Eisenbahn stillgelegt; Nebenbahn
Straßenbahn / Haltepunkt; Bergbahn
Materialseilbahn; Sessellift
Staatsgrenze / Grenzübergang
Landesgrenze
Kreisgrenze, Bezirksgrenze
Damm
Stadtmauer, Mauer
Kanal
Naturpark, Nationalpark
Truppenübungsplatz, Sperrgebiet
Höhenlinie 100m
Höhenlinie 25m
Kilometerraster
mit UTM-Koordinaten

Inhalt

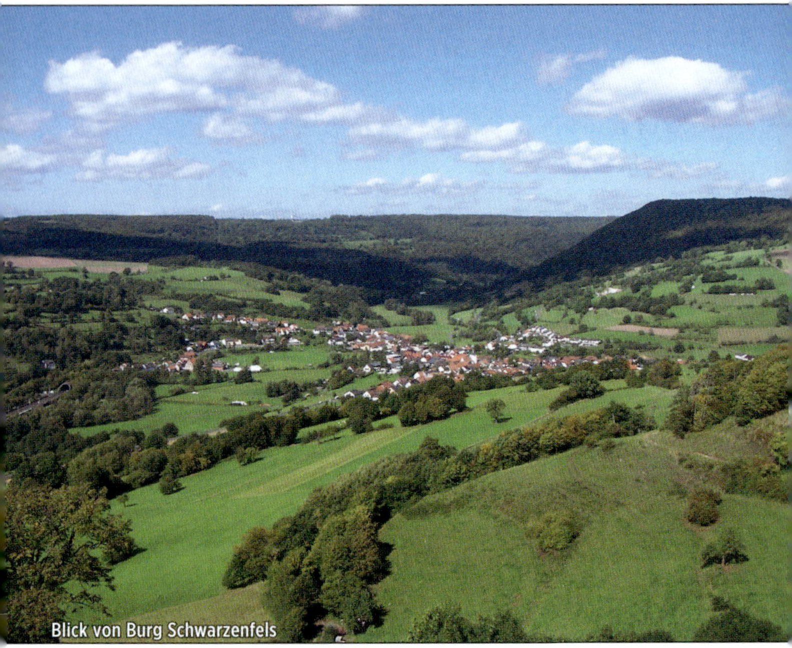

Blick von Burg Schwarzenfels

Der Spessart

Der Spessart ist eine 8.000 Jahre alte Kulturlandschaft. Durch seine Lage im Zentrum Europas war der Spessart schon von je her auch immer Transitland. Das Wandern und Unterwegssein in diesem Landstrich zwischen Frankfurt und Würzburg hat Tradition.

Politisch gesehen war und ist der Spessart geteilt. Strategische Interessen der Erzbischöfe und Kurfürsten von Mainz, der Fürstbischöfe von Würzburg und verschiedener Adelsfamilien wie der Grafen von Rieneck bestimmten das Schicksal und die Siedlungstätigkeit im Mittelalter. Dazu kamen wirtschaftliche Interessen an den Rohstoffen des Spessarts: Holz, Salz, Metalle und Mineralien. So entstanden unter anderem Glashütten, Köhlereien, Ziegeleien oder in der Neuzeit Eisenhämmer, deren Spuren heute noch allgegenwärtig sind. Heute teilen sich die Bundesländer Hessen (1/3) und Bayern (2/3) den Spessart, der eine Gesamtfläche von ca. 2.400 Quadratkilometern aufweist und geographisch klar begrenzt ist: Im Norden durch die Kinzig, im Nordosten durch die Sinn und im Westen, Süden und Osten durch das Mainviereck. Die höchste Erhebung ist der Geiersberg bei Rohrbrunn mit 586 Metern. Auch geologisch gesehen ist der Spessart zweigeteilt: Den geologischen Untergrund des Vorspessart bilden Gneise, Diorite und Glimmerschiefer, der Hochspessart besteht aus Buntsandstein, der mitunter recht steil zum Main hin abfällt. An diesen Hängen reifen auch hervorragende Weine. Rund um Bürgstadt, Großheubach und Klingenberg haben die Rotweine schon zahlreiche internationale Preise gewonnen. Auch in Großostheim und Alzenau im Norden hat der Weinanbau Tradition.

Der Spessart ist geprägt von kleineren Straßenörtchen im Zentrum und größeren Ortschaften entlang des Mains und der Kinzig, allen voran die „Spessart-Hauptstadt“ Aschaffenburg mit ihren gut 70.000 Einwohnern. Viele der Orte an Main und Kinzig bieten romantische Fachwerkaltstädte mit pittoresken Gassen, wie z. B. Miltenberg, Lohr am Main oder Steinau a. d. Straße. Die steilen Spessarthänge waren auch hervorragende strategische Punkte für den Burgenbau. Von der Gemündener Scherenburg über die Burg Rothenfels und die Henneburg bis hin zur Clingenburg reihen sich ein gutes Dutzend wie Perlen über dem Main. Und dort, wo diese fehlen, glänzen prächtige Schlösser, wie das Schloss Johannisburg in Aschaffenburg, das Schloss Steinau oder das berühmte Wasserschloss in Mespelbrunn, das nicht erst seit dem Film „Das Wirtshaus im Spessart“ von 1958 mit Lieselotte Pulver und Carlos Thompson das Wahrzeichen des Spessarts ist.

Dieser Film hat das Image des Spessarts nachhaltig geprägt. Doch der Wanderspessart hat viel mehr zu bieten als Räuberromantik und Mespelbrunn.

Streckenstatistik

Länge der Hauptstrecken: 496 km

Aufstieg: 12.586 m **Abstieg:** 12.718 m

Hartbelag: 33 % **Wanderwege:** 56 % **Wanderpfade:** 11 %

Summe aller Strecken: 511 km

Streckencharakteristik

Länge, Höhenmeter und Etappen

Dieser Band enthält 45 Touren mit insgesamt knapp 500 Kilometern. Sie reichen von kurzen Stadtspaziergängen mit 4 Kilometern über kürzere Wanderungen, die leicht mit Kindern machbar sind, bis hin zu anspruchsvollen Tagestouren von ca. 20 Kilometern Länge und ca. 640 zu bewältigenden Höhenmetern mit anstrengendem Auf und Ab. Bei vielen Touren sind Abkürzungen oder Kombinationen mit anderen Touren möglich. Nahezu jede Tour bietet Einkehrmöglichkeiten und fast alle sind mit öffentlichen Verkehrsmitteln erreichbar. Technisch anspruchsvoll sind die Touren nur sehr selten – sie verlaufen überwiegend auf angenehmen Forstwegen.

Wegweisung

Das Wanderwegenetz des bayerischen Spessarts wurde von 2007 bis 2011 grundlegend überarbeitet und auf den neuesten Stand gebracht. Das Konzept beinhaltet verschiedene Wegearten:

• Gemeindewege (markiert durch den Anfangsbuchstaben der Gemeinde und eine Zahl in schwarz)

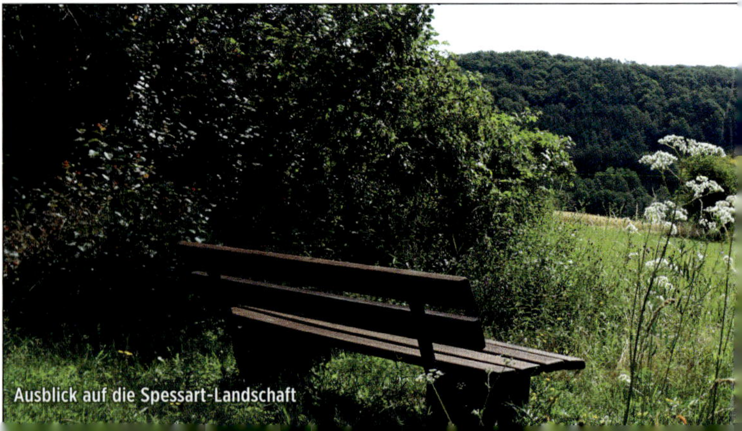

Ausblick auf die Spessart-Landschaft

• Naturparkrundwege (markiert durch schwarze oder rote Tierzeichen)
• Europäische Kulturrundwege des archäologischen Spessartprojekts (markiert durch das gelbe EU-Schiffchen auf blauem Grund), s. S. 30
• Spessartbund-Wege (markiert durch rote Symbole)
• Spezielle Themenwege, z. B. die drei Spessartwege, der Eselsweg und die Birkenhainer Straße

An Kreuzungspunkten von Wegen befinden sich einheitliche Wegweiser, die jeweils ein Fern- und ein Nahziel mit Entfernung angeben und darüber hinaus auf Einkehr- und Übernachtungsmöglichkeiten sowie den ÖPNV verweisen. Insgesamt gibt es somit über 800 Wegweiserstandorte im bayerischen Spessart.

Außerdem gibt es an über 100 Standorten (meist Wanderparkplätze) einheitlich gestaltete Wanderinformationstafeln des Naturparks Spessart, die Wandertourenvorschläge darstellen und über vorherrschende natürliche Besonderheiten informieren.

Wegweisungsstandorte und Wanderinformationstafeln sind in den 1:25.000-Karten zusätzlich eingezeichnet. Die Karten gibt es bei diversen Tourist-Informationen, beim Spessartbund und beim Naturpark Spessart.

Informationstafeln des Archäologischen Spessartprojekts stellen die Sehenswürdigkeiten und Besonderheiten aus Geschichte, Geologie, Kultur etc. dar und finden sich im gesamten Spessart entlang der Wanderwege.

Auf hessischer Seite wurde in den letzten Jahren ein dreistufiges Konzept von Wanderwegen geschaffen. Allen voran steht der Fernwanderweg Spessartbogen, der auf etwa 90 Kilometern den Nordspessart durchquert und als Premiumweg mit dem Deutschen Wandersiegel ausgezeichnet wurde.

Darüber hinaus gibt es die „Spessartfährten“. Dabei handelt es sich um sieben ausgezeichnete Halbtagestouren mit einer Länge zwischen 7 und 16 Ki-

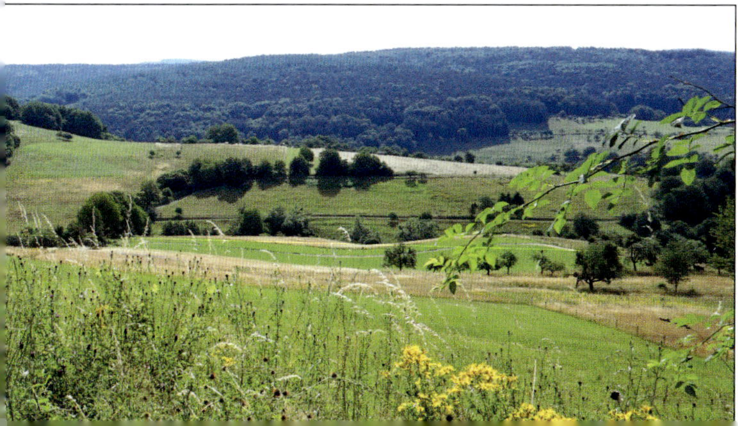

lometern. Jüngste Mitglieder der Familie sind die „Spessartspuren" – kurze Rundwanderungen, die zum Spazieren und Natur-Entdecken einladen.

Tourenplanung

Infostellen

Tourismusverband Spessart-Mainland, Industriering 7, 63838 Großwallstadt, ✆ 06022/261020, www.spessart-mainland.de

Der Tourismusverband Spessart-Mainland ist zuständig für die touristische Information des gesamten Spessarts. Auf der Webseite gibt es auch ein **interaktives Tourenportal** zur individuellen Tourenplanung. Dieses ermöglicht eine Tourensuche nach den persönlichen Wünschen. Es bietet zoombare Karten, GPS-Daten, Informationen über Gastgeber und Einkehrmöglichkeiten am Weg, pdfs zum Herunterladen und Bildmaterial.

Spessartbund e. V., Treibgasse 3, 63739 Aschaffenburg, ✆ 06021/15224, www.spessartbund.de

Der regionale Wanderverein Spessartbund bietet spezielle Informationen zum Wandern im gesamten Spessart.

Naturpark Spessart, Frankfurter Str. 4, 97737 Gemünden am Main, ✆ 09351/603446, info@naturpark-spessart.de, www.naturpark-spessart.de

Zweckverband Naturpark Hessischer Spessart, Georg-Hartmann-Str. 5, 63637 Jossgrund, ✆ 06059/906783, www.naturpark-hessischer-spessart.de

An- und Abreise mit der Bahn

Infostellen

Deutsche Bahn AG, Reise-Service: ✆ 030/2970, Mo-So 0-24 Uhr, Auskünfte über Fahrpreise und Fahrpläne, Informationen über die Serviceleistungen der Deutschen Bahn, www.bahn.de, www.bahn.de/bahnundbike

Ein ICE-Halt in der Region ist in Aschaffenburg und Hanau gewährleistet. Ansonsten gibt es Bahnverbindungen entlang des Mains zwischen Hanau und Wertheim, entlang der Kahl zwischen Hanau und Schöllkrippen, im Sinntal von Gemünden bis nach Schlüchtern, entlang der Kinzig zwischen Hanau und Fulda sowie über den Spessart von Aschaffenburg nach Lohr und Gemünden.

An- und Abreise mit dem Auto

Der Spessart liegt zentral in Deutschland und Europa. Die Autobahn A 3 Frankfurt–Würzburg führt direkt durch ihn hindurch. Am nördlichen Rand verläuft die A 66 von Frankfurt nach Fulda, im Osten die A 7 von Fulda nach Würzburg. Der Westrand des Spessarts ist durch die meist vierspurige B 469 erschlossen.

Mit Bus und Bahn im Spessart unterwegs

Neben den zahlreichen Bahnverbindungen sind fast alle Ziele im Spessart mit Bussen erreichbar. Bei einigen Strecken gibt es jedoch am Wochenende gar keine oder nur wenige Verbindungen. Manchmal (besonders im Landkreis Main-Spessart im östlichen Spessart) muss man vorab einen Rufbus organisieren. Die Nahverkehrsorganisationen im Spessart sind:

Verkehrsgemeinschaft am Bayerischen Untermain, Ludwigstr. 8, 63739 Aschaffenburg, ✆ 06021/1506666, www.vab-info.de (für Stadt und Landkreis Aschaffenburg und Landkreis Miltenberg)

Mobilitätszentrale Main-Spessart/Verkehrsverbund Mainfranken, Marktplatz 8, 97753 Karlstadt, ✆ 0931/36886886, www.vvm-info.de (für den Landkreis Main-Spessart)

KVG Main-Kinzig GmbH, Nürnberger Str. 41, 63450 Hanau, ✆ 06181/9192192, www.kvg-main-kinzig.de (Main-Kinzig-Kreis)

Mit dem Schiff auf dem Main unterwegs

In den Sommermonaten besteht die Möglichkeit, Dampferausflugsfahrten auf dem Main zu unternehmen. Möglich ist dies in Lohr (**Schiffstouristik Faßnacht**, ✆ 0171/8151059, www.maintal-bummler.de) oder in Miltenberg und Wertheim (**Reederei Hennenberger**, ✆ 09371/3330, www.reederei-henneberger.info). Die Primus Linie verkehrt zwischen Seligenstadt und Aschaffenburg (**Primus-Linie**, ✆ 069/1338370, www.primus-linie.de).

Beste Reisezeit

Außer in schneereichen Wintern, die selten geworden sind, kann der Spessart zu jeder Jahreszeit erwandert werden. Als größtes zusammenhängendes Laubmischwaldgebiet Deutschlands ist der Spessart besonders im Herbst sehr sehenswert, da dann das Blättermeer im Stile des „Indian Summer“ in unzähligen Farben, von strahlend-hellem Gelb über flammendes Rot bis hin zum erdig-waldigen Braun leuchtet.

Übernachtung

Der Spessart bietet die ganze Bandbreite an Übernachtungsmöglichkeiten, von Camping- und Wohnmobilstellplätzen über Pensionen und Privatzimmer bis hin zu Ferienwohnungen und Hotels. Die genannten Informationsstellen verschicken auf Anfrage kostenlose Gastgeberverzeichnisse. Viele Unterkünfte im Spessart und Mainviereck sind auch online buchbar auf der zentralen Plattform www.spessart-mainland.de/onlinebuchen.

An Wochenenden im Sommer kann es entlang des Mains aufgrund des beliebten Mainradwegs knapp werden. Im Herbst ist der Hochspessart sehr beliebt, sodass sich hier eine frühzeitige Reservierung empfiehlt.

Ein ganz besonderes Übernachtungserlebnis sind die beiden Baumhaushotels im Spessart. Sowohl in Mönchberg als auch in Gräfendorf hat man die Möglichkeit, mitten in den Baumwipfeln zu schlafen.
Zurück zur Natur ist das Motto der neuen Trekking-Zeltplätze im Spessart. An insgesamt vier Stellen können Wanderer hier nach Vorbuchung ihr Zelt aufstellen, Infos unter www.trekkingspessart.de.

Bekleidung, Ausrüstung

Für eine gelungene Wanderung ist die Ausrüstung ein wichtiger Faktor. Der Markt für Outdoorbekleidung ist mittlerweile unübersehbar, deswegen hier nur einige Grundregeln:
Der wichtigste Ausrüstungsgegenstand sind Schuhe mit Profilsohle. Die Passform sollte man vor einer längeren Unternehmung unbedingt auf kürzeren Touren überprüfen!
Für die Kleidung gilt das „Zwiebelprinzip“: Mehrere Schichten erfüllen verschiedene Funktionen und lassen sich separat tragen und vielfältig kombinieren. Die unterste Schicht soll Schweiß vom Körper weg führen, darüber folgen bei Bedarf eine wärmende Schicht und zuletzt die äußerste Hülle, die Wind und Regen abhalten, trotzdem aber dampfdurchlässig sein soll.
Als Materialien kommen entweder Kunstfasern – leicht, wenig Feuchtigkeitsaufnahme, leider manchmal starke Geruchsbildung – oder hochwertige Wolle – etwas schwerer, wärmt aber auch im nassen Zustand und nimmt kaum Geruch an – in Frage. Baumwolle ist für anspruchsvolle Touren weniger geeignet, denn sie nimmt viel Feuchtigkeit auf und braucht sehr lange zum Trocknen.
Für Tagestouren benötigt man einen Regenschutz, eine Trinkflasche, Sonnenschutz, ein kleines Erste-Hilfe-Set und etwas Verpflegung für unterwegs. All das sollte in einem Rucksack von maximal 35 Litern Volumen Platz finden. Vor allem untrainierte Menschen sollten darauf achten, sich nicht zu viel Gepäck zuzumuten, denn die zusätzliche Belastung durch das Tragen kann eine schöne Wanderung schnell zur Quälerei werden lassen.

Wanderreiseveranstalter und Gepäcktransport

TS Touristik Service, Ruhlandstraße 5, 63741 Aschaffenburg, ✆ 06021/4489744, www.ts-touristikservice.de

Zu diesem Buch

Dieser ***Hikeline*-Wanderführer** enthält alle Informationen, die Sie für Ihre Wanderung benötigen: exakte Karten, eine detaillierte Wegbeschreibung und die wichtigsten Informationen zu touristischen Attraktionen und Sehenswürdigkeiten.

Und das alles mit der ***Hikeline*-Garantie**: Die Routen in diesem Buch sind von unserem Autor vor Ort geprüft worden. Um höchste Aktualität zu gewährleisten, nehmen wir nach der Erhebung Korrekturen von Lesern bzw. offiziellen Stellen bis Redaktionsschluss entgegen, die dann jedoch teilweise nicht mehr an Ort und Stelle verifiziert werden können.

Konzept

Am Beginn jeder Tour finden Sie grundlegende Informationen wie Start- und Zielort, die Länge, die zu bewältigenden Höhenmeter im Auf- und Abstieg, die Gesamtschwierigkeit, die durchschnittliche Wegzeit in normalem Gehtempo, ein Höhenprofil und die Anteile an Asphaltwegen, Wanderwegen und -pfaden sowie eine kurze Charakteristik der Tour. Die Gehzeiten und die Gesamtschwierigkeit werden bei allen Touren nach einem einheitlichen Prinzip ermittelt, somit sind Abweichungen von der Beschilderung vor Ort – bei der z. B. die Gehzeit oft von Gemeinde zu Gemeinde unterschiedlich berechnet wird – möglich.

Gesamtschwierigkeit der Tour

Leicht

Angenehme Familienwanderung, insgesamt nur geringe Höhenunterschiede und keine starken Steigungen und Gefälle, wenige kurze steilere Abschnitte sind aber möglich. Die Tour verläuft meist auf breiten und gefahrlos zu begehenden Wegen, sie kann (fast) bei jeder Witterung begangen werden. Die Wanderung stellt keine großen Anforderungen an Ausrüstung, Erfahrung und Kondition.

Mittel

Die Wanderung erfordert normale Kondition und etwas Ausdauer. Längere Steilabschnitte und schmale, steinige Pfade oder schwierig zu begehende Bereiche sind möglich, Trittsicherheit ist teilweise erforderlich. Die Wege können witterungsbedingt schwieriger begehbar und rutschig sein.

Schwer

Schwer: Schwere Touren mit großen Anforderungen an Kondition, Erfahrung und Orientierung kommen im Spessart nicht vor.

Karten

Eine Übersicht über die geografische Lage der Touren gibt Ihnen die Übersichtskarte auf der vorderen inneren Umschlagseite.
Die Detailkarten sind im Maßstab 1:35.000 erstellt. Dies bedeutet, dass 1 Zentimeter auf der Karte einer Strecke von 350 Metern in der Natur entspricht. Zusätzlich zum genauen Routenverlauf informieren die Karten auch über die Beschaffenheit des Bodenbelags bzw. über die Art des Weges sowie über kulturelle und gastronomische Einrichtungen entlang der Strecke. Die Höhenlinien haben einen Abstand von 25 Metern.
Allerdings können selbst die genauesten Karten den Blick auf die Wegbeschreibung nicht ersetzen. Stellen mit schwieriger Wegfindung werden in der Karte mit dem Symbol ⚠ gekennzeichnet, im Text finden Sie das gleiche Zeichen zur Markierung der betreffenden Stelle wieder, manchmal ergänzt durch ein Foto.
Die beschriebene Haupttour wird immer in Blau, Varianten oder Abstecher werden in Grün dargestellt. Die genaue Bedeutung der einzelnen Symbole wird in der Zeichenerklärung auf den Seiten 4 und 5 erläutert.

Textteil

Der Textteil besteht im Wesentlichen aus der genauen Routenbeschreibung. Stichwortartige Streckeninformationen werden von dem Zeichen ⤳ begleitet. Manche besonders markante oder wichtige Punkte auf der Strecke sind als Wegpunkte **1**, **2**, **3**, ... durchnummeriert und – zur besseren Orientierung – mit dem selben Symbol in den Karten und im Höhenprofil wieder zu finden. Die Kilometerangaben, im Text hochgestellt, zeigen Ihnen die schon zurückgelegte Strecke seit dem Tourenstart an, sie sind auf hundert Meter gerundet. In Klammern finden Sie die Höhe des betreffenden Punktes. Der Wegpunkt **5** 9,5 (255) ist also 9,5 Kilometer vom Ausgangspunkt der Tour entfernt und liegt auf einer Höhe von 255 Metern.
Ferner sind alle wichtigen **Orte** zur besseren Orientierung aus dem Text hervorgehoben. Die Symbole Ortsanfang und Ortsende kennzeichnen ein größeres, geschlossenes Siedlungsgebiet. Gibt es interessante Sehenswürdigkeiten in einem Ort, so finden Sie unter dem Ortsbalken die jeweiligen Adressen, Telefonnummern und Öffnungszeiten.

Die Beschreibung der einzelnen Orte sowie historisch, kulturell oder naturkundlich interessanter Gegebenheiten entlang der Route tragen zu einem abgerundeten Reiseerlebnis bei. Diese Textblöcke sind kursiv gesetzt und unterscheiden sich dadurch auch optisch von der Streckenbeschreibung.

Absätze in grüner Farbe behandeln Varianten und Ausflüge.

TIPP Textabschnitte in Blau heben Stellen hervor, an denen Sie auf den weiteren Wegeverlauf und auf mögliche Varianten hingewiesen werden. Sie geben auch Empfehlungen und Erläuterungen zu Sehenswürdigkeiten oder Freizeitaktivitäten etwas abseits der Route.

Öffnungszeiten – Kategorien

- Öffnungszeiten
- frei zugänglich
- täglich
- häufig (5-6 Tage/Wo.)
- durchschnittlich (3-4 Tage/Wo.)
- selten (bis 2 Tage/Wo.)
- nach tel. Anfrage

Diese Angaben gelten während der Wandersaison und dienen als Orientierungshilfe. Die tagesaktuellen Öffnungszeiten finden Sie über den Weblink.

Weblink

Im Ortsdatenblock bei dem jeweiligen touristischen Eintrag befindet sich nach dem @ Symbol eine sechsstellige Zahlen- und Buchstabenkombination *(z. B. @ abc123)*. Die Eingabe dieser Weblink-ID auf unserer Internetseite www.esterbauer.com leitet Sie direkt auf die entsprechende Webseite weiter und ersetzt somit die mühsame Eingabe ellenlanger Webadressen.

GPS-Gitter in den Karten

Das Gebiet dieser Karten liegt in der Zone 32 und hat den Bezugsmeridian 9 Grad Ost. Um zu navigieren, ist der GPS-Empfänger auf WGS 84 (World Geodetic System 1984) und UTM-Projektion einzustellen. Die Koordinaten (East und North) sind in der Karte in Kilometern, auf dem GPS-Empfänger in Metern angegeben. Für die GPS-Navigation ist auf den Karten ein grau gepunktetes Gitter mit einer Maschenweite von 1 Kilometer vorhanden. Da einige Karteninhalte hervorgehoben oder generalisiert dargestellt werden, ist eine absolute Lagegenauigkeit nicht immer garantiert.

Den Link zu den aktuellen GPS-Tracks finden Sie auf der vorderen Umschlagseite.

Aschaffenburg

Vorwahl: 06021

Tourist-Information, Schlosspl. 2, ✆ 395800, @ pue123

Christian Schad Museum, Pfaffeng. 26, ✆ 386740, Die Eröffnung ist im Jahr 2022 geplant. Christian Schad gilt als einer der bedeutendsten Künstler der Moderne und war in den 1920er Jahren Leitfigur der Neuen Sachlichkeit. Das neu gestaltete und architektonisch spannende Museum zeigt auf 3 Stockwerken eine weltweit einzigartige Sammlung seiner Werke, die alle Schaffensperioden dieses Meisters der Neuen Sachlichkeit beleuchtet. @ vmj153

Schlossmuseum, Schlosspl. 4, Schloss Johannisburg, ✆ 38674-0 Kunstwerke und historische Zeugnisse aus 6 Jahrhunderten werden auf einer Fläche von 1400 m^2 präsentiert. Die Schwerpunkte sind Stadtgeschichte, Kunsthandwerk, Malerei und Skulptur sowie Aschaffenburger Künstler der Gegenwart. @ qxj251

Stiftsmuseum, Stiftspl. 1a, ✆ 386740, ✆ 395800 . Funde aus vorgeschichtlicher, römischer und mittelalterlicher Zeit. Das Museum beherbergt den beeindruckenden Stiftsschatz sowie den Magdalenenaltar von Lucas Cranach. @ kyi236

Naturwissenschaftliches Museum, Wermbachstr. 15, Schönborner Hof, ✆ 38674-0 Entomologische, ornithologische, botanische und mineralogische Bestände im ehemaligen Stadtpalais der Grafen von Schönborn. @ bqk334

Stiftsbasilika St. Peter und Alexander, Stiftsg. 5, ✆ 22420 Älteste Kirche der Stadt aus dem 10. Jh., ottonisches Kruzifix, „Beweinung Christi“ von Matthias Grünewald, romanischer Kreuzgang.

Schloss Johannisburg, Schlosspl. 4, ✆ 386570 Das Renaissance-Schloss wurde 1605-1614 als Zweitresidenz der Mainzer Erzbischöfe erbaut, Bauherr war Erzbischof Johann Schweickard von Kronberg, Baumeister Georg Ridinger. Der

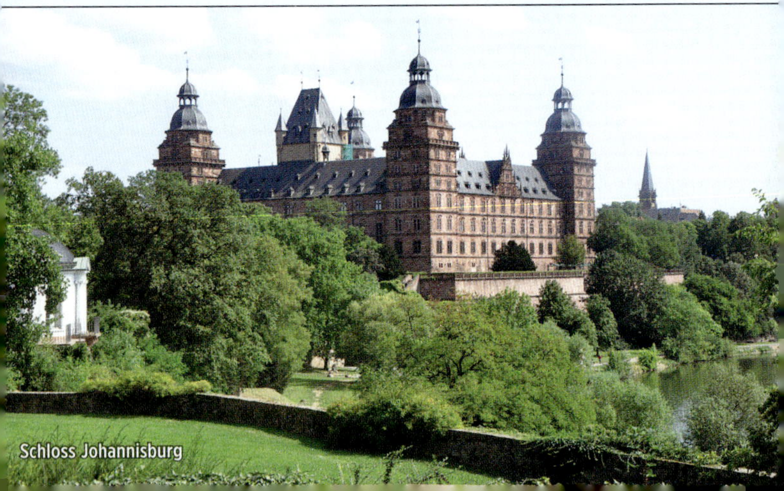
Schloss Johannisburg

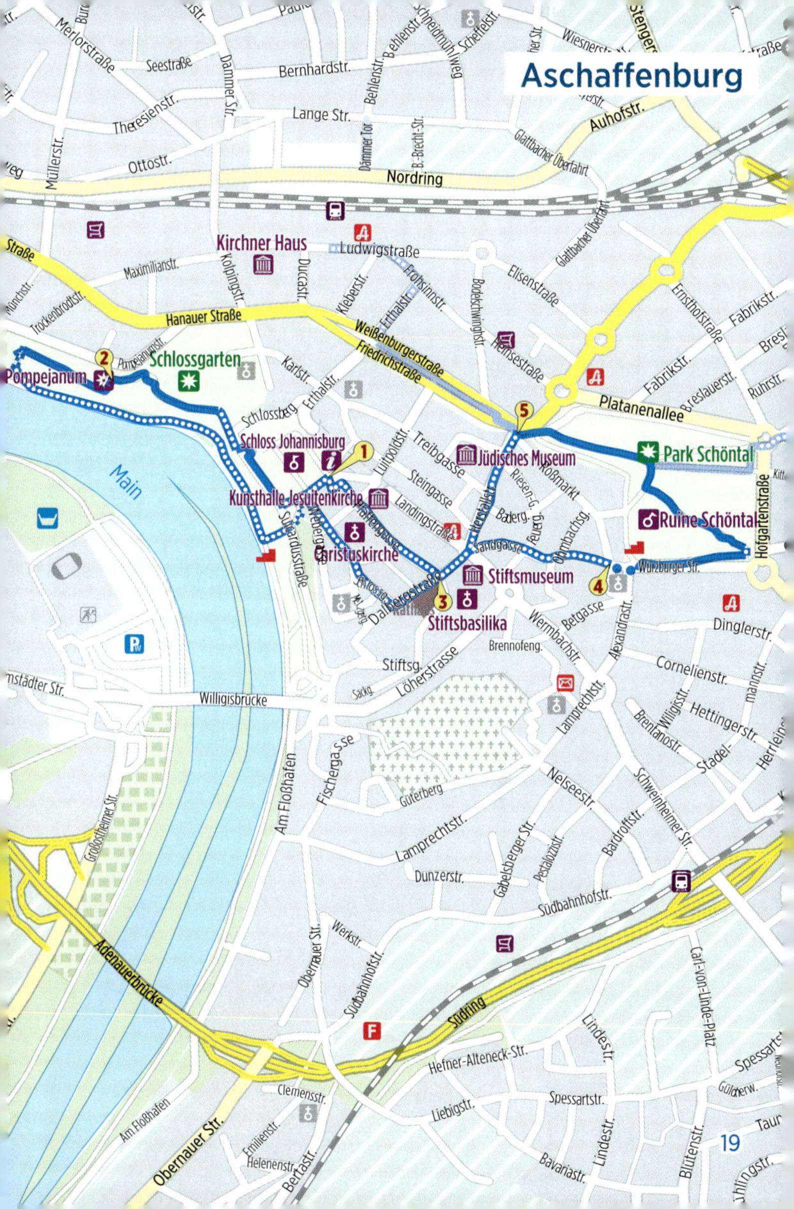

Aschaffenburg
Kirchner Haus
Schlossgarten
Pompejanum
Schloss Johannisburg
Kunsthalle Jesuitenkirche
Christuskirche
Jüdisches Museum
Park Schöntal
Ruine Schöntal
Stiftsmuseum
Stiftsbasilika
Rathaus
Main
1
2
3
4
5
Merlorstraße
Seestraße
Dammer Str.
Bernhardstr.
Behlenstr.
Scheidmühlweg
Scheffelstr.
Wiesnerstr.
Theresienstr.
Lange Str.
Dämmer Tor
B.-Brecht-Str.
Auhofstr.
Glattbacher Überfahrt
Müllerstr.
Ottostr.
Nordring
Ludwigstraße
Maximilianstr.
Kolpingstr.
Ducastr.
Kleberstr.
Frohsinnstr.
Erthalstr.
Elisenstraße
Bodelschwinghstr.
Ernsthofstraße
Fabrikstr.
Trockenbrodtstr.
Hanauer Straße
Weißenburgerstraße
Friedrichstraße
Heinsestraße
Karlstr.
Pompejanumstr.
Platanenallee
Breslauerstr.
Ruhrstr.
Schlossberg
Luitpoldstr.
Treibgasse
Steingasse
Landingstraße
Riesen-G.
Roßmarkt
Herstallstr.
Badergasse
Sandgasse
Dalbergstraße
Suicardusstraße
Pfaffengasse
Würzburger Str.
Hofgartenstraße
Betgasse
Wermbachstr.
Alexandrastr.
Brennofeng.
Dinglerstr.
Cornelienstr.
Stiftsg.
Löherstrasse
Willigisbrücke
Lamprechtstr.
Hettingerstr.
Brentanostr.
Willigisstr.
Stadel-
Fischergasse
Güterberg
Nelseestr.
Schweinheimer Str.
Am Floßhafen
Großostheimer Str.
Gabelsberger Str.
Pestalozzistr.
Bardroffstr.
Dunzerstr.
Südbahnhofstr.
Adenauerbrücke
Werkstr.
Obernauer Str.
Südring
Carl-von-Linde-Platz
Lindestr.
Hefner-Alteneck-Str.
Clemensstr.
Liebigstr.
Spessartstr.
Emilienstr.
Helenenstr.
Bertastr.
Bavariastr.
Blütenstr.

Bergfried ist als einziger Rest des Vorgängerbaus einbezogen. Das Schloss beherbergt die größte Staatsgemäldesammlung außerhalb Münchens und eine beeindruckende Korkmodellsammlung. Es sind u. a. Gemälde von Schad, Kirchner und Cranach ausgestellt. Im nordöstlichen Turm befindet sich ein Carillon mit 48 Bronzeglocken, das täglich 3 Mal (jeweils fünf nach 9, 12 und 17 Uhr) zu hören ist. @ fjd258

6 **Schloss und Park Schönbusch**, Kleine Schönbuschallee 1, ☎ 625478 Klassizistisches Sommerschloss in einem der ältesten deutschen Landschaftsgärten im englischen Gartenstil. @ kme455

Pompejanum, Pompejanumstr. 5, ☎ 218012 Idealrekonstruktion des Hauses von Castor und Pollux in Pompeji, initiiert von König Ludwig I. von Bayern. @ aup618

Stadtführungen, Luitpoldstr. 2, ☎ 3868866, ☎ 395800. Das Führungsnetz Aschaffenburg bietet eine Vielzahl an Stadtführungen für Gruppen und Einzelpersonen. @ xqk133

Aschaffenburg ist mit seinen gut 70.000 Einwohnern die „Hauptstadt" des Spessarts. Die Stadt blickt auf eine 1.000-jährige Geschichte zurück: Im 10. Jahrhundert wurde das Benediktinerkloster in das Stift St. Peter und Alexander umgewandelt und erstmals urkundlich erwähnt. Bis 1803 war Aschaffenburg Zweitresidenz der Kurfürsten von Mainz. Für kurze Zeit folgte die Eigenständigkeit als Sitz des Fürstentums Aschaffenburg, bevor die Stadt dann 1816 königlich-bayerische Kreisstadt wurde und auch heute noch zu Bayern zählt. König Ludwig I. nannte Aschaffenburg wegen seines milden Klimas und der Mainansicht schon vor über 150 Jahren liebevoll sein ‚Bayerisches Nizza'.
Heute ist Aschaffenburg kreisfreie Kulturstadt und mit einem umfangreichen Veranstaltungs- und Museumsangebot, der Hochschule und der günstigen Verkehrslage mit ICE-Halt das Zentrum des bayerischen Untermains.

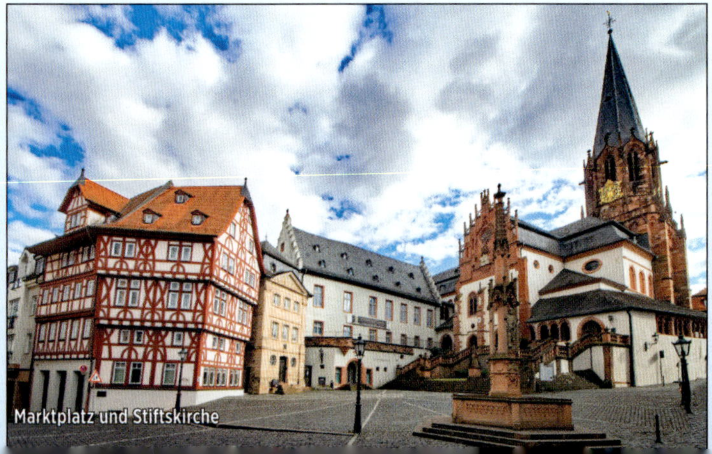

Marktplatz und Stiftskirche

Tour 1 4 km

Aschaffenburger City-Tour

Start/Ziel: Aschaffenburg, Schlossplatz

Aufstieg:	40 m	*Hartbelag:*	61 %
Abstieg:	40 m	*Wanderwege:*	36 %
Gehzeit:	1 Std.	*Wanderpfade:*	3 %

Charakteristik: Die 1.000 Jahre alte Kulturstadt Aschaffenburg ist das Tor zum Spessart. Sie wurde schon von König Ludwig I. liebevoll als bayerisches Nizza bezeichnet. Diese Tour zeigt die wichtigsten Sehenswürdigkeiten Aschaffenburgs: Vom beeindruckenden Schloss Johannisburg führt der Weg mit tollen Blicken auf das Maintal zum Pompejanum, der Nachbildung einer römischen Villa. Über die Mainanlagen geht es zurück zur Altstadt und über den Theaterplatz zum Stiftsplatz mit der Stiftsbasilika. Ein Schlenker bringt Sie zur Sandkirche und zum Park Schöntal, bevor es durch die Fußgängerzone „Herschelgass" und die Pfaffengasse zurück zum Schloss geht.

Markierung: Piktogramm „den Süden entdecken" (gelb).

Anreise Auto: A 3, Ausfahrt Aschaffenburg West. Über die B 8 auf die Hanauer Straße in Aschaffenburg. Diese geht in die Friedrichstraße über. Rechts in die

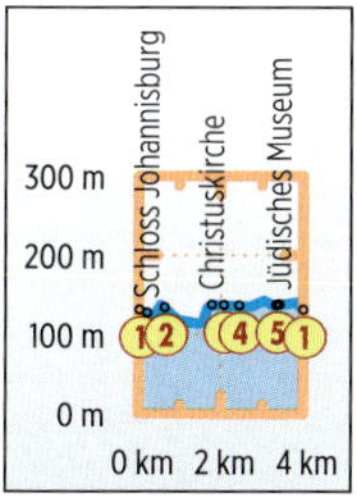

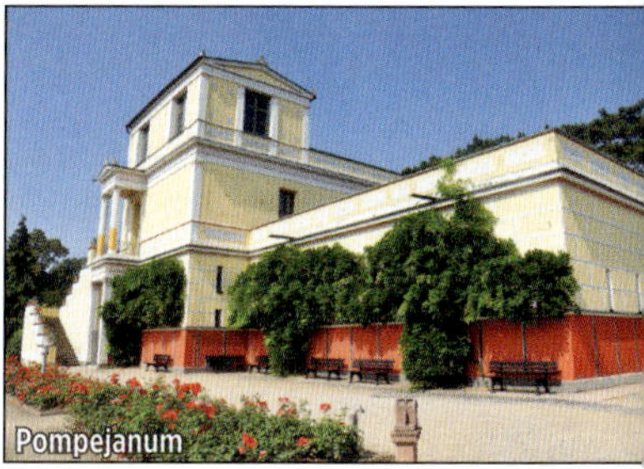
Pompejanum

Luitpoldstraße und die erste rechts in die Treibgasse zum Eingang der Tiefgarage Stadthalle.

Anreise ÖPNV: Vom Hauptbahnhof in die Frohsinnstraße. Die erste rechts in die Erthalstraße. Die große Doppelstraße kreuzen und links, über den Agathaplatz und in die Strickergasse zum Schlossplatz.

Aschaffenburg s. S. 18

1 0,0 (132) Von der Tourist-Information über den **Schlossplatz** in Richtung Schloss ~ durch das Tor die Treppe hinunter zur **Schlossterrasse** ~ nach der Treppe rechts über den Kiesweg entlang der Schlossmauer ~ am

Ende die Treppe hinunter ⇝ nach der ersten Treppe links über die weiteren Stufen bergab ⇝ an der Gabelung im Park halb links in den Kiesweg ⇝ nach dem **Frühstückstempel** geradeaus über das Holzbohlenbrückchen ⇝ an der Einmündung nach der Brücke links.

2 0,6 (135) Links am **Pompejanum** vorbei zur **St.-Germain-Terrasse** ⇝ am Ende der Terrasse links über die Treppe hinunter ⇝ nach dem Weinberg links in Richtung Main ⇝ links über den Radweg am Mainufer entlang, durch den Park zurück in Richtung Stadt ⇝ am Denkmal zur Städtepartnerschaft mit Perth links die Treppe hoch ⇝ geradeaus über den Parkplatz ⇝ über die Treppe hinauf zum Schloss in Richtung Altstadt, oben rechts in die gepflasterte **Schlossgasse** ⇝ an der Gabelung vor der Kirche links halten, über das Pflaster zum **Theaterplatz**.

Pfarrkirche Zu Unser Lieben Frau. Barockfassade, beeindruckendes Deckengemälde und romanisch-gotischer Turm aus dem 13. Jh.

Das **Theater** wurde 1811 im klassizistischen Stil gebaut und 2011 vollständig renoviert.

Sonnenuhr von Christian Tobin. Die fast 6 m hohe Sonnenuhr zeigt bei Tag und bei Nacht die Zeit.

Den Theaterplatz queren und an dessen Ende links in die **Dalbergstraße** ⇝ zum **Stiftsplatz** mit **Stiftskirche** und **Stiftmuseum**.

3 2,1 (138) Am Stiftsplatz vorbei auf der **Dalbergstraße** weiter geradeaus bergab ⇝ die Landingstraße an der Ampel kreuzen ⇝ halb rechts hoch in die Fußgängerzone **Sandgasse**.

Sandkirche (1756/57), sehenswerte Innenausstattung im Rokokostil

4 2,4 (137) Links an der Sandkirche vorbei ⇝ auf der linken Straßenseite die Treppenstufen geradeaus hoch ⇝ am Ende der Treppe geradeaus in den Kiesweg durch den Magnolienhain ⇝ an der Einmündung links ⇝ am Brunnen wieder links ⇝ an der Gabelung halb rechts ⇝ an der Kreuzung geradeaus ⇝ an der Gabelung rechts ⇝ an der Einmündung rechts ⇝ den See mit der **Schöntalruine** umrunden.

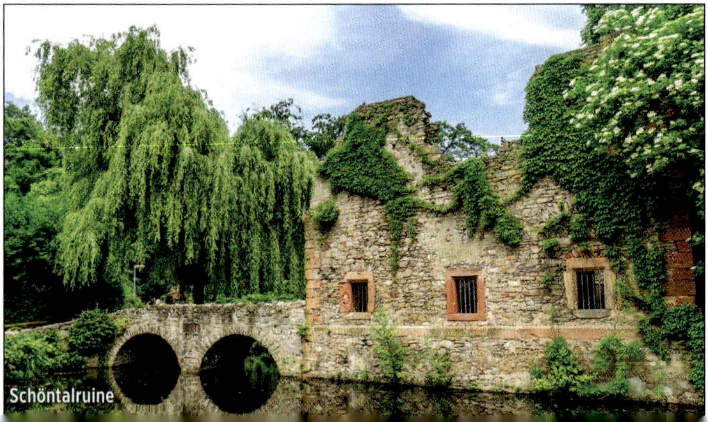
Schöntalruine

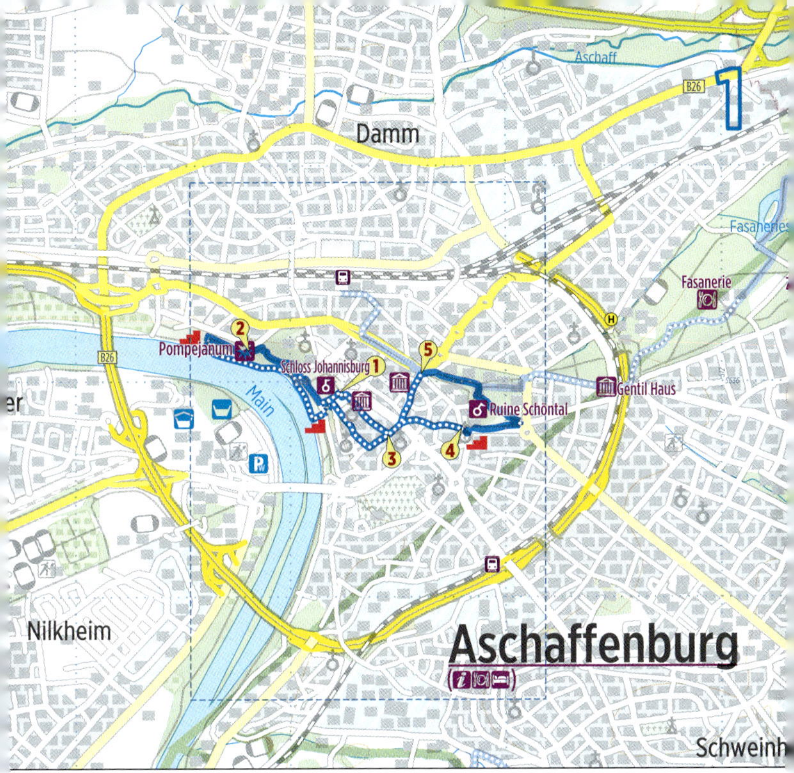

Die **Schöntalruine** ist die Ruine der 1552 niedergebrannten „Kirche zum Heiligen Grabe“. Sie wurde im 18. Jh. in den englischen Landschaftsgarten Schöntal integriert.

An der Kreuzung links ⤳ an der Einmündung in den Asphaltweg links.

5 3,3 (138) Am **Herstallturm** geradeaus in die Fußgängerzone **Herstallstraße** ⤳ die Landingstraße an der Fußgängerampel queren ⤳ geradeaus bergauf in die **Dalbergstraße**.

3 3,6 (138) Vom **Stiftsplatz** rechts in die **Pfaffengasse**.

Kunsthalle Jesuitenkirche (1621), Pfaffeng. 26, ✆ 38674-500 Wechselnde Ausstellungen zur Kunst der klassischen Moderne und Gegenwartskunst. @ kjv868

Über die Treppe hinunter und über den Schlossplatz.

1 4,0 (132) Die Tour endet wieder vor der Tourist-Information.

TIPP: Jeweils mittwochs und samstags findet vor der malerischen Kulisse des Schlosses vormittags der Wochenmarkt statt.

Aschaffenburg

Tour 2 7 km

Schweinheimer Passion

Start/Ziel: Schweinheim, Kirche Maria Geburt

Aufstieg: 133 m *Hartbelag:* 41 %

Abstieg: 133 m *Wanderwege:* 52 %

Gehzeit: 1,5 Std. *Wanderpfade:* 7 %

Charakteristik: Der Europäische Kulturrundweg „Schweinheimer Passion" führt im südlichen Aschaffenburg rund um den Erbig mit weiten Ausblicken auf Spessart, Maintal und Odenwald. Höhepunkt sind die drei Kreuze, einst Spielort der Passionsfestspiele in Schweinheim, mit tollem Blick auf die Stadt und Schloss Johannisburg.

Markierung: Durchgängig gelbes EU-Schiffchen auf blauem Grund.

Anreise Auto: Den Aschaffenburger Stadtring in Richtung Schweinheim verlassen. Der Schweinheimer Straße für ca. 1,5 Kilometer folgen, bis diese in die Marienstraße übergeht. Nach wenigen Metern ist die Ortsmitte erreicht.

Anreise ÖPNV: Mit der Aschaffenburger Stadtbuslinie 4 zur Haltestelle „An den Bornwiesen". Von dort sind es wenige Meter zur Ortsmitte.

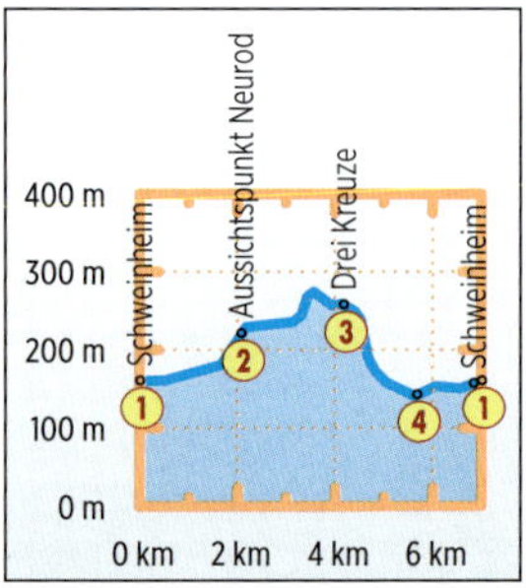

Schweinheim (Aschaffenburg)

Vorwahl: 06021

Tourist-Information, Schlosspl. 2, Aschaffenburg, ✆ 395800, @ pue123

1 0,0 (161) Vom Eingang der Kirche in Richtung Süden ⤳ der **Marienstraße** folgen ⤳ an der Gabelung links halten in die **Hirtenecke**.

Eiscafé San Marco, Marienstr. 30, ✆ 06021/4535395, @ ulw513

Die Hensbachstraße queren ⤳ kurz links und dann rechts in die **Bahmersgasse** ⤳ den Platz queren und rechts in die **Sodener Straße** ⤳ rechts in die Straße **An den Rosengärten** ⤳ nach dem Bach die Straße überqueren und links in den **Hinkelspfad** ⤳ an der Kreuzung rechts in die Straße **Am Herbigsbach** ⤳ die Straße queren und links auf dem Bürgersteig in die **Ebersbacher Straße** ⤳ am Bürgersteigende rechts in den Schotterweg ⤳ am Waldrand links bergauf ⤳ ⚠ den rechtsabbiegenden Hauptkiesweg,

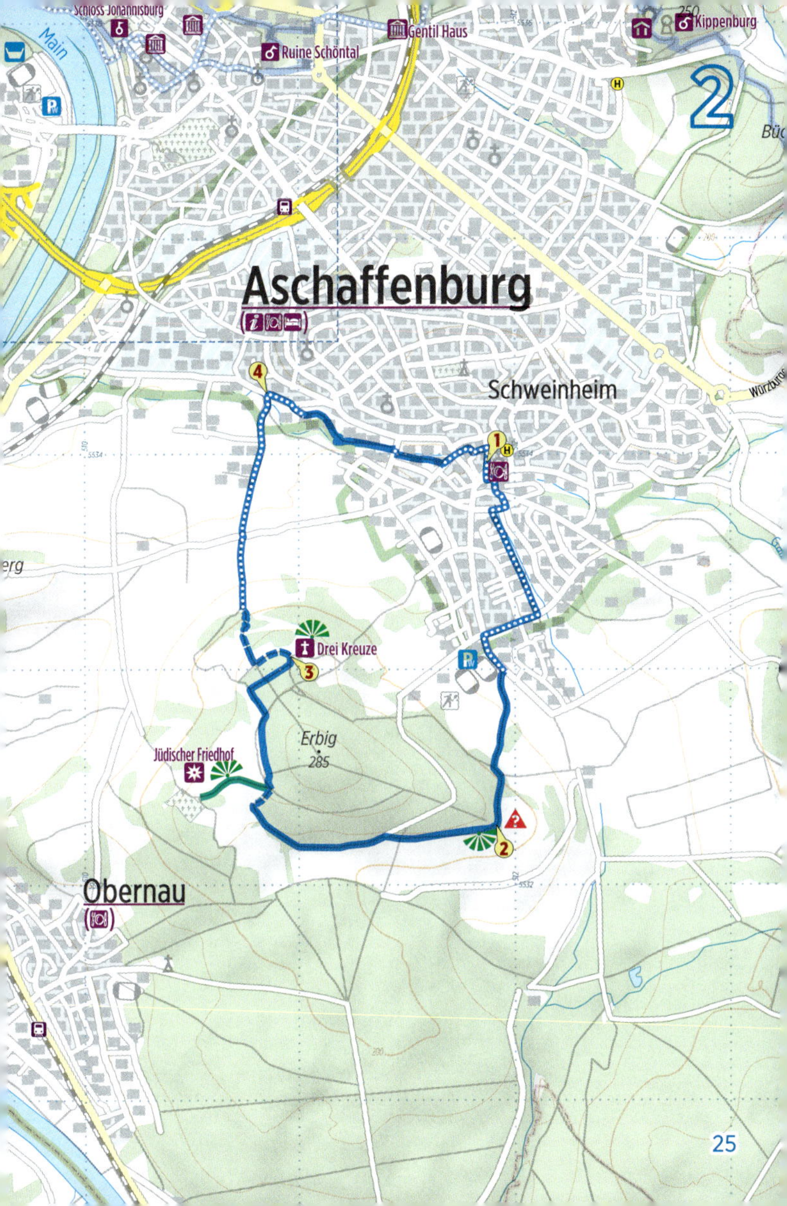
Schloss Johannisburg
Main
Ruine Schöntal
Gentil Haus
Kippenburg
2
Aschaffenburg
Schweinheim
Drei Kreuze
Erbig
285
Jüdischer Friedhof
Obernau

der in den Wald führt, verlassen und geradeaus weiter.

2 2,1 (221) Am **Aussichtspunkt Neurod** vorbei und weiter am Waldrand entlang ⇝ an der Kreuzung mit dem Kreuzweg geradeaus ⇝ links in den Erdweg, leicht bergab ⇝ an der Kreuzung mit dem Wiesenpfad halb rechts am Waldrand entlang ⇝ auf Höhe des Strommastes rechts in den Waldpfad, steil bergauf ⇝ an der Kreuzung mit dem breiten Forstweg links und kurz darauf halb rechts in den engen Pfad, der kurz asphaltiert ist.

AUSFLUG Wenn Sie dem breiten Weg geradeaus für ca. 400 m folgen, erreichen Sie den Jüdischen Friedhof. Auf einer Informationstafel wird die Geschichte des Friedhofs erklärt.

Auf der Hauptroute weiter am Waldrand entlang ⇝ an der Kreuzung mit dem geschotterten Forstweg rechts ⇝ kurz darauf nicht dem Hauptweg in den Wald folgen, sondern links auf den breiteren Forstpfad am Waldrand

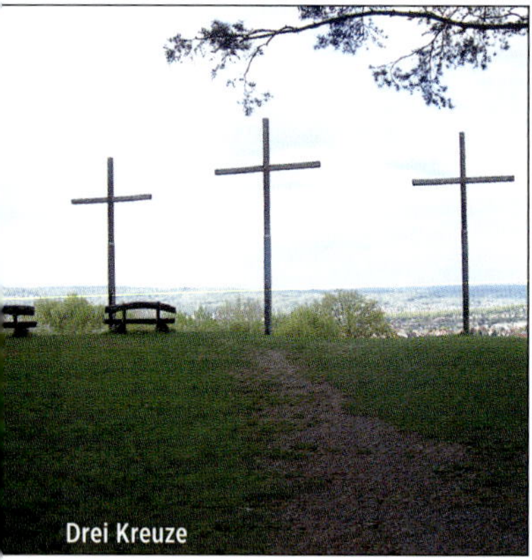

Drei Kreuze

bergab ⇝ rechts in den Wald und steil bergauf.

Drei Kreuze

Die drei Kreuze wurden 1948 vom Gesellschaftsclub Fidelio errichtet zum Zeichen für die populären Schweinheimer Passionsspiele (letztmalig aufgeführt 1957), aber auch als Mahnmahl für den Zweiten Weltkrieg. Von diesem Berg aus wurde Aschaffenburg in der Karwoche 1945 durch die Amerikaner beschossen.

3 4,2 (257) Den Platz an den **drei Kreuzen** queren ⇝ auf dem Pfad abwärts zwischen Feld und Waldrand entlang ⇝ an der Kreuzung rechts auf den Wiesenpfad ⇝ in Serpentinen steil bergab ⇝ kurz nach dem eisernen Tor rechts bergab auf den Asphaltweg ⇝ an der Kreuzung geradeaus und an der Streuobstallee entlang.

4 5,7 (143) An der Einmündung rechts bergauf in die **Unterhainstraße** ⇝ hinter der Hausnummer 37 rechts in den Hof ⇝ den Hof durchqueren ⇝ an Vorgärten vorbei, immer am Zaun entlang und später dem Bach folgen ⇝ rechts in die **Liebezeitstraße** ⇝ nach der Brücke links über die Treppe in den engen Weg, zwischen den Zäunen und Gärten hindurch ⇝ an der Einmündung links in die **Bachgartenstraße** ⇝ die Bachstraße überqueren ⇝ geradeaus in die Straße **Am Gerbersgarten** ⇝ nach dem Spielplatz links.

1 7,0 (161) Am Kirchplatz endet die Tour.

Schweinheim (Aschaffenburg)

Tour 3 **7,1 km**

Marmor, Stein und Spessartit

Start/Ziel: Aschaffenburg-Gailbach, Matthäuskirche

Aufstieg: 177 m *Hartbelag:* 18 %

Abstieg: 177 m *Wanderwege:* 75 %

Gehzeit: 1,5 Std. *Wanderpfade:* 7 %

Charakteristik: Der Europäische Kulturrundweg „Marmor, Stein und Spessartit" präsentiert die Vielfalt der Geologie im Spessart im „Dorf der Steinbrüche" Gailbach. Er ist gekennzeichnet von weiten Waldpassagen, zwei beeindruckenden Aussichtspunkten und zahlreichen Bildstöcken. Die Informationen am Weg geben einen Einblick in die Geschichte des Dorfes.

Markierung: Durchgängig gelbes EU-Schiffchen auf blauem Grund.

Anreise Auto: Am Aschaffenburger Stadtring die Ausfahrt in Richtung Würzburg nehmen. Am 3. Kreisverkehr rechts in Richtung Gailbach abbiegen. In der Ortsmitte von Gailbach links in den Pfaffengrundweg und die zweite links in die Glaserstraße zur Matthäuskirche.

Anreise ÖPNV: Mit der Aschaffenburger Stadtbuslinie 5 in Richtung Dörrmorsbach zur Haltestelle Gailbach, Kirche. Von dort über den Pfaffengrundweg zu Fuß hinauf zum Start der Tour.

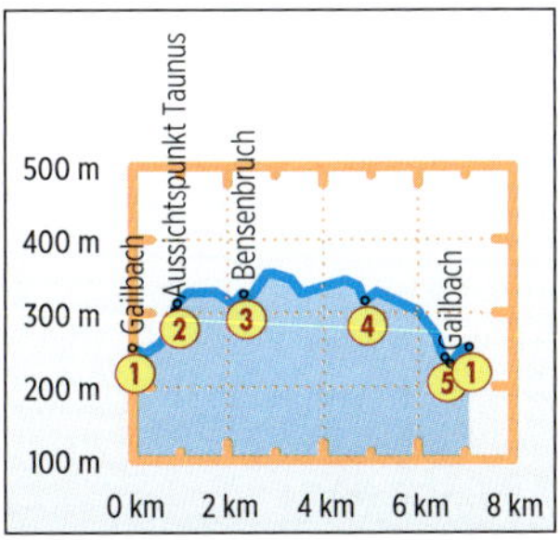

Gailbach (Aschaffenburg)

Vorwahl: 06021

Tourist-Information, Schlosspl. 2, Aschaffenburg, ✆ 395800, @ pue123

Pizzeria Maihohle, Glaserstr. 2, ✆ 4464673

Wanderheim Gailbach, Dörmorsbacher Str. 85, ✆ 6240400

1 0,0 (253) Von der Kulturwegtafel an der Matthäuskirche entlang der **Glaserstraße** bergab ⇝ bei der Einmündung in die **Maihohle** rechts bergab ⇝ links in den **Pfaffengrundweg** ⇝ rechts in den gepflasterten Fußweg und die Treppe hinauf ⇝ nach der Treppe links in den **Hofäckerweg** ⇝ an der Einmündung links in den **Rehbergweg** ⇝ an der Info-Tafel zum **Pestfriedhof** rechts ab ⇝ bergauf in den Fahrradweg, der zum Wanderweg wird ⇝ an der Gabelung geradeaus weiter bergauf ~ an der nächsten Gabelung rechts, zwischen Waldrand und Wiese entlang.

2 0,9 (314) Am **Aussichtspunkt Taunus** - bei gutem Wetter blicken Sie hier auf die Frankfurter Skyline und den 880 m hohen Feldberg im Taunus - links leicht bergauf in die Schotterstraße in den Wald ~ rechts steil bergauf in den Pfad ~ an der Einmündung links auf den breiteren Weg ~ an der Einmündung nach kurzem steilen Anstieg rechts in den Forstweg ~ die Straße queren und halb links auf dem Pfad wieder in den Wald hinein.

3 2,4 (326) Vom **Aussichtspunkt Bensenbruch** links am Waldrand entlang.

Steinbruch Bensenbruch. Alter Steinbruch, der im Zweiten Weltkrieg mit seinem 15 m langen und 2 m hohen Raum als Zuflucht vor Bomben und Granaten diente.

Kurz vor den Häusern rechts in den Weg zwischen Lagerschuppen und Vorgärten ~ an der Gabelung dem Hauptweg halb rechts folgen ~ über das Holzbrückchen zur Einmündung in den breiteren Schotterweg, hier geradeaus ~ an der Gabelung halb rechts bergab ~ an der Kreuzung mit Picknicktisch dem Schotterweg halb rechts folgen ~ nach der Wiese an der Gabelung geradeaus in den Wald hinein ~ die Straße kreuzen.

4 4,9 (340) An der **Frühstückseiche** geradeaus in den Wald.

TIPP: Die Frühstückseiche ist ein historisch wichtiger Kreuzungspunkt, an dem die weiße Geiß den Männern erschienen sein soll, die nach durchzechter Nacht oder nach einem Schäferstündchen auf dem Rückweg nach Hause waren.

An der Gabelung halb links auf dem Schotterweg bleiben ~ am Bildstock halb rechts bergab ~ an der Einmündung vor dem Sportplatz rechts auf den breiten Radweg ~ am weißen Bildstock rechts auf den kleineren Asphaltpfad, der zum Schotterweg wird und steil bergab in ein kleines Waldstück führt ~ an der Gabelung halb rechts weiter bergab ~ an der nächsten Gabelung links.

5 6,7 (231) Rechts am alten Kirchplatz vorbei dem **Stengertsweg** folgen ~ an der Einmündung rechts in die **Dörrmorsbacher Straße** ~ links steil hoch in den Fuß- und Radweg ~ oben rechts, dann die Straße queren und links hoch in den **Pfaffengrundweg** ~ am Schulhof halb rechts in den kleinen Asphaltweg ~ an der Einmündung links in die **Glaserstraße**.

1 7,1 (253) Die Tour endet wieder vor der **Matthäuskirche**.

TIPP: Eine weitere Infotafel mit Erläuterungen zum weißen Steinbruch und zum Schacht Heinrich befindet sich an der Straße zwischen Gailbach und Aschaffenburg. Mit dem Pkw halten Sie gegenüber der Reitweg-Einmündung, mit der Buslinie 5 zur Haltestelle Gailbachtal.

Weißer Steinbruch, der einzige Ort im gesamten Spessart, an dem Marmor an die Oberfläche tritt.

Gailbach

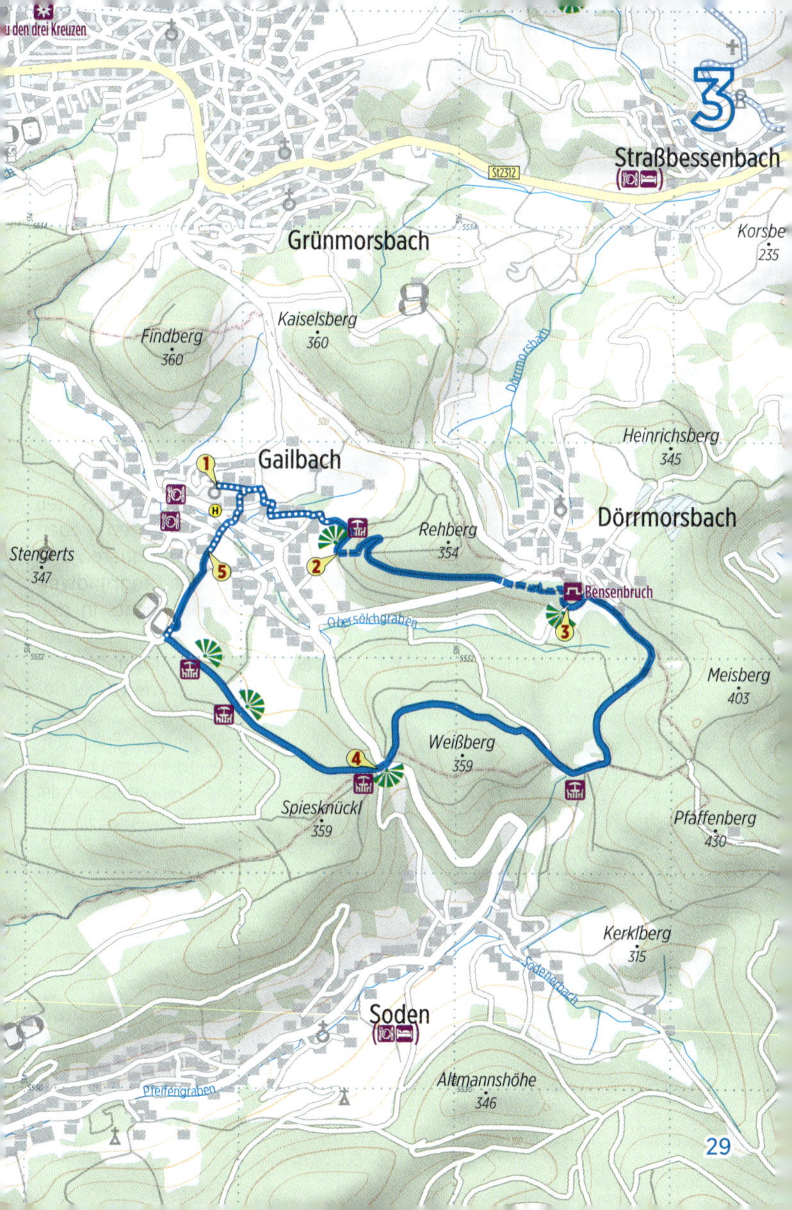

Straßbessenbach
3
St2312
Grünmorsbach
Korsbe
235
Kaiselsberg
360
Findberg
360
Dörrmorsbach
Heinrichsberg
345
Gailbach
Dörrmorsbach
Rehberg
354
Stengerts
347
Bensenbruch
Obersölchgraben
Meisberg
403
Weißberg
359
Spiesknückl
359
Pfaffenberg
430
Kerklberg
315
Sodenerbach
Soden
Altmannshöhe
346
Pfeifengraben

Das Archäologische Spessartprojekt – Erfinder der Europäischen Kulturwege

Kulturweg-Logo

Das Archäologische Spessart-Projekt/Institut an der Universität Würzburg (ASP) stellt sicherlich eine Besonderheit in den deutschen Mittelgebirgen dar. Es befasst sich mit der Erforschung und Vermittlung der Kulturlandschaft des Spessarts und seiner Randlandschaften in all seinen Erscheinungsformen und geht dabei mitunter auch im wahrsten Sinne des Wortes neue Wege: So war es die Idee des ASP, die Besonderheiten der Region durch die sogenannten Europäischen Kulturwege zu Tage zu fördern, aufzubereiten und zu vermitteln. Der Schwerpunkt liegt dabei darauf, die Bevölkerung vor Ort mit einzubeziehen. Ein Europäischer Kulturweg kommt immer nur durch die Zusammenarbeit mit den Menschen im Ort zustande. Mittlerweile sind durch diese Initiative und das Zusammenführen von Bevölkerung, Wissenschaft und Tourismus über 100 Kulturwege geschaffen worden, von denen einige auch in diesem Band vorgestellt werden.

Jeder Weg hat sein eigenes Thema und erschließt ein kleines Stück dieser 8.000 Jahre alten Kulturlandschaft. Von Vulkanausbrüchen vor Jahrmillionen bis hin zum Bau der Autobahn A 3, von Kuriositäten über berühmte Persönlichkeiten bis hin zur wechselvollen Geschichte des Spessarts als Transitregion. Jeder Weg erzählt seine eigene Geschichte und den Machern des ASP gelingt es, durch eine entsprechende Namensgebung die Neugier auf die Wege zu wecken. So nennt sich der Weg in Rück-Schippach „Tiepolos Erben", weil Gesellen aus der Werkstatt des Meisters bei der Himmelthaler Klosterkirche mitgewirkt haben (Tour 42). Die Kulturwegschleifen im ehemaligen Schneiderdorf Leidersbach werden auch wegen der heute noch ansässigen Kleidergeschäfte plakativ „Schleifen durch den Sakko-Canyon" genannt (Tour 45)

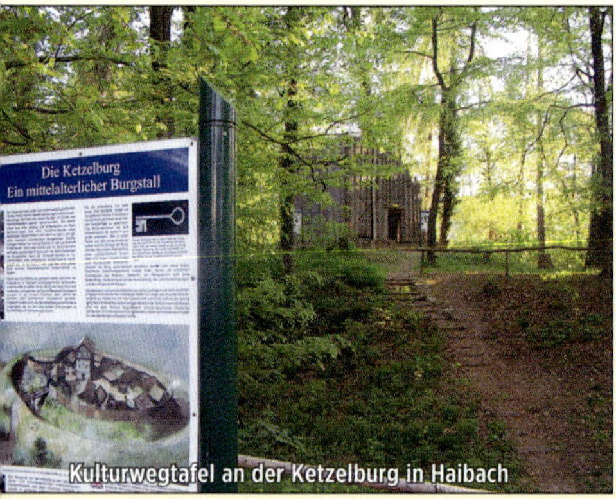

Kulturwegtafel an der Ketzelburg in Haibach

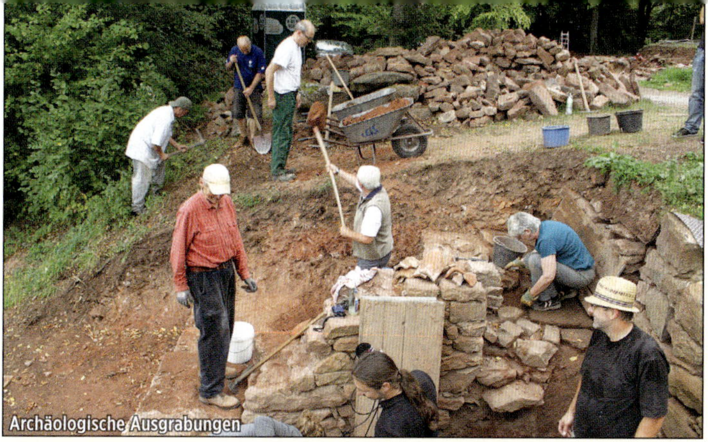

Archäologische Ausgrabungen

und der Weg in Schollbrunn heißt „Südlich des Äppeläquators“, weil hier die Sprachgrenze zwischen mainfränkisch und rheinhessisch verläuft (Tour 34). Kern der Vermittlung sind Informationstafeln entlang des Weges, die die Besonderheiten, von ehemaligen Ausflugslokalen über Ausgrabungsstätten bis hin zu Schlössern und Burgen, erläutern. Jeder Weg hat etwa 5 bis 10 Stationen mit bebilderten Tafeln. Darüber hinaus gibt es zu jedem Weg ein kostenloses Informationsfaltblatt und auch im Internet sind die Wege unter www.spessartprojekt.de beschrieben. Hier kann man auch die Faltblätter und die Tafeln herunterladen bzw. ausdrucken.

Die kostenlos erhältliche Broschüre „Wandern auf den europäischen Kulturwegen“ des Tourismusverbandes Spessart-Mainland (✆ 06022/261020) fasst die meisten dieser Wege in einem handlichen Heft zusammen.

Aber das ASP hat noch viele weitere Betätigungsfelder: So wurden oder werden Ausgrabungen durchgeführt, wie zum Beispiel am Alten Schloss in Kleinwallstadt, auf der Burg Wildenstein (Tour 41) oder an der Ketzelburg in Haibach (Tour 4). Es fungiert als Veranstalter von Kulturevents und ist offizielles anerkanntes Institut an der Universität Würzburg. Ziel des ASP ist es, den Spessart und seine Randlandschaften in all seinen Facetten zu erfassen, es befasst sich deshalb mit Geschichte, Sprache, Kultur, Landschaftsentwicklung und den natürlichen Voraussetzungen wie Topographie, Geologie oder Biologie.

Die erfolgreiche Arbeit des Projekts wurde auch schon mit mehreren Ehrungen und Preisen honoriert. So erhielt es u. a. den Tegernseer Tourismuspreis für den Kurfürstenweg (Tour 26) und den Deutschen Denkmalschutzpreis.

Tour 4 12,6 km

Spessartweg 1 Aschaffenburg – Unterbessenbach

Start: Aschaffenburg, Hauptbahnhof
Ziel: Unterbessenbach, Hofgut
Aufstieg: 368 m *Hartbelag:* 34 %
Abstieg: 346 m *Wanderwege:* 47 %
Gehzeit: 3 - 3,5 Std. *Wanderpfade:* 19 %

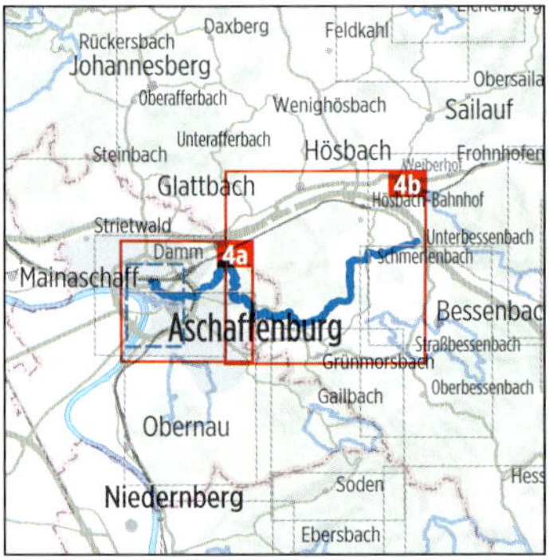

Charakteristik: Der Spessartweg 1 – „Von Fürsten, Fuhrleuten und Pilgern" – zählte zu den ersten Wegen überhaupt, die in Deutschland als „Qualitätsweg Wanderbares Deutschland" ausgezeichnet wurden. Diese erste Etappe führt durch die Spessart-Hauptstadt Aschaffenburg und deren Parklandschaft, durch längere Waldstücke und Offenlandschaft bis zum Hofgut Unterbessenbach. Höhepunkte sind die Haibacher Schweiz und das Kloster Schmerlenbach mit der sprichwörtlich gewordenen Muttergottes von Schmerlenbach.

Markierung: Durchgängig Spessartweg 1.

Anreise Auto: Der Aschaffenburger Hauptbahnhof ist gut beschildert, Parkhäuser sind vorhanden.

Anreise ÖPNV: Aschaffenburg ist aus allen Richtungen gut erreichbar. Am Ende der Tour von der Bushaltestelle Unterbessenbach, Hofgut mit Bus 42/43 (am Wo-

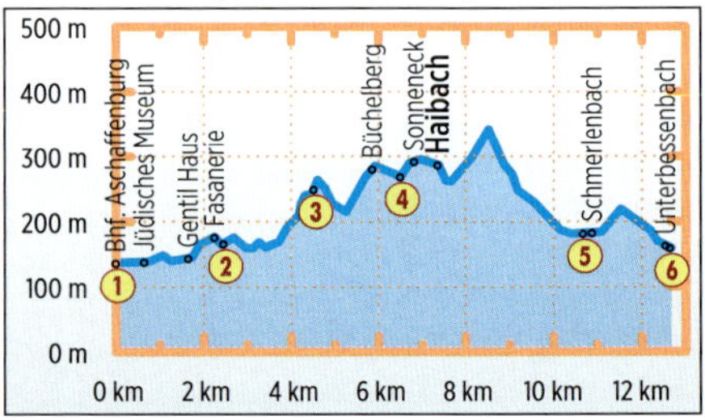

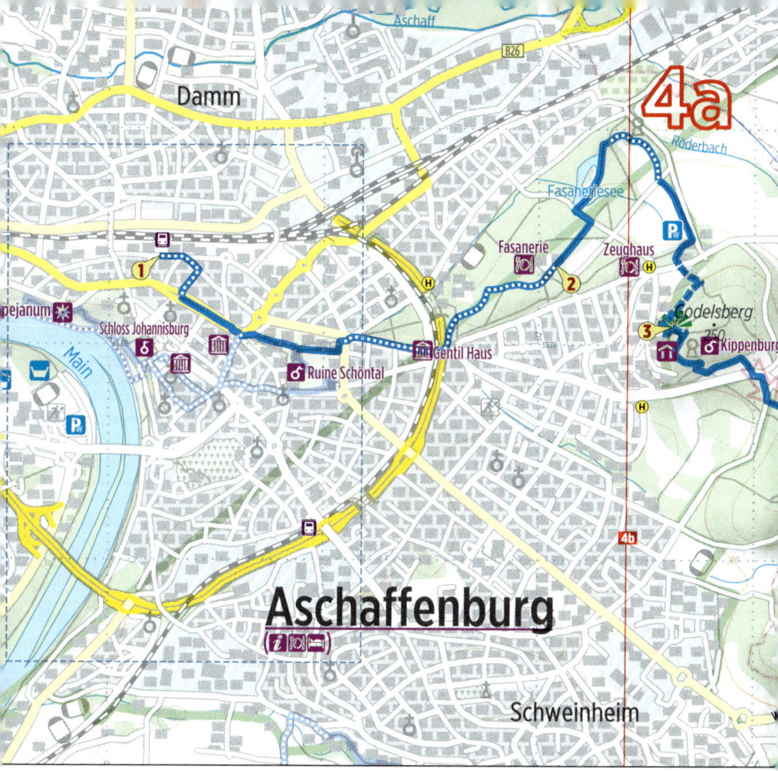

chenende Linie 47) in ca. 30 Minuten zurück zum Hauptbahnhof Aschaffenburg.

Aschaffenburg **s. S. 18**

1 0,0 (136) Vom **Bahnhofsvorplatz** über die Ludwigstraße in die **Frohsinnstraße** ⁓ rechts in die **Erthalstraße** ⁓ an der Einmündung links in den Parkstreifen zwischen **Weißenburger Straße** und **Friedrichstraße** ⁓ rechts über die Fußgängerampel, danach gleich links in den **Park Schöntal** ⁓ an der Gabelung rechts ⁓ an der Einmündung rechts ⁓ in den ersten Weg links am Teich entlang ⁓ links und gleich wieder rechts zur **Hofgartenstraße** am Kreisverkehr ⁓ diese queren ⁓ kurz entlang der **Lindenallee** ⁓ die Straße queren und rechts am Rande des Parks **Großmutterwiese** entlang ⁓ an der Ampel den Wittelsbacher Ring kreuzen ⁓ über die **Schießhausbrücke** ⁓ halb links in den Park Fasanerie ⁓ rechts abbiegen ⁓ dem Weg bis zum Parkplatz folgen.

Fasanerie Aschaffenburg

Ristorante La Casa, Bismarckallee 1, 4440012, Mi-Mo 11.30-14.30 Uhr und 17-23 Uhr. Der Biergarten ist während der Sommermonate bei schönem Wetter geöffnet. @ sqo132

2 2,5 (165) An der Starttafel zu den Spessartwegen geradeaus in den Wald ~ an der Gabelung geradeaus ~ an der Kreuzung links ~ rechts am See entlang ~ nach dem See an der Kreuzung rechts ~ an der nächsten Kreuzung geradeaus auf den Kiesweg ~ geradeaus über die Kreuzung zum **Parkplatz** ~ den Parkplatz queren und rechts auf den Weg ~ kurz danach nach links leicht bergauf ~ an der Gabelung nach links Richtung Waldrand ~ die Straße überqueren, geradeaus in den Wanderweg ~ auf dem ersten Pfad rechts in den Wald ~ an der Gabelung nicht hinab zu den Häusern, sondern halb links hoch ~ gleich wieder links und den steilen Pfad hinauf.

TIPP: Die aus großen Felsblöcken gebildete Teufelskanzel soll der Teufel hier aus Zorn abgeworfen haben.

3 4,5 (249) Am **Aussichtspunkt Teufelskanzel** rechts dem Weg folgen, weiter geradeaus befindet sich die Kippenburg.

Kippenburg. Als Ruinenstaffage im gotischen Stil mit Unterstützung des Stadtmagistrats Adam Kipp im Jahre 1839 erbaut. Sie wurde als Weinberghäuschen und Aussichtsturm genutzt und schon kurze Zeit später als „Kippenburg" bezeichnet. Im Sommer findet hier das Kippenburgfest statt. Das Gebäude ist nicht immer frei zugänglich.

Nach dem Häuschen mit Sendemast rechts den Berg hinunter ~ nach der Rechtskehre scharf links hinunter zum Waldrand ~ am Waldrand mit Wegweiser **Am Godelsberg** links ~ an der Kreuzung am Hoftor rechts

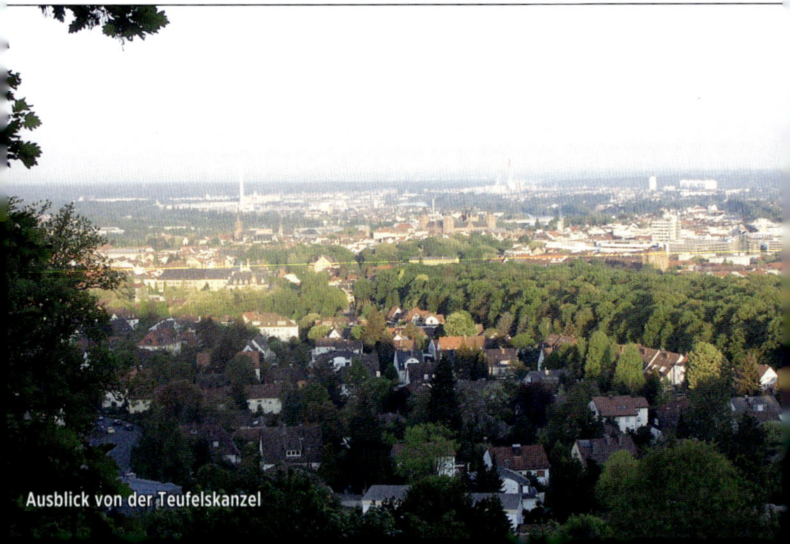

Ausblick von der Teufelskanzel

zur Straße, links gelangen Sie hinauf zum Weinbergs-Restaurant mit Panorama-Bar.

Urbani Häcker, Godelsberg 27, ✆ 0163/7091165, ⌚ Fr 17-22 Uhr, Sa 16-22 Uhr, So 14-22 Uhr. Weingenuss in herrlicher Lage mitten im Weinberg. @ xqs318

Die Straße queren und links auf dem Radweg bergauf ⁓ kurz danach rechts in den Wald ⁓ bei der nächsten Möglichkeit links bergauf ⁓ an der Weggabelung halb rechts ⁓ den Hauptweg verlassen und links steil bergauf bis zu den steinernen Treppenstufen ⁓ am Ende der Treppe die Lichtung halb links queren und dem geschotterten Wanderweg bergab folgen ⁓ an der Kreuzung rechts ⁓ an der nächsten Kreuzung geradeaus in den kleinen Pfad bis zur Straße, Sie erreichen Haibach ⁓ schräg rechts über den Friedhofsparkplatz und die Treppe am Ende hinauf.

Haibach

Vorwahl: 06021

Rathaus Haibach, Hauptstr. 6, ✆ 6480, @ wqn377

Hotel-Restaurant Spessartstuben, Jahnstr. 7, ✆ 63660, ⌚ Mo-Fr 17-22 Uhr, So 12-14 Uhr und 17-22 Uhr, @ ehk411

4 6,5 (268) Nach der Treppe rechts am **hohen Kreuz** vorbei ⁓ kurz vor der Straße links hoch ⁓ am Friedhofstor rechts.

AUSFLUG: Wenn Sie hier links abbiegen, erreichen Sie nach ca. 300 m den Eingang zum schönen Wildpark (Eintritt frei) und den Kletterwald.

Wildpark, ✆ 0171/3039585, ⌚ Mitte März-Okt. 13-18 Uhr, Nov.-Mitte März 13-16 Uhr

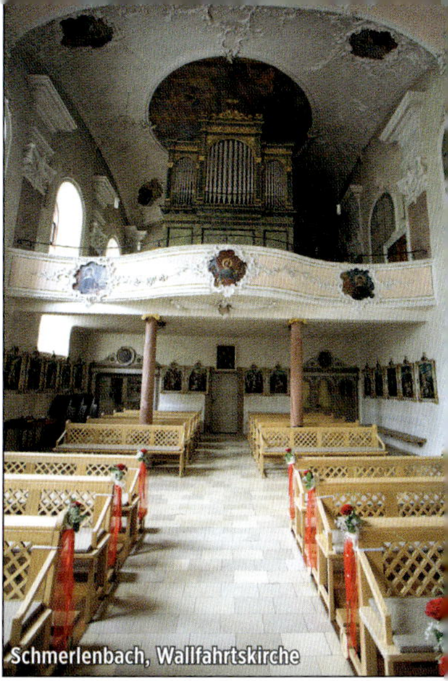

Schmerlenbach, Wallfahrtskirche

Vorbei an der Gaststätte Sonneneck.

Gaststätte Sonneneck, Ringwallstr. 3, ✆ 06021/4443444, ⌚ Mo-Fr ab 17 Uhr

An der Einmündung rechts ⁓ nach ca. 50 m den Hauptweg verlassen und links steil hinab in den schmaleren Pfad ⁓ an der Gabelung links ⁓ an der Ausgrabungsstätte Ketzelburg vorbei zur Straße.

Ketzelburg. Archäologische Ausgrabungsstätte mit Fundamenten eines Wohnturmes aus dem Hochmittelalter.

Am Spielplatz und am Wegweiser links in die **Ringwallstraße** ⁓ halb links in die **Schwalbengrube** in Richtung Schützenhaus, es geht bergauf ⁓ an der Doppelkreuzung vor dem Spielplatz die zweite links ⁓ nach dem Zaun rechts ab in den Pfad

⤳ an der Gabelung mit Wegweiser halb rechts in den Wald und bergab ⤳ links in den Pfad, weiter bergab ⤳ an der Gabelung kurz danach rechts, steil bergab ⤳ den Wald verlassen und weiter leicht bergab zwischen Feld und Waldrand ⤳ bei den beiden Scheunen rechts ⤳ an der Straße rechts ⤳ links der Straße in Richtung Ortsmitte.

Schmerlenbach (Hösbach)

Benediktinerkloster Schmerlenbach (1218) und **Wallfahrtskirche St. Agatha** (1759) mit gotischem Gnadenbild, das einen leidenden Gesichtsausdruck zeigt. Das Sprichwort „Du schaust wie die Muttergottes in Schmerlenbach" bezieht sich auf dieses Bild.

Landgasthaus Klosterschänke, Schmerlenbacher Str. 4, ✆ 06021/69885, ⌚ Mi-So 11-22 Uhr, @ ixa524

5 10,7 (181) Am Klostertor vorbei, dann links in das schmale Gässchen zwischen Klosteranlage und Gasthaus ⤳ die Haibacher Straße queren ⤳ links in die Straße **Im Hagen** durch das Wohngebiet ⤳ am Ende der Straße rechts auf den bergauf führenden Feldweg ⤳ dieser geht später in Asphalt über und führt wieder bergab.

6 12,6 (158) Die Tour endet am Hofgut Unterbessenbach.

Unterbessenbach

Hofgut Unterbessenbach. Die ältesten Teile der Anlage stammen aus dem 16. Jh., die Schlosskapelle aus dem Jahr 1752, das klassizistische Haupthaus wurde 1842 erbaut. Die Anlage und der Park sind in Privatbesitz, es ist keine Besichtigung möglich.

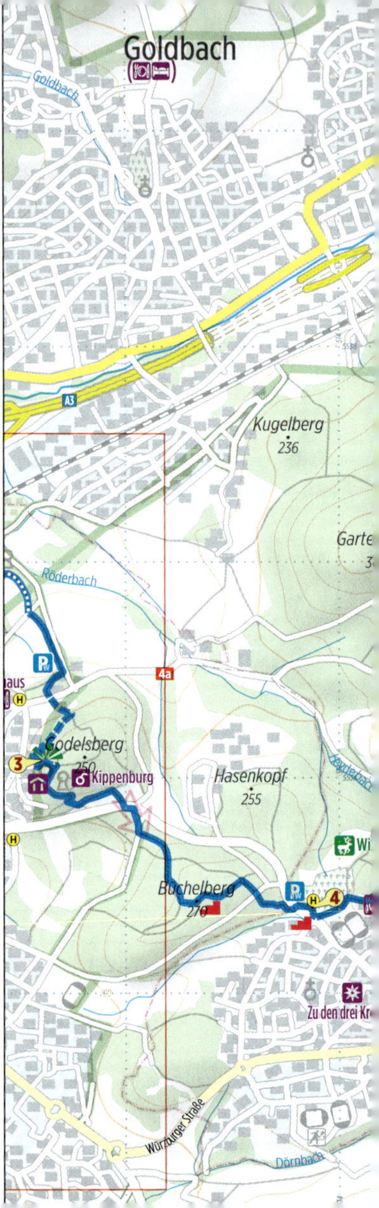

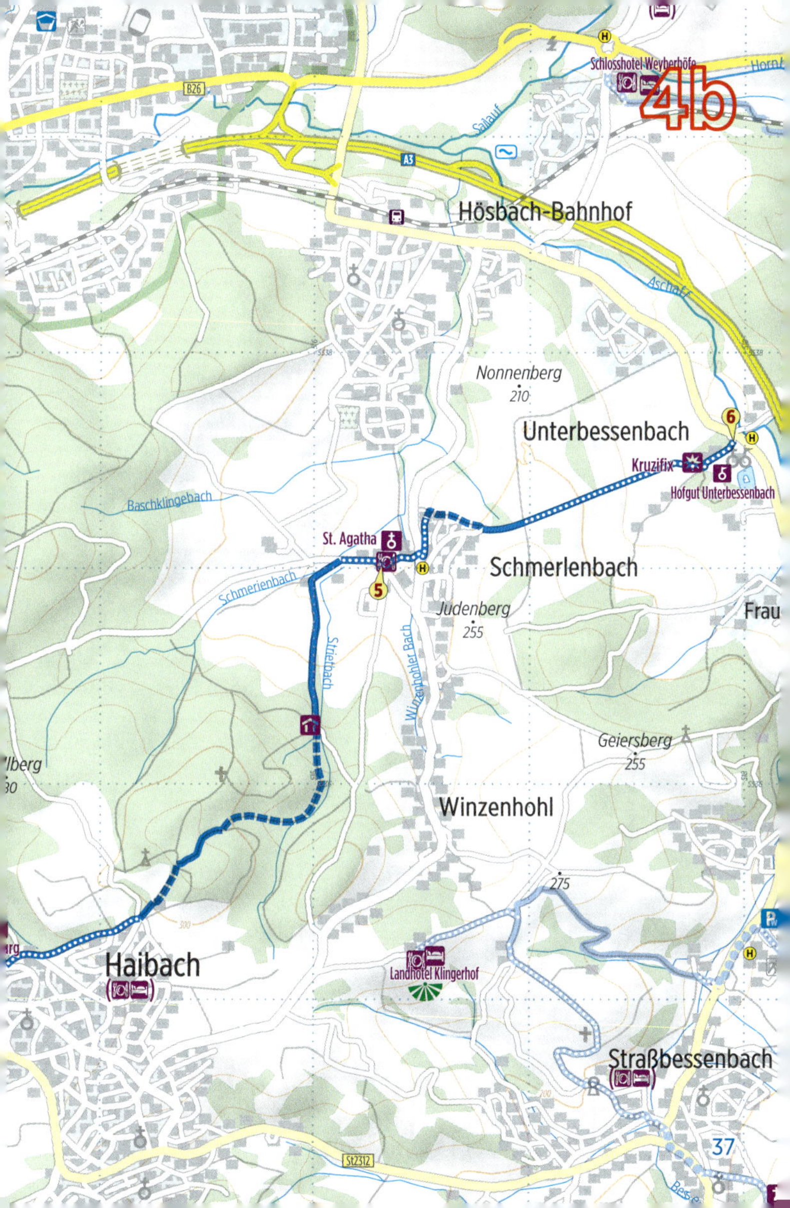

4b
B26
A3
Schlosshotel Weyberhöfe
Sailauf
Hösbach-Bahnhof
Aschaff
Nonnenberg
210
Unterbessenbach
Kruzifix
Hofgut Unterbessenbach
6
Baschklingebach
St. Agatha
5
Schmerlenbach
Schmerlenbach
Judenberg
255
Frau
Strietbach
Winzenhohler Bach
Geiersberg
255
Winzenhohl
275
Haibach
Landhotel Klingerhof
Straßbessenbach
St2312

Tour 5 13,4 km

Durch die Rückersbacher Schlucht

Start/Ziel: Rückersbach, Wanderparkplatz am Friedhof
Aufstieg: 350 m *Hartbelag:* 32 %
Abstieg: 350 m *Wanderwege:* 61 %
Gehzeit: 3 - 3,5 Std. *Wanderpfade:* 7 %

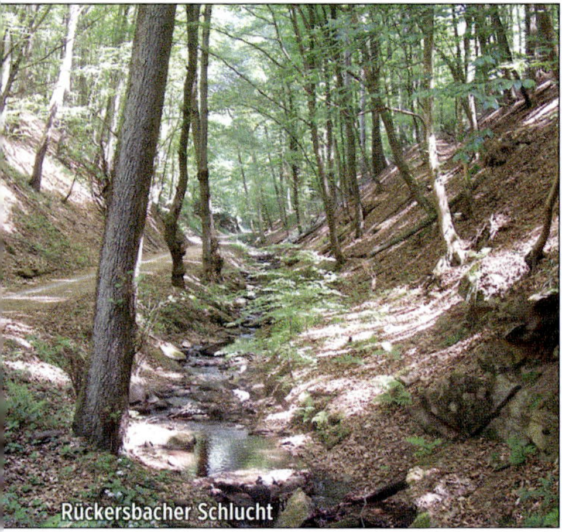

Rückersbacher Schlucht

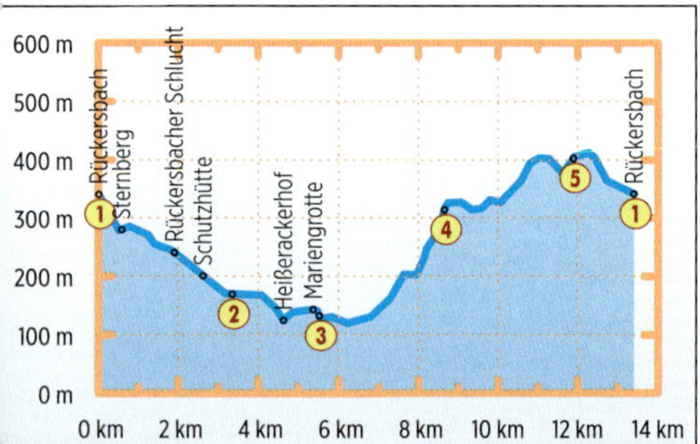

Charakteristik: Die Tour beginnt mit dem langen Abstieg durch die Rückersbacher Schlucht. Zunächst auf der Höhe und dann direkt am Bach entlang führt die Strecke durch die herrliche Schlucht mit beeindruckenden Felsformationen. Nach einem ebenen Abschnitt folgt dann der lange und teils steile Anstieg mitten durch die Hörsteiner Weinberge mit phantastischen Ausblicken auf das Maintal, gefolgt von dichter Waldlandschaft. Der Schlussabschnitt führt wieder durch offene Landschaften bergab, mit schönen Blicken auf den Vorspessart.

Markierung: Rotes Andreaskreuz – Blaues M – Roter Schrägbalken – Rotes Andreaskreuz – Schwarzes Wildschwein – Rotes Andreaskreuz.

Anreise Auto: Von Aschaffenburg Richtung Mömb-

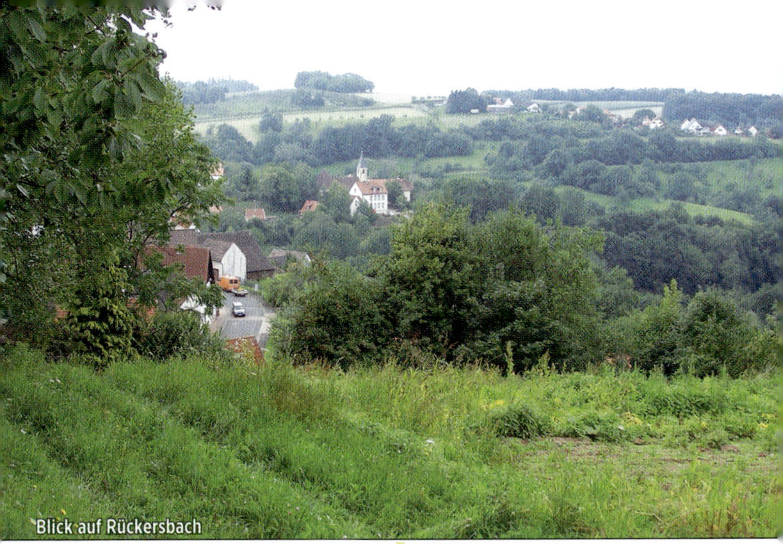
Blick auf Rückersbach

ris/Johannesberg. In Oberafferbach links abbiegen in Richtung Rückersbach. In der Spitzkehre an der Kirche links auf den Parkplatz.

Anreise ÖPNV: Von Aschaffenburg mit Bus 24 zur Haltestelle Schlucht, Rückersbach. An Werktagen alle 2 Stunden, samstags nur wenige Verbindungen, sonntags gar keine Verbindung. Alternativ vom Bahnhof Rückersbacher Schlucht ca. 1,6 Kilometer Fußweg mit der Markierung rotes Andreaskreuz zum Alternativeinstieg bei Wegpunkt 2.

Rückersbach (Johannesberg)

Vorwahl: 06029

- **Gemeindeverwaltung Johannesberg**, Oberafferbacher Str. 12, Oberafferbach (Johannesberg), ✆ 06021/34850, @ xgx233
- **Büttner Gasthof**, Hörsteinerstr. 33, ✆ 9588957, @ awf872

1 0,0 (342) Vom Parkplatz am **Friedhof** auf dem Asphaltweg steil bergab, der Markierung rotes Andreaskreuz folgen ~ an der ersten Einmündung rechts, weiter steil bergab ~ an der nächsten Einmündung links ~ nach der Brücke rechts ~ nach der Querung eines Bachseitenarms rechts und über das Holzbrückchen ~ Sie wandern nun durch die herrliche Rückersbacher Schlucht.

Die **Rückersbacher Schlucht** ist ein enges, verwunschenes Tal des Rückersbaches, das sich durch skurille Felsformationen auszeichnet.

2 3,2 (155) An der Kreuzung im Tal rechts abbiegen, ab nun der Markierung blaues M folgen.

AUSFLUG: Geradeaus erreichen Sie nach etwa 700 m den Schluchthof mit der großen überdachten Terrasse.

🍽 **Schluchthof**, Schluchthof 1, ✆ 06027/8136, ⏲ tägl. 11-22 Uhr. Mit Biergarten. @ ibn331

Auf der Hauptroute auf dem Schotterweg bergauf ⤳ am Abzweig des Hauptweges gehen Sie weiter geradeaus und leicht bergab ⤳ an der Kreuzung mit zwei Nebenwegen links dem Hauptweg folgen ⤳ an der Einmündung rechts in den Radweg.

🍽 **Heißerackerhof Al Cappuccino**, Heißerackerhof 8, ✆ 06027/404806, ⏲ April-Sept., Mo-Fr 11-23.30 Uhr, Nov.-März, Mo-Fr, So/Fei 11-23.30 Uhr, Sa 12-23.30 Uhr, @ wni862

Kurz nach dem **Heißerackerhof** rechts auf den Pfad wechseln, der parallel zum Radweg verläuft.

3 5,4 (133) An der Einmündung bei der **Mariengrotte** links und gleich rechts auf den Radweg ⤳ an der Gabelung links auf den Schotterweg, der Markierung roter Schrägbalken folgen ⤳ an der nächsten Gabelung rechts halten ⤳ an der Abzweigung rechts in den Fahrradweg ⤳ bergauf in die Weinberge ⤳ an der Einmündung in eine schmalere Straße rechts ⤳ links in den Schotterweg zu den Weinbergen ⤳ den Asphaltweg kreuzen und weiter bergauf ⤳ geradeaus auf dem Schotterweg bleiben ⤳ rechts in den Querweg ⤳ links steil bergauf in den schmaleren Schotterweg ⤳ an der Einmündung rechts in die Schotterstraße, weiter bergauf ⤳ an der Gabelung links in den Asphaltweg.

4 8,6 (315) Nach der Event-Location Schöne Aussicht die Landstraße queren und geradeaus bergauf in den

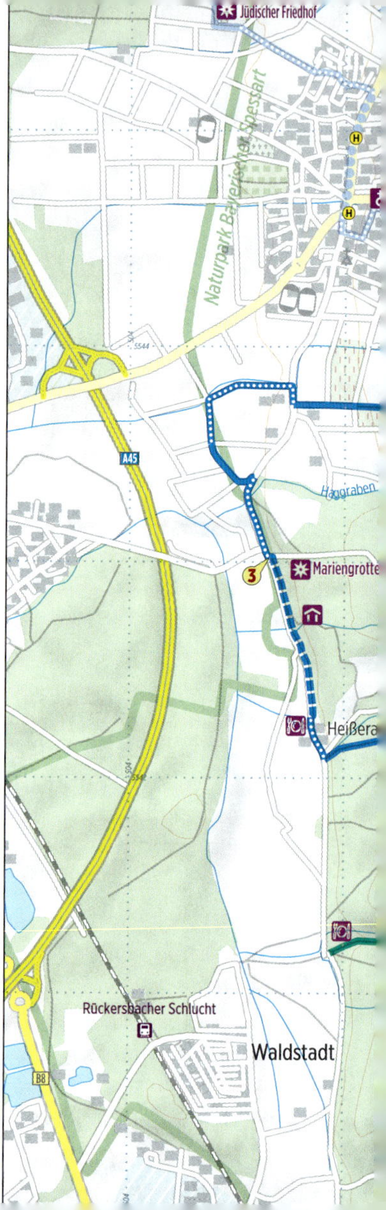

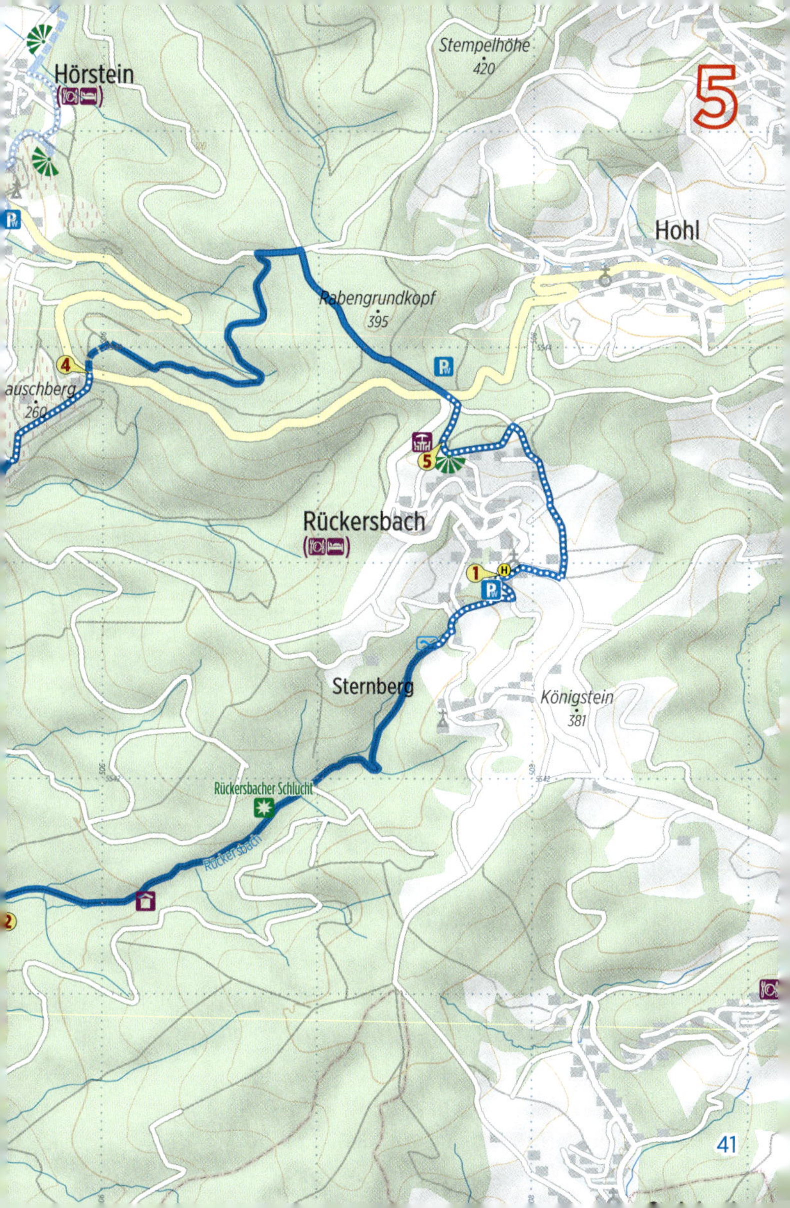
5
Hörstein
Stempelhöhe
420
Hohl
Rabengrundkopf
395
auschberg
260
Rückersbach
Sternberg
Königstein
381
Rückersbacher Schlucht
Rückersbach

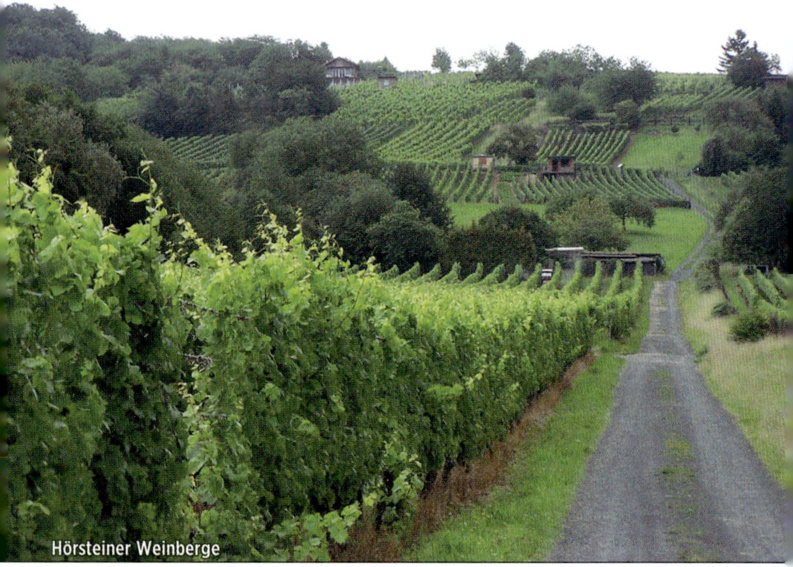
Hörsteiner Weinberge

Pfad ⇝ an der Gabelung rechts ⇝ an der Einmündung links in den breiteren Schotterweg ⇝ an der Kreuzung scharf links ⇝ an der Einmündung in den Schotterweg rechts weiter hoch ⇝ an der großen **Waldkreuzung Sieben Wege** rechts mit Markierung Andreaskreuz ⇝ an der Kreuzung mit dem kleinen **Parkplatz** geradeaus ⇝ die Straße queren und schräg links in den Waldweg ⇝ kurz danach rechts der Markierung schwarzes Wildschwein folgen.

5 11,9 (403) An der Gabelung am Rastplatz des Hundevereins links in das Sträßchen.

Sternberg, Kolpingstr. 1, ✆ 06029/9718-0, Di-So 7-9.30 Uhr, 12-14 Uhr, 17-22 Uhr, @ vgq276

Am Seminarhaus vorbei ⇝ kurz danach an der Wegkreuzung rechts auf die Asphaltstraße, nun wieder dem roten Andreaskreuz bergab folgen ⇝ an der T-Kreuzung links auf die kleine Straße ⇝ an der Kreuzung rechts auf den Bürgersteig der **Hörsteiner Straße** ⇝ nach der Spitzkehre an der Kirche scharf links.

1 13,4 (342) Sie erreichen wieder den Wanderparkplatz am **Friedhof** Rückersbach, wo die Tour endet.

Rückersbach (Johannesberg)

Tour 6 — 7,9 km

Wein und Herrschaft

Start/Ziel: Wasserlos, Parkplatz Hahnenkammhalle

Aufstieg: 154 m — *Hartbelag:* 77 %

Abstieg: 154 m — *Wanderwege:* 16 %

Gehzeit: 2 - 2,5 Std. — *Wanderpfade:* 7 %

Charakteristik: Die südliche Schleife des Europäischen Kulturrundwegs „Wein und Herrschaft" zeigt die jahrhundertealte Geschichte des Weinbaus in Hörstein und Wasserlos auf. Erster Höhepunkt ist das Schloss Wasserlos, bevor es in die Weinberge mit herrlichem Blick auf das Maintal geht. Nach dem Abstieg warten in Hörstein der Abtshof und weitere Weinlagen. Der Rückweg führt durch Felder und Wiesenlandschaften am Jüdischen Friedhof vorbei. Einziger Wermutstropfen: Der Weg verläuft überwiegend auf Asphalt – dafür hat man im ersten Teil viele Möglichkeiten, die edlen Tropfen direkt beim Winzer zu probieren.

Markierung: Durchgängig gelbes EU-Schiffchen auf blauem Grund.

Anreise Auto: Von der A 45-Ausfahrt Alzenau Süd der Beschilderung in Richtung Hörstein/ Wasserlos folgen. In Wasserlos am Schild „Hahnenkammhalle" rechts in den Finkenweg und gleich wieder rechts in den Haagweg abbiegen, der zum Parkplatz führt.

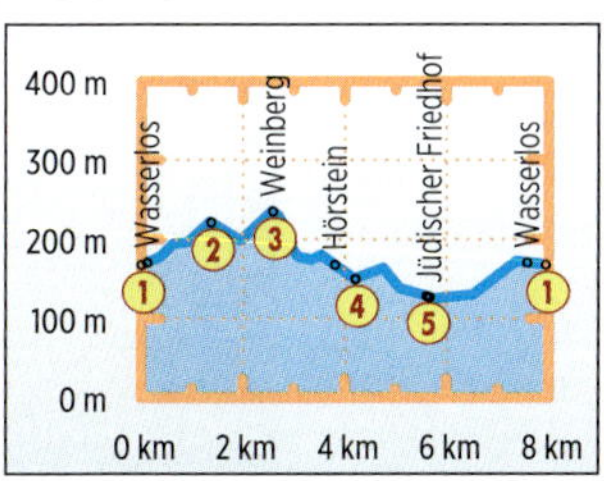

Anreise ÖPNV: Mit Bus 31 oder 32 ab Aschaffenburg oder Alzenau zur Haltestelle Wasserlos Kirche.

Wasserlos (Alzenau)

Vorwahl: 06023

Stadt-Info, Hanauer Str. 1, Rathaus, Alzenau, ✆ 502112, @ ggd828

1 0,0 (170) Vom Parkplatz unterhalb der Hahnenkammhalle links in die **Hahnenkammstraße** in Richtung Ortskern ~ ⚠ da sich hier zwei Schleifen des Kulturwegs mit der gleichen Markierung treffen, unbedingt der Markierung in Richtung Ortskern (Kirche) folgen ~ noch vor dem **Gasthof Krone** rechts in die **Schlossbergstraße**.

Hotel Gasthof Krone, Hahnenkammstr. 37, ✆ 06023/94720, @ xbt884

Weingut Klaus Simon, Schlossbergstr. 1a, ✆ 06023/5477, Do, Fr ab 17 Uhr, Sa ab 15 Uhr, So/ Fei ab 12 Uhr, @ xiv645

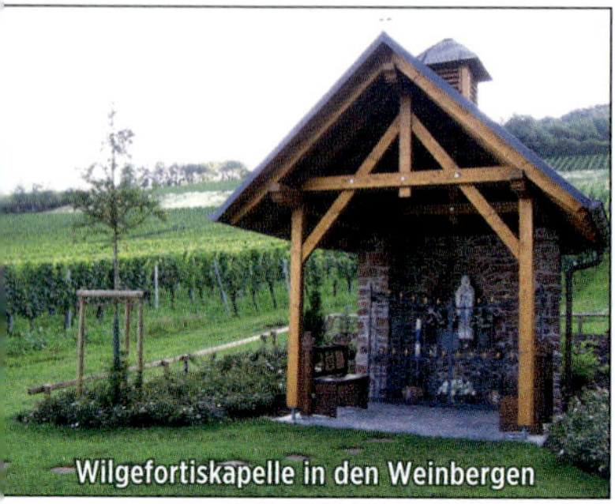

Wilgefortiskapelle in den Weinbergen

Wenzels Weinscheune, Schlossbergstr. 5, 06023/993496, Di-Fr ab 16 Uhr, Sa ab 12 Uhr, So/Fei ab 11.30 Uhr, @ iqr574

Am Parkplatz der Straße nach rechts entlang des Baches durch den Wald folgen, rechts befindet sich der Park Wasserlos.

Park und Schloss Wasserlos. Das Schloss wurde in den Jahren 1767/68 errichtet. Zuvor stand hier eine mittelalterliche Burg, von der noch Überreste sichtbar sind. Unter den zahlreichen Besitzern war auch die Schwester von Clemens Brentano, Ludovica Freifrau von des Bordes, die den Grundstock für den Bau der Alzenauer Kirche spendete. Heute befindet sich hier das Krankenhaus.

Hotel am Park, Hellersweg 1, 06023/310250, @ dmv328

Nach dem Waldstück rechts, am Querweg dann links ~ kurz vor dem Wald rechts in den Schotterweg, zwischen Feld und Wiese hindurch ~ an der Weinlage links.

2 1,4 (222) Am **Marienaltar** dem Weg nach rechts folgen ~ nach 140 m am Waldrand links, kurz darauf wieder rechts am Waldrand entlang ~ an der Einmündung links hinauf in die **Ringmauerstraße** ~ an der Gabelung halb rechts der Asphaltstraße folgen ~ an der T-Kreuzung links bergauf ~ gleich danach rechts über die Wiese ~ über das Treppchen zum Weinberg.

3 2,6 (236) Vom Hörsteiner Abtsberg haben Sie einen schönen Blick auf Hörstein ~ auf gleichem Weg wieder zurück zur Einmündung und dort geradeaus bergab in den Ort ~ nach der Rechtskurve links in die Straße **Zum Hexenthorn** ~ links in die **Mömbriser Straße** ~ rechts in die **Schmiedstraße** ~ links hoch in die **Hohe Kreuzgasse** ~ am steinernen

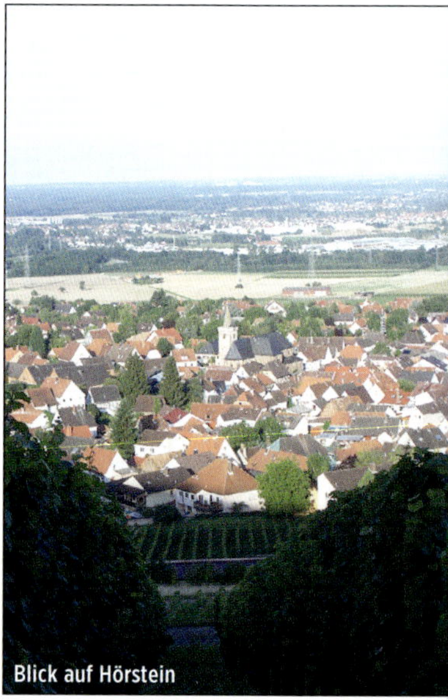

Blick auf Hörstein

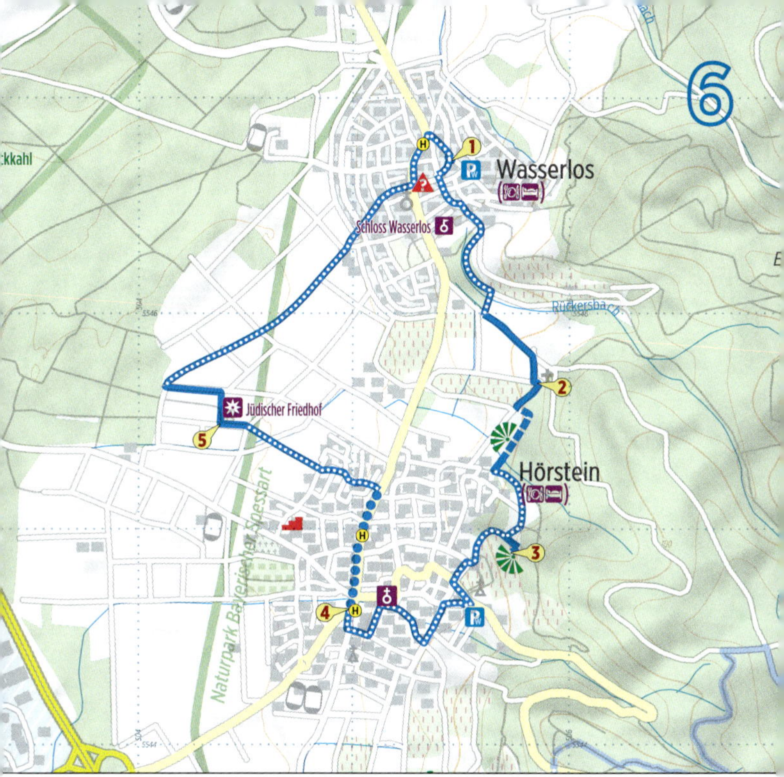

Kreuz rechts bergab in die **Edelmannstraße** ⤳ an der Querstraße bei der **Kirche** links in die Straße **Bruchhausen** ⤳ an der nächsten Querstraße rechts, dann vor dem Park wieder rechts in den **Aschaffenburger Weg**.

4 4,2 (151) Nach 100 m halbrechts in die **Alzenauer Straße**, Sie sind im Ortszentrum von Hörstein.

Hörstein (Alzenau)

Vorwahl: 06023

Pfarrkirche. Der Wehrturm wurde im 15. Jh. errichtet. Dort findet sich auch die um 1520 geschaffene Anna-Selbdritt-Gruppe, die zu den schönsten Kunstwerken der Renaissance im westlichen Spessart zählt.

Hofgut Hörstein, Wein & Wirtschaft, Mömbriser Str. 6, ✆ 9183151, ◷ Mo, Mi-Sa 15-22.30 Uhr, So 12-21 Uhr, @ gdx654

Staatlicher Hofkeller Würzburg, Weinbergstr. 50, ✆ 5613, ✆ 0163/1705571, ◷ Fr 16-18 Uhr, Sa 14 -17 Uhr. Weinverkauf.

AUSSTIEG An den Bushaltestellen Ortsmitte und Alzenauer Straße besteht die Möglichkeit, mit der Buslinie 31/32 in wenigen

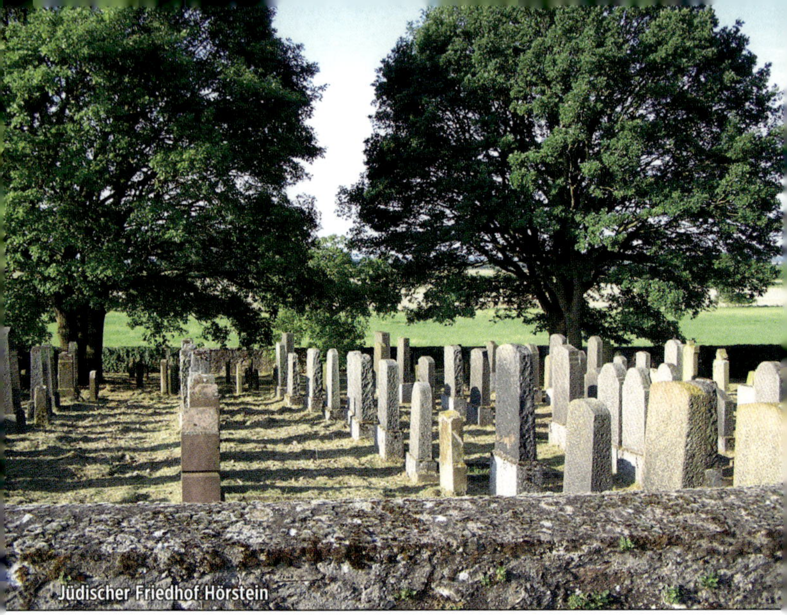
Jüdischer Friedhof Hörstein

Minuten zum Ausgangspunkt der Tour zurückzufahren.

Sie folgen der **Alzenauer Straße** bis kurz vor dem Ortsende, dort links in die Straße **Am Jüdischen Friedhof** ⤳ links in die Straße **Am neuen Berg** ⤳ in den ersten Abzweig nach rechts, nun dem Radweg folgen ⤳ am Übergang zum Schotterweg halb links.

Der **Jüdische Friedhof** verfügt über 244 Grabsteine, die alle nach Osten in Richtung Jerusalem ausgerichtet sind. Der älteste Stein stammt aus dem Jahre 1810, der jüngste aus dem Jahr 1938.

5 5,6 (130) Nach dem **Jüdischen Friedhof** rechts an der Mauer entlang ⤳ über die Wiese zur Kulturwegtafel ⤳ links über die Wiese ⤳ an der Einmündung in den Radweg rechts, der Weg führt leicht bergauf ⤳ am Radwegweiser weiter geradeaus in die **Zehntmauerstraße** ⤳ an der Kreuzung im Ortszentrum links in die **Bezirksstraße** ⤳ über die erste Kreuzung geradeaus, dann in den nächsten Abzweig rechts und rechts auf dem **Haagweg** zum Ausgangspunkt der Tour.

1 7,9 (170) Sie erreichen wieder den Parkplatz unterhalb der Hahnenkammhalle, wo die Wanderung endet.

Wasserlos (Alzenau)

Wald im Spessart – Die Entdeckung der Baumgiganten

Alte Bäume, Ausflugstipps und Wanderrouten: Die Applikation der Bayerischen Staatsforsten soll den Spessart und seine Attraktionen für Einheimische und Touristen besser erschließen. Unter www.wald-im-spessart.de finden alle Waldinteressierten zahlreiche Informationen über die Wälder des Spessart. Herzstück der neuen App ist ein detaillierter Guide zu den vielen alten Baumriesen des Blätterozeans.

Die neue Technik will dem Menschen die Natur näherbringen und kann gleichzeitig zum Schutz der Natur beitragen, da man achtsamer durch die Natur und mit ihr umgeht. Sie soll zum Naturverständnis einer breiten Öffentlichkeit beitragen und die Menschen dazu animieren, den Wald als Erholungsraum zu nutzen.

Zur Realisierung der neuen Spessart-App haben Expertinnen und Experten alle dicken und bemerkenswerten Bäume in 25 Staatswaldrevieren des Spessarts kartiert und digital verortet. Herausgekommen ist eine Übersichtskarte mit mehr als 600 „Charakterbäumen“. Besonders bemerkenswerte Bäume werden in der App genauer beschrieben.

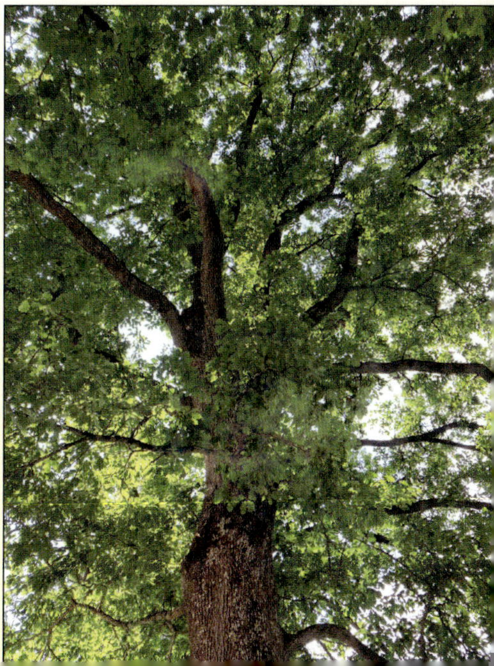

Außerdem bietet die App Wanderrouten an, um einige der Highlights im Spessart selbst erwandern zu können. Unterwegs können über die App Informationen zu speziellen Stationen abgerufen werden. Um die Anwendung nutzen zu können, reicht ein internetfähiges Smartphone oder Tablet. Auch zuhause auf dem PC können sich Interessierte schon mal einen ersten Überblick verschaffen. Die Inhalte der App werden laufend weiterentwickelt und angereichert.

Tour 7 8,2 km

Zum Hahnenkamm

Start/Ziel: Alzenau, Burgplatz
Aufstieg: 311 m *Hartbelag:* 40 %
Abstieg: 311 m *Wanderwege:* 58 %
Gehzeit: 2 - 2,5 Std. *Wanderpfade:* 2 %

Charakteristik: Der Europäische Kulturweg „Wald und Wallfahrt" führt zunächst auf dem historischen Wallfahrtsweg „Sieben-Schmerzen-Mariens" auf ebener Strecke entlang der Kahl. Nach der Wallfahrtskirche „Maria zum Rauhen Wind" im Ortsteil Kälberau beginnt der lange und steile Anstieg durch dichten Wald bis zu einem der schönsten und beliebtesten Ausflugsziele im Spessart: dem Hahnenkamm. Vom dortigen Ludwigsturm bietet sich ein traumhafter 360-Grad-Rundumblick. Der steile Abstieg führt wieder durch den Spessartwald und vorbei an einer imposanten Lehmgrube und Ziegelei zurück in den Hauptort. Die Tour ist in entgegengesetzter Richtung zum Verlauf des Europäischen Kulturweges beschrieben.

Markierung: Durchgängig gelbes EU-Schiffchen auf blauem Grund.

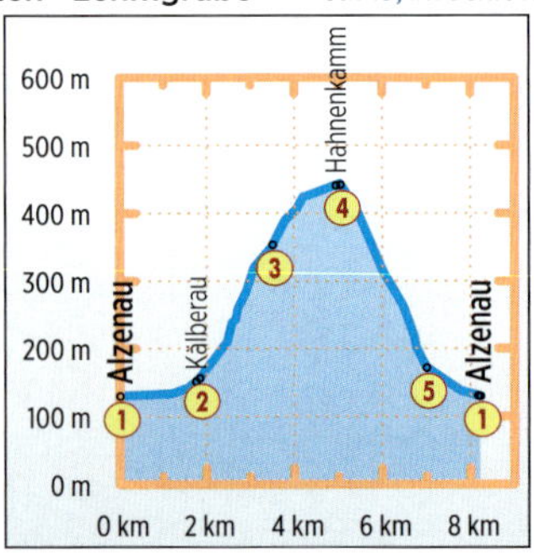

Anreise Auto: Von der A 45-Ausfahrt Alzenau Mitte auf die St 2805 in Richtung Alzenau. Am Kreisverkehr links in die Industriestraße, gleich danach rechts in die Brentanostraße. Am Ende der Straße rechts auf die Burgstraße, nach dem Bahnübergang links abbiegen zum Parkplatz unterhalb der Burg.

Anreise ÖPNV: Bahnhof Alzenau Burg der Kahlgrundbahn.

Alzenau

Vorwahl: 06023

Stadt-Info, Hanauer Str. 1, Rathaus, ✆ 502112, @ ggd828

Museum der Stadt Alzenau, Schlossstr. 13, im Schlösschen Michelbach, Michelbach (Alzenau), ✆ 502112, 1. und 3. So im Monat 14-17 Uhr, @ jwf365

Stadtpfarrkirche St. Justinus, Hanauer Str. Von besonderer Bedeutung sind die Seitenaltäre von Johann Peter Wagner und die Klais-Orgel.

Burg Alzenau. Die Burg wurde Anfang des 15. Jhs. erbaut und zählt

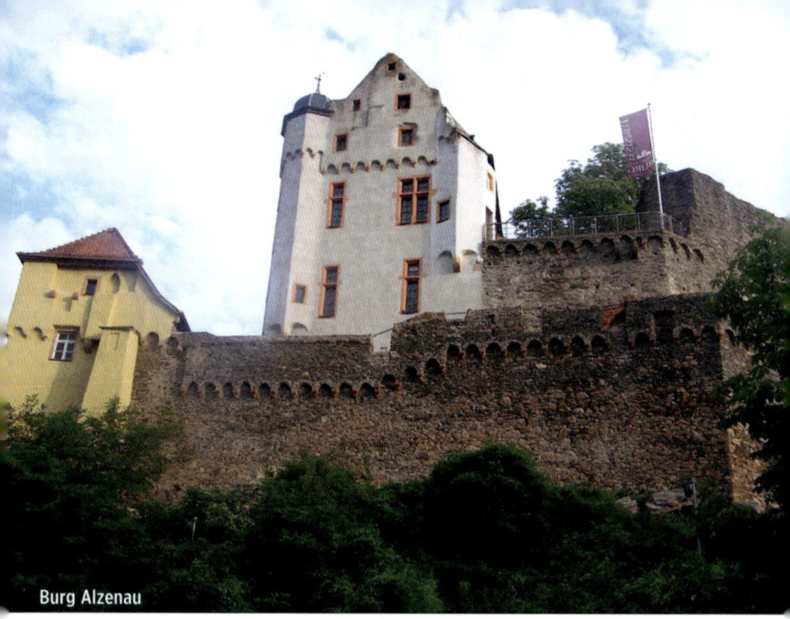
Burg Alzenau

zur Spätgotik. Die Anlage umfasst einen von Mauern umgebenen Vorhof, die innere Burg und den Palas, wobei nur der untere Burghof tagsüber frei zugänglich ist. Das städtische Verkehrsamt organisiert individuelle Führungen. Die Burg ist Ort zahlreicher Veranstaltungen, wie z. B. der Alzenauer Burgfestspiele.

Hotel-Gasthof Brezel, Wasserloser Str. 1, ✆ 1350, @ cbg423

Zum Freigericht, Wasserloser Str. 29, ✆ 8436, @ uwx834

1 0,0 (130) Über den Parkplatz unterhalb der Burg Alzenau ⤳ an der Starttafel des Europäischen Kulturweges zum Fuß- und Radweg entlang der Kahl ⤳ dem Radweg links der Kahl folgen ⤳ unter der Bahnbrücke hindurch ⤳ an mehreren schönen Bildstöcken vorbei.

TIPP Der Wallfahrtsweg „Sieben-Schmerzen-Mariens" zeigt steinerne Stationen, die zum Höhepunkt der Wallfahrt um 1710 entstanden sind.

In Kälberau rechts in die **Bahnhofstraße** ⤳ über die Kahlbrücke und gleich links in den **Auweg** ⤳ an der Einmündung rechts in die **Karl-Amberg-Straße** ⤳ bei der ersten Möglichkeit links ⤳ am **Dorfplatz** vorbei und rechts in das Sträßchen ⤳ an der T-Kreuzung links der **Michelbacher Straße** bergauf folgen.

Kälberau (Alzenau)

Wallfahrtskirche Maria zum Rauhen Wind. Die Kirche besteht aus einem alten gotischen Teil und einem modernen Erwei-

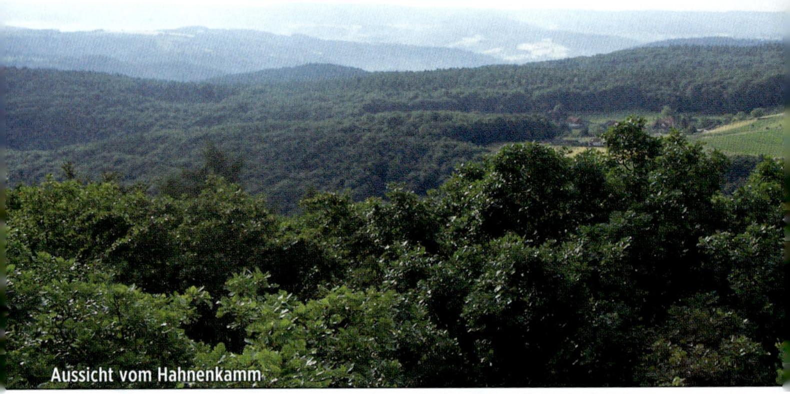

Aussicht vom Hahnenkamm

terungsbau aus den 1950er Jahren. Verehrt wird eine 50 cm hohe geschnitzte Figur (Gnadenbild) der Maria, die um 1380 entstanden sein muss und dem Bauwerk seinen Namen gab.

2 1,8 (156) Bei der **Wallfahrtskirche** rechts in die **Ludwigstraße** ⁓ diese geht am Ende in einen breiten Forstweg über ⁓ dem schattigen Hohlweg bergauf folgen ⁓ kurz auf dem kleinen Asphaltsträßchen laufen, dann dieses nach links verlassen und weiter bergauf.

3 3,5 (353) Gut 150 m nach der Rasthütte links abbiegen in den schmaleren Weg, steil bergauf ⁓ an der Gabelung links halten ⁓ an der nächsten Gabelung rechts zum Wanderwegweiser an der **Bildeiche** ⁓ nach der Bildeiche scharf rechts ⁓ dem pfadähnlichen Weg auf dem Kamm stetig bergauf folgen ⁓ am Parkplatz vorbei zum Gipfel des Hahnenkamms.

Hahnenkamm (437 m)

Berggasthof Hahnenkamm, 06029/8456, 0151/12826918, Di-So ab 10 Uhr, @ wfj242

Der Hahnenkamm ist mit seinen 436 Metern der höchste Berg im Vorspessart. Vom 130 Jahre alten Ludwigsturm hat man einen atemberaubenden Rundumblick über Spessart und Odenwald bis hin zum Taunus und nach Frankfurt. Der Name bezieht sich auf den bayerischen König Ludwig I., der 1840 hier seinen 54. Geburtstag feierte.

4 5,0 (435) Vom Biergarten die Treppe hinunter und am Barfußpfad vorbei dem Waldweg bergab folgen ⁓ an der Einmündung am Wanderwegweiser rechts in den Schotterweg ⁓ links in den steilen Weg, bergab durch den Wald in Richtung Tal ⁓ an der Kreuzung mit dem breiteren Forstweg geradeaus weiter in den kleinen Weg,

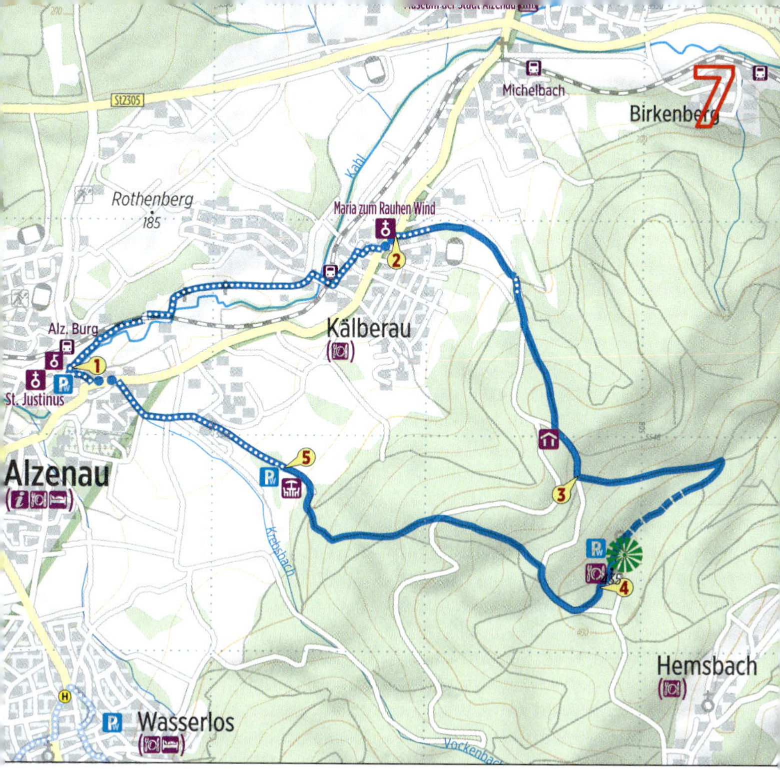

der steil bergab durch den Wald führt ⤳ an der Rastbank geradeaus über den Schotterweg in den Wald ⤳ an der nächsten Abzweigung geradeaus ⤳ an der Gabelung links halten ⤳ an der Einmündung am Wanderwegweiser links in den Schotterweg und diesem gleich rechts bergab folgen.

5 7,0 (171) Am Parkplatz vorbei dem Radweg folgen, vorbei an einer großen Lehmgrube ⤳ an der Einmündung einer anderen Straße geradeaus ⤳ an der Kreuzung geradeaus in die Straße **Zum Oberwald** ⤳ der Straße nach rechts folgen ⤳ an der T-Kreuzung links in die **Märkerstraße** ⤳ rechts in die Straße **Am Burgsteg** ⤳ am Brunnen vorbei über das Kahlbrückchen ⤳ nach der Brücke rechts.

1 8,2 (130) Am Parkplatz unterhalb der Burg Alzenau erreichen Sie wieder den Ausgangspunkt der Tour.

Alzenau

MITTEL

Tour 8 — 12,1 km

Freigerichter Bucht

Start/Ziel: Neuses, Parkplatz Restaurant Fernblick

Aufstieg: 295 m — *Hartbelag:* 19 %

Abstieg: 295 m — *Wanderwege:* 76 %

Gehzeit: 3 - 3,5 Std. — *Wanderpfade:* 5 %

Charakteristik: Der Europäische Kulturweg „Freigerichter Bucht“ beginnt gleich mit dem Höhepunkt der Tour: Dem fantastischen Ausblick vom Aussichtsturm Fernblick, von wo aus Vogelsberg und Wetterau bestaunt werden können. Der Weg führt dann zunächst bergab nach Neuses und über Felder und Wiesen nach Horbach. Nach der Mariengrotte, die in einen ehemaligen Steinbruch geschlagen wurde, und der idyllischen Kneippanlage folgt der lange Aufstieg durch den Wald bis zum Frohnbügel. Den Abschluss bildet ein kurzer Abschnitt der berühmten Birkenhainer Straße. Die Kulturwegtafeln an der Strecke informieren über Neuses, den Steinbruch Altenmittlau, die Michaelskapelle und den Frohnbügel.

Markierung: Durchgängig gelbes EU-Schiffchen auf blauem Grund.

Anreise Auto: Neuses liegt im Freigericht, südöstlich des Hauptortes Somborn und nordöstlich des Alzenauer Stadtteils Albstadt. Am östlichen Ortsrand an der L 3444 beschilderter Abzweig zum Restaurant Fernblick.

Anreise ÖPNV: Mit der Buslinie 31 Aschaffenburg - Alzenau - Somborn zur Haltestelle Freigericht Neuses, Hanauer Landstraße, von dort ca. 500 Meter zum Alternativeinstieg in Neuses.

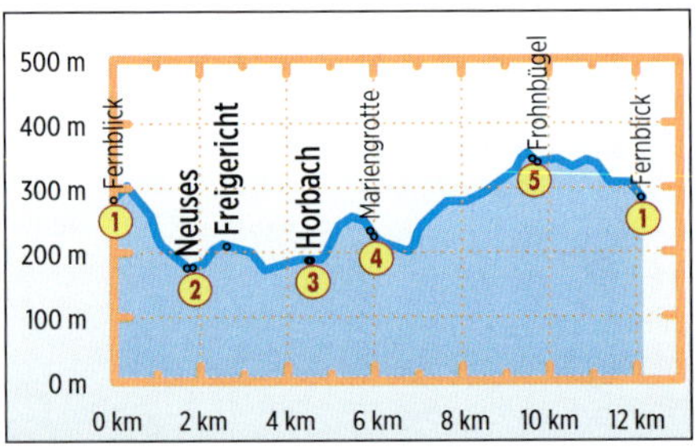

Fernblick

Fernblickturm mit Blick auf Wetterau und Vogelsberg

Restaurant/Landhaus Fernblick, Auf dem Rodfeld 1, ✆ 06055 /427, Di-So, @ enp732

1 0,0 (285) Nach einem Abstecher zum **Fernblickturm** gehen Sie links an der Gaststätte vorbei ~ auf dem breiten Weg in den Wald hinein ~ an der Gabelung rechts auf den breiten Forstweg, das ist der frühere Fernhandelsweg Birkenhainer Straße ⁓ gleich wieder rechts in den Schotterweg, steil bergab ⁓ an der Gabelung geradeaus in die Straße **Blocksberg** ⁓ rechts in die **Kapellenstraße**.

Neuses (Freigericht)

Vorwahl: 06055

Gemeindeverwaltung Freigericht, Rathausstr. 13, ✆ 9160, @ knk816

2 1,8 (176) Nach 150 m an der Straßenkreuzung rechts in die **Bahnhofstraße** ⁓ in den ersten Abzweig nach links, das ist die Straße **Wachthütte** ⁓ gleich rechts in die **Kettelerstraße** ⁓ an der Kreuzung links in den **Eselsweg** ⁓ an der Gabelung am Ortsende links bergauf zwischen Feldern hindurch ⁓ vor dem Wasserwerk rechts in den Wiesenweg zur Kulturwegtafel ⁓ an der Kreuzung auf den breiten Weg rechts Richtung Hochspannungsmast ⁓ am Waldeck vom breiten Weg rechts abzweigen und am Waldrand entlang ⁓ am Ende die Landstraße queren und auf dem Asphaltweg weiter ⁓ am Querweg vor dem Steinbruch rechts.

Altenmittlau (Freigericht)

Steinbruch Altenmittlau. Für Mineralogen und Geologen eine weltweit bekannte Fundstelle sowohl für das Mineral Azurit als auch für äußerst selten vorkommende Pflanzenabdrücke aus dem Erdaltertum.

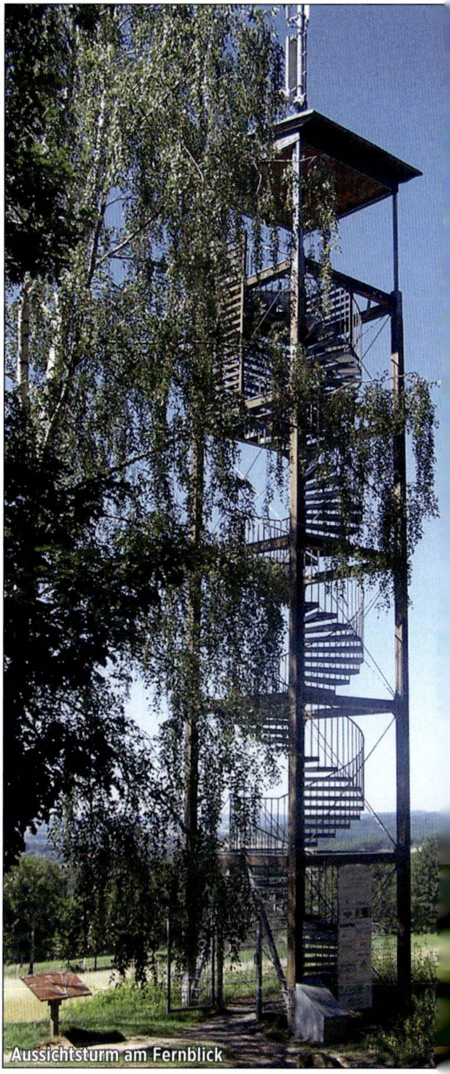

Aussichtsturm am Fernblick

Dem Schotterweg in Richtung Horbach folgen ~ an der Kreuzung geradeaus durch das Wohngebiet ~ links in die **Wingertstraße** ~ gleich danach rechts in den gepflasterten Pfad.

Horbach (Freigericht)

Michaelskapelle. Das heutige Gebäude stammt von 1701, als der Vorgängerbau umfangreich erweitert und umgebaut wurde. Archäologische Untersuchungen lassen den Schluss zu, dass hier bereits im 12. Jh. ein Holzbau stand.

3 4,5 (188) Nach der Kapelle rechts in die **Kirchstraße** ~ links in die **Dorfstraße** ~ rechts über den **Dorfplatz** in die Straße **Alter Weg** ~ geradeaus in die Straße **Am Nordhang** ~ links die Treppe hoch, oben rechts ~ geradeaus über die Kreuzung ~ nach den letzten Häusern auf dem Schotterweg bergauf ~ nach 850 m an der T-Kreuzung scharf rechts und dann gleich links in den Pfad.

TIPP Die 1949 fertiggestellte Mariengrotte ist eines der wenigen Beispiele für eine Mariengrotte im evangelisch geprägten hessischen Spessart.

4 6,0 (224) An der **Mariengrotte** scharf rechts auf dem Pfad bleiben ~ dem Schotterweg geradeaus folgen ~ an der Einmündung links in Richtung Straße ~ über den Bach und die Straße kreuzen ~ am **Parkplatz** rechts ~ rechts am Weiher vorbei ~ den großen Schotterweg kreuzen und parallel zur Straße geradeaus ~ an der Gabelung links und gleich danach rechts weiter, auf dem Schotterweg steil bergauf durch den Wald ~ immer auf dem Hauptschotterweg bleiben ~ an der großen Wegkreuzung

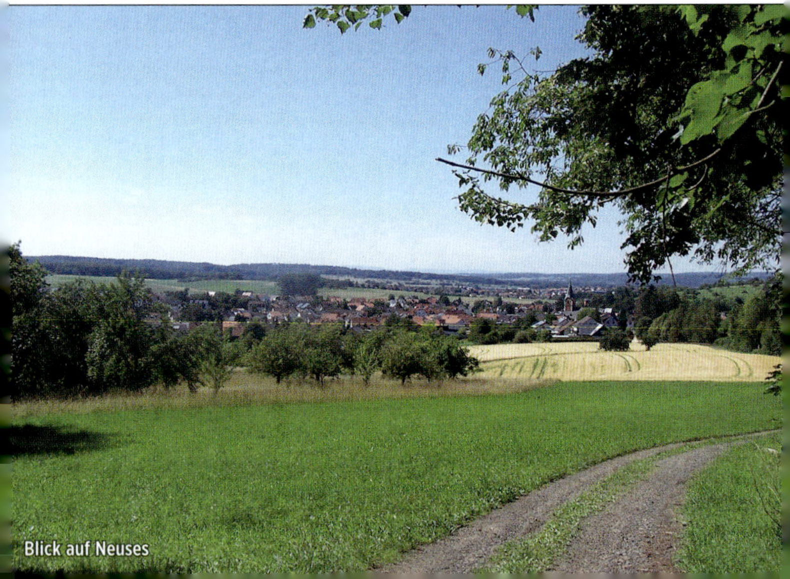

Blick auf Neuses

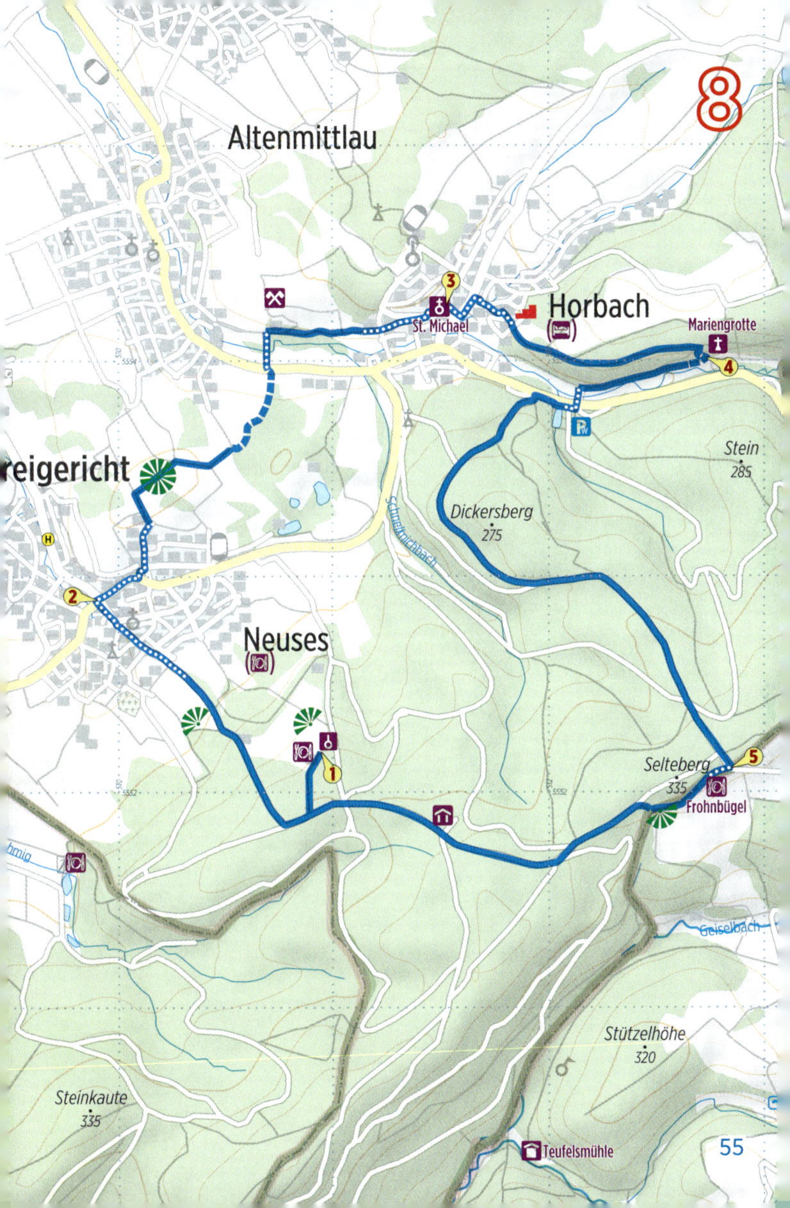
8
Altenmittlau
Horbach
St. Michael
Mariengrotte
reigericht
Stein
285
Dickersberg
275
Schleifrichbach
Neuses
Selteberg
335
Frohnbügel
Geiselbach
Stützelhöhe
320
Steinkaute
335
Teufelsmühle

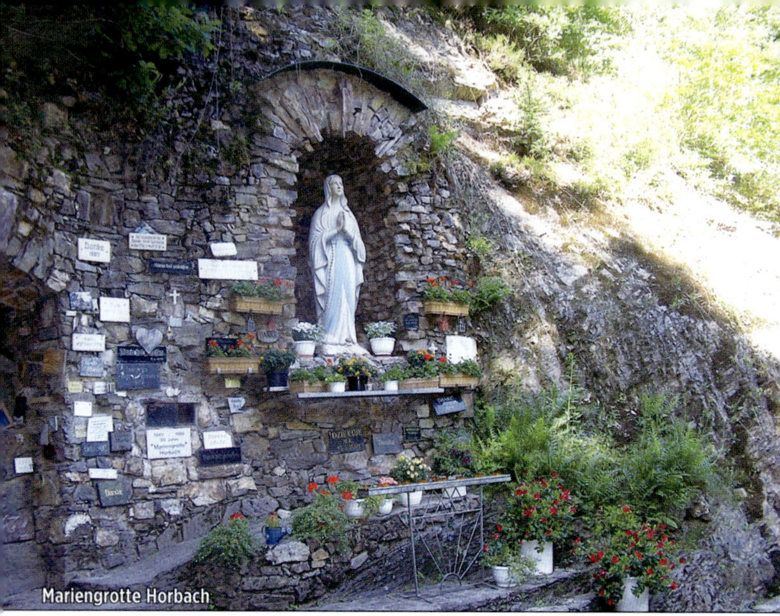
Mariengrotte Horbach

im Wald geradeaus ⇝ an der direkt folgenden Gabelung halb links.

5 19,6 (345) Vor dem Gasthaus rechts am Waldrand entlang.

Frohnbügel (Geiselbach)

Frohnbügel, ✆ 06024/9266, ⌚ Mi/Do ab 13 Uhr, Fr/Sa ab 14 Uhr, So ab 11 Uhr, @ qiv113

Der Frohnbügel ist ein Hofgut an der Birkenhainer Straße, das bereits 1865 urkundlich erwähnt wurde. Seit 1905 befindet sich die Gaststätte in Familienbesitz.

Birkenhainer Straße

Die Birkenhainer Straße führt von Hanau nach Gemünden am Main entlang der Wasserscheide zwischen Kahl und Kinzig und war früher ein Teil des wichtigen Fernhandelsweges zwischen Brüssel und Wien.

Am Wegweiser rechts in den schmaleren Weg in den Wald ⇝ an der Einmündung auf einen größeren Schotterweg links ⇝ an der Gabelung links halten ⇝ an der 5er-Kreuzung halb rechts in Richtung Fernblick ⇝ an der Kreuzung mit der Schutzhütte geradeaus ⇝ nach 500 m an der nächsten Kreuzung geradeaus ⇝ kurz danach rechts in den bereits bekannten Weg zum Aussichtsturm.

1 12,1 (285) Sie erreichen den Ausgangspunkt und das Ende der Tour.

Fernblick

Tour 9 — 10,7 km

Krombacher Landgericht

Start/Ziel: Dörnsteinbach, Parkplatz am Sportplatz

Aufstieg: 208 m — *Hartbelag:* 37 %

Abstieg: 208 m — *Wanderwege:* 62 %

Gehzeit: 2,5 - 3 Std. — *Wanderpfade:* 1 %

Charakteristik: Die südöstliche Schleife des Europäischen Kulturwegs „Krombacher Landgericht" ist durch die herrlichen Landschaften des Vorspessarts geprägt. Im ersten Teil führt die Tour durch weite Wiesen und Felder und ermöglicht tolle Blicke auf Krombach und Umgebung. Nach dem Abstieg durch einen Hohlweg in den Ort mit seinem beeindrucken Ensemble aus Kirche, Pfarrhaus, Rathaus und Schule, folgt der erneute Anstieg zu Obstplantagen und dem verschlafenen Örtchen Oberschur, bevor es dann durch herrlichen Laubwald zurück zum Sportplatz geht. Die Kulturwegtafeln an der Strecke informieren über den Krombacher Kirchberg, das Hofgut Hauenstein sowie den historischen Richtplatz am Schöneberg.

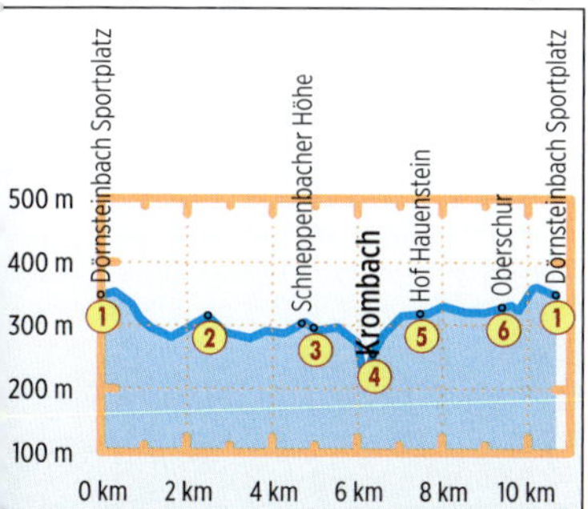

Markierung: Durchgängig gelbes EU-Schiffchen auf blauem Grund.

Anreise Auto: Auf der St 2305 nach Niedersteinbach, dort nach Dörnsteinbach abbiegen. In Dörnsteinbach rechts in den Kiesgraben, dann nach links der Beschilderung zum Sportplatz folgen.

Anreise ÖPNV: Mit dem Bus 29 zur Haltestelle Krombach, Alte Brauerei und die Tour dort beginnen. Sonntags keine Verbindung.

Dörnsteinbach (Mömbris)

1 0,0 (348) Vom Parkplatz am Sportplatz Dörnsteinbach den erdigen Weg in Richtung Krombach leicht bergab ⤳ an der Einmündung eines Wegs von rechts weiter geradeaus ⤳ ▲ am Wegweiser, wo sich zwei Kulturwege treffen, rechts am Waldrand entlang ⤳ kurz vor dem Ortseingang links in den Feldweg ⤳ an der Kreuzung am Fahrradwegweiser rechts ⤳ gleich wieder rechts bergab in das Wäldchen ⤳ links in den Schotterweg

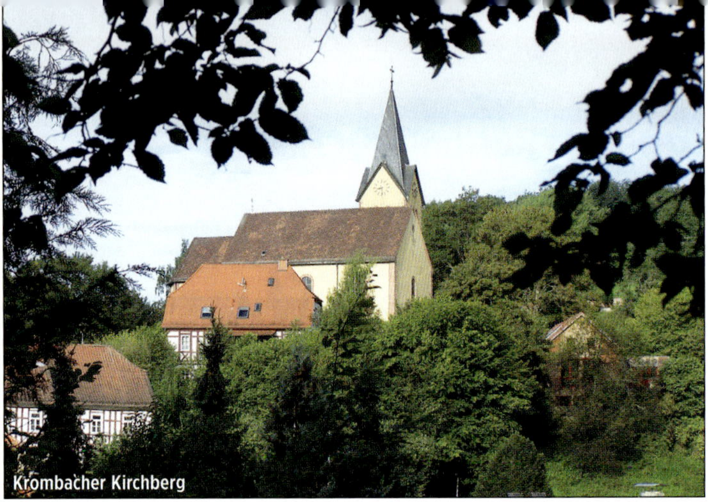

Krombacher Kirchberg

⇝ vor der Rechtskurve des Schotterwegs links in den Wiesenweg ⇝ an der Kreuzung rechts hinauf zur Straße ⇝ die Landstraße nach rechts versetzt queren und in den Asphaltweg ⇝ am zweiten Abzweig links in den Schotterweg.

Richtplatz

Auf diesem Galgenberg wurden die Urteile des Krombacher Landgerichts vollstreckt, das vom 13. Jahrhundert bis 1848 unter wechselnden Zuständigkeiten bestand. Die Verhandlungen und Folterungen fanden in der Nähe des Krombacher Kirchbergs statt.

2 2,5 (314) An der Gabelung rechts in den Wiesenweg ⇝ rechts an der Schutzhütte vorbei ⇝ am Schotterweg zwischen Wiesen und Feldern rechts ⇝ in den nächsten Abzweig nach links ⇝ am Querweg rechts und mehr als 1 km zwischen den Feldern hindurch ⇝ an der T-Kreuzung rechts bergauf in den Schotterweg ⇝ an der Einmündung in den Asphaltweg links bergab.

3 5,0 (295) An der Einmündung rechts auf die Straße.

Kalmushof (Krombach)

Zum Kalmushof, Schöllkrippener Str. 21, ✆ 06024/630993, Do, Fr ab 16 Uhr, Sa, So ab 15 Uhr, @ igf465

In der Rechtskurve die Straße verlassen und geradeaus in den schmaleren Asphaltweg ⇝ an der Einmündung links in die **Schlemmgasse** ⇝ die Hauptstraße queren und geradeaus in den **Schulberg** ⇝ rechts in den gepflasterten Weg ⇝ links die Stufen hinauf zur Kirche ⇝ nach der Treppe links.

Krombach

Verwaltungsgemeinschaft Schöllkrippen, Marktpl. 1, Schöllkrippen, ✆ 06024/67350, @ kvx527

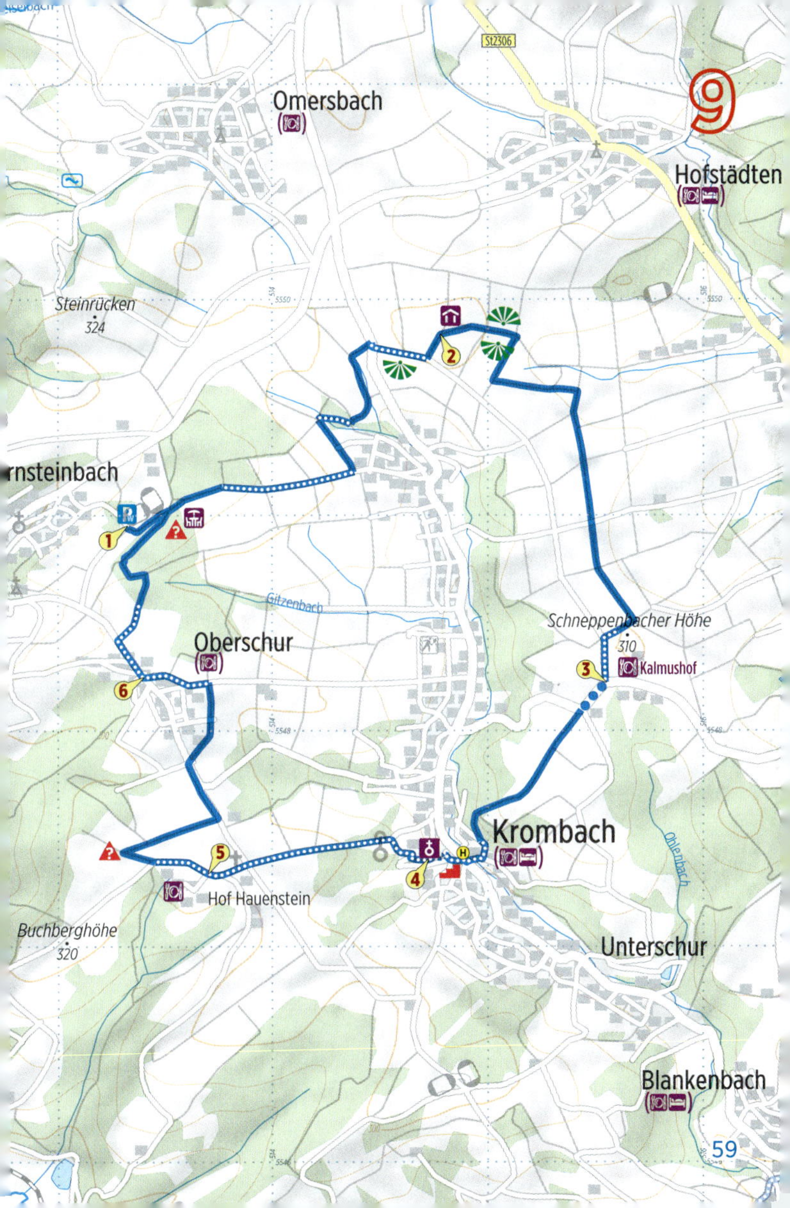

9
St2306
Omersbach
Hofstädten
Steinrücken
324
rnsteinbach
Gitzenbach
Oberschur
Schneppenbacher Höhe
310
Kalmushof
Krombach
Hof Hauenstein
Buchberghöhe
320
Unterschur
Ohlenbach
Blankenbach
1
2
3
4
5
6

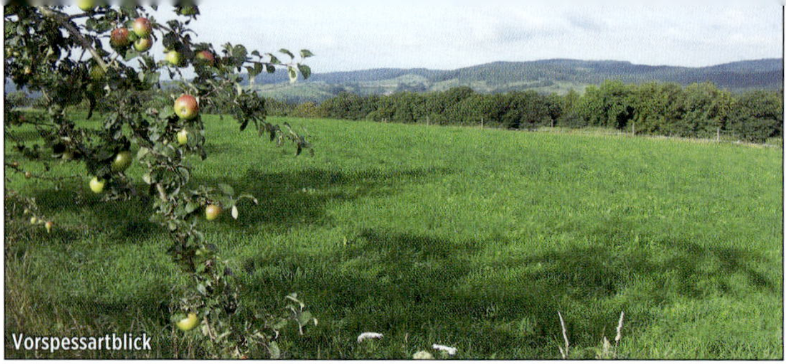
Vorspessartblick

Katholische Pfarrkirche St. Lambertus und St. Sebastian. Die Pfarrei zählte schon vor 1269 zur Abtei Seligenstadt. Gotischer Turmunterbau, Kirchenneubau von 1744 und Turmobergeschoss von 1867.

Kleines Landhotel – Restaurant und Café Windlicht, Tannenstr. 1, 06024/690300, Mo, Mi-Sa ab 14 Uhr, So ab 11 Uhr, uko841

4 6,4 (254) Links an **Kirche** und **Friedhof** vorbei ~ durch das Friedhofstor ~ an der Einmündung rechts in die Straße ~ an der Kreuzung mit dem Flurkreuz geradeaus.

5 7,5 (317) Am Abzweig zum Hofgut Hauenstein rechts.

Hof Hauenstein (Krombach)

Reiterstübchen, Hof-Hauenstein 1a, 06029/8230, 0171/3137519, pgd712

Das Hofgut Hauenstein besteht aus einem ehemaligen Wohnhaus mit landwirtschaftlichen Gebäuden, das in der Nähe einer Burg aus dem 13. Jahrhundert errichtet wurde und sein heutiges Gesicht durch umfangreiche Umbauten 1841 erhielt.

Am Wegweiser die Asphaltstraße verlassen und geradeaus in den bergauf führenden Schotterweg ~ scharf rechts in den abzweigenden Schotterweg ~ unmittelbar vor dem Asphaltweg links in den parallel verlaufenden Erdweg ~ die Landstraße kreuzen und geradeaus in den Weg zwischen den Wiesen hindurch ~ dem Schotterweg bis zur Kreuzung mit der kleinen Asphaltstraße folgen, hier links ~ rechts in den **Heideweg**.

Oberschur (Krombach)

Hüttenberg Stüberl, Brunneng. 15, 06029/8610

Zur Sommerfrische, Frankenstr. 10, 06029/1353, Mi-So ab 11 Uhr, npp312

6 9,4 (327) Rechts in die **Frankenstraße** ~ rechts in den asphaltierten Feldweg, bergab in Richtung Wald ~ an der Kreuzung im Wald halb links hoch ~ den Hauptweg im Wald verlassen und scharf links weiter hoch ~ an der Einmündung in den größeren Erdweg rechts ~ an der Einmündung am Sportplatz links in den Schotterweg.

1 10,7 (348) Die Tour endet wieder am Sportplatz Dörnsteinbach.

Dörnsteinbach (Mömbris)

Tour 10 13,7 km

Apfelwein und weißer Stein

Start/Ziel: Blankenbach, Bahnhof
Aufstieg: 330 m *Hartbelag:* 43 %
Abstieg: 330 m *Wanderwege:* 44 %
Gehzeit: 3 - 3,5 Std. *Wanderpfade:* 13 %

Charakteristik: Der Europäische Kulturweg „Apfelwein und weißer Stein" startet in Blankenbach im Kahltal. Nach dem beschaulichen Ortskern von Erlenbach beginnt der stetige Anstieg, der mit zahlreichen beeindrucken Aussichten über den Vorspessart und einigen kurzen Abstiegen versüßt wird. Höhepunkt der Tour ist der weiße Steinbruch, der mit einer geologischen Besonderheit aufwartet. Der Abstieg führt durch Wiesen und Felder hindurch und bietet immer wieder tolle Panoramablicke, die vereinzelt auch mit Tafeln erläutert sind. Die Kulturwegtafeln entlang der Tour informieren über die Geschichte der Dörfer Blankenbach, Erlenbach und Eichenberg sowie eine ehemalige Winkelstation am Zusammentreffen zweier Seilbahnen und den Untertagebergbau in Eichenberg.

Markierung: Durchgängig gelbes EU-Schiffchen auf blauem Grund.

Anreise Auto: Auf der St 2305 in Richtung Schöllkrippen. In Blankenbach links in Richtung Krombach abbiegen. Nach dem Bahnübergang links, an der Ecke mit dem Kleeweg ist ein Parkplatz.

Anreise ÖPNV: Mit der Kahlgrundbahn nach Blankenbach.

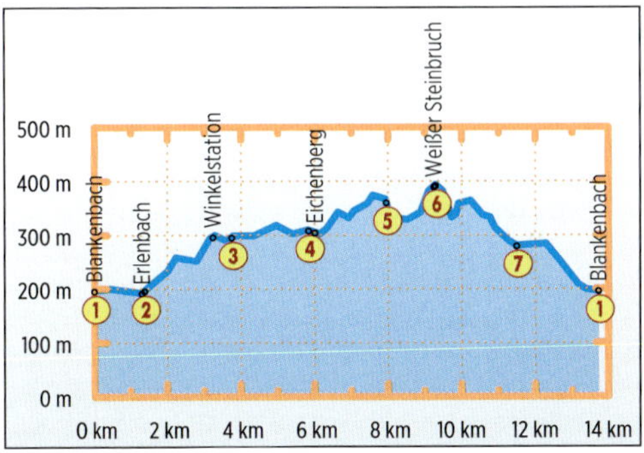

Blankenbach

Vorwahl: 06024

Verwaltungsgemeinschaft Schöllkrippen, Marktpl. 1, Schöllkrippen, ✆ 67350, @ kvx527

Kilianskirche, erbaut 1929 als Gemeinschaftswerk der damals noch getrennten Gemeinden Groß- und Kleinblankenbach mit Erlenbach, die von der Bevölkerung über symbolische Postkarten – „Bausteine“ – mitfinanziert wurde.

Brennhaus Behl, Krombacher Str. 2, 4766, Mo-Sa 17-21 Uhr, So 11.30-14 Uhr , @ rvx478

1 0,0 (196) Vom Parkplatz mit der Starttafel des Kulturwegs nach links dem **Kleeweg** auf dem Bürgersteig folgen ~ an der Kreuzung geradeaus und über den Krombach ~ nach 600 m links in Richtung **Fliederichsmühle** ~ die Bahnschienen queren ~ über das Kahlbrückchen und auf den Wiesenpfad zur Straße ~ die Hauptstraße queren und rechts in den **Stadtweg**.

Erlenbach (Blankenbach)

2 1,4 (195) Der **Erlenbacher Straße** am **Dorfplatz** vorbei bergauf folgen ~ an der Gabelung links weiter bergauf ~ an der Abzweigung links der Asphaltstraße in die Spitzkehre folgen, nicht geradeaus auf den Schotterweg weiter ~ am nächsten Abzweig die Straße verlassen und rechts über die Wiese bergauf ~ links auf den Schotterweg und bergab zur Straße ~ die Straße nach rechts versetzt queren und in den parallel verlaufenden Weg in den Wald ~ an der T-Kreuzung rechts in den bergauf führenden Schotterweg ~ an der Weggabelung links in den Wiesenweg ~ an der Einmündung in einen weiteren Wiesenweg rechts hoch am Waldrand entlang ~ am Ende des Weges links in das kurze asphaltierte Stück, das dann in Schotter übergeht ~ an der **Winkelstation** rechts in den Waldpfad.

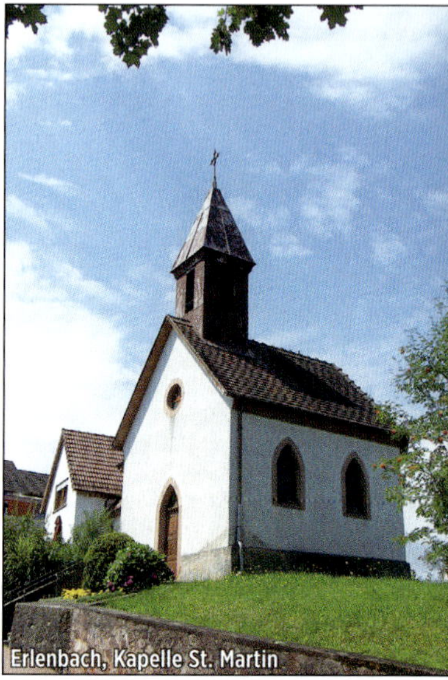

Erlenbach, Kapelle St. Martin

TIPP: An der Winkelstation finden Sie Reste der Umleitungsstation einer 1,65 km langen Materialseilbahn, die zwischen 1899 und 1936 Dolomit aus dem Eichenberger Steinbruch zum Kalkwerk nach Blankenbach transportierte.

An der Einmündung in den breiteren Forstweg rechts.

3 3,8 (296) Die Straße queren und in den asphaltierten Weg ~ an der Gabelung links und an den Streuobstwiesen vorbei ~ an der nächsten Gabelung links am Waldrand entlang ~ beim Hochsitz links in den Wiesenweg zwischen den Feldern hindurch ~ an der Einmündung links bergauf in den Schotterweg, der ab dem nächsten Abzweig als Radweg markiert ist ~ geradeaus über die Straße,

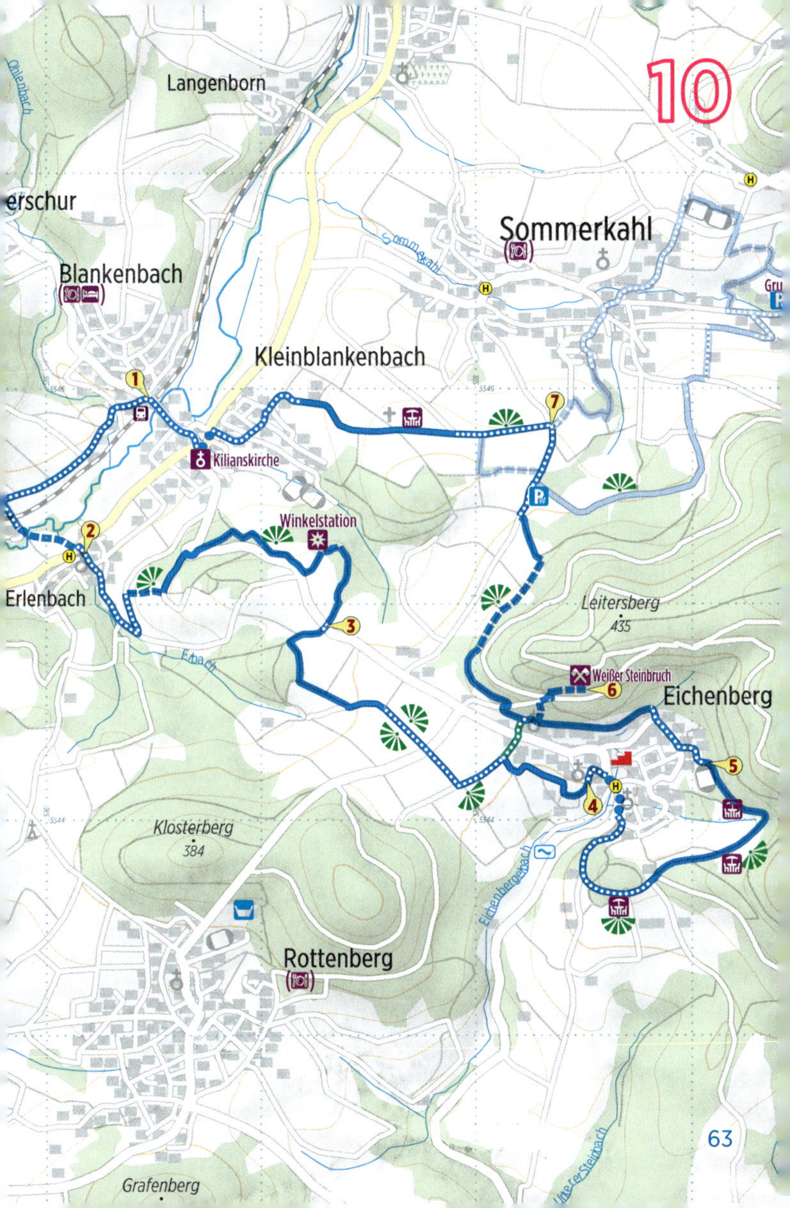
10
Langenborn
Ohlenbach
erschur
Sommerkahl
Sommerkahl
Blankenbach
Kleinblankenbach
Kilianskirche
Winkelstation
Erlenbach
Erlbach
Leitersberg
435
Weißer Steinbruch
Eichenberg
Klosterberg
384
Eichenbergerbach
Rottenberg
Grafenberg
UntererSteinbach
Gru

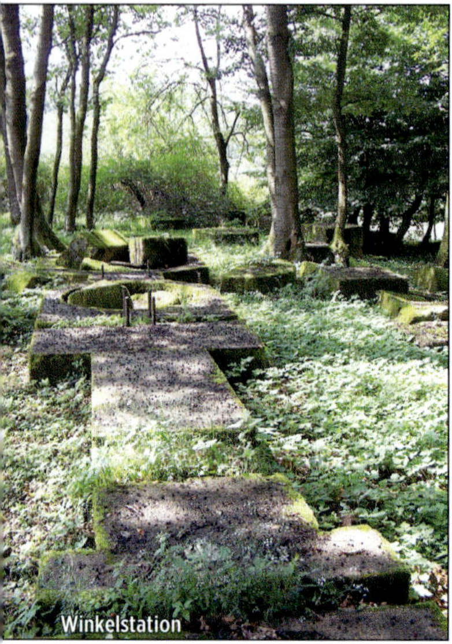

Winkelstation

der Radwegbeschilderung bergab in Richtung Eichenberg folgen ~ an der Kreuzung links in Richtung Eichenberg ~ noch vor dem Ortseingang rechts in den Schotterweg.

VARIANTE Sie können die Tour um etwa 4 km verkürzen, wenn Sie auf den Schlenker um Eichenberg verzichten. Folgen Sie dafür dem Asphaltweg geradeaus in den Ort. Nach dem Überqueren der Hauptstraße gelangen Sie an der Kapelle vorbei bergauf zur Hauptroute, der Sie nach links folgen.

Für die Runde um den Ort halten Sie sich 60 m nach dem Abzweig an der Gabelung links ~ dem Wegverlauf folgen ~ an der kleinen Infotafel links.

Eichenberg (Sailauf)

Landgasthof Zum Hirschen, Hauptstr. 17, ✆ 06024/9639

4 5,8 (308) Am **Kirchplatz** gleich rechts in den schmalen Asphaltweg ~ nach der Treppe rechts in die **Hauptstraße** ~ der Straße bergauf folgen ~ an der Gabelung links in die Straße **Alter Kirchweg** ~ gleich darauf an der Gabelung rechts ~ an der Gabelung die Straße nach links verlassen in die **Vordere Röthe** in Richtung Geflügelhof ~ dem Hauptweg folgen, der in Schotter übergeht ~ an der Gabelung links am Waldrand bleiben ~ dem Weg nach links wieder in Richtung Ort folgen ~ an der Picknickbank in der Mitte der Gabelung in den rechten Weg in den Wald.

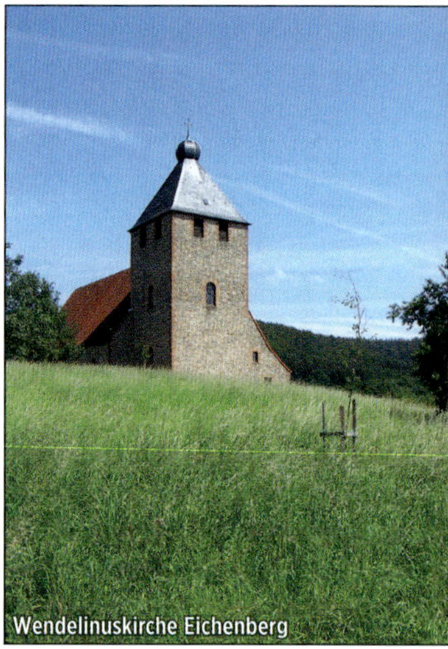

Wendelinuskirche Eichenberg

5 8,0 (361) An der Gabelung am **Sportplatz** links ⇝ an der Einmündung rechts in die **Waldgartenstraße** ⇝ rechts steil hoch in die **Eichberggasse** ⇝ an der T-Kreuzung links in den Schotterweg, oberhalb des Ortes entlang ⇝ an der Abzweigung oberhalb des Friedhofs rechts in den Pfad Richtung weißer Steinbruch, steil bergauf in den Wald ⇝ am Schotterweg kurz rechts und gleich wieder links in den Pfad ⇝ an der Einmündung rechts in den breiteren Pfad.

Weißer Steinbruch

Der Buntsandstein, der hier zu Tage tritt, ist nicht rot, sondern weiß, da die normalerweise aus Quarz bestehenden Sandkörner zum Teil aus Glimmermineralien und Feldspat bestehen.

6 9,3 (392) Vom weißen Steinbruch auf dem gleichen Weg zurück zum Abzweig oberhalb des Friedhofs und rechts in den Schotterweg ⇝ am Abzweig halb rechts in den Wiesenweg, hier trifft die Abkürzung wieder auf die Hauptroute ⇝ an der T-Kreuzung rechts in den Schotterweg und gleich wieder links in den Waldweg ⇝ an der Gabelung links in den Pfad ⇝ nach 900 m dem Schotterweg halb links weiter bergab folgen ⇝ an der Einmündung rechts auf die Straße.

ANSCHLUSS Nach 180 m ist beim nächsten Abzweig nach rechts der Übergang zu Tour 11 möglich.

7 11,5 (280) Bald nach der Infotafel zum Steinbruch an der Kreuzung links abbiegen ⇝ an der Gabelung links halten, also auf Schotter weiter ⇝

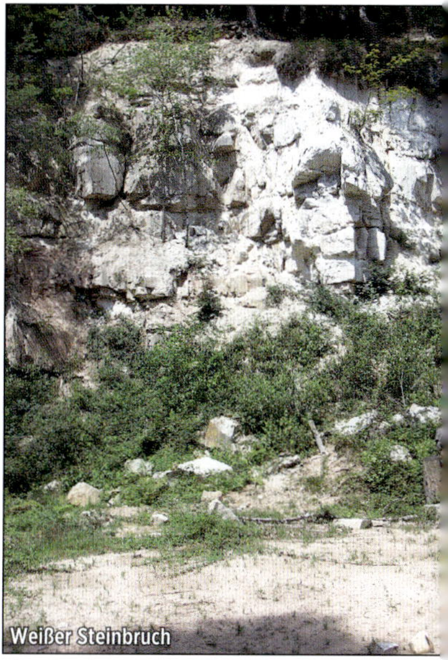

Weißer Steinbruch

der Weg führt nach Blankenbach ⇝ an der T-Kreuzung rechts in die **Waldstraße** ⇝ an der nächsten Kreuzung links in die Hauptstraße ⇝ nach der Ampel rechts in die **Bahnhofstraße**.

1 13,7 (196) Sie erreichen wieder den Parkplatz gegenüber des Hotels Behl bzw. den Bahnhof, wo die Tour endet.

Blankenbach

Tour 11 8,6 km

Rund um die Grube Wilhelmine

Start/Ziel:	Sommerkahl, Parkplatz Grube Wilhelmine		
Aufstieg:	186 m	*Hartbelag:*	27 %
Abstieg:	186 m	*Wanderwege:*	66 %
Gehzeit:	2 - 2,5 Std.	*Wanderpfade:*	7 %

Charakteristik: Der Naturlehrpfad „Rund um die Wilhelmine" führt durch die abwechslungsreiche Natur rund um Sommerkahl. Er startet am ehemaligen Kupferbergwerk und führt zunächst bergauf und dann wieder bergab in einer Schleife mit schönen Ausblicken bis nach Vormwald. Nach kurzen Abschnitten durch die Wiesen und Felder erreicht die Tour den Hauptort Sommerkahl und führt dann wieder in die Höhe. Der Rückweg verläuft fast ausschließlich durch offene Landschaften oder am Waldrand entlang und bietet so Ausblicke auf Sommerkahl und den Spessart. Die Stationen des Lehrpfads informieren über Amphibien im Bach Speckkahl, die Geologie der Region, das Landschaftsschutzgebiet „alter Steinbruch" und die „Pingenfelder", in denen Eisenerz im Tagebau abgebaut wurde.

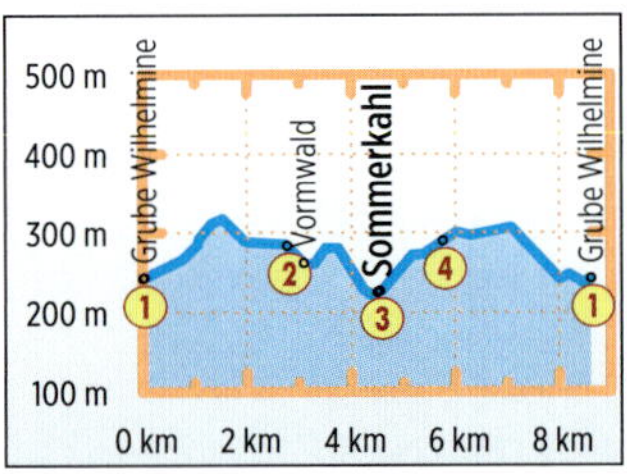

Markierung: Durchgehend „Grube Wilhelmine".

Anreise Auto: Auf der St 2305 in Richtung Schöllkrippen fahren. Hinter Blankenbach rechts nach Sommerkahl abbiegen. Im Ort der Vorfahrtstraße bis zum östlichen Ortsende folgen. Die Grube befindet sich am Ende der Wilhelminenstraße.

Anreise ÖPNV: Mit dem Bus 20 (Aschaffenburg – Schöllkrippen) zur Haltestelle Sommerkahl, Grüner Baum. Von dort ca. 600 m zu Fuß über Mühlweg und Im Gründel zur Tour, auf die Sie bei Wegpunkt 3 stoßen.

Grube Wilhelmine

Vorwahl: 06024

Grube Wilhelmine, Wilhelmninenstr. 67, ✆ 2204, ✆ 635660, April-Okt., nur im Rahmen von Führungen. Eine Dauerausstellung informiert über die Geschichte des Bergbaus und die Arbeits- und Lebensbedingungen der Bergarbeiter. Auf dem Freigelände ist u. a. eine Rekonstruktion eines historischen Förderschachtes zu besichtigen. Für die Führung in den Stollen wird festes

Schuhwerk und wärmende Kleidung empfohlen (die Temperatur im Berg beträgt 9° C). @ etc225

Das Kupferbergwerk Grube Wilhelmine zählt zu Bayerns schönsten Geotopen. Hier befindet sich eines der wenigen Kupfervorkommen in Bayern. Im Bergwerk Wilhelmine wurde 1871 mit dem untertägigen Kupferabbau begonnen. 1922 wurde die Grube wegen mangelnder Rentabilität wieder stillgelegt. Beeindruckend ist vor allem die Wand des ehemaligen Tagebaues, in der sich die Stollenmundlöcher befinden. Sie ist mit leuchtendem blauem (Azurit) und grünem (Malachit) Gestein überzogen.

1 0,0 (242) Vom Parkplatz vor der **Grube Wilhelmine** nach rechts auf den Schotterweg ⇝ aus dem Ort hinaus bergauf, an den Fischteichen vorbei.

Forellengrill mit Biergarten, Wilhelminenstr. 66, ✆ 06024/9846, @ lkm411

An der **Station Speckkahl** links hoch in den Wald ⇝ am Abzweig eines Schotterwegs links und gleich am Wanderwegweiser wieder links die Spitzkehre nehmen auf den feiner geschotterten Weg ⇝ an der Einmündung eines Asphaltwegs geradeaus weiter.

Vormwald (Sommerkahl)

2 2,8 (282) In Vormwald links in die **Engländerstraße** ⇝ rechts in den Schotterweg ⇝ an der Gabelung schräg links zum Wanderwegweiser und dann geradeaus.

VARIANTE Hier besteht die Möglichkeit, nach links bergab über einen Wiesenpfad und vorbei an der Glasermühle zurück ins Tal zur Wilhelminenstraße zu gelangen. Dort nach links erreichen Sie nach 300 m wieder den Ausgangspunkt.

Auf der Hauptroute geradeaus steil bergab über den Wiesenweg in die Senke und wieder hoch ⇝ an der Einmündung in den Feldwiesenweg

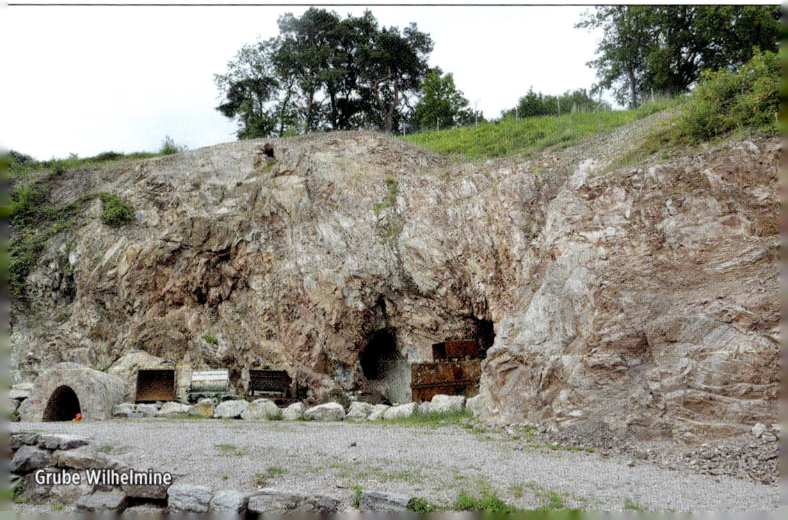

Grube Wilhelmine

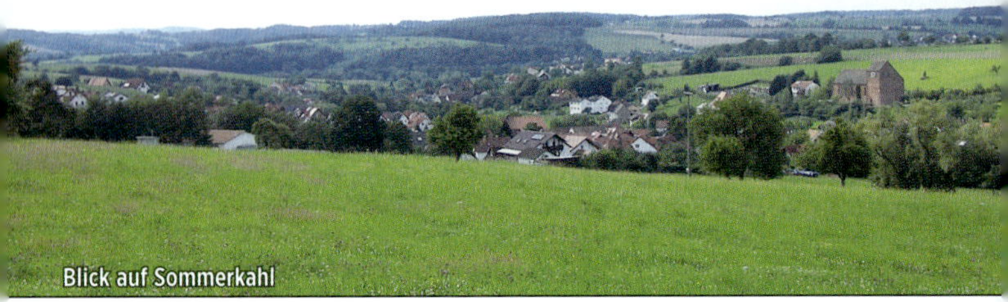
Blick auf Sommerkahl

rechts ⇝ geradeaus über die Straße und nach 60 m links auf dem Wiesenweg am Sportplatz entlang ⇝ am Ende links, dann geradeaus über die Straße ⇝ auf dem **Kestweg** bergab, Sie kommen nun in den Ortskern von Sommerkahl.

Sommerkahl

Verwaltungsgemeinschaft Schöllkrippen, Marktpl. 1, Schöllkrippen, ✆ 06024/67350, @ kvx527

Gasthaus Grüner Baum, Schwedenstr. 4, ✆ 06024/1073, Do, Sa 16.30-20 Uhr, Fr, So/Fei 11.30-14 Uhr und 16.30-20 Uhr. Mit Biergarten. @ bqb872

Zum Hasen, Kestweg 3, ✆ 06024/9316, Di, Mi, Do ab 15 Uhr, Fr, Sa ab 10 Uhr, So/Fei ab 16 Uhr, @ arj763

An der Einmündung rechts in die **Wilhelminenstraße** – die Beschilderung deutet eher auf einen Wegeverlauf nach links hin ⇝ links in die Straße **Am Eichenberg**.

3 4,5 (226) An der Gabelung geradeaus ⇝ links auf die Straße **Ober dem Backes**, steil bergauf ⇝ an der Gabelung rechts halten ⇝ nach dem Waldstück an der Kreuzung scharf rechts in den bergauf führenden Wiesenweg ⇝ am Holztörchen links ab, später kurz auf Asphalt weiter bergauf ⇝ am Wegweiser beim Materlstein „Schwarzes Hellchen" über das Sträßchen und zwischen den Feldern weiter.

ANSCHLUSS Wenn Sie Ihre Wanderung verlängern wollen, können Sie nun der Tour 10 über Blankenbach und Eichenberg folgen.

4 5,7 (298) An der Infotafel nach links abzweigen ⇝ beim kleinen Wäldchen links auf den Wiesenweg ⇝ nach der nächsten Infotafel rechts auf die Straße, dann gleich wieder links in den Schotterweg ⇝ an der Einmündung eines anderen Schotterwegs weiter geradeaus in den Wald ⇝ an der T-Kreuzung mit Wegweiser rechts in den Schotterweg ⇝ gleich danach links in den Asphaltweg, bergab in Richtung Tal ⇝ an der Einmündung in den Schotterweg rechts ⇝ links in den **Haidbergweg** ⇝ an der Einmündung rechts in die **Wilhelminenstraße**.

1 7,6 (242) Die Tour endet am Parkplatz der Grube Wilhelmine.

Grube Wilhelmine

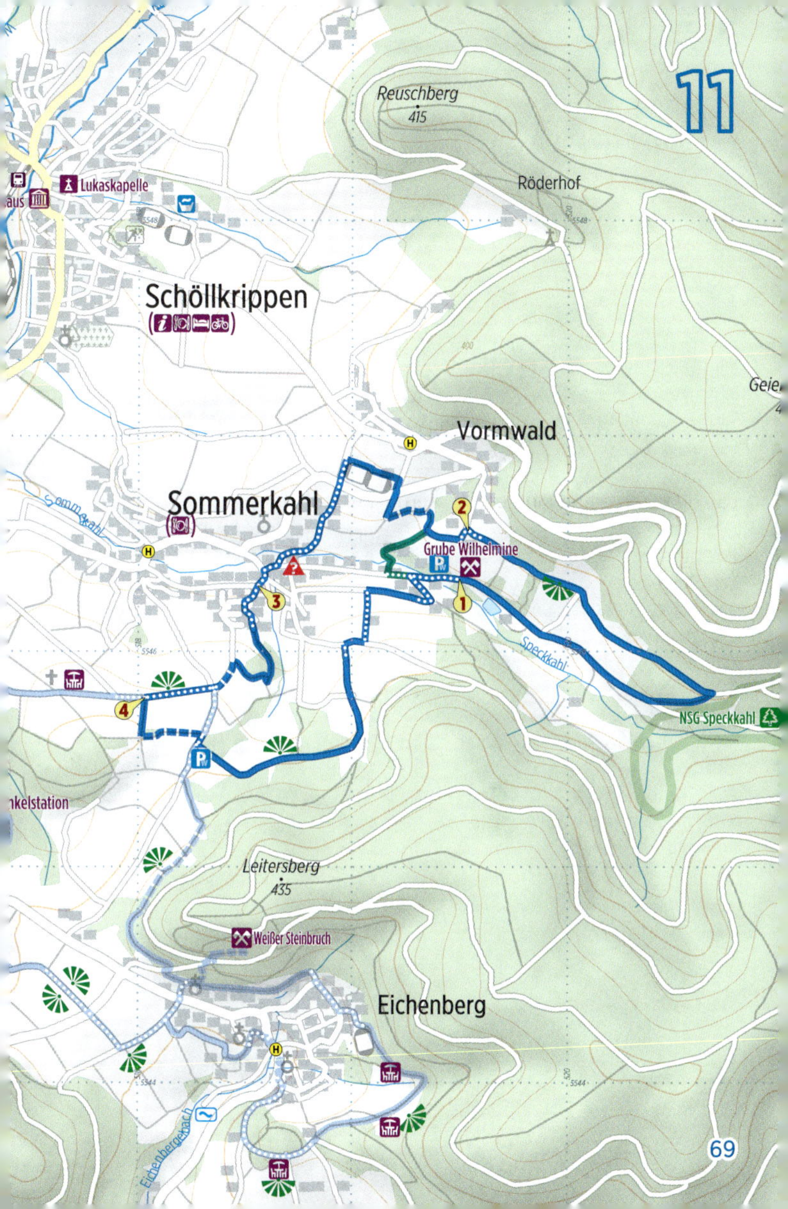
11
Reuschberg
415
Röderhof
Lukaskapelle
aus
Schöllkrippen
Geie
Vormwald
Sommerkahl
Grube Wilhelmine
Speckkahl
NSG Speckkahl
Sommerkahl
nkelstation
Leitersberg
435
Weißer Steinbruch
Eichenberg
Eichenbergerbach

Tour 12 9,5 km

Über dem Horizont zur Kahlquelle

Start/Ziel: Kleinkahl, Ortsteil Bamberger Mühle

Aufstieg: 138 m *Hartbelag:* 31 %

Abstieg: 138 m *Wanderwege:* 66 %

Gehzeit: 2 - 2,5 Std. *Wanderpfade:* 3 %

Charakteristik: Der Europäische Kulturweg „Über dem Horizont" beginnt im Weiler Bamberger Mühle mit den Quellen der Kahl, die von hier aus bis in den Main fließt und diese Tour ein Stück weit begleitet. Die Strecke startet mit einem kurzen Anstieg und waldreichen Abschnitten, bevor sie dann auf der Höhe mit schönen Blicken über das Kahltal verläuft. Nach Edelbach mit seiner Mariengrotte und Kleinkahl mit der spätklassizistischen Kirche führt die Strecke dann immer an der Kahl entlang durch idyllische Wiesen- und Uferlandschaften.

Die Kulturwegtafeln entlang der Tour informieren über die wechselvolle Geschichte der Kulturlandschaft um die Kahlquelle vom Bergbau über Glashütten bis hin zur Strohballenkönigin.

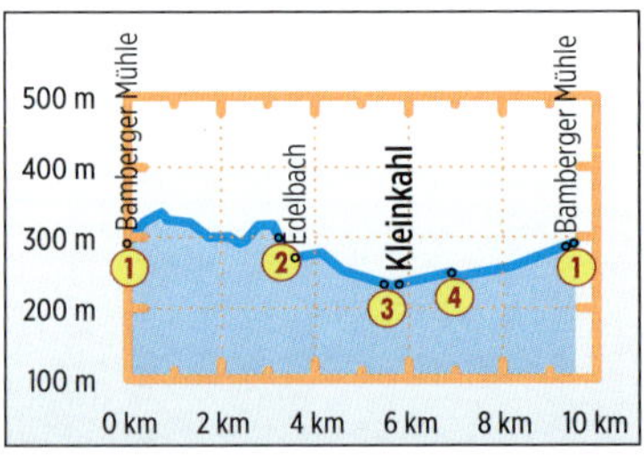

Markierung: Durchgehend gelbes EU-Schiffchen auf blauem Grund.

Anreise Auto: Auf der St 2305 nach Schöllkrippen. In Schöllkrippen rechts in die Laudenbacher Straße in Richtung Kleinkahl/Wiesen. Diese führt zum Weiler Bamberger Mühle.

Anreise ÖPNV: Vom Bahnhof Schöllkrippen mit Bus 27 in Richtung Wiesen zur Haltestelle Kahlquelle. An Schultagen 4x täglich, am Wochenende empfiehlt sich ein alternativer Einstieg an der Haltestelle Edelbach, Kindergarten (gleiche Linie).

Bamberger Mühle (Kleinkahl)

Vorwahl: 06096

Verwaltungsgemeinschaft Schöllkrippen, Marktpl. 1, Schöllkrippen, ✆ 06024/67350, @ kvx527

Gasthof Bamberger Mühle, Bamberger Mühle 3, ✆ 350, Sa, So/Fei 11.30-20 Uhr, @ xus852

1 0,0 (291) Vom Parkplatz mit der Starttafel des Kulturwegs der Straße folgen ~ die Straße nach rechts zur **Kahlquelle** verlassen.

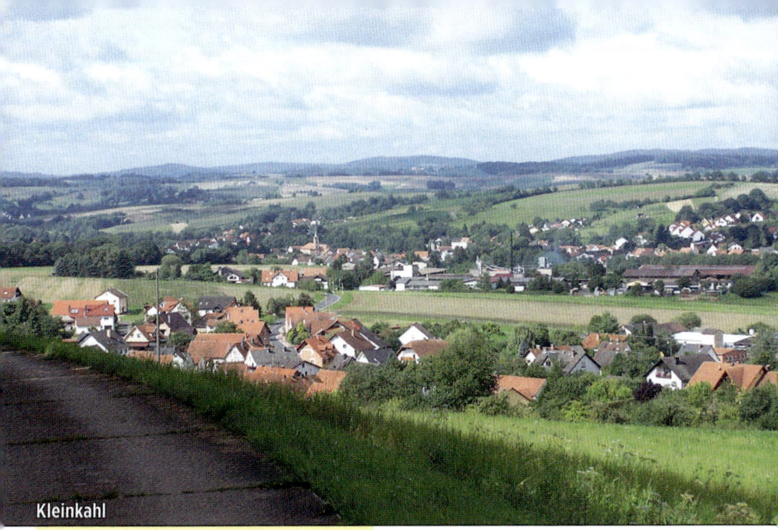

Kleinkahl

Kahl

Die Kahl ist einer der größeren Flüsse im Spessart. Sie überwindet auf einer Länge von ca. 40 Kilometern bis zu ihrer Mündung in den Main bei Kahl etwa 200 Höhenmeter. Die Mündung ist nicht nur die Landesgrenze zwischen Hessen und Bayern, hier befindet sich auch der tiefste Punkt Bayerns.

Dem Schotterweg bergauf in den Wald folgen ⇝ an der T-Kreuzung rechts in den größeren Schotterweg und gleich an der Gabelung links halten ⇝ den Hauptschotterweg verlassen und rechts hinunter über die Lichtung ⇝ am Wegweiser aus dem Wald hinaus zum Waldrand ⇝ an der Kreuzung am Übergang zum Asphalt links hoch dem Schotterweg folgen ⇝ auf der Höhe rechts in den Weg mit Asphaltplatten ⇝ kurz vor Beginn des Asphalts rechts in den Wiesenweg ⇝ das Sträßchen kreuzen und die Treppe hinunter ⇝ links zur **Mariengrotte**, die Grotte wurde 1949 zu Ehren Mariens und zum Gedenken an die Gefallenen des Zweiten Weltkrieges erbaut.

2 3,2 (299) Über die Treppe hinunter ⇝ nach der Treppe links ⇝ rechts dem **Grottenweg** folgen ⇝ an der **Edelbacher Straße** rechts ⇝ nach der **Bushaltestelle** links in die **Gasse**, steil bergauf.

Edelbach (Kleinkahl)

An der Kreuzung am Ende der Straße rechts in den Schotterweg ⇝ an den nächsten Kreuzungen immer geradeaus auf dem Schotterweg bleiben ⇝ nach rechts bergab dem Bach folgen ⇝ rechts in den **Eckenweg**, weiter bergab ⇝ links in die **Kahlstraße** ⇝ links in die **Kirchstraße**.

Kleinkahl

Vorwahl: 06024

Pfarrkirche St. Joseph, Kirchstr. 10. Der klassizistische Bau wurde im Jahre 1814 errichtet.

Zur Dorfschänke, Kahlstr. 12, ✆ 1060, Mi-So 17-20 Uhr, zusätzlich So 11.30-14 Uhr, @ ltm574

3 5,5 (234) Vor der Kirche rechts in den Hof ⇝ an der T-Kreuzung links in den Schotterweg, der entlang der Kahl führt ⇝ rechts über das Brückchen ⇝ gleich wieder rechts in den **Jakobswiesenweg** ⇝ geradeaus über die Straße, dem Radweg entlang der Kahl folgen ⇝ an der nächsten Kreuzung geradeaus in den Schotterweg ⇝ rechts in den kleineren Kiesweg an der **Wassertretanlage** vorbei.

4 7,0 (249) Nach dem Brückchen auf dem Wiesenpfad zum Schotterweg ⇝ links in den Schotterweg ⇝ links in den anfangs asphaltierten Weg, diesem für 1,6 km folgen.

Marienkapelle. Die etwa 500 m unter der Kahlquelle gelegene kleine Kapelle wurde 2009 vom Kleinkahler Kapellenverein errichtet.

Nach der Kapelle und der Linkskurve über die Kahlbrücke ⇝ an der Einmündung rechts auf die Landstraße.

1 9,5 (291) Die Tour endet am Parkplatz Bamberger Mühle.

Bamberger Mühle (Kleinkahl)

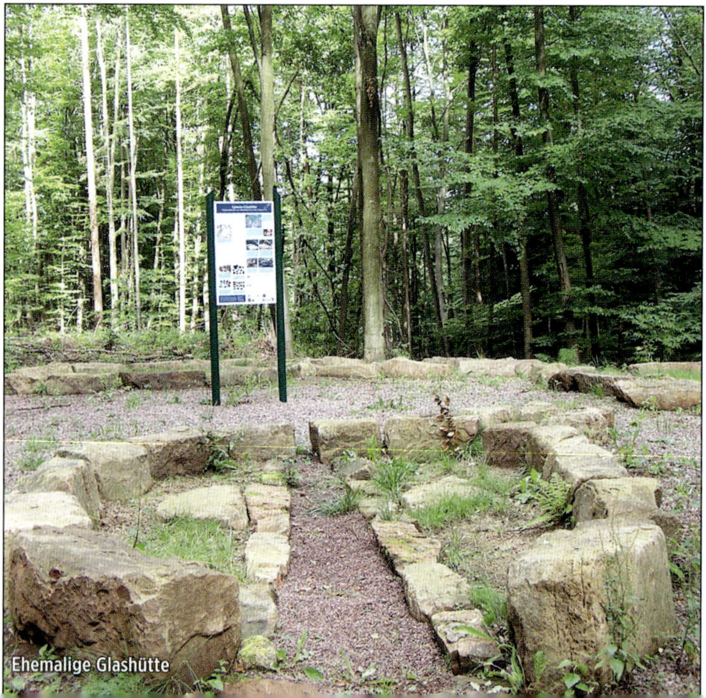

Ehemalige Glashütte

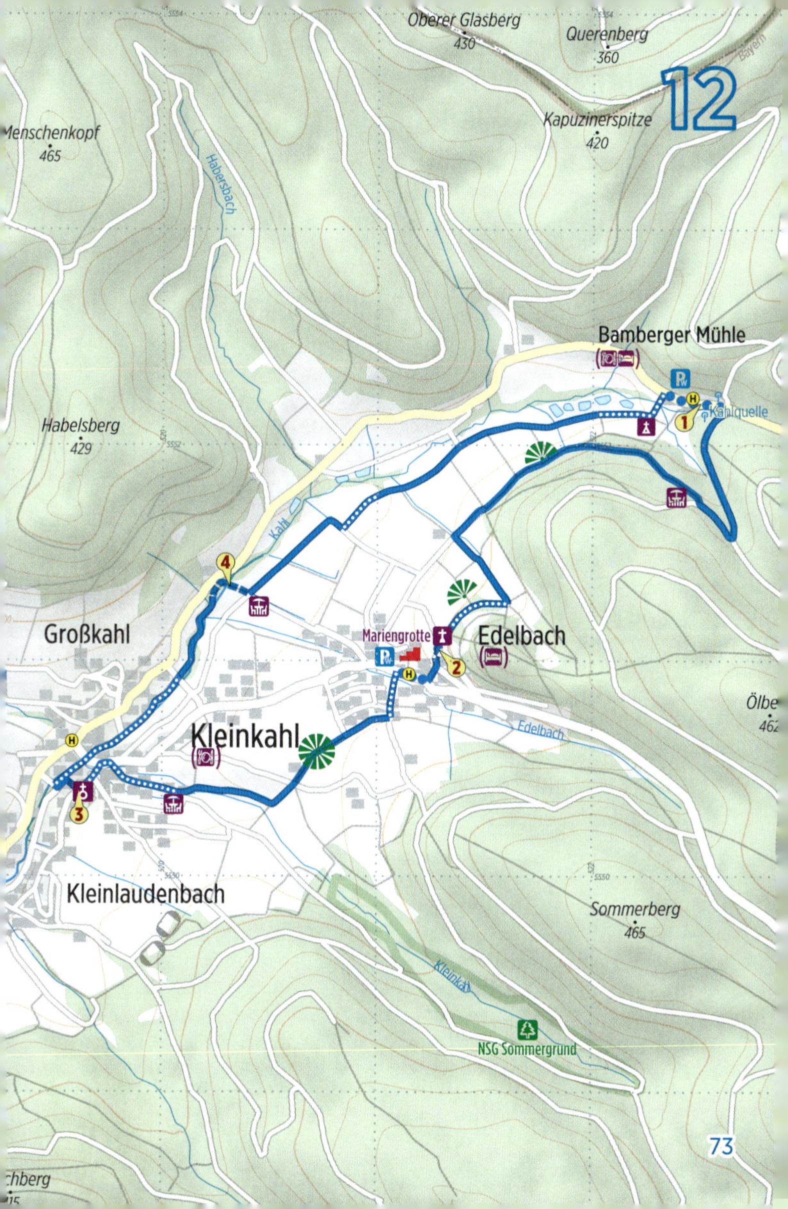

12
Oberer Glasberg
430
Querenberg
360
Bayern
Kapuzinerspitze
420
Menschenkopf
465
Habersbach
Habelsberg
429
Bamberger Mühle
Kahlquelle
Kahl
Großkahl
Mariengrotte
Edelbach
Kleinkahl
Edelbach
Kleinlaudenbach
Sommerberg
465
Kleinkahl
NSG Sommergrund

Der Naturpark Spessart – Naturjuwel im Herzen Deutschlands

Der Naturpark Spessart ist eine einmalige Natur- und Kulturlandschaft. Bekannt ist der Spessart natürlich für seine Wälder. Der Großteil der Wälder wird heute forstlich genutzt. Der Spessart ist ja auch eine jahrhundertealte Kulturlandschaft, die schon lange auch vom Menschen geprägt wurde. Dennoch bietet er faszinierende Naturdenkmäler und Landschaften. Beeindruckende und besonders alte Eichen und Buchen können Besucher z. B. in den Schutzgebieten im Hochspessart bewundern wie im Naturschutzgebiet Eichhall mit meterdicken Eichen, die bis zu 40 Meter hoch und fast 400 Jahre alt sind (Tour 27), im Naturschutzgebiet Metzgergraben und Krone sowie im Naturschutzgebiet Rohrberg.

Naturpark Spessart

Tipp: Die neue App „Wald im Spessart“ führt zu den einzigartigen Baumgiganten: www.wald-im-spessart.de (s. S. 47)

Weitere Schutzgebiete, die einen Besuch lohnen, sind z. B. die „Alzenauer Sande“ mit ihren Sanddünen, der ehemalige Truppenübungsplatz in Aschaffenburg, der nun Wildpferde beherbergt oder das Naturschutzgebiet Beilstein mit der Basaltkuppe im Jossgrund (Tour 15). Am südlichen Spessartrand sind entlang des Mains z. B. bei Dorfprozelten, Collenberg und Bürgstadt Sandsteinbrüche unter Schutz gestellt (Tour 38).

Nicht nur Wälder, sondern auch enge Wiesentäler machen den Charakter der Landschaft im Spessart aus. Besonders beeindruckend ist das NSG „Spessartwiesen“ oder das Hafenlohrtal (Tour 27) mit seinem mäandernden Bach und den leuchtenden saftig-grünen Wiesen.

Zu den botanischen Kostbarkeiten des Spessarts zählt die Schachblume. Ihre Blüte lockt im Frühjahr zahlreiche Besucher in den Sinngrund, wo sich das größte Schachblumenvorkommen Deutschlands befindet. Heute sind große Teile als Naturschutzgebiete geschützt.

Die großen Waldgebiete werden vom Main, der Fränkischen Saale, der Sinn und der Kinzig umrahmt. Im Herzen des Spessarts finden sich zudem viele Quellen, Bäche und kleinere Flüsse. Besonders sehenswert ist z. B. das Naturdenkmal Trettstein – ein kleiner Wasserfall in einem Seitental des Saaletals. Spektakuläre Einblicke in die Schichten des Buntsandsteins bietet die Seltenbachschlucht bei Klingenberg. Bei Wiesen liegt das Wiesbüttmoor, das größte Moor im Naturpark Spessart. Mit dem nahen Wiesbüttsee bildet

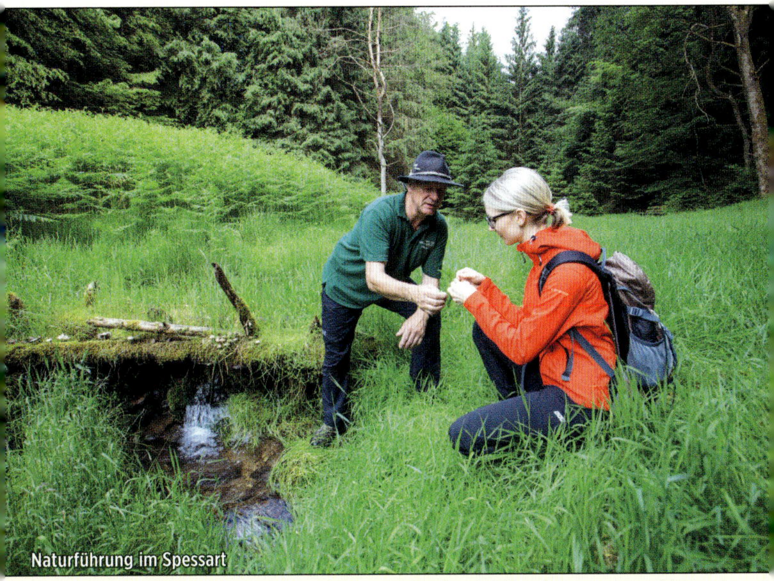

Naturführung im Spessart

es zusammen ein Naturschutzgebiet und ist durch Wanderwege erschlossen (Tour 14). Die Mainschleife Himmelreich umfließt auf 5 Kilometer Länge den Bettingsberg nördlich von Wertheim. Man kann das Himmelreich auf einem Wanderweg entdecken (Tour 37).

Ebenfalls „Unter Tage" wandelt man im ehemaligen Kupferbergwerk „Grube Wilhelmine" in Sommerkahl mit seinen beeindruckenden Gesteinsformationen, die im Rahmen von Führungen besichtigt werden können (Tour 11) oder in der Teufelshöhle in Steinau an der Straße.

Besonders empfehlenswert sind die zahlreichen Naturlehr- und erlebnispfade, die der Naturpark Spessart angelegt hat: In Gemünden gibt es beispielsweise einen Walderlebnispfad, in Waldaschaff einen Wassererlebnispfad und in Frammersbach einen Feuchtwiesenerlebnispfad. Besonders sind auch der Streuobstwiesenerlebnispfad in Schöllkrippen, der Naturlehrpfad „Rund um die Grube Wilhelmine" (s. o.) oder der Esskastanienlehrpfad in Klingenberg. Zu allen genannten Wegen gibt es kostenlose Faltblätter und Informationen auf der Webseite des Naturpark Spessart.

www.naturpark-spessart.de

Tour 13 — 8,9 km

Wirtschaftsstandort Wiesen

Start/Ziel: Wiesen, Am Schloss/Kirchberg
Aufstieg: 152 m — *Hartbelag:* 13 %
Abstieg: 152 m — *Wanderwege:* 78 %
Gehzeit: 2 - 2,5 Std. — *Wanderpfade:* 9 %

Charakteristik: Der Spessart war im späten Mittelalter ein idealer Standort für die Glasproduktion, fand man dort doch Quartzsand und vor allem Holz in großer Menge. Der Europäische Kulturweg „Wirtschaftsstandort Wiesen" informiert über Glashütten und Glasproduktion sowie die Entwicklung der Besiedlungsfläche rund um Wiesen. Der Weg startet an der malerischen Baugruppe von Schloss und Kirche in Wiesen und führt zunächst durch den Ort. Es folgen ebene Streckenabschnitte am Waldrand mit tollem Blick auf das Naturschutzgebiet Spessartwiesen, bevor es dann durch urige Spessartwaldlandschaft durch den Birklergrund zu einem malerischen Rastplatz mit Marienstatue geht. Ab hier beginnt der Aufstieg auf zunächst herrlichen Pfaden bis hin zum Aussichtspunkt auf die Siedlungsinsel Wiesen. Der Abstieg durch die Wiesenlandschaft wird mit einem tollen Blick versüßt.

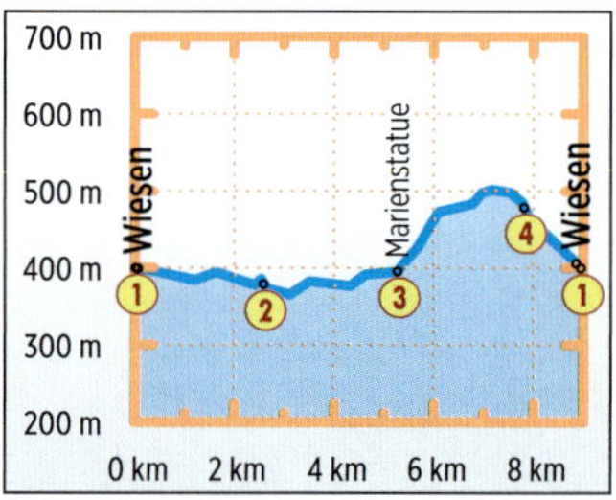

Markierung: Durchgängig gelbes EU-Schiffchen auf blauem Grund.

Anreise Auto: Auf der Spessart-Höhenstraße nach Wiesen. An der Kreuzung im Ortszentrum Richtung Frammersbach, nach 300 m erreichen Sie Schloss und Kirche.

Anreise ÖPNV: Vom Bahnhof Schöllkrippen mit Bus 27 bis zur Endstation Gasthof Spessarteinkehr in Wiesen (kein Wochenendverkehr) oder vom Bahnhof Heigenbrücken mit Bus 28 nach Wiesen.

Wiesen

Verwaltungsgemeinschaft Schöllkrippen, Marktpl. 1, Schöllkrippen, ✆ 06024/67350, @ kvx527

St. Jakobus. Die Kirche wurde im Jahre 1724 erbaut.

Jagdschloss Wiesen. Das Schloss stammt aus dem späten 16. Jh. Zuvor stand hier eine Burg der Grafen von Rieneck, die von hier aus die „Hauptverkehrsstra-

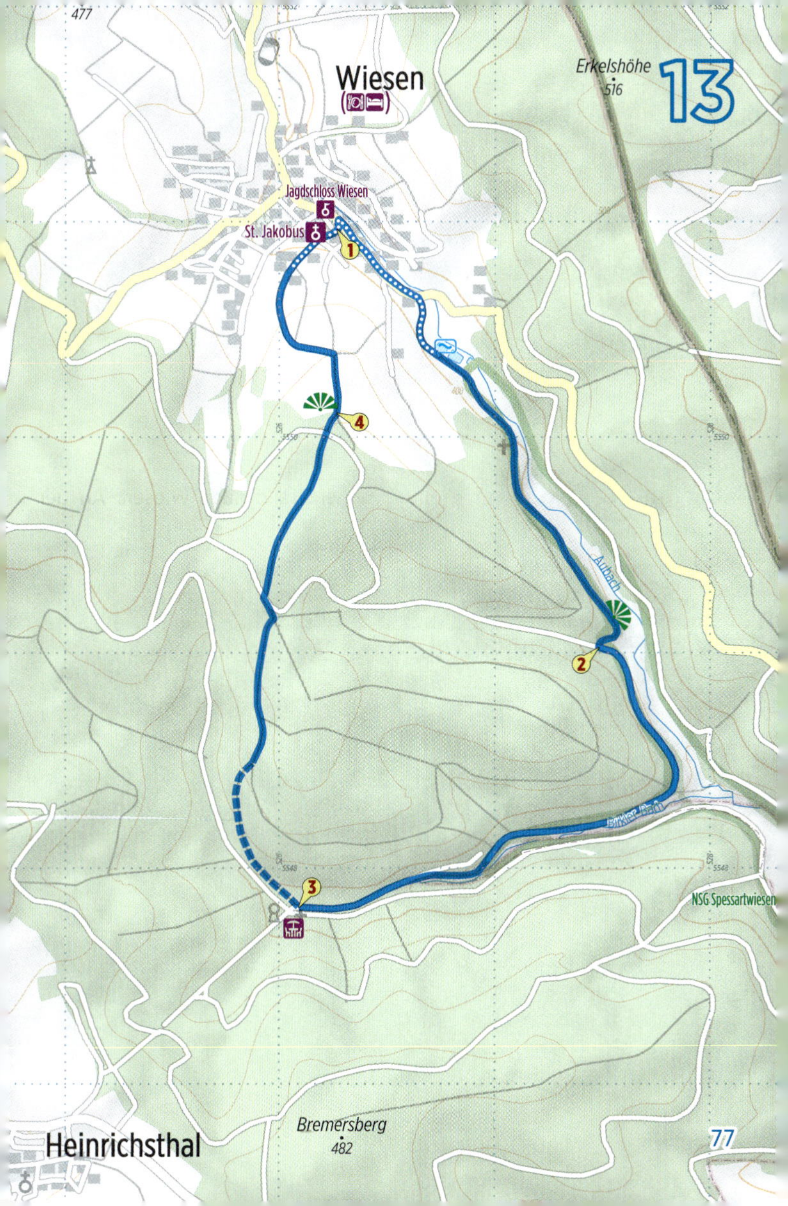
Wiesen
13
Erkelshöhe
516
Jagdschloss Wiesen
St. Jakobus
Aubach
NSG Spessartwiesen
Bremersberg
482
Heinrichsthal
477
1
2
3
4

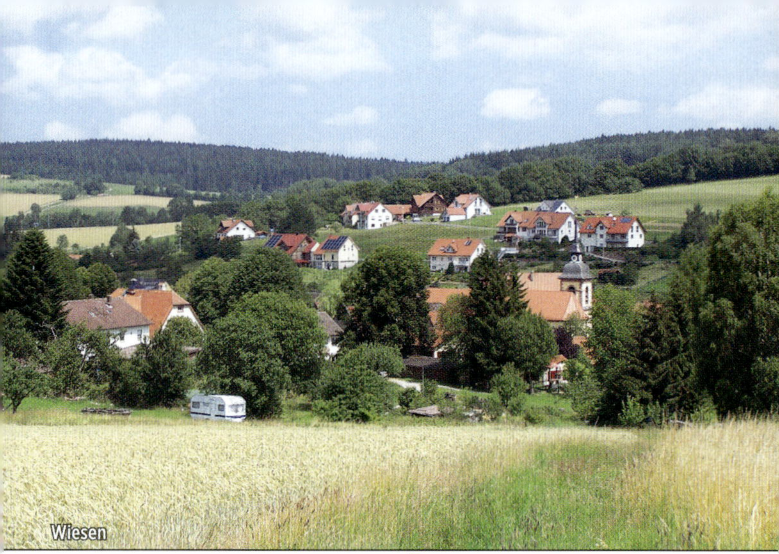

ßen" des Spessarts – den Eselsweg und die Birkenhainer Straße, die sich in der Nähe kreuzten – kontrollierten.

Restaurant Kreuzwirt, Hauptstr. 43, ✆ 06096/9702726

1 0,0 (400) Vom **Schloss Wiesen** bergab in Richtung Hauptstraße ⤳ rechts in die **Hauptstraße** ⤳ an der Infotafel zum **Naturschutzgebiet Spessartwiesen** rechts die Straße verlassen ⤳ an der Gabelung rechts in den Schotterweg ⤳ am Abzweig des Erdwegs geradeaus auf dem breiten Schotterweg bleiben ⤳ an der Gabelung links halten.

2 2,6 (379) An der Einmündung links in den Schotterweg ⤳ an der Kulturwegtafel dem Weg weiter am Waldrand folgen ⤳ am Wanderwegweiser dem Schotterweg in der Rechtskurve folgen.

3 5,3 (395) Kurz vor dem Rastplatz mit der **Marienstatue** rechts bergauf in den Waldpfad ⤳ an der Einmündung links in den Schotterweg ⤳ an der Kreuzung dem Schotterweg nach links folgen ⤳ gleich danach vom Schotterweg rechts ab in den breiten Waldweg, durch dichteren Wald ⤳ an der Kreuzung mit dem Schotterweg geradeaus auf dem Waldweg bleiben.

4 7,8 (478) Am **Aussichtspunkt** den Wald geradeaus verlassen ⤳ an der Einmündung links in den Schotterweg ⤳ an der Kreuzung der Straße nach links folgen ⤳ diese geht am Ortsrand in die **Dr.-Frank-Straße** über.

1 8,9 (400) Am Kirchberg vor dem Schloss haben Sie den Startpunkt der Wanderung wieder erreicht.

Wiesen

Tour 14 — 11 km

Kulturweg Bieberer Acht

Start/Ziel: Bieber, Dorfplatz
Aufstieg: 300 m | *Hartbelag:* 34 %
Abstieg: 300 m | *Wanderwege:* 47 %
Gehzeit: 2,5 - 3 Std. | *Wanderpfade:* 19 %

Charakteristik: Der Europäische Kulturweg „Bieberer Acht“ führt zunächst bergauf aus dem Ort heraus und mit schönen Blicken bis zum ersten „Gipfel“, der romantisch gelegenen Mauritiuskapelle. Im Naturschutzgebiet Lochborn beginnt der lange und streckenweise recht steile Anstieg zur Wiesbütt, einer historisch bedeutsamen Wegkreuzung, wo sich die Birkenhainer Straße und der Eselsweg treffen. Der Rückweg führt stetig bergab, zunächst am Bach entlang und auf herrlich verwunschenen Pfaden zum bizarr-idyllischen Lochbornteich und zur Lochmühle. Kurz vor der Rückkehr nach Bieber eröffnen sich dann nochmals schöne Blicke über die Spessartlandschaft.

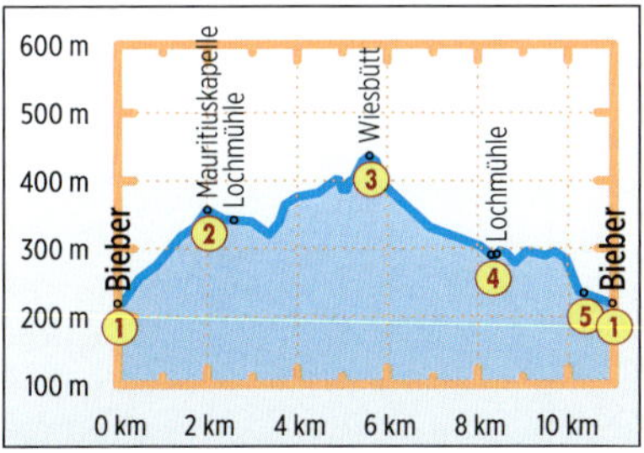

Der Kulturweg ist zweigeteilt: In Bieber beginnt die Schleife „Geologischer Lehrpfad“ mit 11 Stationen auf einer Länge von ca. 7 Kilometern. Von der Wiesbütt aus kann die ca. 5 Kilometer lange Schleife „Bergbau“ mit 4 Stationen (A-D) begangen werden, die durch das Naturschutzgebiet Lochborn führt. Am Schnittpunkt der beiden Schleifen liegt der Lochborner Teich.

Markierung: Durchgängig gelbes EU-Schiffchen auf blauem Grund.

Anreise Auto: Von der A 66 die Ausfahrt Gelnhausen-Ost nehmen und der Beschilderung in Richtung Biebergemünd folgen. In Wirtheim im Kreisverkehr Richtung Lohr am Main, nach ca. 10 Kilometer sind Sie im Ortszentrum Bieber.

Anreise ÖPNV: Von Gelnhausen mit Bus MKK 64 zur Haltestelle Bieber Rathaus.

Bieber (Biebergemünd)
Vorwahl: 06050

Gemeinde Biebergemünd, Am Gemeindezentrum 4, Rathaus am Gemeindezentrum, Wirtheim (Biebergemünd), ✆ 97170, ✆ 971714, @ hhe246

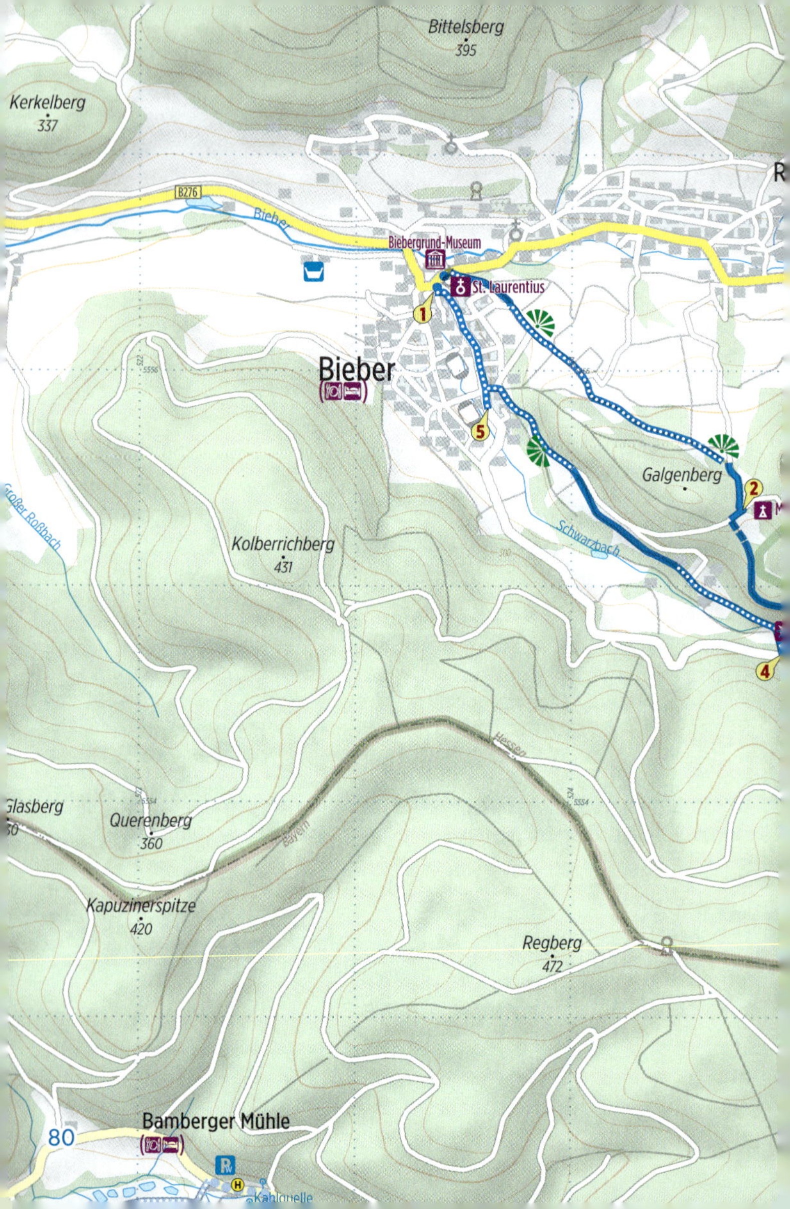

Bittelsberg
395
Kerkelberg
337
B276
Bieber
Biebergrund-Museum
St. Laurentius
1
Bieber
5
Galgenberg
2
Großer Roßbach
Schwarzbach
Kolberrichberg
431
4
Hessen
Bayern
Glasberg
Querenberg
360
Kapuzinerspitze
420
Regberg
472
80
Bamberger Mühle
Kahlquelle

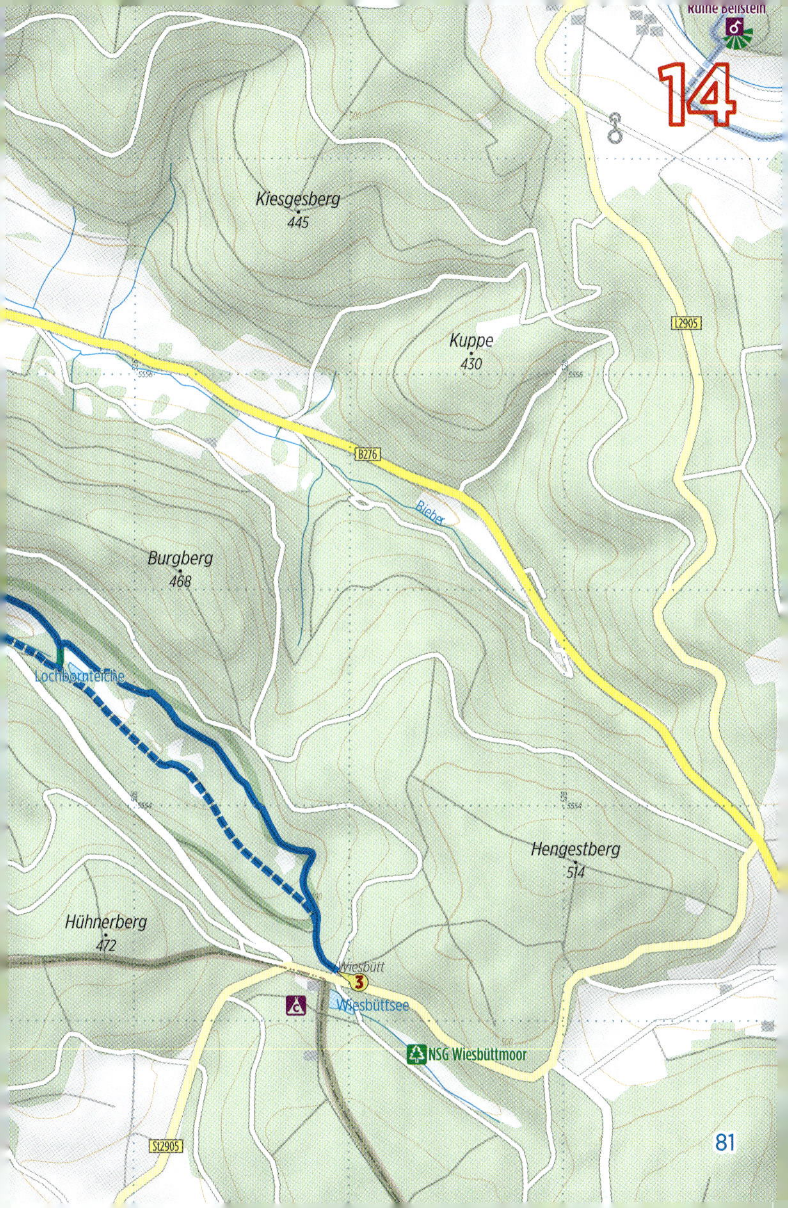
Ruine Beilstein
14
Kiesgesberg
445
Kuppe
430
L2905
B276
Bieber
Burgberg
468
Lochbornteiche
Hengestberg
514
Hühnerberg
472
Wiesbütt
3
Wiesbüttsee
NSG Wiesbüttmoor
St2905

Tour 14

Biebergrund-Museum Das Museum für Bergbau und Heimatgeschichte ist in der Alten Post untergebracht.

Laurentiuskirche. Die Kirche wurde im 12. Jh. als Wehrkirche erbaut.

Pub Bieberer Stollen, Am Pflaster 15, ✆ 2450, Di-So ab 17 Uhr

Die wirtschaftliche Entwicklung Biebers wurde entscheidend durch den im Jahre 1494 erstmals urkundlich erwähnten Bergbau geprägt. Es wurden Silber, Kupfer, Blei, Eisen und Kobalt abgebaut. Die Blütezeit des Bergbaus war Mitte des 18. Jahrhunderts. Im Jahre 1925 wurde der Bergbau eingestellt. Beim historischen Ortsrundgang (Flyer im Internet oder bei der Gemeinde) kann man die Zeugnisse der Bieberer Geschichte entdecken.

1 0,0 (218) Vom **Dorfplatz** in die Straße **Am Pflaster** in Richtung Kirche ⤳ nach der Kirche rechts in die Straße **Am Römerberg**, es geht bergauf ⤳ an der Einmündung in die schmale Straße links ⤳ an der Einmündung von links weiter geradeaus und bergauf ⤳ an der Kreuzung mit der Rastbank in den Wanderweg.

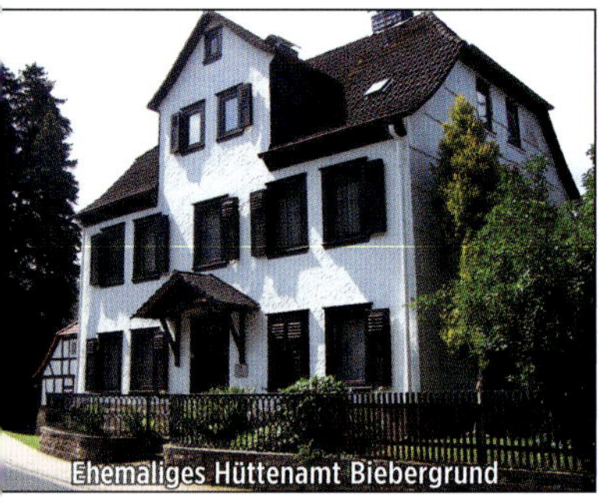

Ehemaliges Hüttenamt Biebergrund

2 2,0 (355) An der Einmündung bei der Kapelle rechts ab in Richtung Dr.-Kihn-Platz.

Mauritius- oder Burgbergkapelle. Die auf dem Burgberg gelegene Kapelle wurde im 11. Jh. am Ort einer früheren heidnischen Kultstätte erbaut.

Vom Hauptweg nach links in den bergab führenden Pfad ⤳ an der Einmündung links in den breiteren Forstweg ⤳ am Querweg links in Richtung Wiesbütt.

VARIANTE: Wenn Sie hier der Beschilderung nach rechts folgen, treffen Sie nach ca. 100 m wieder auf die Rundtour. So können Sie etwa 4 km abkürzen.

Auf der Hauptroute dem breiten Schotterweg folgen ⤳ an der Abzweigung eines Wiesenweges links auf dem Hauptweg bleiben ⤳ an der nächsten Einmündung eines Wiesenweges den Hauptweg verlassen und geradeaus in den Wiesenweg ⤳ an der T-Kreuzung rechts in den breiteren Forstweg, leicht bergab ⤳ an der Gabelung den Hauptweg verlassen und links steil hoch in den schmaleren Erdweg ⤳ an der T-Kreuzung wieder links, weiter steil bergauf.

3 5,6 (436) An der Informationstafel zum Verkehrsknotenpunkt Wiesbütt haben Sie den Wendepunkt der Tour erreicht, weiter geradeaus geht es zum Wiesbüttsee.

Wiesbüttsee und Wiesbüttmoor

An der Wiesbütt treffen die beiden wichtigsten historischen Verkehrsverbindungen des Spessarts, der Eselsweg und die Birkenhainer Straße, aufeinander. Pollenanalysen haben

ergeben, dass sich das unweit gelegene Moor aufgrund menschlicher Einflüsse seit dem 5. Jahrhundert vor Christus entwickelt hat.

Auf dem steilen Weg wieder hinab ⁓ an der ersten Einmündung rechts ⁓ am Schild zum Naturschutzgebiet links bergab in den Wiesenpfad ⁓ an der Einmündung nach dem **Lochborner Teich** links auf den Schotterweg in Richtung Lochmühle – hier trifft die Abkürzung wieder auf die Hauptroute.

Die **Lochbornteiche** dienten als Wasserreservoir für Bergwerksmaschinen im Zusammenhang mit dem Bieberer Bergbau.

Am Abzweig rechts in den kleinen Pfad ⁓ an der Einmündung des Pfades auf die Landstraße rechts entlang der Straße.

4 8,3 (290) Rechts in die Straße **Lochmühle**.

Lochmühle, ✆ 906757. 1885-1951 gehörte das Gebäude zum Bahnhof an der Strecke zwischen Gelnhausen und Bieber, es war ein beliebtes Ausflugslokal. Bis 2006 wurde es als Forschungsstation Mittelgebirge des Forschungsinstituts Senckenberg genutzt. Heute ist das Haus in Privatbesitz.

Der Straße zunächst leicht bergauf folgen ⁓ die Straße geht in Schotter über und mündet später wieder in eine Asphaltstraße, hier links bergab ⁓ an der Gabelung links in die Straße **Zum Burgberg** ⁓ an der Einmündung zunächst links in den **Schmelzweg** ⁓ Sie machen einen kurzen Abstecher zu den Relikten des Bieberer Bergbaus, dem **Steinernen Haus** und dem ehemaligen **Hüttenamt**.

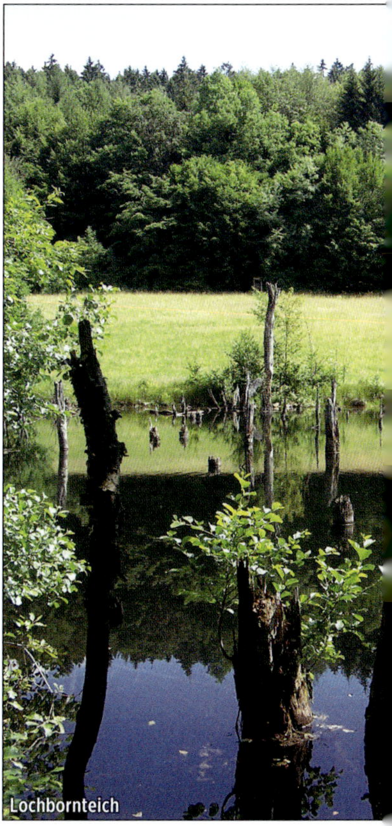

Lochbornteich

5 10,3 (233) Von der **Kulturwegetafel Eisenschmelze** nun dem **Schmelzweg** bergab ins Ortszentrum folgen.

1 11,0 (218) Die Tour endet wieder am Ausgangspunkt.

Bieber

Tour 15 10,7 km

Zur Ruine Beilstein

Start/Ziel: Lettgenbrunn, Parkplatz an der Kirche

Aufstieg: 199 m *Hartbelag:* 11 %

Abstieg: 199 m *Wanderwege:* 73 %

Gehzeit: 2,5 - 3 Std. *Wanderpfade:* 16 %

Charakteristik: Die Tour beginnt mit dem Kuriosum der Lettgenbrunner Doppelkonfessionskirche. Nach dem Ort folgt ein herrlicher Pfad zum Basaltkegel der Ruine Beilstein, der Höhepunkt der Tour mit traumhaftem Ausblick. Nach dem Abstieg folgen lange Strecken auf angenehmen Forstwegen durch schattige hohe Laubwälder und der Anstieg zum Parkplatz Sieben Wege an der Spessart-Höhenstraße. Dann folgt die Tour für ein gutes Stück dem berühmten Eselsweg, den sie mit schönem Blick auf Lettgenbrunn wieder verlässt und steil zur Doppelkirche zurückführt.

Markierung: Spessartweg 3 - ohne Markierung - Schwarzes E.

Anreise Auto: Von Bad Orb über die Villbacher Straße oder von Lohr am Main über die B 276 zur Spessart-Höhenstraße L 2905. In die Ostpreußenstraße nach Jossgrund abbiegen und der Straße bis zur Kirche in Lettgenbrunn folgen.

Anreise ÖPNV: Vom Bahnhof Wächtersbach mit dem Bus MKK 81 nach Bad Orb Busbahnhof. Umsteigen in den Bus MKK 80, 82 oder 83 bis zur Haltestelle Lettgenbrunn Kirche.

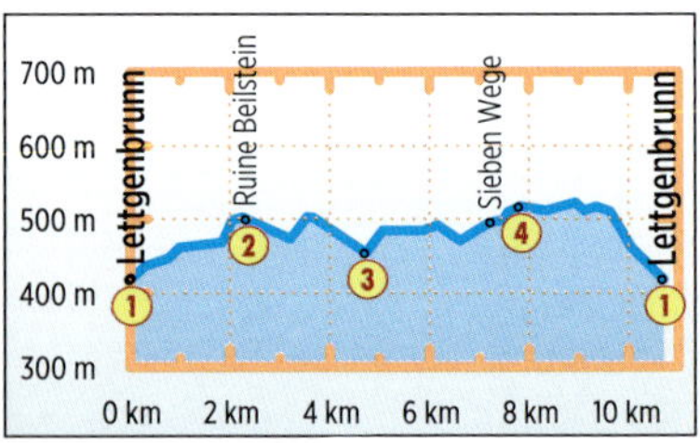

Lettgenbrunn (Jossgrund)

- **Gemeindeverwaltung Jossgrund**, Martinusstr. 2, Oberndorf (Jossgrund), 06059/90260, @ pyw473
- **St. Johannes und St. Jakobus**. Die 1954 geweihte Kirche ist in zwei Räume aufgeteilt, einer für Protestanten (St. Johannes), einer für Katholiken (St. Jakobus).
- **Jagdhotel Sudetenhof**, Sudentenstr. 46, 06059/703, Mi-So, @ dyv225
- **Landgasthaus Znaimer Hof**, Südmährer Weg 2, 06059/624, Fr, Sa 17-19.30 Uhr, So 12-14 Uhr und 17-19.30 Uhr, @ aes386

1 0,0 (417) Mit Blick auf die Kirche vom Parkplatz nach rechts wenden und mit dem Spessartweg 3 der **Breslauer Straße** folgen ~ bei den letzten Häusern weiter geradeaus, kurz danach rechts abzweigen ⤳ zwischen Wiesen und Feldern hindurch ⤳ nach ca. 1 km vor dem kleinen Wäldchen dem Wegweiser nach rechts folgen ⤳ bald nach dem Waldstück die Straße queren und im Wald weiter bergauf zur Ruine Beilstein.

Ruine Beilstein

Ruine Beilstein. Basaltkegel mit imposanten Felsformationen, Resten eines Beobachtungsbunkers und Naturschutzgebiet.

2 2,3 (498) Von der Ruine Beilstein zurück zum Abzweig und rechts in den grasbewachsenen Schotterweg, nun leicht bergab ⤳ die große Straße queren und dann links der kleinen Straße in den Wald hinein folgen ⤳ am kleinen Zaun links ⤳ den Zaun übersteigen ⤳ an der größeren Kreuzung auf dem **Golfplatzgelände** geradeaus in den Schotterweg ⤳ durch das Forstgatter den breiten Weg nach rechts verlassen ⤳ rechts bergab auf den breiten Schotterweg ⤳ an der Einmündung in einen weiteren Schotterweg rechts weiter bergab, nun verlassen Sie den Spessartweg 3 und laufen ohne Markierung weiter.

3 4,7 (453) Die Straße K 890 queren und geradeaus in den Schotterweg in Richtung Madstein, zunächst bergauf.

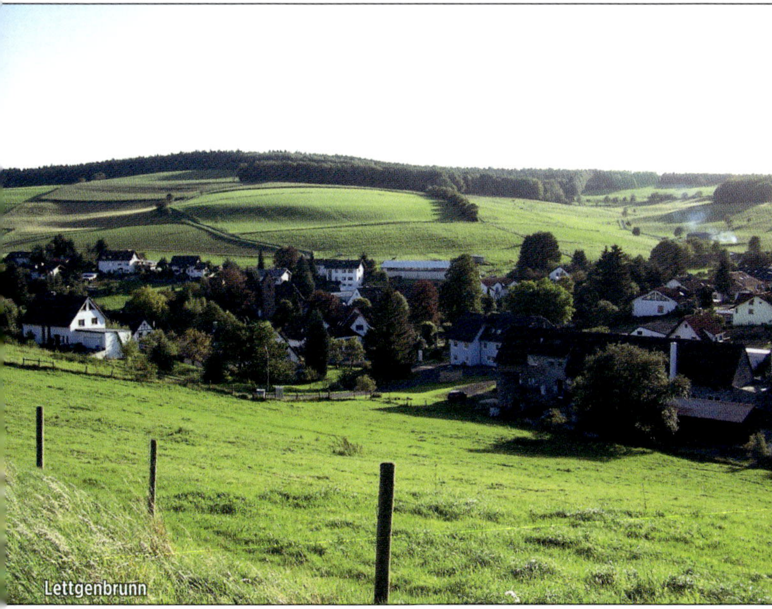
Lettgenbrunn

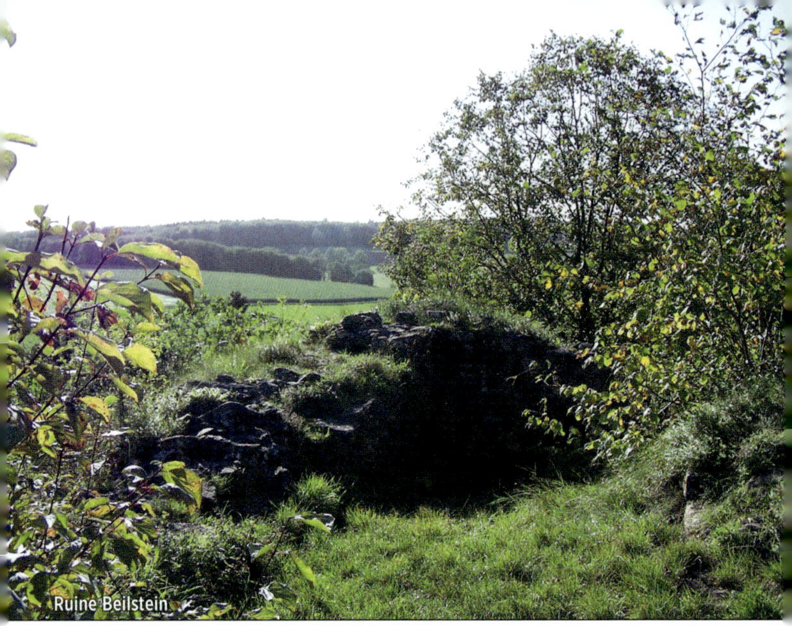

Ruine Beilstein

VARIANTE Ein Schild weist auf einen möglichen, ca. 500 m langen Abstecher zum Madstein hin.

Madstein. Um den stark bemosten Basaltblock rankt sich die Legende von der Magd Vroni.

Dem Forstweg bis zur Straße folgen, alle Abzweigungen ignorieren ⇝ die Straße queren und geradeaus auf dem Schotterweg in den Wald ⇝ an der folgenden **Kreuzung Sieben Wege** geradeaus, nun auf dem Eselsweg (Markierung Schwarzes E).

4 7,8 (515) An der großen Waldkreuzung am Wegweiser **Bismarckeiche** mit der Schutzhütte rechts ⇝ am Abzweig links halten, weiter geradeaus ⇝ nach insgesamt 1,3 km den Hauptschotterweg halb rechts in den Pfad verlassen ⇝ an der Gabelung der Pfade links ⇝ aus dem Wald hinaus und am Wiesenrand entlang ⇝ der Weg geht in Asphalt über, hier geradeaus weiter und bergab in den Ort ⇝ an der T-Kreuzung rechts in die **Karlsbader Straße** ⇝ an der nächsten T-Kreuzung nach links ⇝ an der **Sudetenstraße** rechts wieder zum Parkplatz.

1 10,7 (417) Die Tour endet am Parkplatz vor der Kirche.

Lettgenbrunn (Jossgrund)

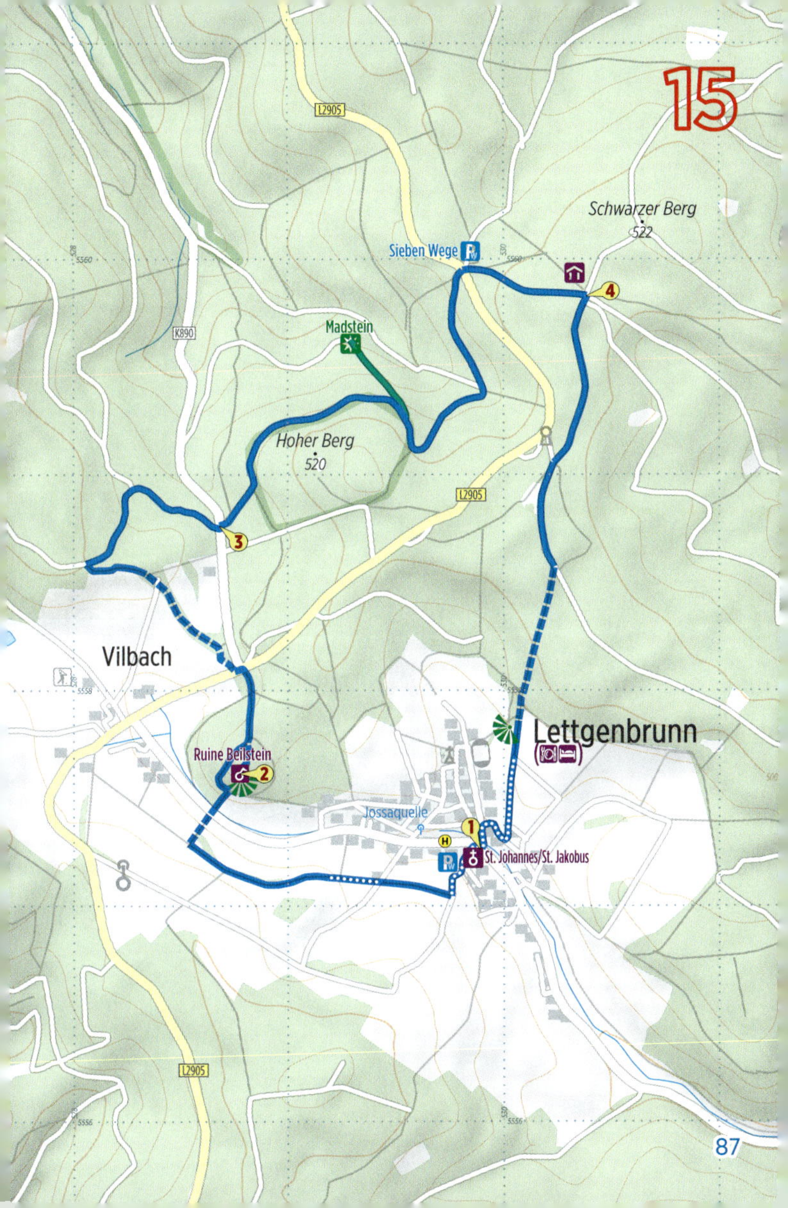
15
Schwarzer Berg
522
Sieben Wege
L2905
K890
Madstein
Hoher Berg
520
3
4
Vilbach
Ruine Beilstein
2
Lettgenbrunn
Jossaquelle
1
St. Johannes/St. Jakobus

Bad Orb

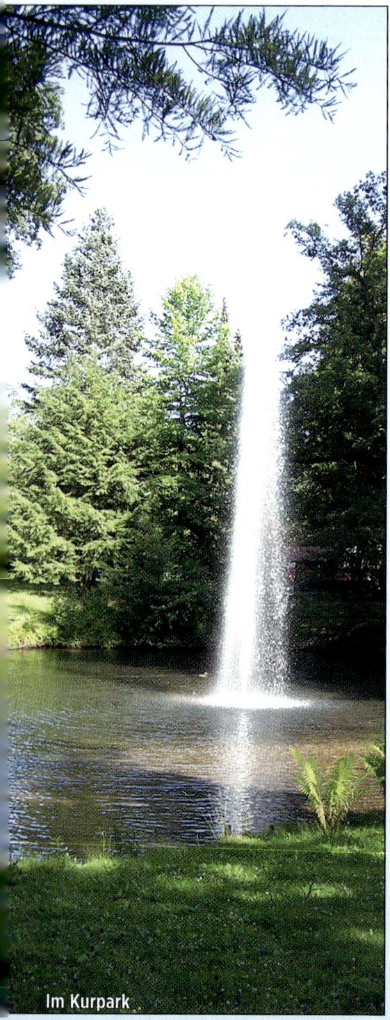

Im Kurpark

Vorwahl: 06052

Tourist-Information, Kurparkstr. 2, ✆ 830. Bad Orb bietet ein breites Spektrum an Übernachtungs- und Einkehrmöglichkeiten. Information und direkte Buchung ist unter der genannten Nummer möglich. @ cyd167

Heimatmuseum in der Alten Burg, Burgring 14. Aufgrund von Umbauarbeiten ist das Museum bis auf Weiteres geschlossen. Informationen über das Leben, Wohnen und Arbeiten in Bad Orb sowie die Entstehung und die Entwicklung des Heilbades. @ gvh368

St. Martinskirche. Die gotische Hallenkirche stammt aus dem 14. Jh.

Altstadt. Die Altstadt des über 950 Jahre alten Bad Orb besticht mit zahlreichen historischen Gebäuden wie zum Beispiel dem schmalsten Fachwerkhaus Hessens, dies befindet sich in der Kirchgasse.

Dampfkleinbahn. Von April bis Okt. fährt Sonntags zweimal täglich die historische Dampfkleinbahn Emma zwischen Wächtersbach und Bad Orb auf einer 7 km langen Strecke durch das idyllische Autal.

Gradierwerk im Kurpark. Technikdenkmal und Freiluftinhalatorium mit beeindruckenden Ausmaßen: 155 m lang, 12 m breit und 18 m hoch.

Obertor. Das Obertor (Anfang des 13. Jhs.) ist ein Torturm der Stadtbefestigung, ehemals auch als Gefängnis genutzt.

Kurpark. Vor mehr als 100 Jahren im Stil eines englischen Landschaftsgartens angelegter Park mit Gradierwerk, Lehr-Kräutergarten und Konzerthalle. Hier startet auch Deutschlands längster Barfußpfad.

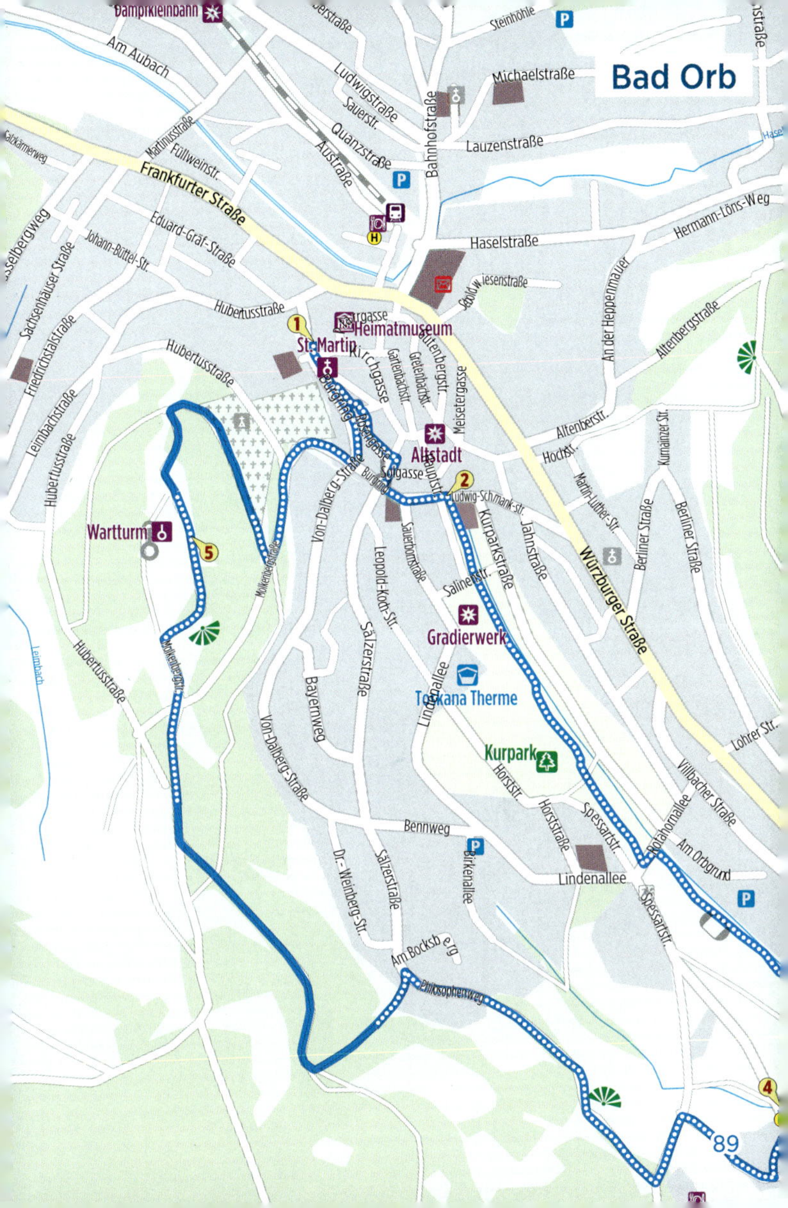
Bad Orb
Dampfkleinbahn
Am Aubach
Frankfurter Straße
Heimatmuseum
St. Martin
Altstadt
Gradierwerk
Toskana Therme
Kurpark
Wartturm
Würzburger Straße
Bahnhofstraße
Lauzenstraße
Michaelstraße
Haselstraße
Hermann-Löns-Weg
Hubertusstraße
Philosophenweg
Lindenallee
Bennweg
Spessartstr.
Kurparkstraße
Ludwig-Schmank-Str.
Von-Dalberg-Straße
Sälzerstraße
Birkenallee
Molkenbergstraße
Altenbergstraße
An der Heppenmauer
Berliner Straße
Villbacher Straße
Am Orbgrund
Lohrer Str.
Leimbach
1
2
4
5

Ortsinformationen

- **Naturerlebnisbad**, Am Orbgrund 19, ✆ 801854
- **Toskana Therme**, Horststr. 1, ✆ 918444. Therme mit einzigartiger Unter- und Überwassermusik.
- **Restaurant Alter Bahnhof**, Bahnhofstr. 1, ✆ 919750, Mi-Mo, @ ypd713

Die Salzgewinnung aus Solequellen zog einst die ersten Siedler ins Tal der Orb und sorgte später für den Wohlstand der mittelalterlichen Stadt. Die Gegend um Bad Orb war bereits um 650 vor Christi von den Kelten besiedelt. Eine erste urkundliche Erwähnung als „Orbaha" stammt aus dem Jahr 1059, die Stadtgründung ist in einer Urkunde aus dem Jahr 1292 belegt. Nachdem das Salz über Jahrhunderte den Reichtum der Stadt begründet hatte, setzte im 18. und 19. Jahrhundert eine Verarmung ein, denn die Siedesalzgewinnung wurde wegen der Konkurrenz durch die Steinsalzproduktion nach und nach eingestellt. In dieser Zeit erkannte man die gesundheitsfördernde Wirkung der Sole. Mit der Eröffnung des ersten Solebadehauses im Jahr 1837 begann die Entwicklung der Stadt zum Kurort, der 1909 dann das Prädikat eines staatlich anerkannten Heilbades erhielt.

Heute ist Bad Orb mit ca. 450.000 Übernachtungen neben Bad Soden-Salmünster der wichtigste Tourismusort im Spessart und der Fremdenverkehr das wichtigste wirtschaftliche Standbein des mittlerweile modernen Gesundheitszentrums. Neben der Altstadt und der Therme ist das Gradierwerk als bedeutendes Industriedenkmal das Wahrzeichen der Stadt.

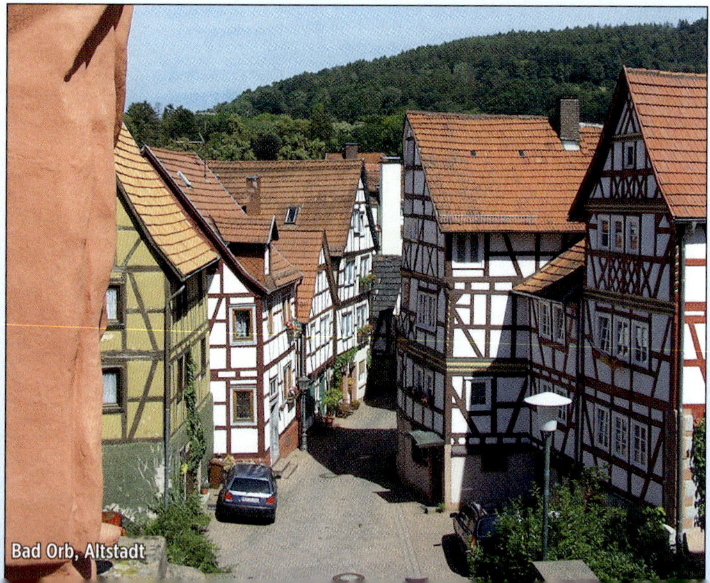

Bad Orb, Altstadt

Tour 16 — 9,8 km

Orber Dornstein

Start/Ziel: Bad Orb, Parkplatz am Burgring

Aufstieg:	235 m	*Hartbelag:*	66 %
Abstieg:	235 m	*Wanderwege:*	34 %
Gehzeit:	2 - 2,5 Std.	*Wanderpfade:*	0 %

Charakteristik: „Orber Dornstein" nennt man durch Ablagerungen in den Bad Orber Gradierwerken versteinerten Schwarzdornreisig. Der gleichnamige Europäische Kulturweg führt zunächst durch die malerische Altstadt und den herrlichen Kurpark von Bad Orb, vorbei am berühmten Gradierwerk. Nach einer längeren ebenen Strecke auf einer Promenade entlang des Orbbaches folgt der Aufstieg entlang des Wildparks. Der Rückweg verläuft hoch über dem Orbtal zunächst durch Wald, bietet aber nach der Küppelsmühle tolle Blicke auf Bad Orb und die beeindruckende Spessartlandschaft. Höhepunkt ist der Wartturm mit dem schönsten Ausblick, bevor der steile Abstieg zurück zur Altstadt beginnt. Die Kulturwegtafeln an der Strecke informieren über Burg und St. Martinskirche, den Kurpark und die Geschichte der Salzgewinnung, die Küppelsmühle und die Sage von Peter von Orb.

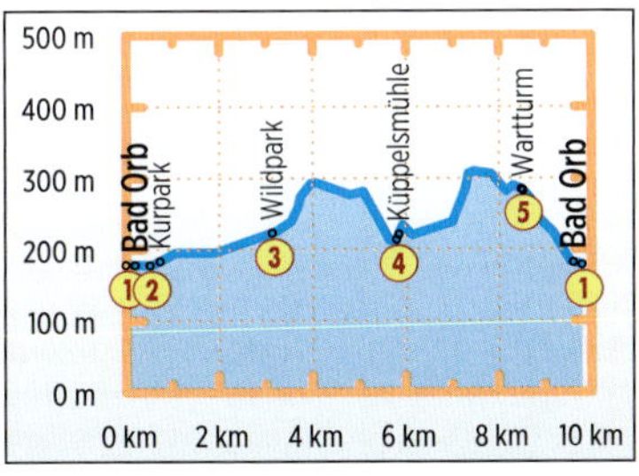

Markierung: Durchgängig gelbes EU-Schiffchen auf blauem Grund.

Anreise Auto: Von der A 66 die Ausfahrt 45 in Richtung Bad Orb nehmen. Rechts abbiegen auf die Frankfurter Straße. In Bad Orb rechts in den Burgring, hier befindet sich ein Parkplatz.

Anreise ÖPNV: Ab Bahnhof Wächtersbach mit dem Bus MKK 81 zum Busbahnhof in Bad Orb, Fahrzeit ca. 12 Minuten. Von dort zu Fuß ca. 450 Meter über die Burgstraße und den Untertorplatz in den Burgring.

Bad Orb s. S. 88

1 0,0 (178) Vom Eingang des **Heimatmuseums** links in den **Burgring**, an der **St. Martinskirche** vorbei ⤳ an der Ampel links in das gepflasterte Gässchen **Zum Kerberswinkel**,

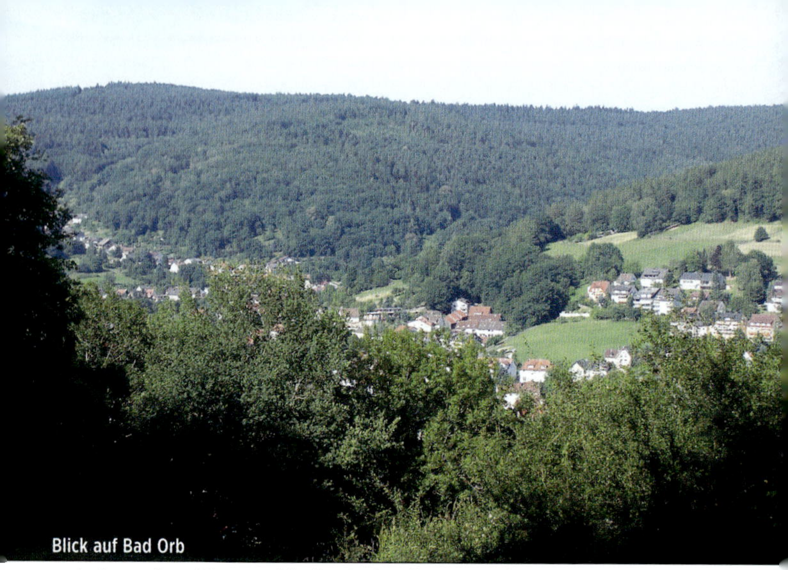
Blick auf Bad Orb

zwischen den Mauern hindurch in die pittoreske Altstadt ⇝ rechts in die **Heppengasse** ⇝ rechts in die **Obertorstraße** ⇝ durch das **Obertor** und kurz danach links in den **Burgring**.

Das **Obertor** (Anfang des 13. Jhs.) ist ein Torturm der Stadtbefestigung, ehemals auch als Gefängnis genutzt.

2 0,5 (178) Rechts in den **Kurpark** ⇝ auf der linken oder auf der rechten Bachseite immer geradeaus durch den Kurpark ⇝ am Ende des Kurparks über das Brückchen, zwischen den Tennisplätzen in den schmalen asphaltierten Weg ⇝ dem Weg über zahlreiche kleine Brücken immer entlang des Baches folgen ⇝ an der Gabelung wieder rechts über ein Brückchen, auf dem asphaltierten kleinen Weg bleiben ⇝ an der nächsten Gabelung rechts des Baches bleiben ⇝ an der **Kneipp-Anlage** entlang und vor zur Landstraße ⇝ rechts an der Straße entlang über die Brücke.

3 3,1 (223) An der Zufahrt zum Eingang des Wildparks vorbei.

Wildpark Bad Orb

Wildpark. Auf unbestimmte Zeit wegen Umbaumaßnahmen geschlossen.

Café Waldfriede, Villbacher Str. 48, 06052/2286, Mo-Sa 12-18.30 Uhr, So/Fei 11-18.30 Uhr, @ lkv828

Hinter dem Café Waldfriede rechts ab ⇝ auf dem Schotterweg in den Wald hinein ⇝ an der Abzweigung scharf rechts in die 180-Grad-Kurve ⇝ an der Kreuzung mit 5 Wegen ganz rechts bergab ⇝ am Abzweig zur **Küppelsmühle** geradeaus auf dem Hauptweg bleiben ⇝ an der nächsten Kreuzung links in Richtung Reha-Klinik und gleich rechts in den Schotterweg.

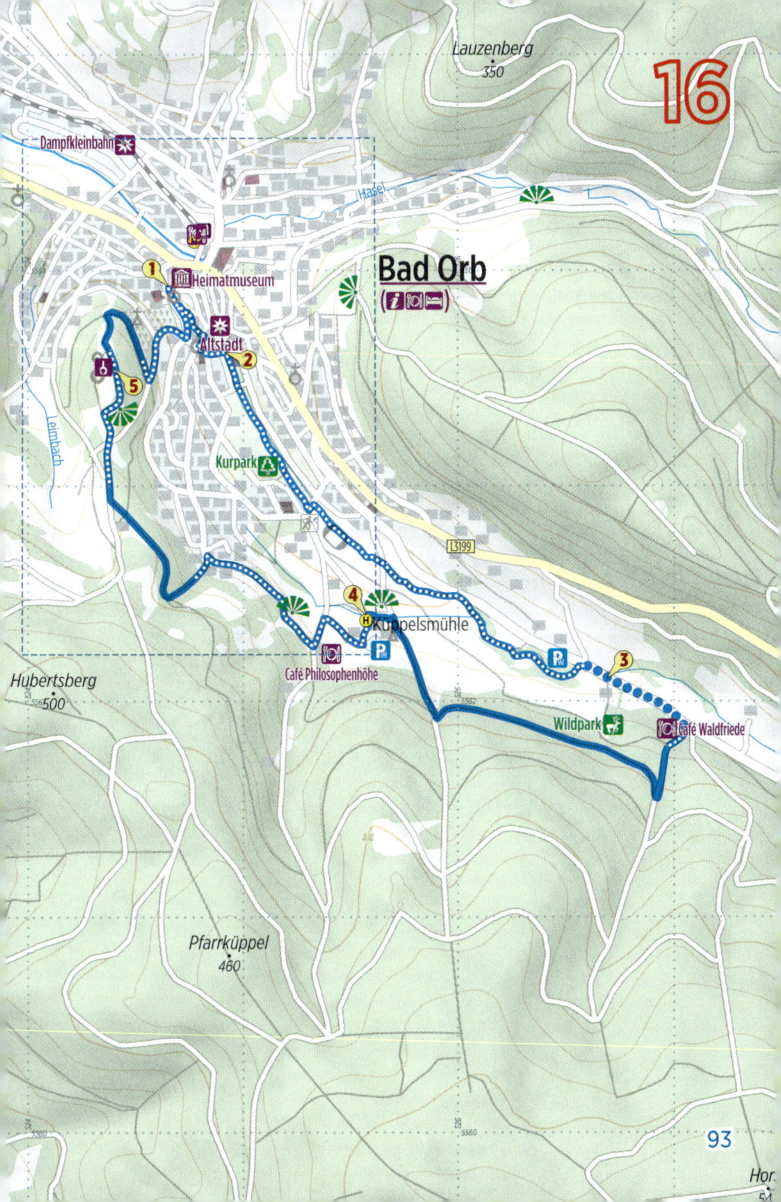
16
Lauzenberg
350
Dampfkleinbahn
Hasel
Heimatmuseum
Bad Orb
Altstadt
Leimbach
Kurpark
L3199
Küppelsmühle
Café Philosophenhöhe
Hubertsberg
500
Wildpark
Café Waldfriede
Pfarrküppel
460

4 5,8 (214) An der Kreuzung links, an der **Bushaltestelle** und dem Modellhäuschen vorbei in den Wald ⤳ am **Parkplatz** scharf rechts die 180-Grad-Kurve nehmen ⤳ an der T-Kreuzung links in die etwas breitere, bergauf führende Straße.

Filosofia del Gusto, Haberstalstr. 5, in der Philosophenhöhe, ✆ 06052/919943, tägl. 11.30-14 Uhr und 17.30-22 Uhr

Rechts in den **Philosophenweg** ⤳ scharf links steil bergauf in den **Turnerweg** ⤳ an der Einmündung rechts und gleich danach an der T-Kreuzung wieder rechts ⤳ nach 600 m rechts bergab in die schmale Asphaltstraße ⤳ an der Abzweigung rechts halten, auf der größeren Straße bergab ⤳ an der Kreuzung mit der Straße geradeaus in Richtung Wartturm.

5 8,5 (285) Am **Wartturm** vorbei ⤳ auf dem Schotterweg bergab ⤳ an der T-Kreuzung rechts in den bergab führenden Schotterweg ⤳ an der Straße links, bald am Parkplatz vorbei ⤳ am Rand vom Friedhof im Linksbogen und auf dem **Burgring** Richtung Kirche ⤳ auf dem bereits bekannten Weg zurück zum Ausgangspunkt.

1 9,8 (178) Die Tour endet am **Heimatmuseum**.

Bad Orb

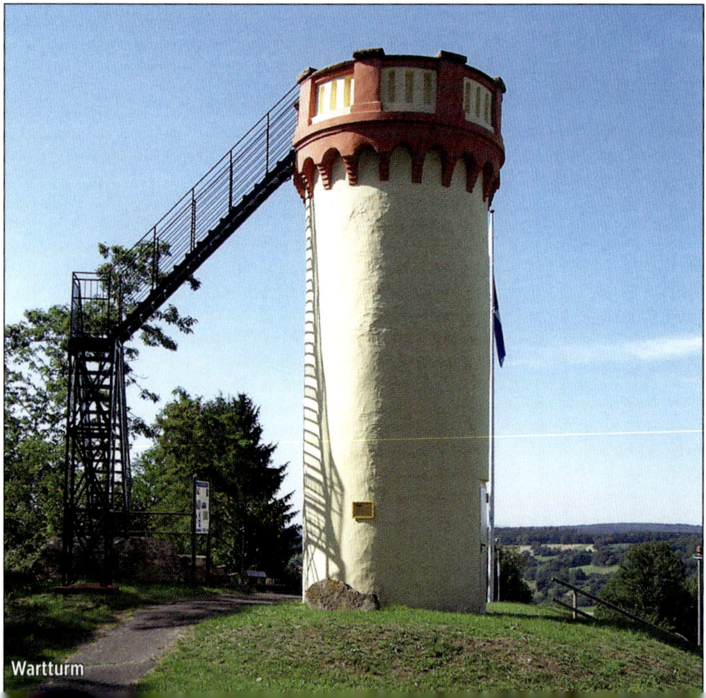

Wartturm

Märchenhafter Spessart

Märchen, Sagen und Legenden werden im Spessart vielerorts auferweckt. Auch als Wanderer kann man in die Welt der Räuber und Prinzessinnen eintauchen und auf eine spannende Entdeckungsreise gehen.

Einfach märchenhaft ist die **Brüder-Grimm**-Stadt Steinau an der Straße. Dort, wo die beiden Brüder die frühen Jahre ihrer Kindheit verbrachten, kann man auf deren Spuren wandeln, wie beispielsweise im Brüder-Grimm-Haus. Im Museum kann man das Wirken und die Märchenwelt der Geschwister Jacob und Wilhelm erkunden. Außerdem sind im Ludwig Emil-Grimm Kabinett zeichnerische und graphische Werke des jüngsten Bruders ausgestellt. Besonders beliebt in Steinau sind die **Märchenstadtführungen**. Die Gäste lassen sich vom Gestiefelten Kater, von Frau Holle oder vom König Drosselbart verzaubern. Die Tour 17 endet in Steinau an der Straße.

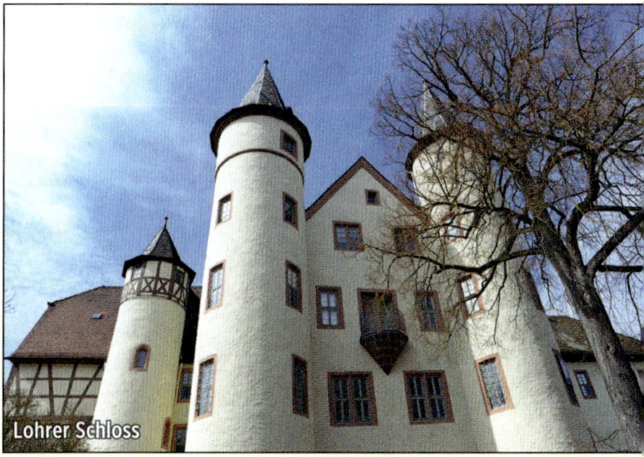
Lohrer Schloss

Im Spessartmuseum im Lohrer Schloss wird **Schneewittchen** lebendig. Dort steht sogar noch der prunkvoll verzierte Spiegel der Königin. Der 35 km lange Schneewittchen-Wanderweg von Lohr nach Bieber folgt dem angeblichen Fluchtweg Schneewittchens über die sieben Berge quer durch den schönen Spessartwald. In der Schneewittchen-Stadt Lohr am Main ist die Märchenfigur vielerorts gegenwärtig – unter anderem während der regelmäßig stattfindenden Märchenstunde mit Schneewittchen. Das märchenhafte Lohr ist Station auf den Touren 23, 24 und 25.

Bei einer Wanderung durch den Spessart heißt es jedoch immer aufgepasst. Hier lauern die legendären **Spessarträuber**, und ehe man sich versieht, ist man in einen Überfall geraten und die wilde Räuberbande macht kurzen Prozess. Ideal für Gruppen ist eine geführte Spessartwanderung auf den Spuren der Spessarträuber, auf Wunsch auch mit Überfall - ein großer Spaß auch für Firmen und Vereine!

Tour 17 — 14,4 km

Auf dem Eselsweg

Start: Schlüchtern, Bahnhof
Ziel: Steinau an der Straße, Bahnhof
Aufstieg: 296 m — *Hartbelag:* 59 %
Abstieg: 352 m — *Wanderwege:* 41 %
Gehzeit: 3,5 - 4 Std. — *Wanderpfade:* 0 %

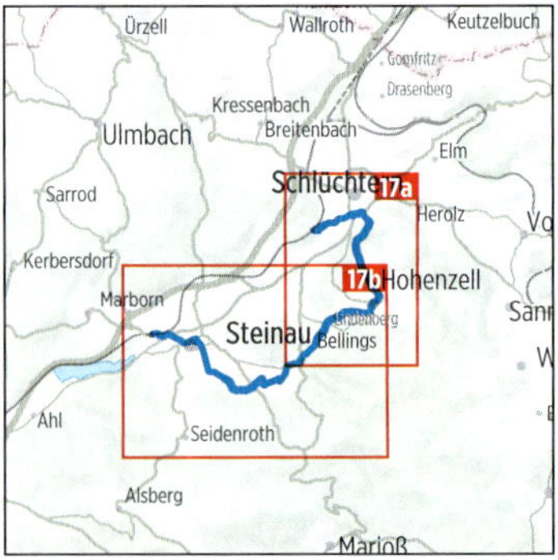

Charakteristik: Die Tour stellt die erste Etappe des berühmten Eselsweges vor. Sie beginnt und endet mit zwei schönen Städtchen im Kinzigtal, die auch kulturelle Sehenswürdigkeiten zu bieten haben. Nach Schlüchtern mit dem beeindruckenden Bergwinkelmuseum und der Klosteranlage folgt der steile Aufstieg durch den Wald auf die Berge des Vorspessarts und nach Hohenzell. Der nächste Abschnitt führt überwiegend durch offene Wiesen- und Weidelandschaften und bietet schöne Rundumblicke über die Spessarthügel. Einen tollen Blick genießen Sie auch nach dem Abstieg nach Bellings und dem anschließenden Aufstieg zur Bellinger Warte. Danach geht es durch Wiesen und Felder hinab in die romantische Brüder-Grimm-Stadt Steinau, einst Wohnort der Brüder Grimm. Das Schloss, den Marktplatz mit Katharinenkirche, Märchenbrunnen und Rathaus

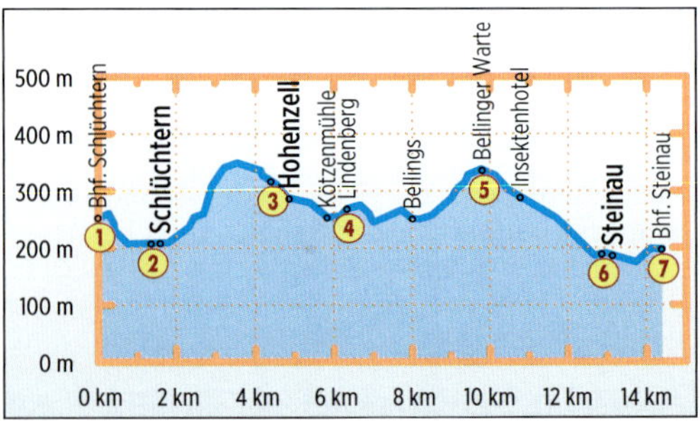

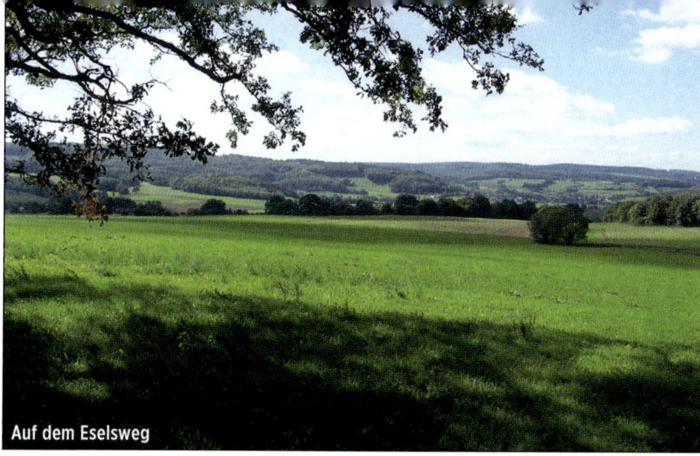
Auf dem Eselsweg

sowie das Brüder-Grimm-Haus muss man gesehen haben.

Markierung: Schwarzes E (bis kurz vor die Bellinger Warte) – W 1 (bis zur Altstadt Steinau).

Anreise Auto: Von der A 66 die Ausfahrt Schlüchtern Nord nehmen und rechts in Richtung Schlüchtern fahren. Nach ca. 4 Kilometern rechts in die Lotichiusstraße abbiegen. Nach 500 Metern rechts in die Bahnhofstraße, die zum Bahnhof führt.

Anreise ÖPNV: Schlüchtern liegt an der Bahnstrecke Frankfurt – Fulda. Am Ende der Tour vom Bahnhof Steinau mit dem Regionalzug mindenstens stündlich in ca. 5 Minuten zurück zum Bahnhof Schlüchtern.

Schlüchtern

Vorwahl: 06661

- **Tourist-Information**, Krämerstr. 5, im Haus des Handwerks, ✆ 850, @ kqh886
- **Bergwinkelmuseum – Museum der Stadt Schlüchtern**, Schlossstr. 15, im Lauter'schen Schlösschen, ✆ 85750, ⏲ Fr-Sa 15-19 Uhr, So 14-18 Uhr. Mit großer Modelleisenbahnanlage.
- **Benediktinerkloster**. Das Kloster mit der karolingischen Krypta und der spätromanischen Andreaskapelle kann im Rahmen einer Führung besichtigt werden, Buchung bei der Tourist-Information.
- **Ehemalige Synagoge**, Grabenstr. 10. Die ehemalige Synagoge wurde Ende des 19. Jhs. errichtet. Nach der Zerstörung der Inneneinrichtung in der Reichsprogromnacht 1938 diente das Gebäude als Lagerhalle, später als Kleiderfabrik, heute wird es als Kulturhaus genutzt.
- **Burg Brandenstein**, Elm (Schlüchtern), ✆ 3888, ⏲ n. t. V. Mit Holzgeräte- und Sieboldmuseum. @ lqv678
- **Schloss und Schlosspark Ramholz**, Parkstr., Ramholz (Schlüchtern). Buchung von Führungen durch den Schlosspark bei der Tourist-Information, das Schloss kann nicht besichtigt werden.
- **Freibad Schlüchtern**, Breitenbacher Str. 32, ✆ 85820
- **Hallenbad**, Bahnhofstr. 13, ✆ 85800

Gasthof Hausmann, Obertorstr. 5-7, ✆ 96940, @ roh622

Zum Lasch, Schlossstr. 7, ✆ 609191, Mo-Sa 16-22 Uhr, So 11-22 Uhr, @ xbw455

Eselsweg

Der Eselsweg ist ein historischer Handelsweg, der auf 111 Kilometern von Schlüchtern nach Großheubach führte und schon zu keltischer und römischer Zeit begangen wurde. Der Name stammt von den berühmten Orber Salzkarawanen, die mit schwer beladenen Eseln die Salzsäcke über den Spessart zum Main brachten.

1 0,0 (253) Vom Bahnhof links in die **Bahnhofstraße** ⇝ nach dem Parkplatz rechts in den geschotterten schmalen Weg, es geht bergab ⇝ rechts in die kleine Straße ⇝ links bergab in die Straße **Spenglersruh** ⇝ an der Kreuzung links in die **Vogelsbergstraße** ⇝ rechts in die **Alte Bahnhofstraße** ⇝ am Kreisverkehr rechts in die Straße **Unter den Linden** und die Straße queren.

INS ZENTRUM: Am Kreisverkehr gelangen Sie links in das nur 200 m entfernte historische Zentrum von Schlüchtern.

2 1,4 (207) Auf der Hauptroute vor der Kinzigbrücke links in den Park ⇝ an der Gabelung rechts ⇝ am Abzweig rechts über das Kinzigbrückchen ⇝ durch die Unterführung ⇝ an der Kreuzung geradeaus in die **Kinzigstraße** ⇝ an der Gabelung nach den letzten Häusern rechts und weiter bergauf ⇝ das Asphaltsträßchen kreuzen und geradeaus in den Schotterweg ⇝ an der T-Kreuzung rechts in den Schotterweg ⇝ an der nächsten Kreuzung links bergauf in den Wald ⇝ am Abzweig eines Asphaltweges weiter geradeaus in den Schotterweg ⇝ im weiteren Verlauf alle Abzweigungen ignorieren ⇝ an der Einmündung rechts in die breitere Straße **Am Schlossborn**.

Hohenzell (Schlüchtern)

3 4,4 (316) An der Gabelung links halten ⇝ am Parkplatz rechts in den Hof und gleich wieder links über die Treppe hinunter ⇝ unten rechts und dann gleich wieder links in die schmale Straße **In der Hohle** ⇝ rechts in die schmale Straße, weiter bergab ⇝ an der Kreuzung links hoch in die Straße **Zur Kötzenmühle** ⇝ an der ersten Abzweigung nach rechts ⇝ an der Gabelung rechts, auf der schmalen Straße weiter bergab ⇝ am Abzweig eines Schotterweges weiter auf dem Asphaltweg bleiben ⇝ neben den Gebäuden der **Kötzenmühle** geradeaus auf den Wiesenweg ⇝ an der T-Kreuzung rechts in den Schotterweg.

4 6,3 (268) Vor dem **Hofgut Lindenberg** links in den bergauf führenden Schotterweg ⇝ die Straße queren und auf dem Wiesenweg durch die Felder hinunter ⇝ am Ende des Weges rechts in die schmale Straße ⇝ den **Sportplatzweg** kreuzen ⇝ an der Kreuzung rechts hinunter in den **Hohenzeller Weg** ⇝ links in die **Buchstraße**.

Bellings (Steinau a. d. Straße)

Kurz vor dem Ortsende links in den **Sebertsweg**, bergauf aus dem Ort

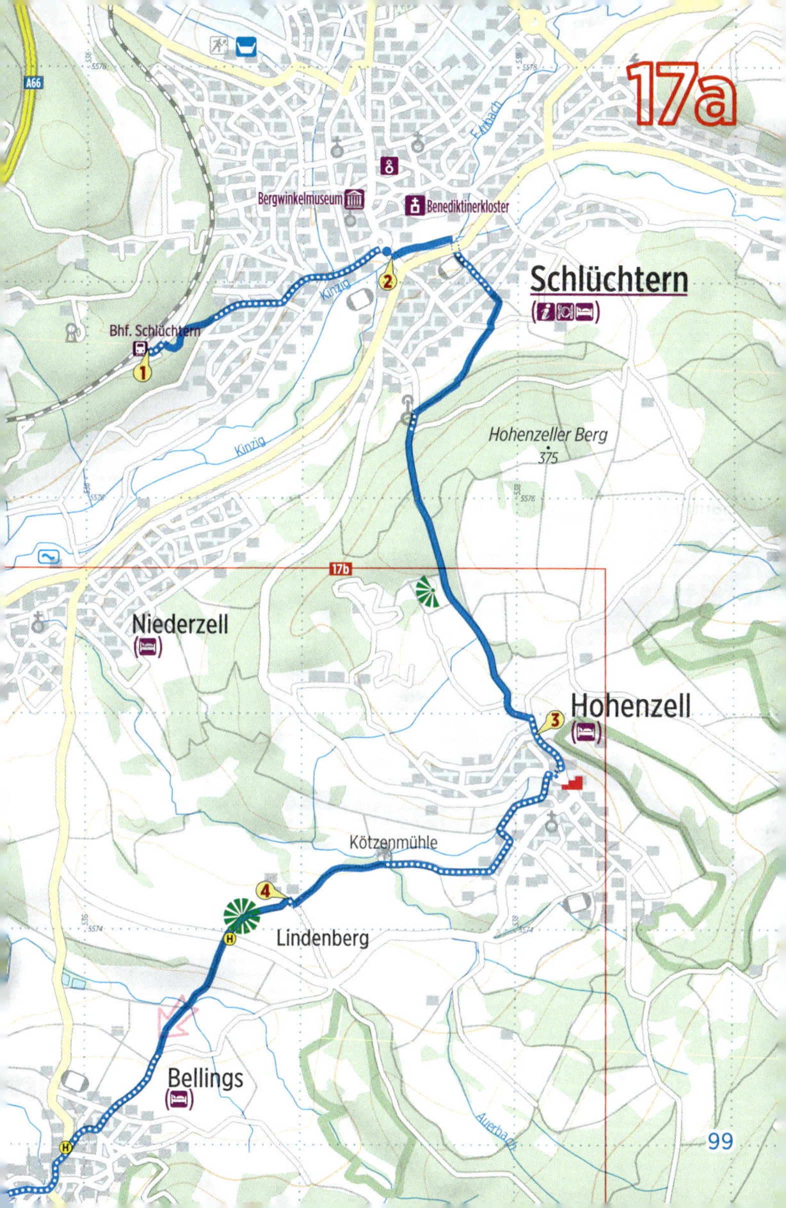
17a
A66
Bergwinkelmuseum
Benediktinerkloster
Schlüchtern
Bhf. Schlüchtern
Kinzig
Hohenzeller Berg
375
17b
Niederzell
Hohenzell
Kötzenmühle
Lindenberg
Bellings
Auerbach
1
2
3
4

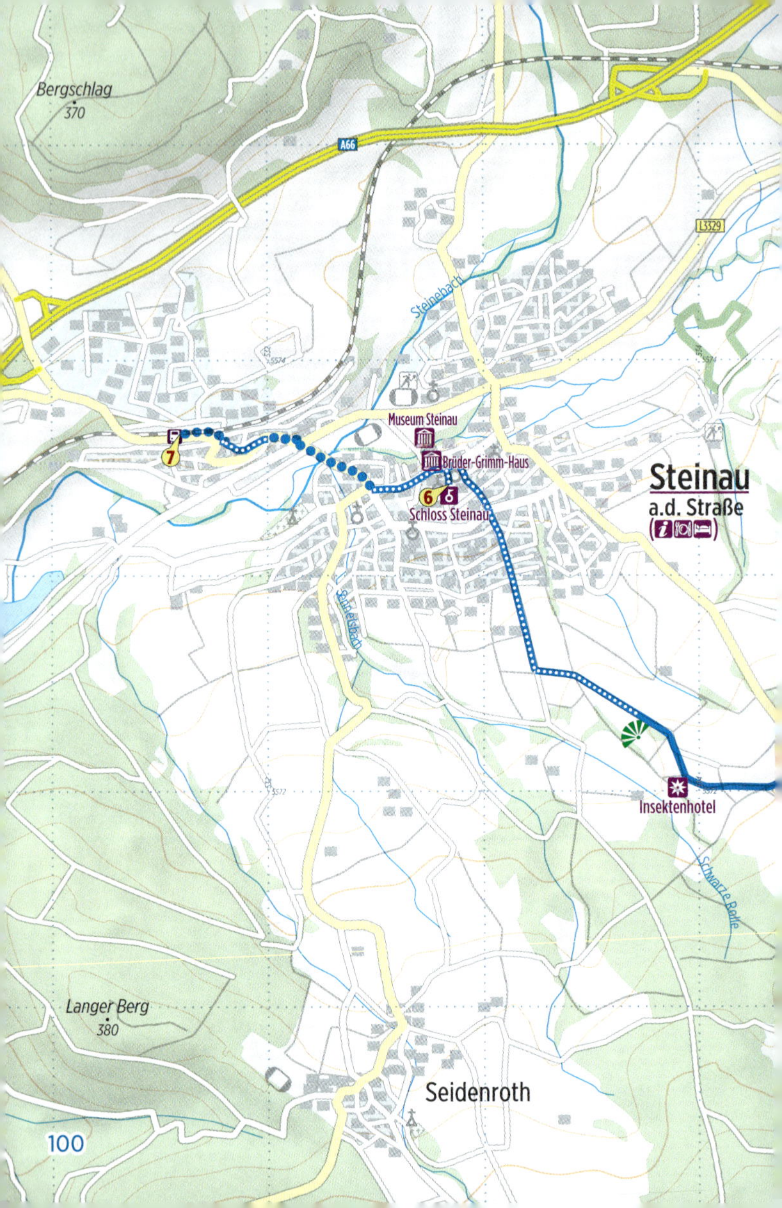

Bergschlag
370
A66
L3329
Steinebach
Museum Steinau
Brüder-Grimm-Haus
Schloss Steinau
Steinau
a.d. Straße
Insektenhotel
Schwarze Bolle
Langer Berg
380
Seidenroth

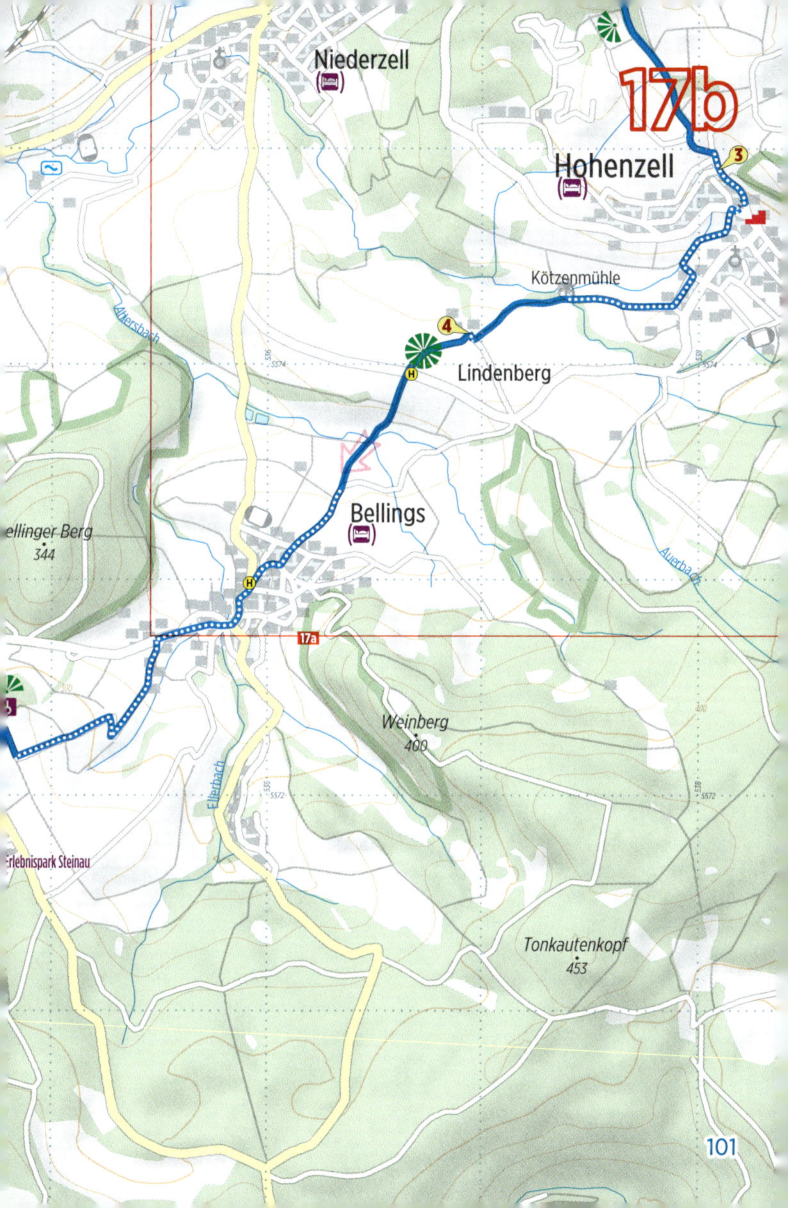
17b
Niederzell
Hohenzell
Kötzenmühle
Lindenberg
Bellings
ellinger Berg
344
Weinberg
400
Tonkautenkopf
453
Ellerbach
Auerbach
Erlebnispark Steinau
17a

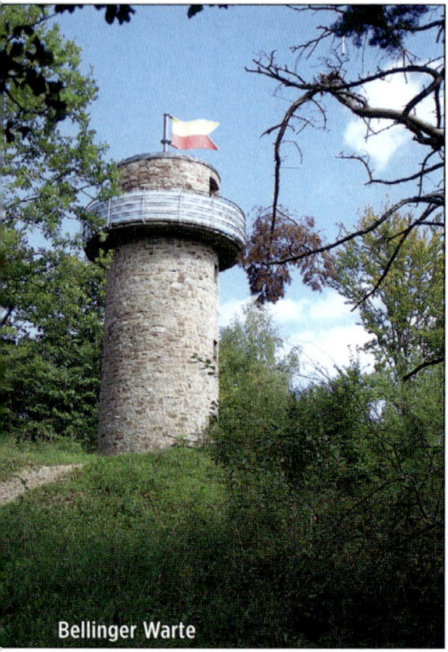
Bellinger Warte

hinaus ⇝ an der Rastbank den Hauptweg verlassen und scharf rechts abbiegen ⇝ der Spitzkehre nach links folgen ⇝ an der T-Kreuzung auf der Höhe rechts in Richtung Bellinger Warte – hier verlassen Sie den Eselsweg, Sie folgen also nicht mehr der Markierung schwarzes E.

AUSFLUG Wenn Sie hier links gehen, und dann rechts zur Straße abbiegen, erreichen Sie den Erlebnispark Steinau.

Erlebnispark Steinau, 06663/6889, April-Okt. 9-18 Uhr. Freizeitpark mit Sommerrodelbahn, Karussells, Streichelzoo, Kletterparcours etc. @ qcy186

5 9,8 (336) Auf der Hauptroute vor der **Bellinger Warte** links.

Bellinger Warte. Die Bellinger Warte war einst Bestandteil der mittelalterlichen Befestigungsanlage Steinaus. Im Mittelalter dienten die Warten als Beobachtungsposten. Von jeder Warte bestand Sichtkontakt zum Schlossturm mitten in der Stadt.

Die Straße queren, der Markierung W 1 bzw. Wartenrundweg auf dem Erdweg bergab folgen ⇝ an der Gabelung halb rechts halten ⇝ an der Kreuzung am **Schädelbaum** weiter geradeaus ⇝ am **Insektenhotel** rechts ⇝ an der Einmündung links ⇝ auf Asphalt bergab in Richtung Steinau ⇝ an der T-Kreuzung rechts auf den Asphaltweg, weiter bergab ⇝ die Ringstraße queren ⇝ geradeaus über die **Schlosstraße** in den **Viehhof** und durch das Tor in die Altstadt ⇝ an der T-Kreuzung links in die **Brüder-Grimm-Straße** ⇝ nach 50 m gleich wieder links, am Märchenbrunnen vorbei über den Platz zum **Schloss**.

Steinau a. d. Straße

Vorwahl: 06663

Verkehrsbüro, Brüder-Grimm-Str. 70, 97388, @ hgj323

Museum Brüder Grimm-Haus, Brüder-Grimm-Str. 80, 7605, 0171/2815184 In dem früheren Amtshaus – ein stattlicher Renaissance-Bau – verlebten die Brüder Jacob und Wilhelm Grimm 5 Jahre ihrer Kindheit. 1791-1796 wirkte der Vater im Obergeschoss des Hauses als Amtmann, die Wohnräume der Familie waren im Erdgeschoss. Heute wird in den verschiedenen Museumsbereichen über das Leben und Wirken der weltbekannten Sprachforscher und Märchensammler informiert. @ kng467

Museum Steinau, Brüder-Grimm-Str. 80, 7605 In der ehem. Amtshofscheune ist heute das Regionalmuseum untergebracht, es zeigt u. a. eine Ausstellung zur Handelsstraße Frankfurt-Leipzig. @ nij467

δ **Schloss Steinau**, ⏲ März-Nov., Di-So 10-17 Uhr, Adventssonntage und 26.12. 10-16 Uhr. Das Renaissance-Schloss ist umgeben von einem 4-5 m tiefen und 18-25 m breiten Graben.

6 12,9 (188) Vom Schloss wieder zurück zur **Brüder-Grimm-Straße**, dort links ⤳ am Ende der Altstadt an der Kreuzung rechts in die **Bahnhofstraße** ⤳ über die Kinzigbrücke ⤳ an der Fußgängerampel die Leipziger Straße kreuzen ⤳ links und gleich wieder rechts in die **Bahnhofstraße** ⤳ rechts hoch in die **Alte Bahnhofstraße** ⤳ am Ende der Alten Bahnhofstraße links und gleich wieder rechts in die **Bahnhofstraße**.

7 14,4 (197) Die Tour endet am Bahnhof Steinau an der Straße.

Steinau a. d. Straße, Bahnhof

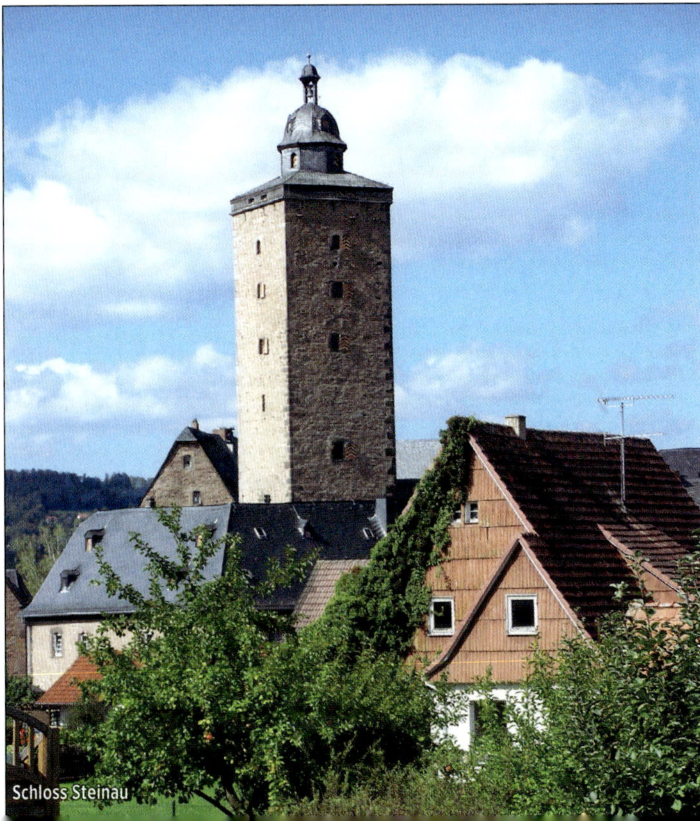

Schloss Steinau

Tour 18 — 9,8 km

Rund um Burg Schwarzenfels

Start/Ziel: Schwarzenfels, Parkplatz an der Burg

Aufstieg: 270 m — *Hartbelag:* 63 %

Abstieg: 271 m — *Wanderwege:* 37 %

Gehzeit: 2 - 2,5 Std. — *Wanderpfade:* 0 %

Charakteristik: Die Tour startet und endet mit dem Höhepunkt, der Burg Schwarzenfels, von deren Turm man einen traumhaften Rundumblick auf Spessart und Rhön genießt. Von Schwarzenfels geht es stetig bergab, zunächst durch Wald und dann durch offene Landschaft, in das Tal nach Weichersbach. Danach folgen ein neuerlicher kleiner Anstieg und ein längerer Abschnitt durch offene Wiesen- und Feldlandschaften, die immer wieder fantastische Blicke auf das Sinntal, den Spessart und die Burg Schwarzenfels zulassen. Hinter Mottgers bildet dann der steile Schlussanstieg hoch zur Burg den Abschluss. Der verhältnismäßig hohe Asphaltanteil wird durch die tollen Ausblicke entschädigt.

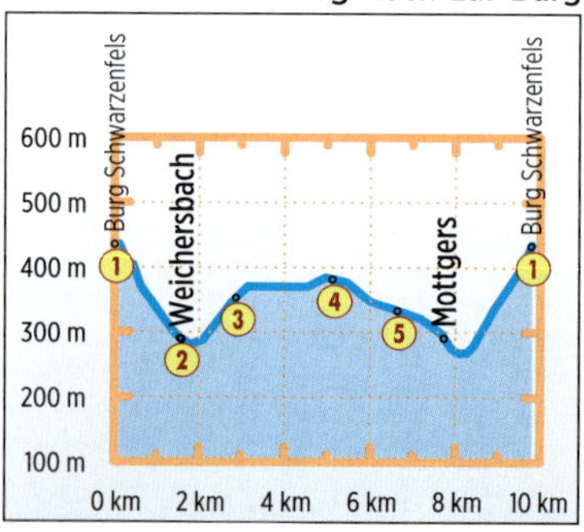

Anreise Auto: Von der A 66-Ausfahrt Schlüchtern Süd in Richtung Sinntal. Bei Schlüchtern rechts halten auf die L 3180. In Sterbfritz links auf die Bahnhofstraße, nach 200 m rechts abbiegen in die Bahnhofstraße. In Mottgers geradeaus auf die Brückenstraße und dieser nach Schwarzenfels folgen. Dort links in die Schlossgasse, an deren Ende der Burgparkplatz liegt.

Anreise ÖPNV: Vom Bahnhof Sterbfritz (Strecke Schlüchtern – Gemünden) mit Bus MKK 96 in ca. 30 Minuten zur Endhaltestelle Schwarzenfels, Zum Bergfried. Am Wochenende nur wenige Verbindungen.

Schwarzenfels (Sinntal)

Vorwahl: 06664

Gemeinde Sinntal, Am Rathaus 11, Sterbfritz (Sinntal), ✆ 800, @ fpm752

Burg Schwarzenfels (24) Die im 13. Jh. errichtete Burg wurde 1649 zur Ruine erklärt. Im gut erhaltenen Marstallgebäude ist eine Jugendherberge untergebracht. Der Burgturm bietet bei gutem Wetter eine etwa 100 km weite Fernsicht. @ qst124

Burgcafé Schwarzenfels, Schlossg. 24, Sa ab 12 Uhr, So ab 10 Uhr, @ ehw466

Gasthaus Zur Burg, Schlossg. 18, 919140, Do 17-22 Uhr, Fr-So 11.30-14 Uhr und 17-22 Uhr, @ kbc677

Landgasthof Wittenzellner, Zum Bergfried 9, 7165, Mi-Mo ab 17 Uhr, Sa, So zusätzlich 10-14 Uhr, @ xwf514

Burg Schwarzenfels

Burg Schwarzenfels wurde vermutlich errichtet, als Graf Reinhard II. von Hanau 1277 zum Landvogt in der Wetterau ernannt wurde; erstmals erwähnt wurde sie 1290. Mitte des 16. Jahrhunderts wurde die Burg für die Witwe Philipps III. von Hanau umgebaut. In der Vorburg kamen 1557 der die Silhouette beherrschende Marstall und 1575 der Torturm mit hölzernem Aufsatz hinzu, der heute als Glockenturm für die 1810 im Marstall eingerichtete Kirche dient. Im Dreißigjährigen Krieg wurde die Kernburg zerstört. Von ihr sind nur der runde Bergfried und einige Gebäudereste erhalten. Der Bergfried ist als Aussichtsturm im Rahmen der Burgbesichtigung begehbar.
Quelle: www.kulturportal-mkk.de

1 0,0 (436) Vom Parkplatz der **Burg Schwarzenfels** in den geschotterten Waldweg bergab ~ an der Gabelung links auf dem Hauptweg bleiben ~ der Weg führt weiter steil bergab und aus dem Wald hinaus ~ in Weichersbach links in die **Schwalbenstraße** ~ an der Kreuzung rechts und gleich wieder links in die **Fasanenstraße** ~ an der Einmündung rechts in die **Mottgerser Straße**.

Weichersbach (Sinntal)

Vorwahl: 06664

Gasthof Zum Stern, Mottgerser Str. 9, 6827, Di-So ab 15 Uhr, @ sno211

Landgasthof Schlott, Mottgerser Str. 2, 235, Di-So, @ rlq417

2 1,6 (290) Der Vorfahrtsstraße im Linksbogen folgen ~ in der folgenden Rechtskurve nach dem Gasthof links in die **Schulwaldstraße** abzweigen ~ über den Bach und an der Gabelung rechts bergauf ~ links in den **Geisberg** ~ rechts in die Straße **Zur Ehehelle**, weiter bergauf ~ an der Gabelung des Asphaltweges rechts halten ~ weiter dem Asphaltweg folgen.

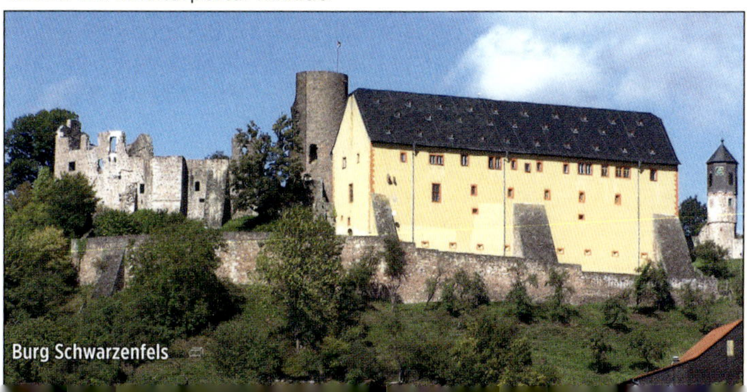

Burg Schwarzenfels

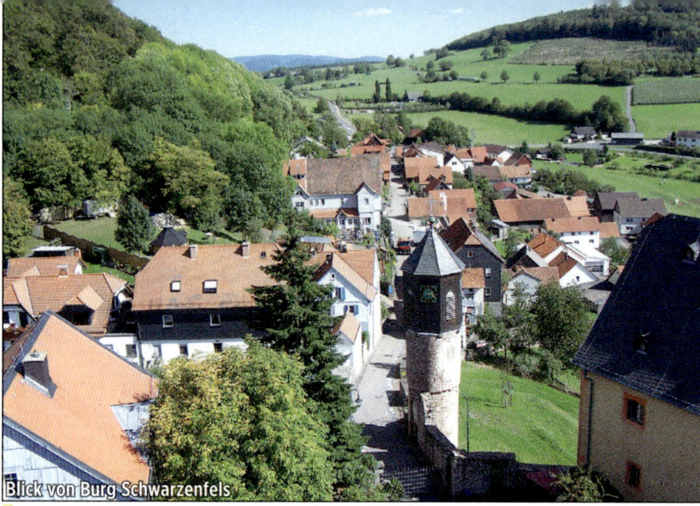

Blick von Burg Schwarzenfels

3 2,9 (353) An der Kreuzung den Drei-Burgen-Weg verlassen und geradeaus weiter bergauf ⇝ am Abzweig des Asphaltweges geradeaus auf den breiten Feldweg ⇝ an der T-Kreuzung rechts in den Asphaltweg ⇝ nach 800 m an der Rastbank links in den Schotterweg ⇝ dem Weg über die Kuppe folgen.

4 5,1 (382) Am Abzweig in der lang gezogenen Rechtskurve scharf links auf den Wiesenweg abbiegen ⇝ dem scharfen Rechtsknick folgen ⇝ an der T-Kreuzung nach den Feldern rechts in den Schotterweg.

5 6,7 (335) Die L 2304 queren und geradeaus in den Schotterweg ⇝ an der Einmündung in den Radweg links und dem Weg bergab bis zum Ortsrand von Mottgers folgen.

Mottgers (Sinntal)

Landgasthof Am Brunnen, Hauptstr. 50, 06664/7803, Mi-So, @ ken124

An der Gabelung links auf der **Sterbfritzer Straße** bleiben ⇝ am Anfang der Rechtskurve halblinks in den schmaleren Weg ⇝ bei den Häusern geradeaus auf die Straße **Im Steinbiehl** ⇝ an der Einmündung links in die **Sterbfritzer Straße** ⇝ an der T-Kreuzung links in die **Hauptstraße** ⇝ an der Kreuzung die Brückenstraße queren und nach rechts auf dem Bürgersteig bergauf ⇝ nach 300 m links in die **Weichersbacher Straße** und gleich rechts in die Straße **Im Eichhof** ⇝ der **Friedensteinstraße** bergauf folgen ⇝ in Schwarzenfels links in die Straße **Zum Bergfried** ⇝ vor dem kleinen Dorfplatz rechts hoch in die **Amtsgasse** ⇝ links hoch in das steile Sträßchen und die Treppe hinauf.

1 9,8 (435) Die Tour endet wieder an der Burg Schwarzenfels.

Schwarzenfels (Sinntal)

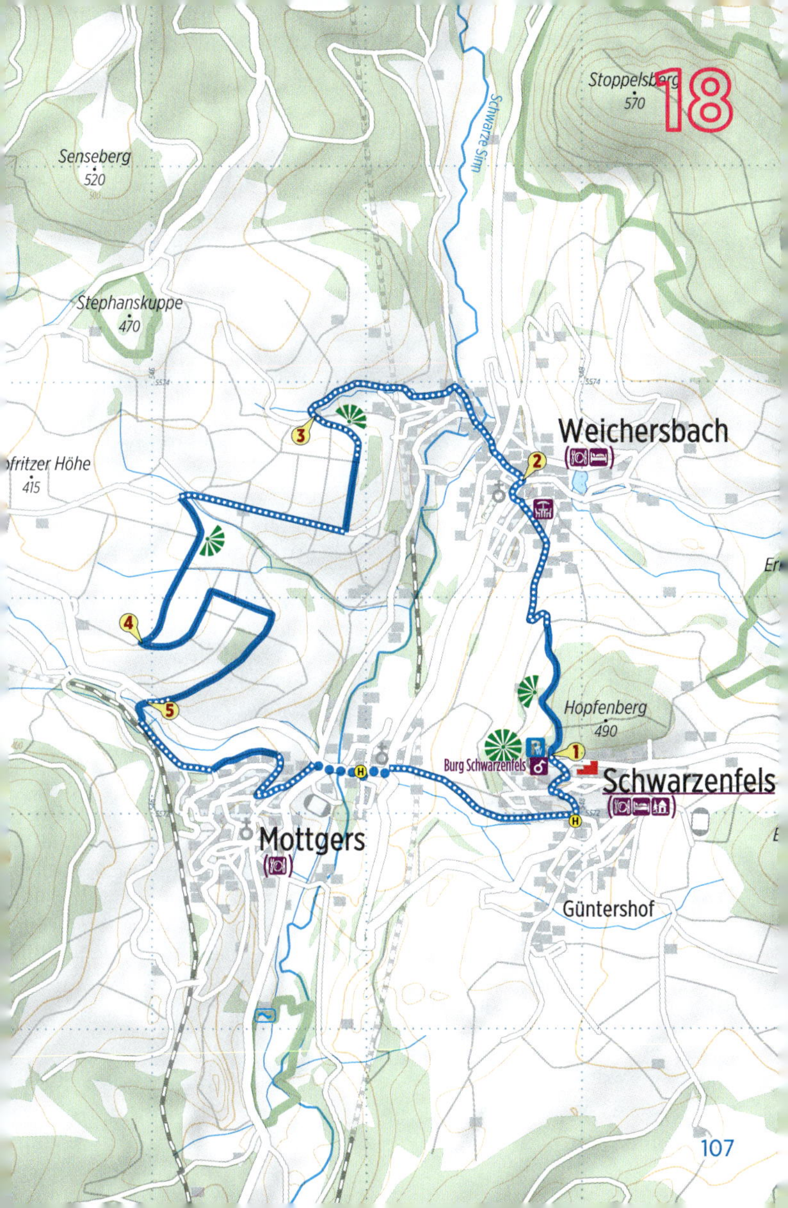
18
Stoppelsberg
570
Senseberg
520
Schwarze Sinn
Stephanskuppe
470
Weichersbach
fritzer Höhe
415
Hopfenberg
490
Burg Schwarzenfels
Schwarzenfels
Mottgers
Güntershof

Tour 19 6,9 km

Rund um Burgsinn

Start/Ziel: Burgsinn, Bahnhof

Aufstieg: 151 m *Hartbelag:* 66 %

Abstieg: 151 m *Wanderwege:* 34 %

Gehzeit: 1,5 Std. *Wanderpfade:* 0 %

Charakteristik: Die Tour bietet in drei Abschnitten vielfältige Eindrücke von Natur und Kultur in und um Burgsinn. Zunächst verläuft sie recht eben oberhalb des Sinntals auf einem Asphaltweg mit schönen Blicken auf den Ort. Der nächste Abschnitt beginnt mit einem Aufstieg durch schönen Spessart-Laubwald. Von der Höhe haben Sie tolle Ausblicke auf Burgsinn und die Ausläufer der Rhön. Nach dem Abstieg bildet der Ort selbst mit seinen Burgen und Schlössern den kulturellen Abschluss.

Markierung: Roter Querbalken, B7, ohne Markierung, Andreaskreuz, ohne Markierung.

Anreise Auto: Burgsinn liegt im Sinntal, etwa 15 Kilometer nördlich von Gemünden, und kann über die St 2303 und die St 2304 erreicht werden. Von der St 2304 fahren Sie am Ortsrand auf die Bahnhofstraße und an der Einmündung rechts bis zu den Parkplätzen am Bahnhof.

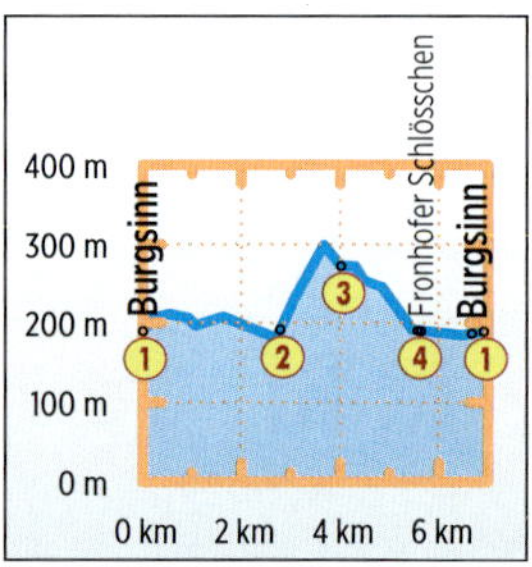

Anreise ÖPNV: Bahnhof Burgsinn (Strecke Schlüchtern – Gemünden).

Burgsinn

Vorwahl: 09356

- **Verwaltungsgemeinschaft Burgsinn**, Burgweg 1, ✆ 99100, @ yxq242
- **Dreieinigkeitskirche**, Am Lindenberg 25, ✆ 1234 Ⓒ Beim Bau der evangelischen Kirche (1952-1955) wurde besonderer Wert auf die Verwendung von regionalen Materialien gelegt, so besteht z. B. die Empore aus heimischem Lärchenholz und der Altar aus Marmor aus dem benachbarten Altengronau.
- **Kirche St. Michael**, Kirchstr. 14, ✆ 1248 Ⓒ Der heutige Kirchenbau besitzt zwischen Chor und Langhaus eine große Kuppel, weshalb die Kirche auch Sinntaldom genannt wird. Im Inneren kann man einen frühklassizistischen Hochaltar (um 1770) und mehrere Figuren aus der Werkstatt Peter Wagners betrachten, einem der Hauptvertreter für Rokokoplastiken in der Mainfranken-Region.

Fronhofer Schlösschen, Kreuzstr. Werner II. von Thüngen errichtete das Schloss 1607 im Renaissance-Stil für seine Frau Philippina.

Neues Schloss, Schlossallee. Das am nordöstlichen Rand Burgsinns gelegene Neue Schloss wurde 1590-1620 im Stil der Spätrenaissance von der Familie von Thüngen erbaut.

Wasserburg, Burgweg Die Burg befindet sich in Privatbesitz der Freiherren von Thüngen. Der 22 m hohe Bergfried ist von weither zu sehen und eines der Wahrzeichen Burgsinns.

Freibad Burgsinn, Badstr. 6, 1287, @ jpk847

Stern, Hauptstr. 8, 1225, @ bjy311

Burgsinn wurde 1001 erstmals urkundlich erwähnt. 1334 erhielt es das Marktrecht, fortan stand es unter der Herrschaft des Geschlechts der Thüngen. 1816 wurde es Bayern eingegliedert.

Der heutzutage größte Ort im Sinngrund mit rund 2.600 Einwohnern lohnt einen Besuch: Nicht nur die drei Schlösser der Familie von Thüngen und die alten Bauern- und Fachwerkhäuser locken Besucher in die Stadt, auch der modernere Teil Burgsinns mit neu gestaltetem Ortskern und Freibad laden zum Verweilen ein.

1 0,0 (190) Vom Bahnhofsparkplatz auf der Brücke die Gleise überqueren ⤳ nach der Brücke rechts auf den Radweg entlang der Bahn, der Markierung roter Querbalken folgen ⤳ nach der ersten Brücke über die Bahngleise der Radwegbeschilderung folgend links abbiegen (Markierung B7) ⤳ an der Einmündung in die kleine Straße rechts und auf der Brücke über eine weitere Bahntrasse ⤳ nach der Brücke über die Sinn rechts und gleich links über die Straße zum Wanderparkplatz.

2 2,8 (192) Vom Parkplatz nun ohne Markierung halb rechts bergauf dem Schotterweg folgen ⤳ aus dem Wald

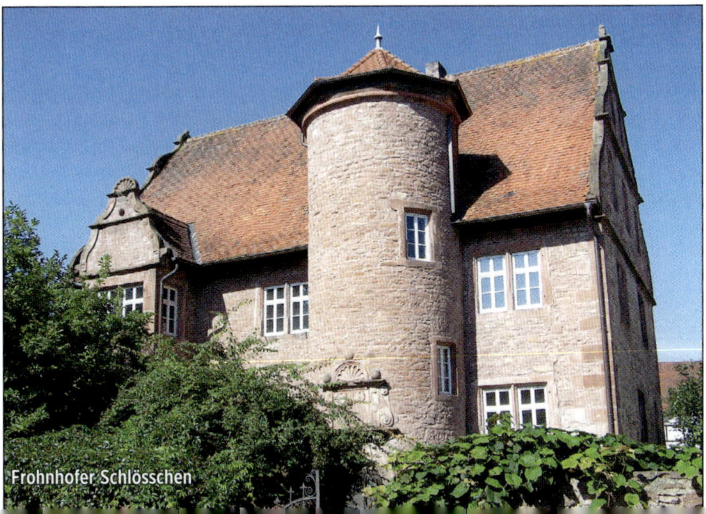

Frohnhofer Schlösschen

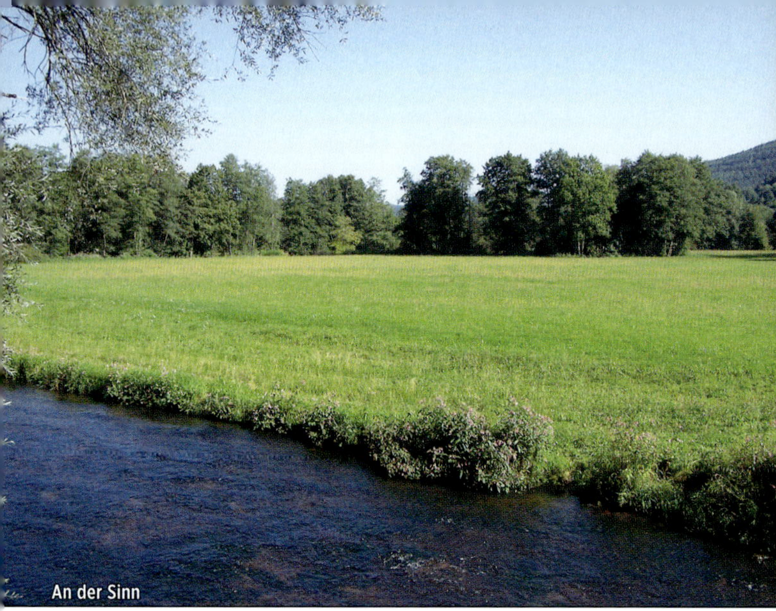
An der Sinn

hinaus und über die Rodungsinsel ~ zurück im Wald rechts in den bergab führenden Querweg.

3 4,0 (272) An der großen Kreuzung rechts auf die Schotterstraße, nun mit Markierung Andreaskreuz ~ der im weiteren Verlauf asphaltierten Straße ins Tal folgen ~ an der Einmündung rechts in die **Mäusbergstraße**, weiter steil bergab ~ die Fellener Straße queren und geradeaus in die **Kreuzstraße**.

4 5,6 (190) Direkt hinter der Brücke scharf rechts über ein zweites Brückchen auf den gepflasterten Weg ~ am **Marktplatz** rechts in die **Rienecker Straße** ~ am **Rienecker Tor** links in die **Turmgasse** ~ scharf links in die Straße **An der Aura** ~ rechts über die Brücke ~ am Rathaus vorbei in den **Jahnweg** ~ an der Gabelung links in den **Burgweg** ~ an der Einmündung rechts auf den Schotterweg ~ links in den Asphaltweg und an der **Wasserburg** entlang ~ links in den Kiesweg durch den **Burgpark** ~ durch das steinerne Tor den Burgpark verlassen ~ nach dem Tor rechts in die **Poststraße**.

1 6,9 (190) Die Tour endet wieder am Bahnhof Burgsinn.

Burgsinn

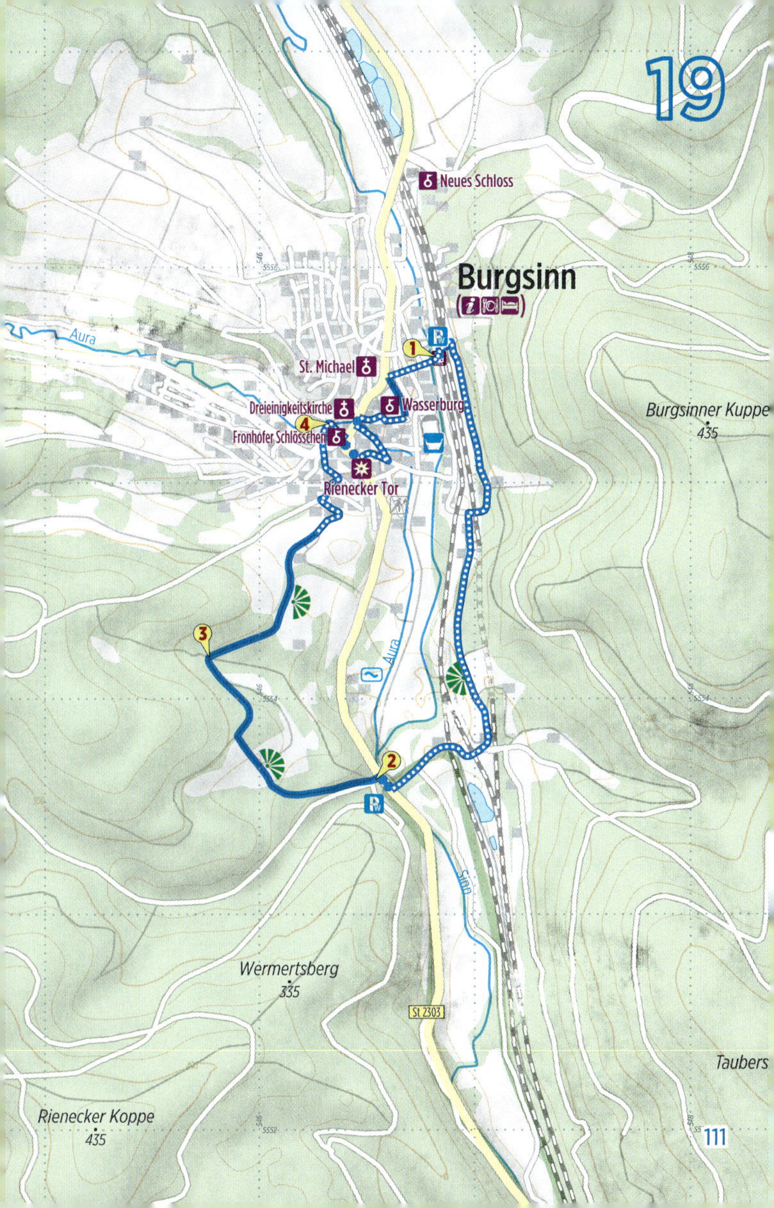
19
Neues Schloss
Burgsinn
Aura
St. Michael
Dreieinigkeitskirche
Wasserburg
Fronhofer Schlösschen
Rienecker Tor
Burgsinner Kuppe
435
Aura
Sinn
Wermertsberg
335
St 2303
Taubers
Rienecker Koppe
435
1
2
3
4

Tour 20 6,9 km

Kulturweg Lohrhaupten

Start/Ziel: Lohrhaupten, Kirche
Aufstieg: 214 m
Abstieg: 214 m
Gehzeit: 1,5 Std.
Hartbelag: 29 %
Wanderwege: 59 %
Wanderpfade: 12 %

Charakteristik: Der Europäische Kulturweg „Älteste Spessart-Pfarrei" beginnt in Lohrhaupten an der Kirche der ältesten Spessarter Pfarrei mit ihren beeindruckenden Fresken. Die Tour ist zweigeteilt: Die erste Hälfte führt aus Lohrhaupten hinaus und durch das Gemündener Tal, eine historische Abkürzung der Birkenhainer Straße, bis hinauf zur großen Waldkreuzung am Barfußpfad. An der Informationstafel zum Gemündener Tal erfährt man auch, was die hiesige Kulturlandschaft mit der Abbildung auf dem ehemaligen 50 Pfennig-Stück zu tun hat. Mit dem tollen Ausblick auf die Rhön beginnt der zweite Teil, der streckenweise auf Pfaden und durch dichten Wald wieder hinab führt.

Markierung: Durchgängig gelbes EU-Schiffchen auf blauem Grund.

Anreise Auto: Auf der B 276 bis zum Abzweig Ziegelhütte zwischen Frammersbach und Flörsbachtal, hier in Richtung Jossgrund abbiegen. In Lohrhaupten links abbiegen auf die Hauptstraße. Die Wanderung beginnt an der Kirche.

Anreise ÖPNV: Vom Busbahnhof Gelnhausen mit dem Bus MKK 64 zur Endstation Lohrhaupten, Post. Alternativ vom Bahnhof Wächtersbach mit Bus MKK 81 nach Bad Orb und von dort mit Bus MKK 80 zur Endstation Lohrhaupten, Post.

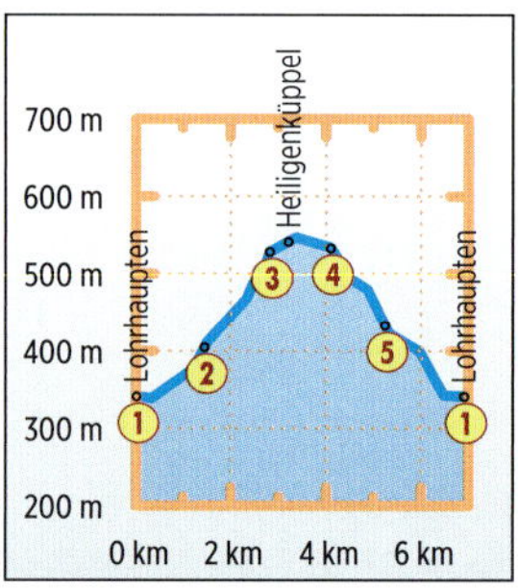

Lohrhaupten (Flörsbachtal)

Gemeindeverwaltung Flörsbachtal, Hauptstr. 14, ✆ 06057/90010, @ qaw112

Matthäuskirche Lohrhaupten. Heimat der ältesten, im Jahr 1057 beurkundeten Pfarrei im Spessart. In dem aus dem 15. Jh. stammenden Turm befinden sich ebenso alte Fresken, die das Weltgericht zeigen. Das spätbarocke Kirchenschiff entstand nach einem Kirchenbrand 1765.

Gasthaus Adler, Hauptstr. 12, ✆ 06057/6986755, Mi-Mo, @ ilh552

Landhotel Waldeck, Oberer Friedrichsberg 3,

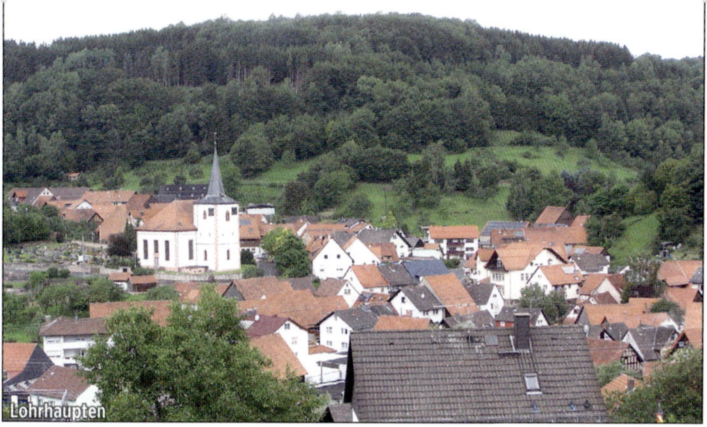

☎ 06057/553, ◷ Di-Fr ab 17 Uhr, Sa, So 12-22 Uhr, @ sda153

1 0,0 (340) Von der Kirche auf dem **Kirchweg** vor zur Hauptstraße, dort rechts ⇝ die nächste rechts in den **Mühlweg** ⇝ an der Kulturwegtafel links in die **Dünkelbachstraße** ⇝ an der Gabelung links weiter der Dünkelbachstraße folgen ⇝ die Hauptstraße queren und geradeaus in die **Mühlbergstraße** ⇝ an der Einmündung rechts in die **Hauptstraße** ⇝ der Straße **Im Kreuzel** auf dem Bürgersteig folgen ⇝ rechts in die Straße **Am Hirtenrain** ⇝ am Abzweig Wildparkweg weiter geradeaus, später auf Schotter.

2 1,5 (404) Nach der **Kulturwegtafel Gemündener Tal** dem breiten Forstschotterweg stetig bergauf folgen ⇝

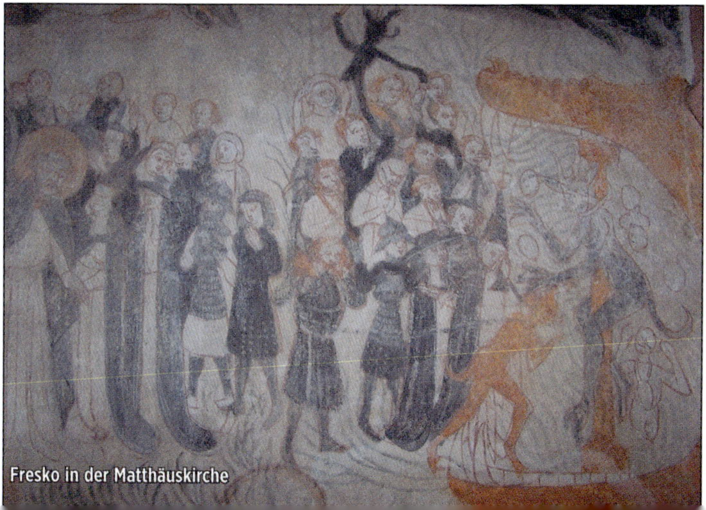

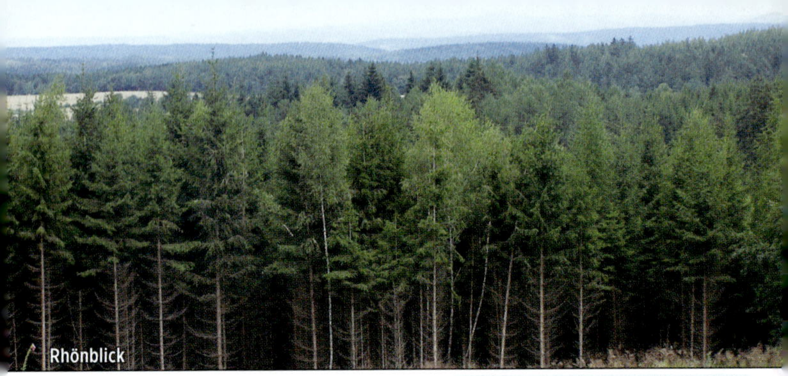

Rhönblick

dort, wo ein gleichwertiger Schotterweg nach links abzweigt, geradeaus weiter am **Barfußpfad** vorbei.

3 2,8 (530) An der großen Waldkreuzung mit 6 Wegen scharf rechts.

AUSFLUG Wenn Sie hier nach links für ca. 1,8 km der Markierung Fränkischer Marienweg folgen, erreichen Sie die idyllisch mitten im Wald gelegene Gaststätte Bayerische Schanz, eine ehemalige Grenzstation.

Bayerische Schanz, 09355/618, Sa 12-18 Uhr, So/Fei 10-18 Uhr, @ rse642

Auf der Hauptroute an der Kreuzung weiter geradeaus, zwischen den Nadelwäldern hindurch bergab ~ an der Gabelung den Hauptschotterweg nach rechts verlassen ~ nach ca. 200 m vom Schotterweg links in einen grasbewachsenen Weg, bergab in den Wald.

4 4,1 (533) An der **Kulturwegtafel Zu den Ackerterrassen** in die rechte der drei Varianten, durch den Wald weiter bergab.

TIPP Die Bewirtschaftung von Ackerterrassen bezeichnet man als sogenannten „Röderbau". Dabei wurde der Niederwald gerodet und verbrannt und die Asche als Dünger verwendet.

An der Einmündung rechts bergab in den Schotterweg ~ an der **Kulturwegtafel Niederwaldbuchen** den Schotterweg nach links in den Pfad durch den dichteren Wald bergab verlassen ~ an der Einmündung in die Asphaltstraße rechts hoch.

5 5,3 (432) Am Abzweig links von der Asphaltstraße in den bergab führenden breiten Forstweg abbiegen ~ an der Kreuzung geradeaus und kurz danach den steilen Wiesenweg bergab in Richtung Ort ~ an der Einmündung in den breiteren Wiesenweg rechts und gleich danach am Abzweig links bergab ~ an der Einmündung links in den **Wildparkweg** ~ rechts in die **Lohrer Straße** ~ links in die **Dünkelbachstraße** und auf dem bekannten Weg zurück zur Kirche.

1 6,9 (340) Sie erreichen den Ausgangspunkt der Tour, wo die Wanderung endet.

Lohrhaupten (Flörsbachtal)

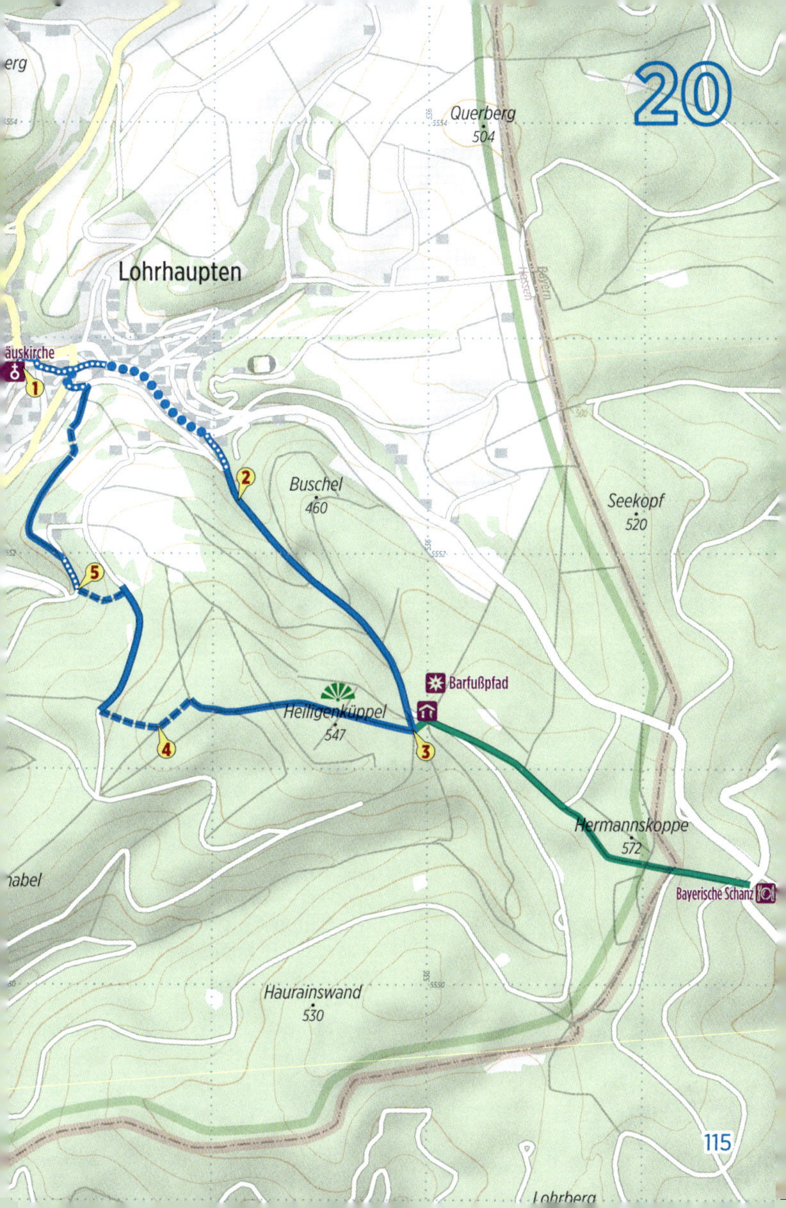

20
Querberg
504
Lohrhaupten
äuskirche
Buschel
460
Seekopf
520
Barfußpfad
Heiligenküppel
547
Hermannskoppe
572
Bayerische Schanz
Haurainswand
530
Lohrberg

Tour 21 8,2 km

Bei den Frammersbacher Fuhrleuten

Start/Ziel: Frammersbach, Parkplatz Fuhrmannmuseum
Aufstieg: 209 m *Hartbelag:* 25 %
Abstieg: 209 m *Wanderwege:* 55 %
Gehzeit: 2 - 2,5 Std. *Wanderpfade:* 20 %

Charakteristik: Der Europäische Kulturweg „Herbertshain" war der erste derartige Kulturweg im Spessart, er wurde im Jahr 2000 eröffnet. Der Weg führt zunächst mit schönen Ausblicken steil bergauf aus Frammersbach hinaus und dann durch lange Waldabschnitte bis zur idyllisch gelegenen Heiligkreuzkapelle. Nach der Kapelle folgt der steile Abstieg – streckenweise auch auf einem historischen Hohlweg – zurück zum Ort. Dort geht es entlang des Baches und mit schönem Blick auf den Frammersbacher Kirchberg zurück zum Fuhrmann- und Heimschneidermuseum. Die Tafeln am Kulturweg informieren über Lehmgruben, historische Verkehrswege, die Kreuzkapelle und die Hohlwege als Zubringer für die Frammersbacher Fuhrleute.

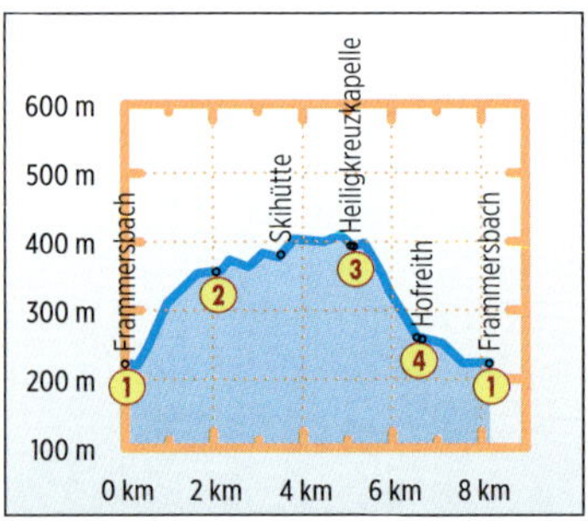

Markierung: Durchgängig gelbes EU-Schiffchen auf blauem Grund.

Anreise Auto: Von Lohr am Main auf der B 276 nach Frammersbach. Ca. 1,5 Kilometer nach dem Ortseingang links abbiegen in die Straße Hinterdorf. Das Fuhrmann- und Heimschneidermuseum befindet sich auf der rechten Seite.

Anreise ÖPNV: Vom Bahnhof Partenstein mit Bus 8045 in ca. 9 Minuten zur Haltstelle Herbertshain in Frammersbach. Von dort zu Fuß in die Straße Hinterdorf zum Museum. Samstags nur wenige Busse. Sonntags fährt die Linie den Partensteiner Bahnhof nicht an, verkehrt aber vom ZOB in Lohr als Rufbus.

Frammersbach

Vorwahl: 09355

Fuhrmann und Heimschneidermuseum, Hinterdorf 10, ✆ 971211, ⏲ jeden 2. So im Monat 14-17 Uhr. Geschichte der Frammersbacher Fuhrleute vom 15. bis 19. Jh.,

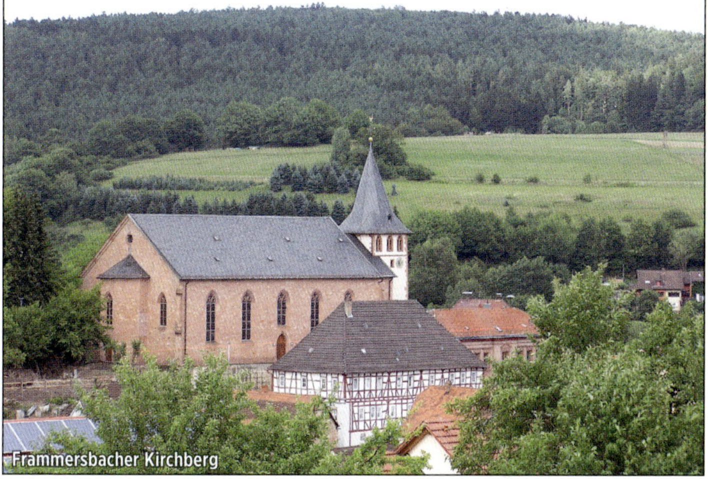

Frammersbacher Kirchberg

Frammersbacher Schneiderei von den Anfängen bis zur industriellen Konfektion im 20. Jh.

- **Terrassenbad Frammersbach**, Bergstr. 22, ☎ 612
- **Gasthof Zum Grünen Baum**, Wiesener Str. 112, ☎ 99757, ⏲ Mi-Sa ab 17 Uhr, So/Fei 11.30-14 Uhr und ab 17 Uhr, @ dmg664
- **Schwarzkopf**, Lohrer Str. 80, ☎ 307, ⏲ Do-So 18-20.30 Uhr, So 12-14 Uhr, @ atr543

Frammersbacher Fuhrleute

Die Frammersbacher Fuhrleute galten in der frühen Neuzeit als eine Institution europäischen Ranges. Sie waren nach 1500 einer der wichtigsten Träger des Antwerpenhandels in Deutschland. Zwei Faktoren bedingten ihren Erfolg: erstens die natürliche Lage des Ortes im Tal der Lohr und die Nähe zu frühneuzeitlich verstärkt benutzten Verkehrswegen und zweitens die Grafen von Rieneck, die über Frammersbach herrschten. Sie erkannten im späten Mittelalter den Nutzen wirtschaftlicher Erfolge für die Stabilisierung und Erweiterung des eigenen Territoriums. Die Frammersbacher Fuhrleute wurden z. B. in Streitsachen unterstützt und sorgten natürlich auch für einen stetigen Geldfluss in die gräfliche Kasse. Außergewöhnliche Leistungen festigten den Ruf der Frammersbacher Furhrleute. So gelang es Peter Kuler und Hans Lortha im Jahr 1522 zweimal, anstatt der üblichen etwa 30 Kilometer Tagesleistung 100 Kilometer an einem Tag zurückzulegen (Quelle: Kulturwegtafel „Hohlwege“).

1 0,0 (223) Vom Fuhrmann- und Heimschneidermuseum der Straße **Hinterdorf** folgen ⤳ nach der Brücke links ⤳ an der Gabelung die rechte Variante bergauf ⤳ an der nächsten Gabelung die Asphaltstraße verlassen und rechts steil bergauf ~ die Straße queren und halb rechts hoch in den Schotterweg ~ an der Gabelung geradeaus weiter ~ an der Gablung an der Waldlichtung rechts halten ~ an der Kreuzung die Asphaltstraße queren und danach links ~ an der Gabelung links in den wiesenbewachsenen Weg.

2 2,1 (255) An der **Infotafel Pflanzgarten** scharf rechts abbiegen ~ an der Einmündung in den breiteren Weg geradeaus weiter ~ an der Gabelung dem Hauptschotterweg nach rechts folgen ~ an der Einmündung geradeaus in die Asphaltstraße.

Skihütte, 09355/2820 (Dieter Kißner), Mi 14-19 Uhr, So/Fei 13-20 Uhr, bei Liftbetrieb erweiterte Öffnungszeiten

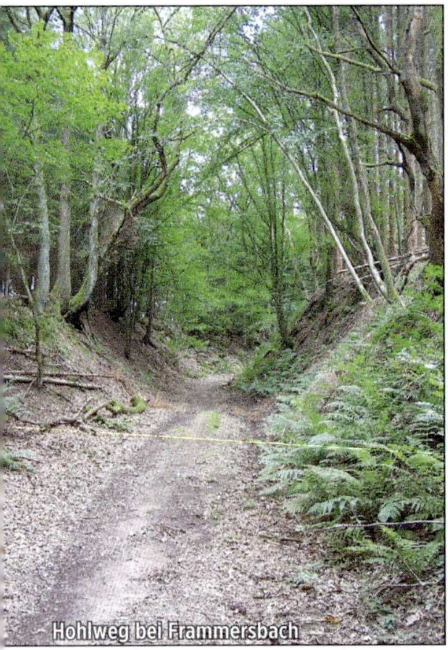

Hohlweg bei Frammersbach

Fußballerhütte, 0173/8504882 (Stefan Friedel), Sa, So ab 14 Uhr

Vor dem Parkplatz links weiter bergauf ~ dem Hauptweg durch den dichteren Wald auf Schotter folgen ~ an der Gabelung rechts ~ dort, wo der Kulturweg scharf rechts abzweigt, zunächst geradeaus zur Kapelle.

Heiligkreuzkapelle, gilt als älteste Kirche zwischen Lohrhaupten, Lohr und Aschaffenburg und wurde von den Bewohnern der umliegenden Glashütten erbaut. Später wurde sie zum Wallfahrtsziel.

3 5,1 (390) Von der Heiligkreuzkapelle zurück zum Abzweig und an der Gabelung nun links bergab ~ an der Dreierkreuzung die mittlere Variante in den dichteren Wald wählen, auf dem Pfad bergab ~ ⚠ der Pfad ist im ersten Teil schwer begehbar, sehr dicht zugewachsen und mit teilweise nicht sichtbaren Steinen und Furchen versehen.

4 6,6 (260) An der Gabelung rechts hoch in die Straße **Unteres Hofreither Tal**, nun immer geradeaus auf der **Röslstraße** und der Straße **Mühlberg** ~ an der T-Kreuzung rechts in den **Mehrlichweg**, entlang des Baches ~ dem engen geschotterten Pfad zwischen den Zäunen hindurch folgen ~ den Hof queren ~ links in die Straße **Hinterdorf** und über die Brücke zurück zum Ausgangspunkt.

1 8,2 (223) Sie erreichen wieder das Fuhrmann- und Heimschneidermuseum, wo die Tour endet.

Frammersbach

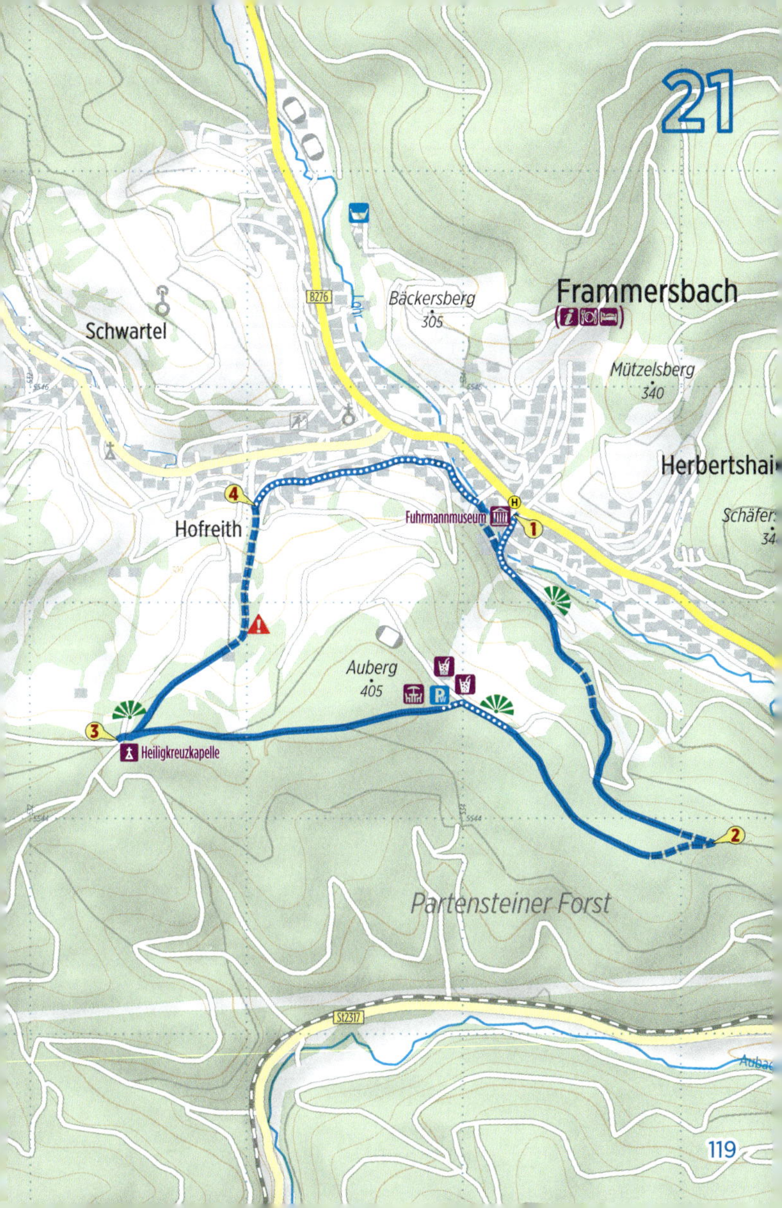
21
Frammersbach
Bäckersberg
305
Mützelsberg
340
Herbertshai
Schäfers
Schwartel
B276
Lohr
Hofreith
Fuhrmannmuseum
Auberg
405
Heiligkreuzkapelle
Partensteiner Forst
St2317
1
2
3
4

Ortsinformationen

Gemünden am Main (amtlich: Gemünden a.Main)

Vorwahl: 09351

Tourist-Information, Scherenbergstr. 4, 80011300, @ ddb662

Film-Foto-Ton Museumsverein, Frankfurter Str. 2, im Huttenschloss, 3237 Darstellung der Geschichte des Films ausgehend von den Kameras über den Filmschnitt bis hin zur Projektion. @ qxq678

Stadtpfarrkirche St. Peter und Paul, Fußgängerzone. Von der alten spätgotischen Kirche sind nach der Zerstörung im Zweiten Weltkrieg nur noch ein paar Original-Einzelteile erhalten. Sowohl das jetzige Langhaus als auch der Turm wurden nach dem Zweiten Weltkrieg wieder rekonstruiert.

Huttenschloss, Frankfurter Str. 2, 3237, 4498 Zu Beginn des 18. Jhs. von Amtmann Stern errichtet, kam es später in Besitz eines bedeutenden fränkischen Adelsgeschlechtes, jenes der Grafen von Hutten. Das Gebäude mit seinen charakteristischen Türmchen ist heute Sitz des Film-Museums, der Dokumentation zur Stadtgeschichte, einer historischen Modellbahnanlage sowie des Infozentrums Naturpark Spessart. @ oxl488

Ruine Scherenburg. Unter den Grafen von Rieneck erbaut, erste Erwähnung im 13. Jh. Der Verfall der Anlage begann in der zweiten Hälfte des 18. Jhs. Noch erhalten sind der 10 m hohe Mauerring und der Bergfried. Im Sommer finden hier die Scherenburgfestspiele statt. @ eur652

Bootsverleih, Duivenallee 7, 0151/17605725 Kanu- u. Bootsverleih, geführte Touren, @ lid424

Informationszentrum Naturpark Spessart, Frankfurter Str. 2, 603422. @ bto818

Ronkarzgarten. Laut Landesamt für Denkmalpflege bedeutendes und seltenes Zeugnis bürgerlicher Gartenbaukunst. Er wurde zwischen 1830 und 1845 mit roten Sandsteinstützmauern von Heinrich Ronkarz gebaut und steht seit 1989 unter Denkmalschutz Er gliedert sich in eine 40 m hohe Treppenanlage, drei Terrassen

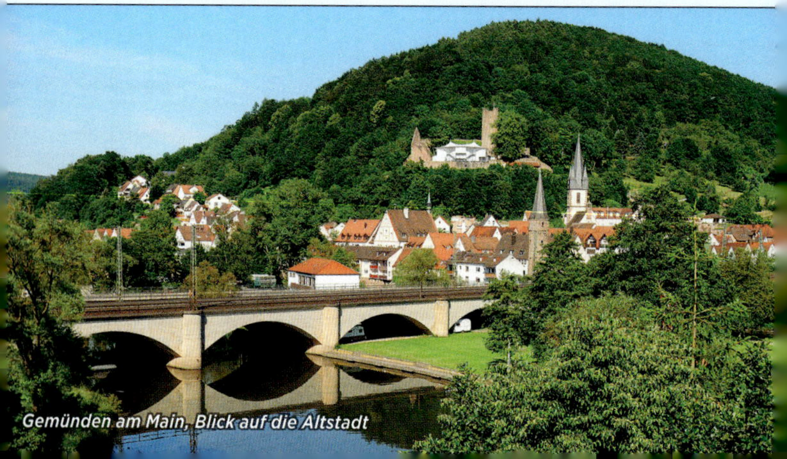

Gemünden am Main, Blick auf die Altstadt

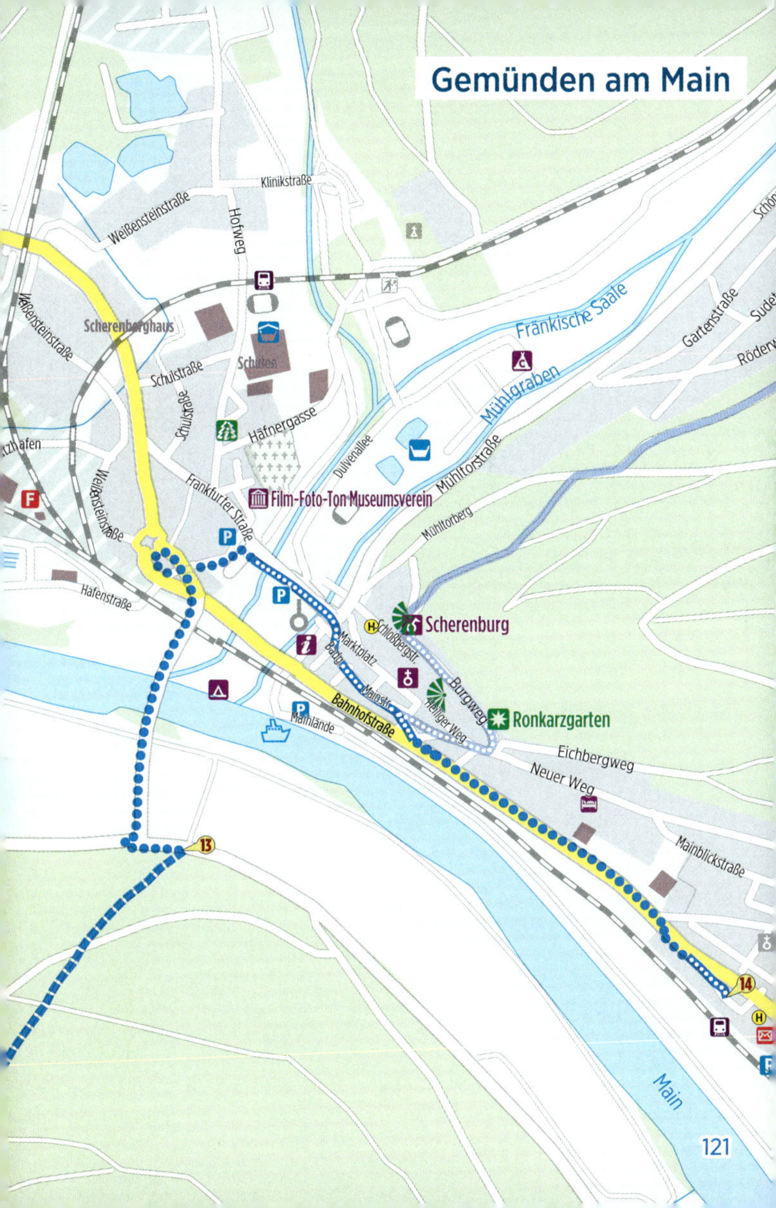

Gemünden am Main
Klinikstraße
Weißensteinstraße
Hofweg
Scherenberghaus
Weißensteinstraße
Schulstraße
Schulstraße
Schulen
Häfnergasse
Fränkische Saale
Mühlgraben
Gartenstraße
Röderw
Sudet
Schön
Dulvenallee
Mühltorstraße
Mühltorberg
Frankfurter Straße
Film-Foto-Ton Museumsverein
Weißensteinstraße
Hafenstraße
Scherenburg
Schloßbergstr.
Marktplatz
Badg.
Mainstr.
Burgweg
Heiliger Weg
Ronkarzgarten
Bahnhofstraße
Mainlände
Eichbergweg
Neuer Weg
Mainblickstraße
13
14
Main

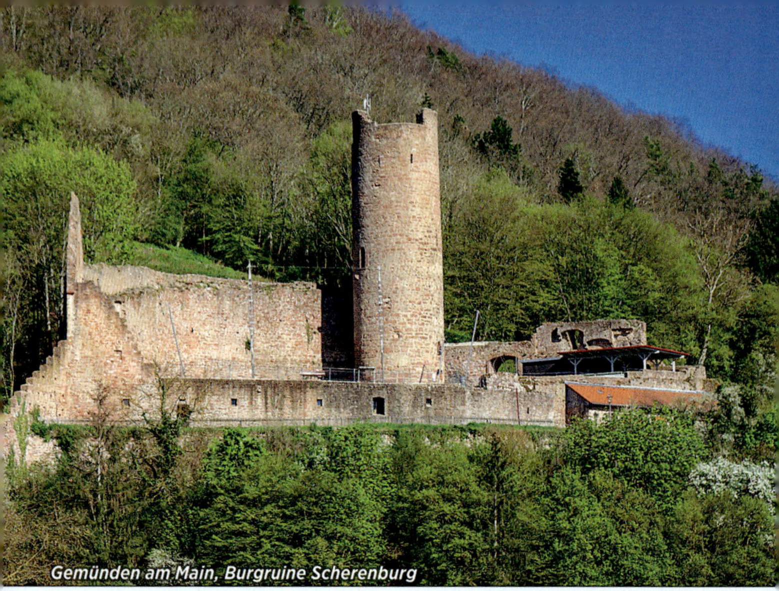

Gemünden am Main, Burgruine Scherenburg

und den äußeren Burggarten. Von den Terrassen eröffnet sich ein wundervoller Blick auf die Altstadt sowie die drei Flüsse Main, Sinn und Saale. @ hkc764

- **Freibad Saaleinsel**, Duivenallee, ✆ 1094, @ xqq468
- **Drei-Flüsse-Bad**, Hofweg 4, ✆ 6036713, @ gyp273
- **Schäffer**, Bahnhofstr. 28, ✆ 50820, ⏲ Mo-Sa 17-22.30 Uhr, So/Fei 11.30-14 Uhr und 17-22.30 Uhr, @ hmk411
- **Zum Koppen**, Obertorstr. 22, ✆ 97500, ⏲ Mi-Sa 16.30-21 Uhr, So/Fei 11-14 Uhr und 16.30-21 Uhr, @ stv444

Gemünden wurde erstmals 1243 urkundlich erwähnt. Ab 1469 bis zur Säkularisation 1802 war es im Besitz des Hochstifts Würzburg, dann Teil des bayerischen Königreichs. 1854 folgte der Bahnanschluss und später der Ausbau zum Eisenbahnknoten. Diese strategische Position führte aber auch dazu, dass Gemünden im Zweiten Weltkrieg flächenhaft zerstört wurde und zu den am stärksten zerstörten bayerischen Kleinstädten zählte.

Sehenswert ist vor allem die pittoreske Altstadt rund um den Marktplatz mit der Pfarrkirche St. Peter und Paul, dem Rathaus und Fachwerkfassaden. Reste der Stadtbefestigung sind noch erhalten. Etwas außerhalb befindet sich das im 18. Jahrhundert erbaute Huttenschloss. Wegen der Mündung von Saale und Sinn in den Main wird Gemünden mit seinen etwa 11.000 Einwohnern auch als „Fränkische Dreiflüssestadt" bezeichnet.

Tour 22 13,7 km

Über den Nonnenpfad von der Saale zur Sinn

Start: Gemünden, Bahnhof
Ziel: Rieneck, Bahnhof
Aufstieg: 413 m
Abstieg: 407 m
Gehzeit: 3 - 3,5 Std.

Hartbelag: 37 %
Wanderwege: 57 %
Wanderpfade: 6 %

Charakteristik: Die Tour führt über den sogenannten Nonnenpfad von der Fränkischen Saale zur Sinn. Diesen „Weg der Tränen" mussten die Rienecker Grafentöchter (in umgekehrter Richtung) nehmen, die Nonnen im Kloster Schönau werden sollten. Die Wanderung beginnt mit einem kurzen Anstieg hoch zur Scherenburg mit schönen Ausblicken über das Maintal und Gemünden. Es folgt ein waldreicher, recht ebener Abschnitt oberhalb des Saaletals bis zum Kloster Schönau mit seiner Wallfahrtskirche. Nach der Überquerung der fränkischen Saale geht es auf dem Nonnenpfad für etwa 3 Kilometer auf Forstwegen steil bergauf durch den dichten Spessartwald. Nach dem Abstieg verlässt die Tour den Wald und wird vom Sinntal und dem Fluss begleitet, bevor es dann, nach einem kurzen Abstecher zur Burg und zum romantischen Altstadtensemble, zum Bahnhof Rieneck geht.

Markierung: Rote Schnepfe bis Kloster Schönau – Fränkischer Marienweg bis Rieneck – roter Querbalken bis zum Bahnhof.

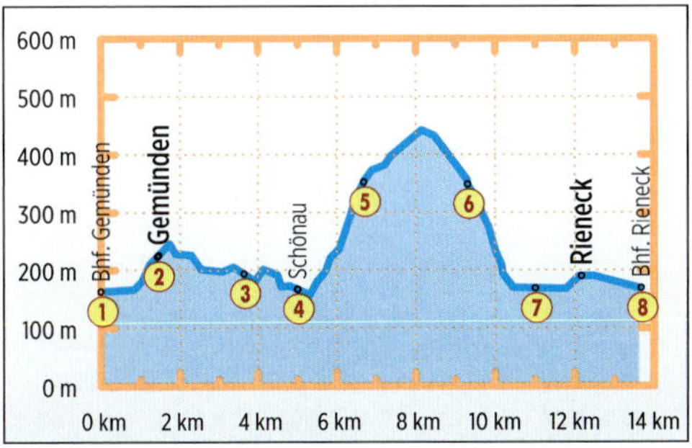

Anreise Auto: Aus Lohr am Main kommend auf der B 26 nach Gemünden. Der Bahnhof befindet sich nach dem Ortskern auf der rechten Seite.

Anreise ÖPNV: Den Bahnhof Gemünden erreichen Sie über die

Bahnstrecken Frankfurt – Würzburg bzw. Schlüchtern – Würzburg. Rückfahrt von Rieneck nach Gemünden ohne Umsteigen in ca. 6 Minuten.

Gemünden am Main s. S. 120

1 0,0 (165) Vom **Bahnhof** auf dem Bürgersteig der **Bahnhofstraße** in Richtung Ortszentrum ⤳ nach 750 m, direkt nach dem kleinen Parkplatz halb rechts in die gepflasterte **Obertorstraße** ⤳ gleich wieder scharf rechts in die Straße **Heiliger Weg** ⤳ links in den **Burgweg**, es geht steil bergauf.

2 1,4 (224) An der **Scherenburg** der Markierung Rote Schnepfe folgen ⤳ an der Einmündung rechts ⤳ an der nächsten Gabelung links auf dem Schotterweg bleiben ⤳ an der Einmündung links und gleich wieder rechts ⤳ links über die Treppe hinunter, den Schotterweg kreuzen und geradeaus bergab in den Wald.

3 3,6 (194) Nach dem Holzbrückchen über den **Hofgraben** links ⤳ kurz vor der Straße an der Gabelung halb rechts ⤳ an der nächsten Gabelung halb links in den Pfad ⤳ an der Einmündung am Wegweiser Schönau links auf die Straße ⤳ rechts auf die Hauptstraße ⤳ links abbiegen in Richtung Kloster.

Schönau (Gemünden am Main)

Vorwahl: 09351

Minoriten-Kloster Schönau, ✆ 605382-0 ©. Ursprünglich 1189 von Zisterzienserinnen als Frauenkloster gegründet, nach Zerstörungen im Bauernkrieg im Jahr 1564 aufgegeben. Das verfallene Gebäude wurde 1699 vom Laienbruder Kilian Stauffer aus Würzburg erworben. Er begann mit dem Umbau der noch bestehenden frühgotischen Kirche in barocker Manier und dem Neubau des Klosters, das sich zu einem beliebten Wallfahrtsort entwickelte. Im Inneren befinden sich beachtliche Hoch- und Seitenaltäre und Figuren aus der Werkstatt Tilman Riemenschneiders.

März, Schönauer Str. 15, ✆ 2030, So 11-15 Uhr und 16.30-21 Uhr

4 5,0 (168) Nach dem Kloster links ⤳ die erste rechts und auf der Brücke über die Saale ⤳ geradeaus dem Radweg folgen ⤳ nach der Bahnbrücke links, am Wegweiser Kloster Schönau der Markierung Fränkischer Marienweg folgen ⤳ an der Gabelung rechts in den Schotterweg ⤳ links den Hauptweg verlassen ⤳ rechts weiter bergauf.

5 6,7 (350) Am **Wegweiser Steinerner Berg** geradeaus in den Nonnenpfad, der Markierung Gelber Winkel folgen ⤳ an der Dreierkreuzung links, Sie verlassen den Weg in einen gleichwertigen Schotterweg ⤳ an der Gabelung halb rechts ⤳ der Weg wird erdiger ⤳ an der Kreuzung mit dem Schotterweg geradeaus in Richtung Rieneck.

6 9,3 (349) An der Kreuzung am **Wegweiser Nonnenpfad** den Schotterweg kreuzen und geradeaus in den Waldweg, steil bergab ⤳ an der Einmündung auf die Spitzkehre eines Schotterwegs halb rechts ⤳ an der T-Kreuzung rechts in den breiteren Schotterweg ⤳ an der Einmündung links, Sie wandern direkt entlang der Sinn ⤳ nach dem Rechtsbogen unter

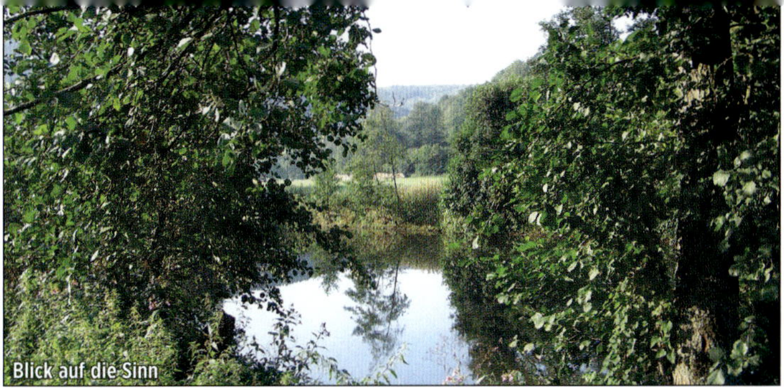
Blick auf die Sinn

der Bahnbrücke links hindurch.

7 11,0 (170) Nach der Bahnbrücke rechts in den Asphaltweg ⤳ an den Tennis- und Sportplätzen vorbei ⤳ am Wegweiser **Schellhofstraße** links ⤳ auf dem Fußweg am Kreisverkehr geradeaus vorbei ⤳ der Straße über die Sinn folgen, nach der Brücke rechts in die Straße **Sinnberg** ⤳ an der Vorfahrtsstraße links ins Ortszentrum.

Rieneck

Vorwahl: 09354

Tourist-Information, Schulg. 4, Rathaus, ✆ 97330, @ rpi834

Museum im historischen Rathaus, Schulg. 4, ✆ 9090306 Neben der heimatkundlichen Ausstellung sind eine Spielzeugsammlung und eine große Modelleisenbahnanlage zu sehen.

Burg Rieneck, Schlossberg 1, ✆ 902317 Die um das Jahr 1150 von den Grafen von Rieneck erbaute Burg wurde um 1200 stärker befestigt und der Bergfried mit dem Burghof um die große romanische Hofkapelle und den dünnen Turm ergänzt. Nach Aussterben des Rienecker Geschlechtes 1559 wurde die Burg nicht mehr regelmäßig bewohnt. 1673 kaufte Johann Hartwig Graf von Nostiz die Grafschaft. 1814 fiel die Burg an das Herzogtum Franken. Seit 1962 ist sie im Besitz des Verbandes Christlicher Pfadfinder und wird als Bildungs- und Erholungsstätte genutzt. @ fps448

Gasthaus Zum Löwen, Hauptstr. 8, ✆ 635, Fr-Mi, @ wem172

Der Name der Stadt leitet sich von den Grafen von Rieneck ab, die ab dem 12. Jahrhundert hier herrschten. 1311 wird Rieneck zur Stadt, 1814 fällt es an Bayern. Sehenswert in Rieneck ist neben der Burg das kleine Ortszentrum mit Halseisen-Pranger, dem Schindelhaus auf Säulen und der klassizistischen Kirche St. Johannes.

Entlang der **Hauptstraße** laufen Sie im Linksbogen an der Kirche vorbei, Sie folgen nun der Markierung Roter Querbalken ⤳ immer geradeaus auf der Straße weiter ⤳ etwa nach 600 m am **Wegweiser Denkmal** halb links in die **Denkmalstraße**, leicht bergab ⤳ am Ende links in die **Bahnhofstraße**.

8 13,78 (170) Die Tour endet nach dem Linksbogen der Straße am Bahnhof Rieneck.

Bahnhof Rieneck

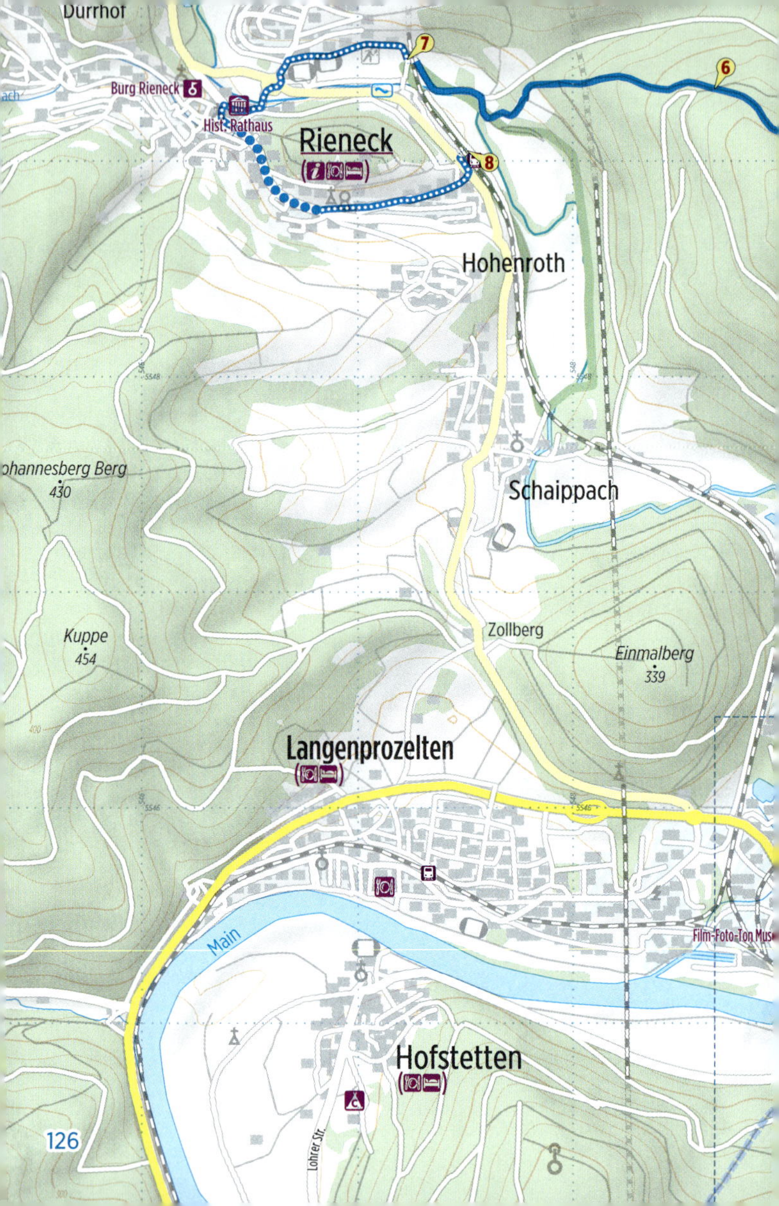
Burg Rieneck
Hist. Rathaus
Rieneck
Hohenroth
Johannesberg Berg
430
Schaippach
Kuppe
454
Zollberg
Einmalberg
339
Langenprozelten
Main
Film-Foto-Ton Mus
Hofstetten
Lohrer Str.

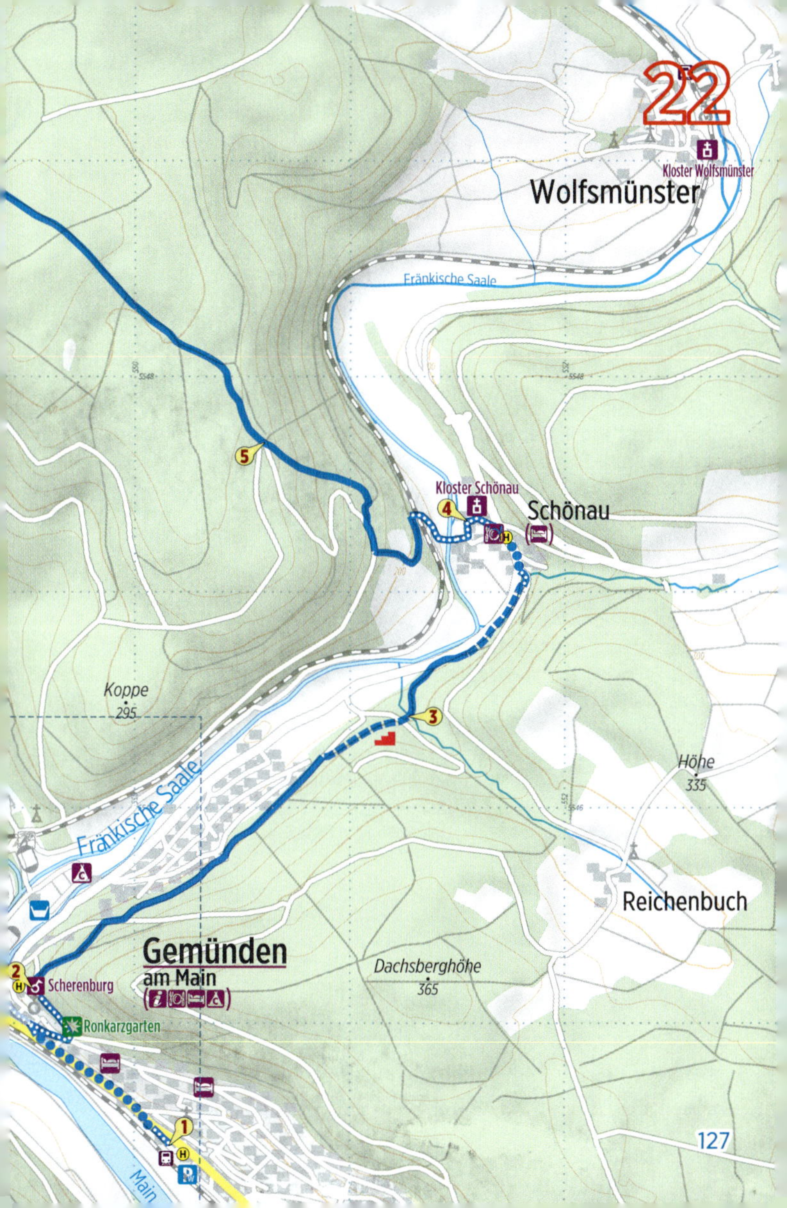
22
Kloster Wolfsmünster
Wolfsmünster
Fränkische Saale
Kloster Schönau
Schönau
Koppe
295
Höhe
335
Fränkische Saale
Reichenbuch
Gemünden
am Main
Scherenburg
Ronkarzgarten
Dachsberghöhe
365
Main

Burglandschaft im Spessart

Der Spessart und das Mainviereck waren schon seit vielen Jahrhunderten in der Einflusssphäre verschiedener Machthaber: Die Bistümer Mainz und Würzburg, die Grafen von Rieneck oder auch der Deutsche Ritterorden hinterließen in diesem Landstrich die (architektonischen) Zeichen ihrer Macht. So entstand durch die verschiedenen Herrschaftsbereiche und die strategisch günstige Lage eine Kulturlandschaft mit hoher Denkmaldichte und besonderem Reiz. So finden sich vor allem an dem steil abfallenden Main – aber vereinzelt auch im Inneren des Spessarts – imposante Burgen, Schlösser und Ruinen.

Beeindruckend sind die Burg Wertheim (Tour 37) und die Henneburg in Stadtprozelten (Tour 38), Schloss Johannisburg (Tour 1) und das Wasserschloss Mespelbrunn (Tour 30), die alle auch besichtigt werden können. Ebenfalls zugänglich sind u.a. das Lohrer Schloss mit dem Spessartmuseum (Tour 25), die Scherenburg in Gemünden am Main (Tour 22), die Clingenburg (Tour 43), die Kollenburg (Tour 38), die Mildenburg in Miltenberg (mit Museum zu Ikonen und moderner Kunst – Tour 39), das Schloss Steinau (Tour 17), die Burg Alzenau (Tour 7) und das Schlösschen Michelbach. Die Burgen in Sinntal-Schwarzenfels (Tour 18), Rothenfels (Tour 36) und Rieneck (Tour 22) werden als Jugendherbergen genutzt und sind teilweise zugänglich. Ein besonders Beispiel für eine Burgruine mitten im Hochspessart ist die Ruine Wildenstein in Eschau (Tour 41).

Diese immense Vielfalt an Burgen, Schlössern und Ruinen, aber auch Wehrkirchen, Klöster, Ringwallanlagen und Stadtbefestigungen bilden ein einzigartiges Netzwerk: die Burglandschaft. Zunächst aus einer Initiative des Archäologischen Spessart-Projekts (ASP) hervorgegangen (s. S. 30) wurde 2017 der „Burglandschaft e. V." als gemeinnütziger Verein gegründet und betreut mittlerweile über sechzig Kulturdenkmäler in den drei Bundesländern Bayern, Baden-Württemberg und Hessen. Die überregional angewachsene Gebietskulisse vereinigt Kulturdenkmäler rund um das sogenannte Mainviereck und weit darüber hinaus.

Ziel der Burglandschaft ist es, die Denkmäler der Region inwertzusetzen und zu bewerben – sie durch gemeinsame Initiativen, wie etwa Veranstaltungen und Aktionen, in der Öffentlichkeit bekannter zu machen. Die Kulturdenkmäler sollen verstärkt in den Fokus gerückt und die Gäste der Region wie auch die Bevölkerung vor Ort über die vielseitigen Möglichkeiten der Kulturregion informiert werden.

Zu vielen der zum Netzwerk gehörenden Burgen und Schlössern gibt es umfangreiches Informationsmaterial - sowohl gedruckt als auch online. Zu jedem Bauwerk ist ein gesonderte Flyer erhältlich, dazu gibt es bisweilen

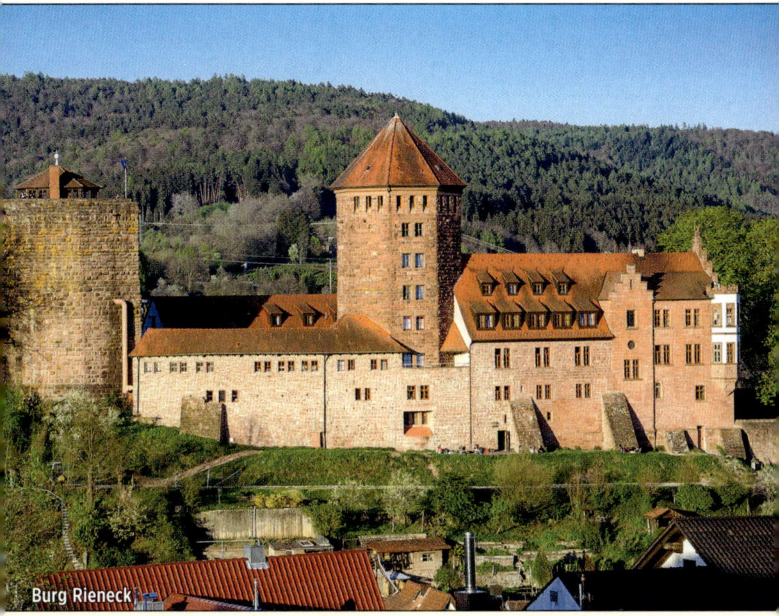

Burg Rieneck

virtuelle Rekonstruktionen, Imagefilme, Interviews, 360-Grad-Panoramen, virtuelle Rundgänge u. v. m. An der Henneburg in Stadtprozelten erwartet beispielsweise Ritter Roland die jungen Besucher mit einem speziellen Faltblatt für Kinder.

Alle Baudenkmäler sind darüber hinaus in der 144-seitigen Gesamtbroschüre „Burglandschaft Spessart und Odenwald" aufgeführt. Jedes Objekt wird auf einer Doppelseite mit Informationen zur Geschichte, zur Anfahrt, Adresse, Kontaktdaten, Eintrittspreisen etc. präsentiert. Im Internet gibt es unter www.burglandschaft.de umfangreiche Infos zur Initiative, zu den einzelnen Denkmälern und vielfältige Hintergründe.

Wer persönlich der Burglandschaft einen Besuch abstatten möchte, der findet sie in Eschau im Bildungs- und Informationszentrum Burglandschaft (BIB) in der Elsavastraße 83. (✆ 09374/97929-46, info@burglandschaft.de, Öffnungszeiten: Di-Fr 13-16 Uhr)

Tour 23 10,8 km

Von Lohr nach Partenstein

Start: Lohr, Bahnhof
Ziel: Partenstein, Bahnhof
Aufstieg: 403 m
Abstieg: 376 m
Gehzeit: 2,5 - 3 Std.

Hartbelag: 17 %
Wanderwege: 76 %
Wanderpfade: 7 %

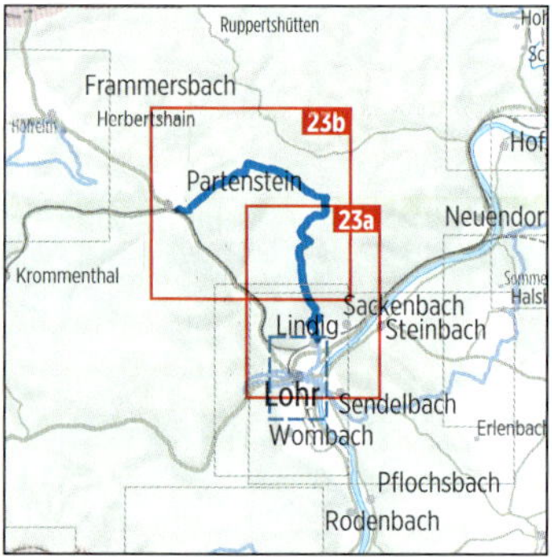

Charakteristik: Die erste Hälfte der Tour besteht aus einem langen, recht anstrengenden Anstieg auf herrlichen Wegen durch schattigen Laub- und Mischwald. Höhepunkt ist die Solhöhe mit dem Oberspeicher, dem etwas bizarr anmutenden Speichersee eines Wasserkraftwerks, der von Zäunen und deichartigen Hügeln umgeben ist. Der Weg verläuft weiterhin fast vollständig durch dichten Wald und führt streckenweise steil bergab zum Bahnhof Partenstein.

Markierung: Blaues M (bis Solhöhe) - Roter Querbalken (bis Katharinenbild) – Rotes Andreaskreuz (bis Bahnhof Partenstein).

Anreise Auto: Auf der B 26 nach Lohr. In Richtung Karlstadt/Altstadt Ost abbiegen, dann rechts abbiegen auf die Bahnhofstraße. Der Bahnhof befindet sich auf der linken Seite.

Anreise ÖPNV: Lohr und Partenstein liegen an der Bahnstrecke Frankfurt - Würzburg. Rückfahrt vom Bahnhof Partenstein nach Lohr ohne Umsteigen in ca. 5 Minuten.

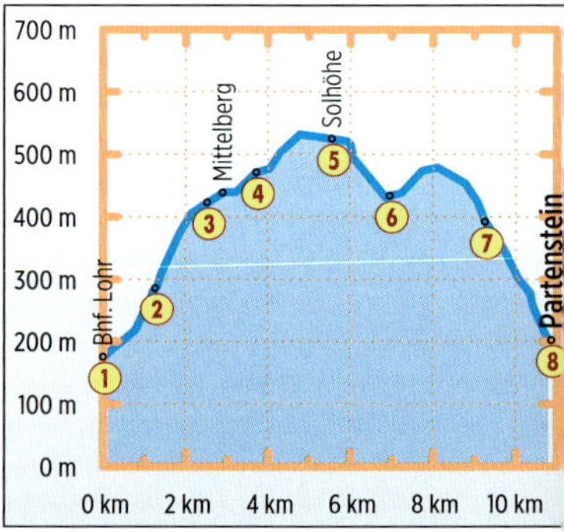

Lohr am Main s. S. 147

1 0,0 (175) Vom **Bahnhof** durch die Unterführung auf die Nordseite der Gleise wechseln ⁓ nach der Treppe links und gleich rechts in die **Pommernstraße**, der Markierung Blaues M folgen ⁓ an der Kreuzung geradeaus in die **Schlesierstraße** ⁓ an der T-Kreuzung links hoch in die **Sudetenstraße** ⁓ links in die **Ostpreußenstraße** ⁓ rechts in die **Ruppertshüttener Straße** ⁓ gegenüber des Parkplatzes rechts in die kleine Straße ⁓ an der Gabelung links hoch in den Waldweg.

2 1,3 (285) Vor der Straße beim Parkplatz rechts halten und auf dem Schotterweg weiter, an der Straße befindet sich 150 m entfernt ein Hotel-Restaurant.

Michel & Friends Hotel Franziskushöhe, Ruppertshüttener Str. 70, ✆ 09352/6040, @ npb837

Geradeaus auf dem Erdweg weiter bergauf ⁓ an der Gabelung rechts ⁓ an der Einmündung links hoch in den Hohlweg ⁓ die Schotterstraße kreuzen und geradeaus in den Erdwaldweg, weiter bergauf.

3 2,5 (422) An der Kreuzung mit der breiten Forststraße geradeaus auf den Waldweg ⁓ an der Einmündung in die Kurve eines Schotterwegs weiter geradeaus bergauf ⁓ an der nächsten Kreuzung mit einem breiten Schotterweg geradeaus in den schmaleren Waldweg ⁓ an der Gabelung rechts ⁓ geradeaus in den grasbewachsenen Pfad.

4 3,7 (470) An der Einmündung in den Schotterweg links, das Schild ge-

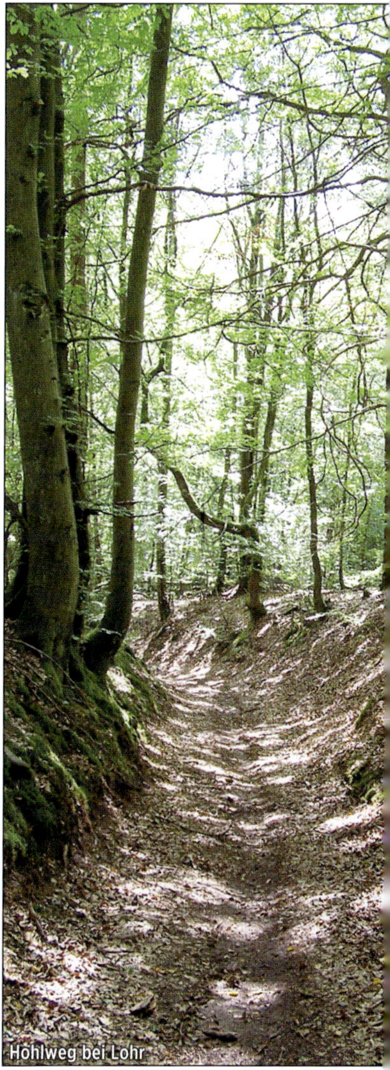

Hohlweg bei Lohr

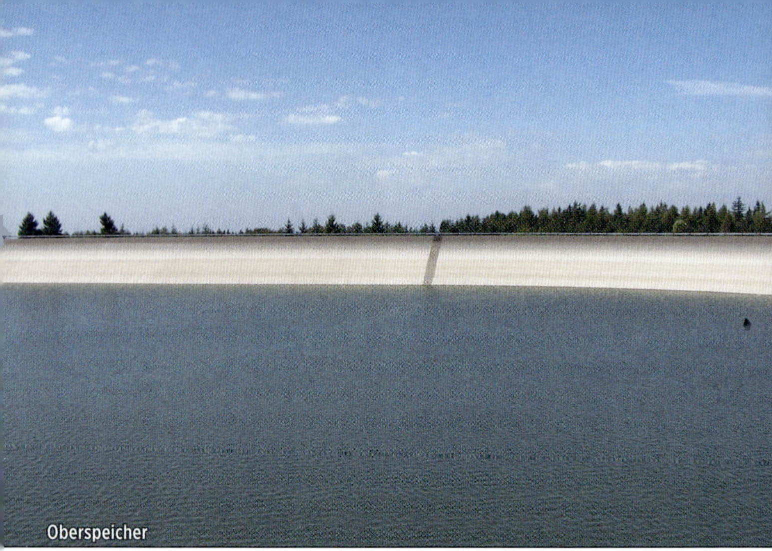

Oberspeicher

radeaus zur Solhöhe ignorieren ⁓ am Abzweig am Fahrradwegweiser rechts hoch in den gleichwertigen Schotterweg ⁓ an der T-Kreuzung am Oberspeicher rechts in den Schotterweg.

Oberspeicher

Der sogenannte Oberspeicher ist der Speichersee eines 1976 in Betrieb genommenen Pumpspeicherkraftwerkes. Er ist über einen 1,3 Kilometer langen Stollen mit dem 300 Höhenmeter tiefer liegenden Unterbecken verbunden.

5 5,5 (525) An der Einmündung am **Pavillon Solhöhe** links auf den Asphaltweg, nun der Markierung Roter Querbalken folgen ⁓ geradeaus weiter auf Asphalt bergab, das Radwegeschild ignorieren ⁓ in der Rechtskurve die Straße geradeaus in den Schotterweg verlassen ⁓ den Schotterweg am Anfang einer Linkskurve geradeaus in den schmaleren Erdweg verlassen ⁓ an der Einmündung in den Schotterweg rechts, weiter bergab.

6 7,0 (433) An der Schutzhütte mit der **Figur der heiligen Katharina** geradeaus, nun der Markierung Rotes Andreaskreuz auf der breiten Schotterstraße folgen ⁓ am **Wanderwegweiser Gerberg** links ⁓ an der Einmündung rechts in den Schotterweg ⁓ kurz darauf an der Abzweigung links, also nicht der Radweg-Beschilderung folgen ⁓ den Schotterweg verlassen und rechts in den Waldweg.

7 9,3 (390) An der Kreuzung mit dem Schotterweg nach links versetzt geradeaus in den Waldpfad ⁓ den breiteren Wiesenweg kreuzen und geradeaus weiter dem Pfad bergab

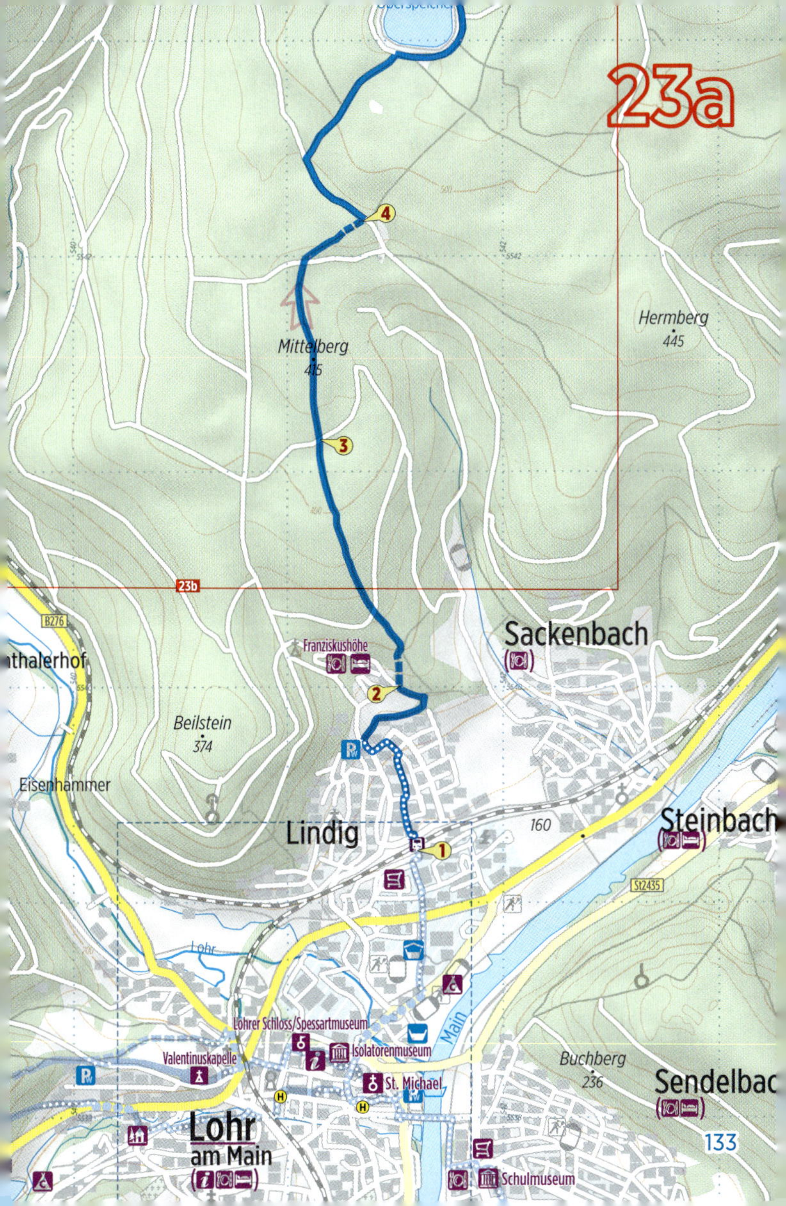
23a
Hermberg
445
Mittelberg
415
23b
B276
Sackenbach
Franziskushöhe
thalerhof
Beilstein
374
Eisenhammer
Lindig
160
Steinbach
St2435
Lohr
Main
Lohrer Schloss/Spessartmuseum
Isolatorenmuseum
Valentinuskapelle
St. Michael
Buchberg
236
Sendelbac
Lohr
am Main
Schulmuseum

folgen ↝ erneut einen Schotterweg kreuzen und weiter bergab in den breiteren Waldweg ↝ an der Einmündung in den Schotterweg links und gleich wieder rechts ↝ rechts in die Straße **Müsselberg** ↝ der Straße bergab folgen.

8 10,8 (200) Die Tour endet am **Bahnhof** Partenstein.

Partenstein

Vorwahl: 09355

- **Gemeindeverwaltung**, Hauptstr. 24, ✆ 97210, @ esm884
- **Volkskundliches Museum Ahler Kråm**, Am Herrenhof 8, Altes Schulhaus, neben der evang. Kirche, ✆ 972120, ⏲ jeden 1. und 3. So 14-16 Uhr. Auf drei Etagen werden die feudalen Zeiten, das ländliche Leben und die industriellen Anfänge der Spessartgemeinde gezeigt.
- **Burgruine Bartenstein**. Reste einer mittelalterlichen Burg, erbaut 1180 von den Grafen von Rieneck, die von hier aus den Handelsweg zur Wiesbütt überwachten (s. Tour 14). Seit 2003 untersucht das Archäologische Spessartprojekt die Burg Bartenstein. Ziel der Untersuchung ist es, die Abmessung der ursprünglichen Burg wieder sichtbar zu machen. Dafür wurde die der Hauptburg vorgelagerte äußere Toranlage freigelegt. 2009 fanden die Ausgrabungen mit der Aufdeckung der Fundamente der dorfseitigen Zwingermauer ihren vorläufigen Abschluss.
- **Café & Gästehaus Stefanie**, Roßbergweg 3, ✆ Roßbergweg 3, ⏲ Do-So 17-21 Uhr, @ fxi418
- **Delphi**, Hauptstr. 2, ✆ 9752091
- **Partensteiner Stuben**, Forstgartenweg 23, ✆ 2220

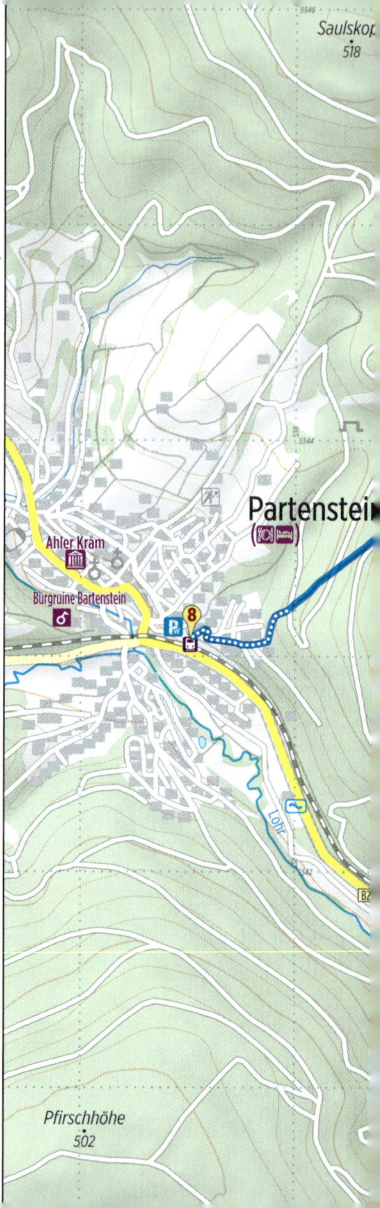

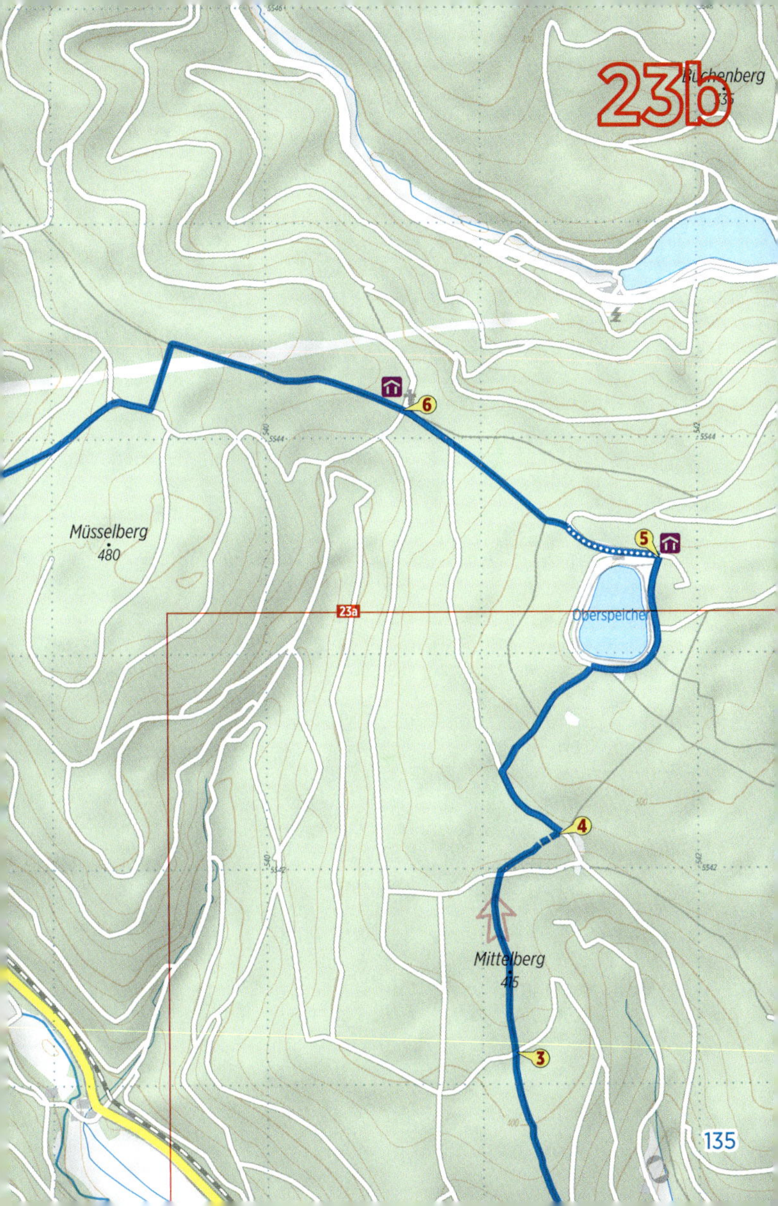
23b
Buchenberg
Müsselberg
480
Oberspeicher
23a
Mittelberg
415
6
5
4
3

Die Spessartwege – Wanderqualität hoch 3

Der Spessartweg 1 **„Von Fürsten, Fuhrleuten und Pilgern“** und der Spessartweg 2 **„Über Berg und Tal zum Main“** sind im Jahre 2005 beide vom Deutschen Wanderverband als Qualitätsweg Wanderbares Deutschland ausgezeichnet worden und dürfen sich seitdem mit dem begehrten Gütesiegel für höchste Wanderqualität schmücken. Die Auszeichnung wurde mittlerweile fünf Mal für jeweils weitere drei Jahre bestätigt.
Im Jahr 2020 stieß der Spessartweg 3 **„Von der Kinzig in den Hochspessart“** zur Familie der Qualitätswege im Spessart dazu. In Kombination mit dem Spessartweg 2 ist nun auch eine komplette Nord-Süd-Spessart-Durchquerung auf Qualitätswegen möglich. Das Zertifikat wird nur an Wege vergeben, die den umfangreichen Prüfungen der Wanderprofis des Deutschen Wanderverbands standhalten und zahlreiche Kriterien erfüllen. Ob Wegeformat, Markierung, Abwechslung oder auch Erlebnispotenzial – ein derart ausgezeichneter Weg legt den Grundstein für ein eindrucksvolles Wandererlebnis.
(www.wanderbares-deutschland.de)
Die Spessartwege führen zu dem Schönsten, was der Spessart zu bieten hat: Burgen und Schlösser hoch über dem Main, fränkische Fachwerkaltstädte, verwunschene Wiesentäler und die weiten Wälder im größten zusammenhängenden Laubmischwaldgebiet Deutschlands.

Spessartweg 1 ist 62 Kilometer lang und durchquert den Spessart in West-Ost-Richtung. Startpunkt ist die Fasanerie in Aschaffenburg und das Ziel in Gemünden am Main. Sein Schwerpunkt liegt auf den historischen Sehenswürdigkeiten. Die Touren 4, 24 und 26 wandeln auf seinen Spuren.
Spessartweg 2 ist 58 Kilometer lang und verläuft in Nord-Süd-Richtung von Heigenbrücken im Hochspessart nach Stadtprozelten am Main. Dieser Weg ist landschaftlich sehr reizvoll und wandertechnisch etwas anspruchsvoller. Er wird von den Touren 28, 30, 31, 32 und 38 berührt.
Spessartweg 3 ist 60 Kilometer lang und verläuft in Nord-Süd-Richtung vom Kinzigtal in Bad Soden-Salmünster bis nach Heigenbrücken in den Hochspessart. Neben traditionsreichen Heilbädern überrascht der Weg mit zahlreichen Naturattraktionen und einem der schönsten Täler des Spessarts. Auch das einzige Moor im Spessart liegt an der Strecke. Einen Einblick in den Spessartweg 3 gewinnt man auf der Tour 15.

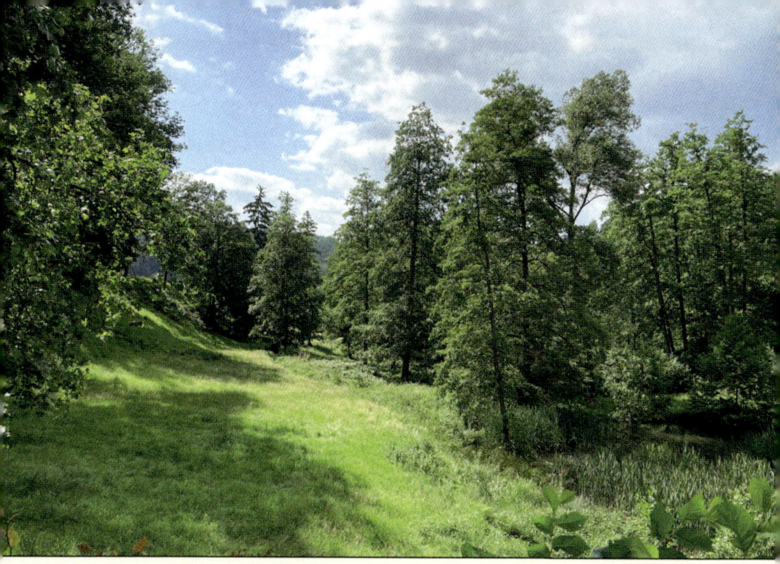

Der Tourismusverband Spessart-Mainland hat zu den drei „Qualitätswegen Wanderbares Deutschland" einen praktischen Tourenbegleiter mit Karten, Wegbeschreibungen, Höhenprofilen und vielen Gastgeber- und Einkehrtipps herausgegeben. Er ist kostenlos erhältlich auf der Webseite der Spessartwege unter **www.spessartweg.de**.

Auf dieser Seite finden sich auch Informationen zu den **Hörstationen** an den Spessartwegen: Seit Herbst 2020 bietet dieser Wander-Audio-Guide an über 40 Punkten entlang der Strecke Wandern für die Ohren. Diese Hörstationen sind kostenlos über eine App mithilfe des Smartphones aufrufbar. An jeder Station weist ein Symbol darauf hin, dass hier weitere hörbare Informationen zur Verfügung stehen.

Schneewittchen erzählt von ihrer Stiefmutter. Ein Fuhrmann berichtet von seinem beschwerlichen Weg über den Eselsweg. Die Hörer tauchen ein in Legenden, Sagen und Räubergeschichten aus dem Spessart. Sie erfahren Hintergründe, Wissenswertes und Lustiges zum Spessart, seinen Bauwerken, Städten und Sehenswürdigkeiten. Über eine Kartendarstellung wissen die Wanderer immer, wo sie sich befinden und können die Standorte der nächsten Hörstationen auf einen Blick erkennen.

Der kostenlose Download erfolgt über die App „Hearonymus" unter dem Suchbegriff „Spessart" oder „Spessartwege". Über die Webseite sind alle Stationen auch online abrufbar.

Tour 24 — 22,1 km

Spessartweg 1 Lohr – Gemünden

Start: Lohr am Main, Bahnhof
Ziel: Gemünden am Main, Bahnhof

Aufstieg:	643 m	*Hartbelag:*	40 %
Abstieg:	652 m	*Wanderwege:*	41 %
Gehzeit:	5,5 - 6,5 Std.	*Wanderpfade:*	19 %

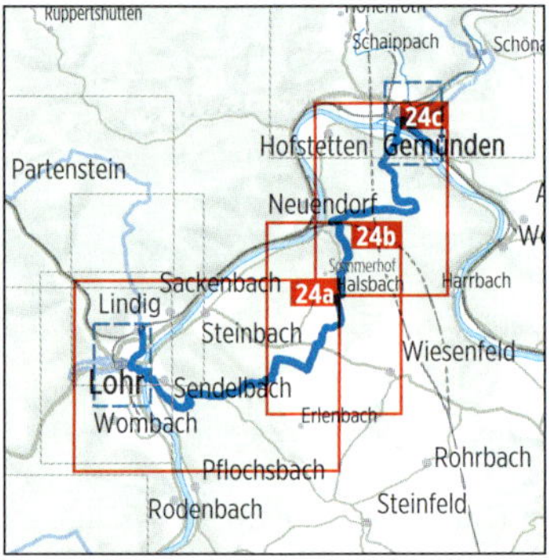

Charakteristik: Die letzte Etappe des Spessartwegs 1 führt zunächst durch die Altstadt von Lohr und über den Main. Durch das Naturschutzgebiet Romberg und waldreiche Passagen sowie entlang eines Kreuzwegs geht es stetig bergauf und schließlich steil bergab zur herrlich an einem Hang gelegenen Wallfahrtskirche Mariabuchen. Danach folgen streckenweise offene Landschaften mit schönen Aussichten. Ein erneuter Anstieg beginnt nach einer alten Mühle im idyllischen Ziegelbachtal und führt hinauf zur Ruine Schönrain. Vor Massenbuch folgt der Abstieg ins Tal über streckenweise steile Waldpfade, der schöne Blicke auf die Altstadt von Gemünden bietet.

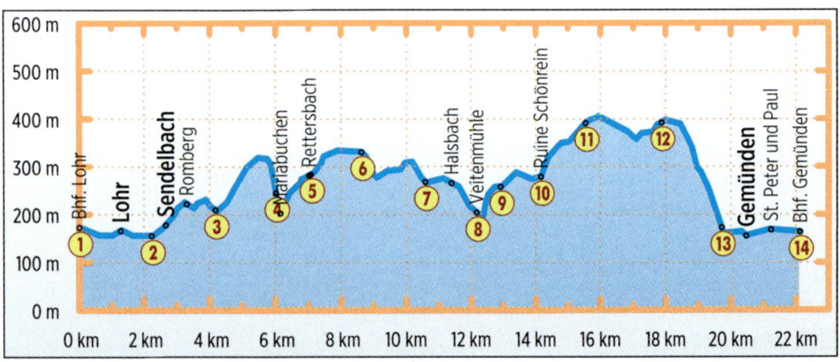

Der Spessartweg endet in der Drei-Flüsse-Stadt, wo Sinn und Saale in den Main münden.

Markierung: Ab der Altstadt von Lohr durchgängig Spessartweg 1.

Anreise Auto: Auf der B 26 nach Lohr. In Richtung Karlstadt/Altstadt Ost abbiegen, dann rechts abbiegen auf die Bahnhofstraße. Der Bahnhof befindet sich auf der linken Seite.

Anreise ÖPNV: Lohr und Gemünden liegen an der Bahnstrecke Frankfurt – Würzburg. Vom Bahnhof Gemünden in ca. 10 Minuten mit dem Regionalzug zurück nach Lohr.

Lohr am Main s. S. 147

1 0,0 (172) Vom **Bahnhof** Lohr geradeaus in den kleinen asphaltierten Radweg ⇝ über den Parkplatz und weiter an der **Walter-Senger-Straße** entlang ⇝ am Fußgängerübergang die Straße queren und auf dem Radweg weiter zur Brücke, dort über die Bundesstraße ⇝ geradeaus durch das Gelände des Schulzentrums Nägelsee ⇝ an der **Jahnstraße** rechts ⇝ am Kreisverkehr vorbei, anschließend sollten Sie auf dem Fußweg rechts der Straße laufen ⇝ über die Lohrbrücke, danach über den Busbahnhof ⇝ geradeaus auf die **Lohrtorstraße** und hinauf in die Altstadt ⇝ geradeaus auf die **Turmstraße**, nun der Markierung Spessartweg 1 folgen ⇝ links in die **Fischergasse** ⇝ durch das Tor und gleich danach rechts in die kleine Straße ⇝ vor der Treppe links und dann gleich rechts unter der Brücke hindurch ⇝ nach der Brücke wieder rechts und die Treppe hinauf ⇝ rechts auf den Bürgersteig

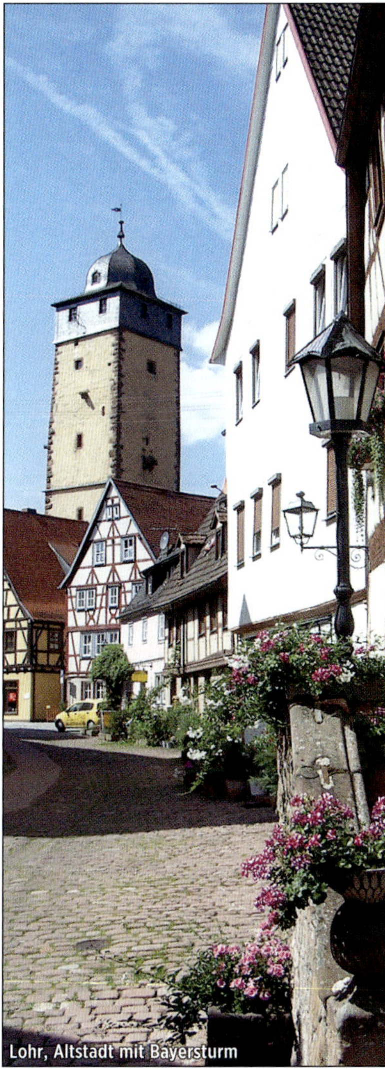
Lohr, Altstadt mit Bayersturm

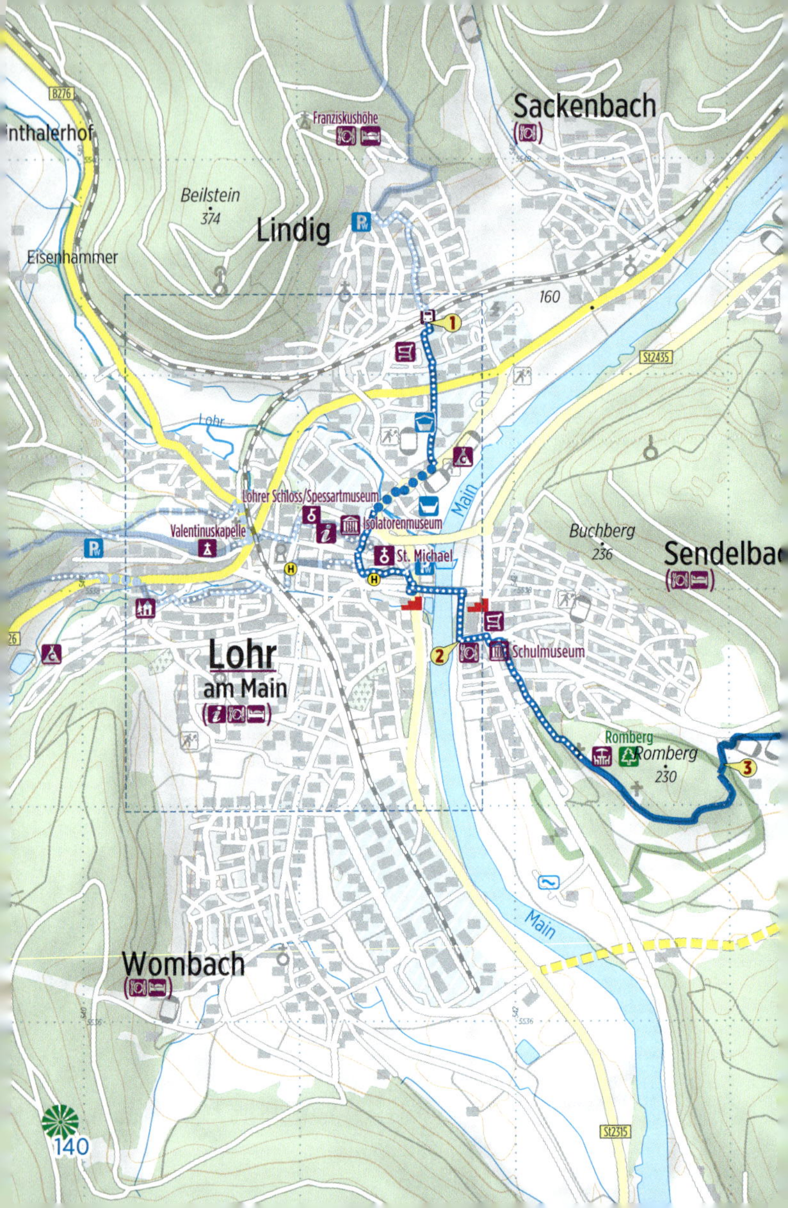

Sackenbach
Franziskushöhe
inthalerhof
B276
Beilstein
374
Lindig
Eisenhammer
160
1
St2435
Lohr
Lohrer Schloss/Spessartmuseum
Isolatorenmuseum
Valentinuskapelle
St. Michael
Main
Buchberg
236
Sendelbac
2
Schulmuseum
Romberg
Romberg
230
3
Lohr
am Main
Wombach
Main
St2315

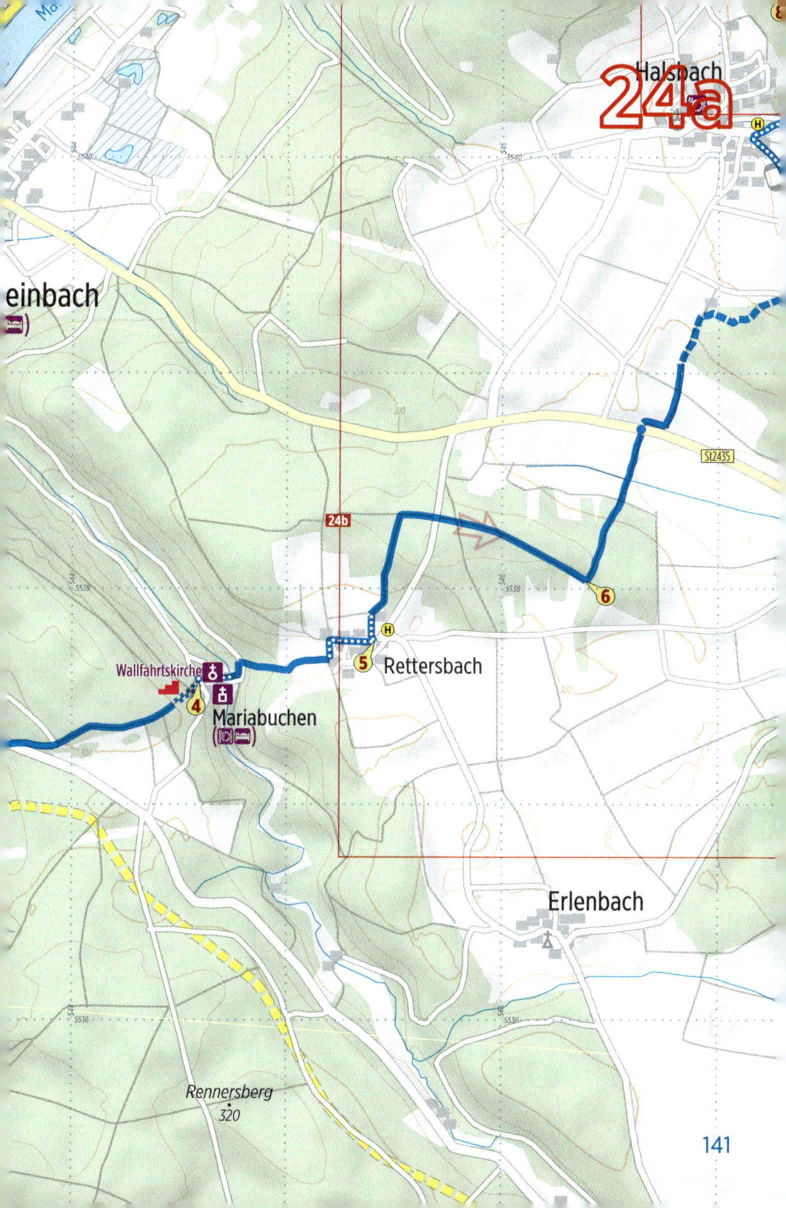
Halsbach
24a
einbach
St2435
24b
6
5
Rettersbach
Wallfahrtskirche
4
Mariabuchen
Erlenbach
Rennersberg
320

über die **Mainbrücke** ~ rechts die Treppe hinunter ~ links auf den Radweg am Main entlang.

2 2,2 (155) Links in die **Mainstraße** ~ an der Einmündung rechts in die **Sendelbacher Straße** und gleich danach links hoch in die **Steinfelder Straße**.

Sendelbach (Lohr am Main)

Vorwahl: 09352

Schulmuseum, Sendelbacher Str. 21, ✆ 4960, ✆ 09359/317, ⌚ Mi-So und Fei 14-16 Uhr. Gezeigt werden u. a. zwei vollständig eingerichtete Klassenzimmer, eine Lehrerwohnung und 3.000 Exponate aus dem 17. bis 20. Jh. @ kka355

Zur Alten Post, Steinfelder Str. 1, ✆ 87520, ⌚ Do-Di, @ fei515

Rechts in die bergauf führende **Franz Kraus Straße** ~ an der Gabelung rechts halten ~ an der nächsten Gabelung links hoch ~ nach dem Kreuz über die Lichtung und an der Wiesenwegkreuzung weiter geradeaus in den Wald ~ an der Gabelung links halten, weiter in den Wald hinein ~ links hoch in den etwas schmaleren Weg ~ an der Kreuzung links in den Pfad ~ rechts bergab in den Pfad in Richtung Waldrand.

3 4,2 (210) An der Einmündung links auf die Schotterstraße ~ vor der Straße rechts abbiegen ~ am **Fußballplatz** links in Richtung Straße ~ vor der Straße rechts in den Kreuzweg, der allmählich bergauf führt ~ die Landstraße kreuzen und rechts auf dem erdigen Schotterweg weiter bergauf ~ an der Kreuzung mit der Rastbank weiter geradeaus ~ über die Steinstufen hinunter zur Wallfahrtskirche.

Mariabuchen (Lohr am Main)

Vorwahl: 09352

Kloster Mariabuchen, ✆ 2714. Bereits im Mittelalter wurde einer Legende zufolge der Grundstein für den Wallfahrtsort gelegt, als ein Hirte eine geschnitzte Marienfigur in ein Astloch einer Buche stellte, die ihm Schutz und Zuflucht gewährte. Das Kapuzinerkloster mit Hospiz entstand im Jahre 1726 und musste schon kurze Zeit später vergrößert werden. Der Kapuziner-Konvent wurde 2002 aufgelöst, seitdem betreuen polnische Minoriten das Kloster und die Pilger. Heute ist die Wallfahrtskirche Mariabuchen eines der bekanntesten Wallfahrtsziele des Spessarts. @ ysp444

Buchenstüble, Buchentalstr. 21, ✆ 5004140, ✆ 0177/4937662, ⌚ April-Okt., Mi-Mo, Nov.-März, Mi, Fr-Mo, @ xnh586

Hotelgasthof Buchenmühle, Buchentalstr. 23, ✆ 87990, ⌚ Di-So, @ prx343

Waldrast Lisboa, Mariabuchen 2, ✆ 6030461, ✆ 0178/1538569, @ egn281

4 6,0 (244) An der Wallfahrtskirche kurz links auf die Straße und gleich am Wegweiser rechts die Treppe hinunter ~ nach der Treppe rechts auf das Asphaltsträßchen ~ am Wegweiser neben dem Hotelgasthof schräg links bergauf in Richtung Halsbach ~ kurz darauf am Abzweig rechts hoch ~ aus dem Wald hinaus ~ an der T-Kreuzung links auf die Asphaltstraße ~ an der Kreuzung rechts und durch den Weiler Rettersbach.

Rettersbach (Karlstadt)

5 7,1 (284) Am Ortsrand an der Bushaltestelle scharf links ~ in der Linkskurve des Asphaltweges rechts Richtung

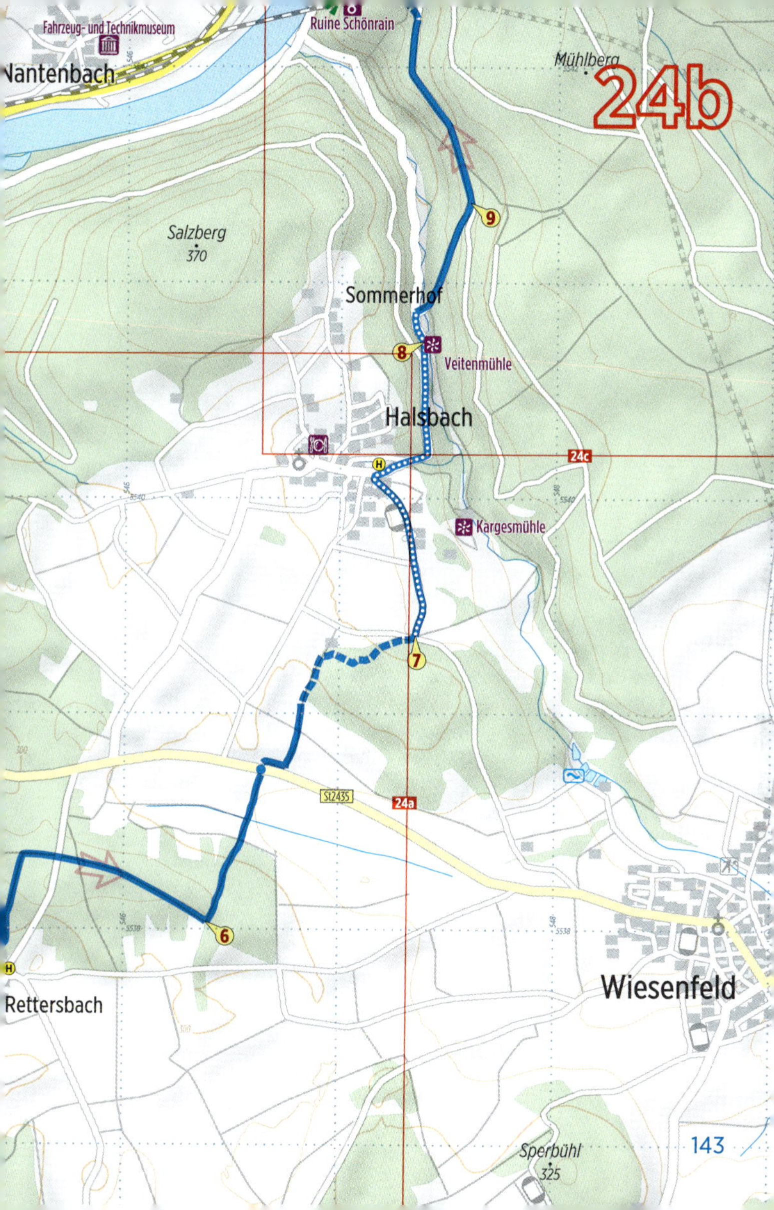
24b
Fahrzeug- und Technikmuseum
Ruine Schönrain
Nantenbach
Mühlberg
Salzberg
370
Sommerhof
Veitenmühle
Halsbach
24c
Kargesmühle
St2435
24a
Wiesenfeld
Rettersbach
Sperbühl
325

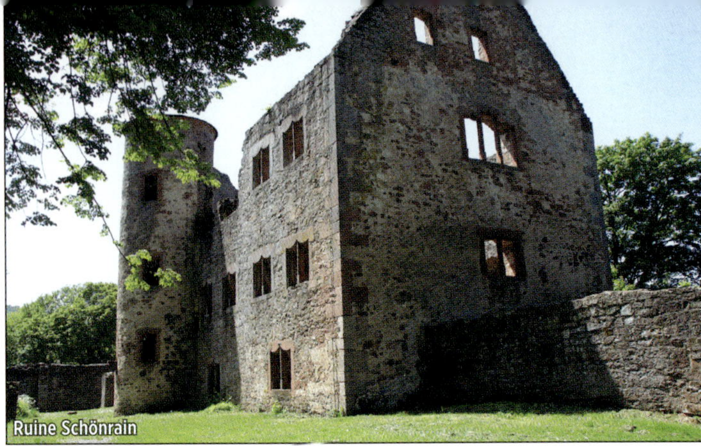

Ruine Schönrain

Wald ⤳ links am Waldrand entlang ⤳ bald auf dem ansteigenden Weg geradeaus in den Wald ⤳ nach 300 m an der Kreuzung rechts ⤳ die Straße queren und weiter geradeaus.

6 8,6 (331) Nach knapp 800 m an der Kreuzung am Waldrand den Schotterweg nach links verlassen, nun bergab durch den Wald ⤳ an der Kreuzung am Waldrand geradeaus weiter ⤳ zwischen den Feldern hindurch ⤳ auf dem breiten Schotterweg hoch zur Straße ⤳ die stark befahrene Landstraße queren und in den gegenüberliegenden Weg nach rechts ⤳ zwischen den Feldern hindurch ⤳ an der Wegekreuzung geradeaus und auf dem Wiesenweg zum Wald ⤳ erst am Waldrand entlang, dann rechts in das Wäldchen ⤳ an der Gabelung links ⤳ links in den Pfad ⤳ an der nächsten Gabelung erneut links ⤳ an der Einmündung am Waldrand rechts.

7 10,6 (267) An der T-Kreuzung kurz links in die Asphaltstraße und gleich an der Gabelung rechts ⤳ auf dem asphaltierten Weg nach Halsbach.

Halsbach (Lohr am Main)

Dorfbrunnen, Am Dorfbrunnen 1, ✆ 09359/236, Do-So, @ xda236

Am Wanderwegweiser Friedhof in Halsbach rechts bergab in Richtung Ruine Schönrain.

8 12,2 (204) Nach 800 m an der **Veitenmühle** vorbei ⤳ kurz nach der Mühle den Asphaltweg nach rechts verlassen und gleich darauf links hoch in den Wald ⤳ auf dem breiten Schotterweg weiter bergauf.

9 12,9 (258) In der Serpentine links in den etwas schmaleren Waldweg abzweigen ⤳ an der Gabelung rechts hoch in den Pfad ⤳ an der Mauer links ⤳ Sie laufen auf die Ruine Schönrain zu.

Ruine Schönrain (Gemünden am Main)

Ruine Schönrain. Ursprünglich um 1080 als Benediktinerkloster gegründet, im Bauernkrieg teilweise zerstört und von den Grafen von Rieneck als Wohnschloss wieder aufgebaut. Nach deren Aussterben fiel

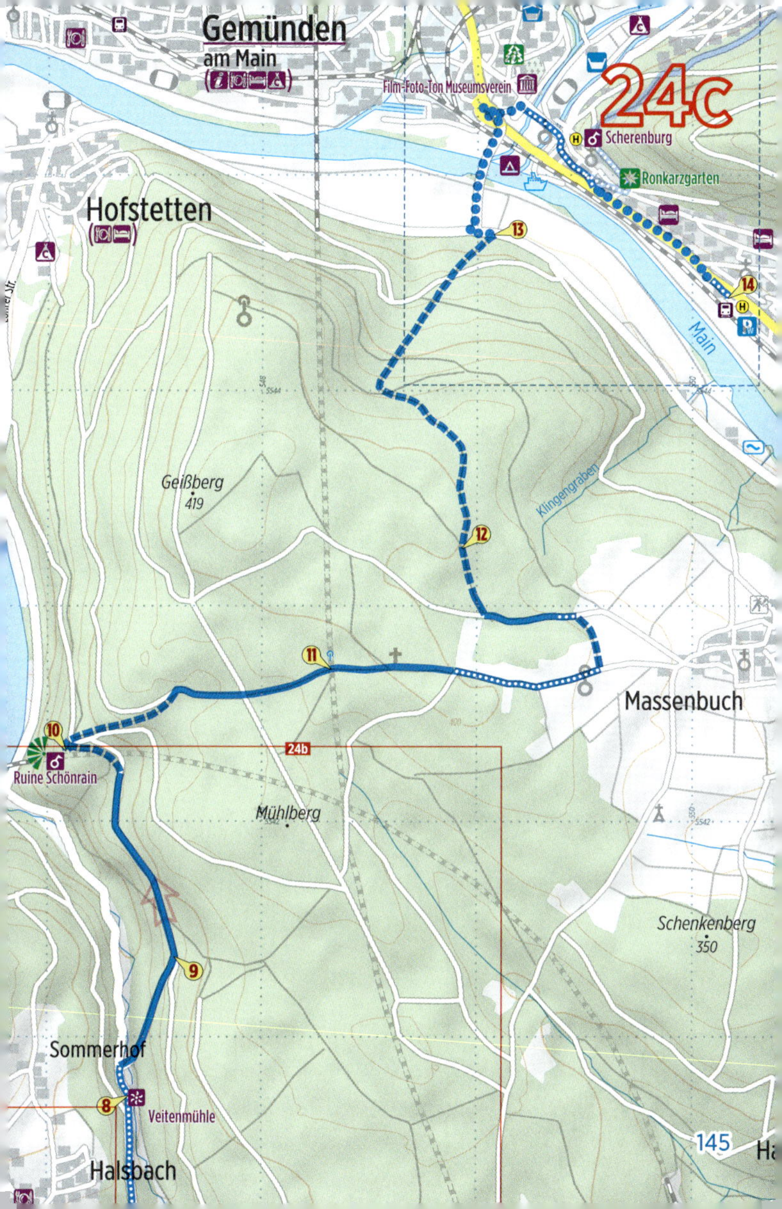

24c
Gemünden
am Main
Film-Foto-Ton Museumsverein
Scherenburg
Ronkarzgarten
Main
Hofstetten
Geißberg
419
Klingengraben
Massenbuch
Ruine Schönrain
24b
Mühlberg
Schenkenberg
350
Sommerhof
Veitenmühle
Halsbach

Schönrain an das Hochstift Würzburg und wurde Sitz eines Amtsmanns. Zuletzt wohnte noch bis 1818 ein königlicher Forstwart auf Schönrain, bevor man dann die Gebäude verfallen ließ. @ ncp816

10 14,2 (278) Vor der Ruine scharf rechts in den ansteigenden Hohlweg ⇝ dem breiten Forstweg immer geradeaus folgen.

11 15,6 (390) Fast auf der Höhe passiert der Weg links ein kleines Biotop rund um die **Klosterquelle** ⇝ weiter immer geradeaus, später ist der Weg asphaltiert ⇝ noch vor dem Ort Massenbuch am ersten Sendemast links bergab an der Hecke entlang ⇝ an der Einmündung in den Forstweg links, wieder in den Wald ⇝ nach ca. 400 m rechts bergab abbiegen.

12 17,9 (392) Halb rechts in den Waldpfad ⇝ nun streckenweise steil bergab durch den Wald, dabei mehrere Forststraßen queren ⇝ aus dem Wald hinaus zur Landstraße.

13 19,7 (173) Kurz links entlang der Straße, dann rechts auf den Radweg und auf der linken Seite der Mainbrücke nach Gemünden ⇝ nach dem Linksbogen des Radwegs links halten und unter der Straßenbrücke hindurch ⇝ beim Gasthof rechts erneut unter einer Brücke hindurch und auf der kleineren Brücke über die Fränkische Saale ⇝ geradeaus zum **Marktplatz** und zur offiziellen Endtafel des Spessartweges 1 ⇝ den Marktplatz queren und in die **Obertorstraße** ⇝ an der Gabelung rechts halten ⇝ an der Einmündung links, auf dem Bürgersteig entlang der viel befahrenen Straße.

14 22,1 (165) Die Tour endet am Bahnhof in Gemünden.

Gemünden am Main s. S. 120

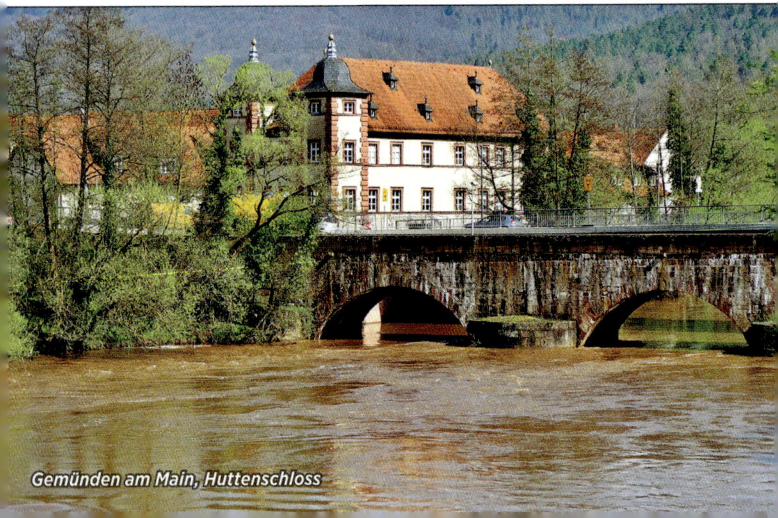

Gemünden am Main, Huttenschloss

Lohr am Main (amtlich: Lohr a.Main)

Vorwahl: 09352

Touristinformation, Schlosspl. 5, ✆ 848465. Hier gibt es u. a. das Faltblatt „Altstadtrundgang " zum Entdecken auf eigene Faust. @ pga878

Lohrer Schiffstouristik Faßnacht, Ostlandstr. 34, ✆ 807212, ✆ 0171/8151059. Rundfahrten auf dem Main von April bis Oktober mit dem Maintalbummler, Fahrplan unter www.maintal-bummler.de. @ vff781

Isolatorenmuseum, Haagg. 3, im alten Trafohäuschen, ✆ 4795 Ⓒ Wissens- und Staunenswertes aus der Welt der Isolatoren. Das Unikat in Deutschland zeigt eine der größten privaten Sammlungen von Isolatoren. @ yva375

St. Michael, Kirchplatz. Die Kirche steht im hist. Zentrum der Stadt, wo sich ursprünglich auch eine Burg der Grafen von Rieneck befand. Der älteste Teil der Stadtpfarrkirche ist die romanische Sakristei aus dem 12. Jh. Der heutige Bau stammt überwiegend aus dem 13. bis 15. Jh.

Valentinuskapelle. Die Kapelle wurde in den Jahren 1660-1664 errichtet. Im Inneren befindet sich der Hochaltar von Christian Lux und die Barockorgel von 1730. Hier beginnt auch der Ende des 19. Jhs. angelegte Kreuzweg mit 14 Steintafeln aus Buntsandstein.

Lohrer Schloss/Spessartmuseum, Schlosspl. 1, ✆ 09353/7932399 Das Schloss ist eine Viertürmeanlage aus dem 14. Jh., bis 1559 Sitz der Grafen von Rieneck, danach unter Mainzer Herrschaft Umgestaltung im 16. und 17. Jh. und Sitz der Oberamtmänner, von 1802-1972 bayerisches Landgericht. Heute beherbergt das Schloss das Spessartmuseum, das sich der Darstellung des Verhältnisses Wald-Mensch und der Geschichte des Schlosses widmet. @ mxd427

Altes Rathaus, Marktpl. 1. Das 1599-1602 im Stil der Renaissance erbaute Rathaus wurde ursprünglich auf der unteren Ebene als Markthalle genutzt. Seitdem 1985 die Stadtverwaltung in ein neues Gebäude gezogen war, ist das Alte Rathaus ein Kultur- und Veranstaltungshaus.

Die Lohrer Hörbänke und -bäume. Sechs Hörbänke und 14 exotische und heimische Bäume über die Stadt verteilt, laden zum Lauschen von Geschichten aus vergangenen Zeiten ein und erzählen Wissenswertes

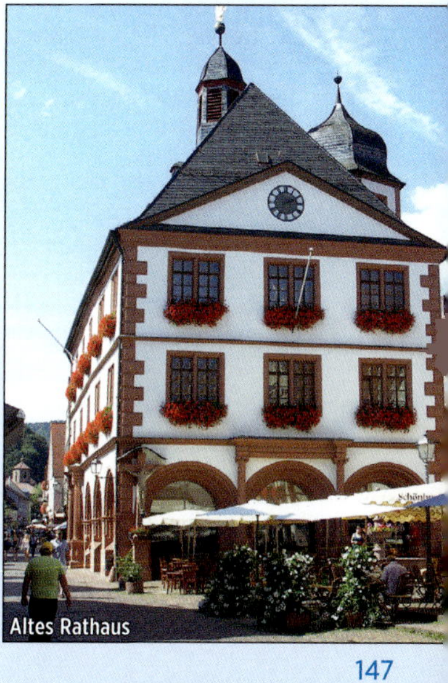

Altes Rathaus

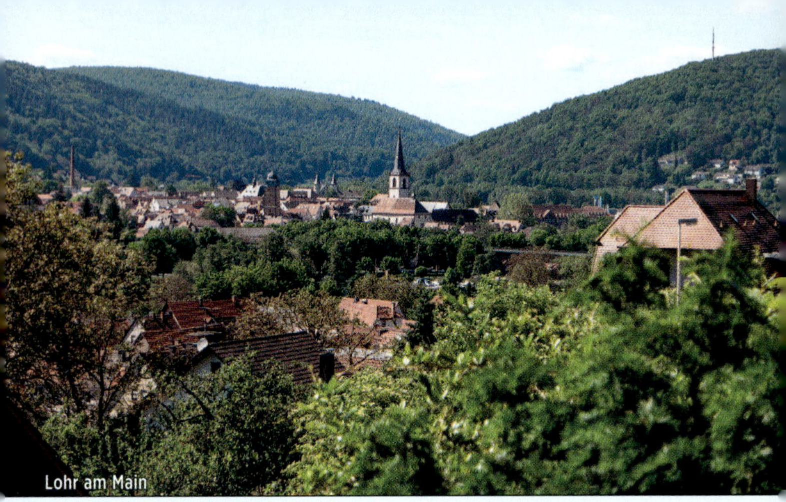
Lohr am Main

über die Baumlandschaft in Lohr. @ ann253

- Main-Spessart-Bad, Jahnstr. 10, ✆ 9944, @ liv164
- **Gasthaus Schönbrunnen**, Hauptstr. 28, ✆ 9341, ⌚ Fr-Mi, @ cha722
- **Keiler Brauhaus**, Alfred-Stumpf-Str. 2, ✆ 7328, ⌚ Mi-Mo, @ api868
- **Krone**, Lohrtorstr. 2, ✆ 2529, @ myd234
- **Küferstube**, Bahnhofstr. 12-14, ✆ 1334, ⌚ Do-Mo, @ hsb821
- **Café Rosenkranz**, Hauptstr. 6, ✆ 2438, ✆ 0171/9937060, @ kuh242

Die erste urkundliche Erwähnung Lohrs erfolgte im Jahre 1295. 1333 wurde es zur Stadt. Bis zum Ende des 16. Jahrhunderts war Lohr Hauptstadt des Rienecker Grafengeschlechtes. Als diese ausstarben, fiel Lohr zurück an das Kurfürstentum Mainz. Als kurmainzische Oberamtsstadt folgt eine Blütezeit, in der die stattlichen Bürgerhäuser, das Rathaus und das erweiterte Schloss entstehen. In dieser Zeit wird Lohr als kurfürstliche Spiegelmanufaktur europaweit berühmt. Ab 1814 zählte es zum Königreich Bayern.

Heute hat Lohr ca. 15.000 Einwohner, ist das Zentrum des östlichen Spessarts und vermarktet sich auch als Schneewittchenstadt. Lohrer „Wissenschaftler" haben nämlich herausgefunden, dass Schneewittchen nur in Lohr gelebt haben kann, wenn es denn gelebt hätte. Eine Erthalsche Stieftochter, das Schloss, die sieben Spessartberge auf dem Weg nach Biebergemünd zu den Bergwerken, wo die „Zwerge" (Bergleute) hausten, und die Spiegelmanufaktur werden als unumstößliche Beweise aufgeführt. Noch heute kann man den Original-Schneewittchen-Spiegel im Spessart-Museum im Schloss bewundern.

Lohr am Main

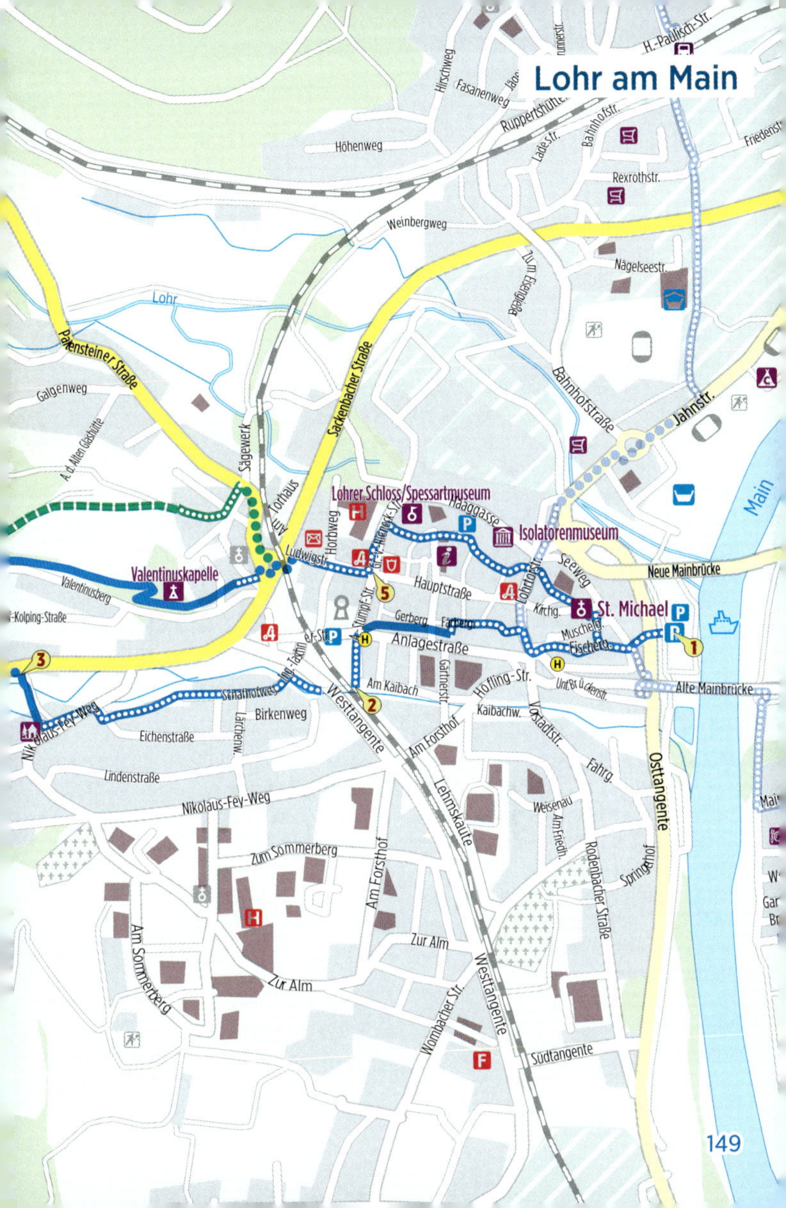
H.-Paulisch-Str.
Hirschweg
Fasanenweg
Ruppertshütte
Bahnhofstr.
Ladestr.
Friedenstr.
Höhenweg
Rexrothstr.
Weinbergweg
Nägelseestr.
Zum Eisenhafen
Lohr
Pflensteiner Straße
Sackenbacher Straße
Galgenweg
A. d. Alten Glashütte
Sägewerk
Am Torhaus
Bahnhofstraße
Jahnstr.
Main
Lohrer Schloss/Spessartmuseum
Haaggasse
Isolatorenmuseum
Horbweg
Ludwigstr.
Valentinuskapelle
Valentinusberg
Kolping-Straße
Hauptstraße
Lohrtorstr.
Seeweg
Neue Mainbrücke
Kirchg.
St. Michael
Gerberg.
Färberg.
Anlagestraße
Muschelg.
Fischerg.
Alte Mainbrücke
Schafhofweg
Birkenweg
Westtangente
Am Kaibach
Gärtnerstr.
Höfling-Str.
Unt. Brückenstr.
Nikolaus-Fey-Weg
Eichenstraße
Lärchenw.
Kaibachw.
Am Forsthof
Vorstadtstr.
Fahrg.
Osttangente
Lindenstraße
Lehmskaute
Weisenau
Am Friedh.
Zum Sommerberg
Rodenbacher Straße
Springerhof
Am Forsthof
Am Sommerberg
Zur Alm
Wombacher Str.
Südtangente
1
2
3
5

Tour 25 — 5,4 km

Lohrer Wasserweg

Start/Ziel: Lohr am Main, Parkplatz Mainlände

Aufstieg:	161 m	*Hartbelag:*	56 %
Abstieg:	161 m	*Wanderwege:*	39 %
Gehzeit:	1 Std.	*Wanderpfade:*	5 %

Charakteristik: Der Europäische Kulturweg „Lohrer Wasserweg“ führt durch die romantische Fachwerkaltstadt und zu den wichtigsten Sehenswürdigkeiten von Lohr. Der Weg führt aus dem Stadtzentrum hinaus in den Wald und zur Valentinuskapelle. Über den Kreuzweg geht es zurück in die Stadt zum Kurmainzer Schloss und dann zurück zum Main. Die Kulturwegtafeln an der Strecke informieren über das Fischerviertel, die erste Papiermühle zwischen Mainz und Nürnberg, historische Handelswege und das Spessartmuseum im Schloss.

Markierung: Durchgängig gelbes EU-Schiffchen auf blauem Grund.

Anreise Auto: Auf der B 26 nach Lohr am Main. Der Parkplatz Mainlände (Altstadt Ost) befindet sich zwischen den beiden Mainbrücken.

Anreise ÖPNV: Vom Bahnhof Lohr mit Bus 8037 oder 8050 zum ZOB Lohr. Sonntags nur wenige Verbindungen. Der Fußweg vom Bahnhof in die Altstadt ist bei Tour 27 beschrieben.

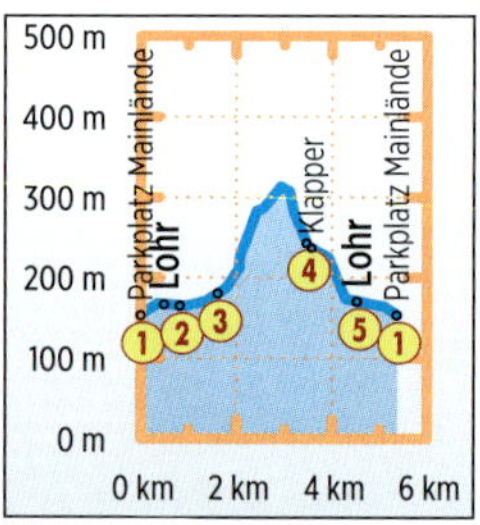

Lohr am Main s. S. 147

1 0,0 (153) Vom **Parkplatz Mainlände** die Osttangente über die Fußgängerampel in Richtung Altstadt queren ↝ durch das **Fischertor** in die **Fischergasse** ↝ an der Kreuzung beim Bayersturm rechts in die **Turmstraße** ↝ kurz danach beim Brunnen links in die **Stadtmühlgasse**, die in **Färbergasse** übergeht ↝ nach dem Parkplatz links und durch den Torbogen in den Park ↝ gleich nach dem Torbogen rechts durch die Parkanlage ↝ am Ende des Parks links halten und zur Kreuzung ↝ am Zebrastreifen über die Straße und geradeaus am Parkdeck vorbei.

2 0,8 (164) Vor der kleinen Brücke rechts der Straße **Am Kaibach** folgen, Sie laufen rechts am Bach entlang ↝ unter den beiden Brücken hindurch ↝ nach leichter Steigung links in den **Schafhofweg** ↝ dem asphaltierten Fußweg folgen ↝ rechts

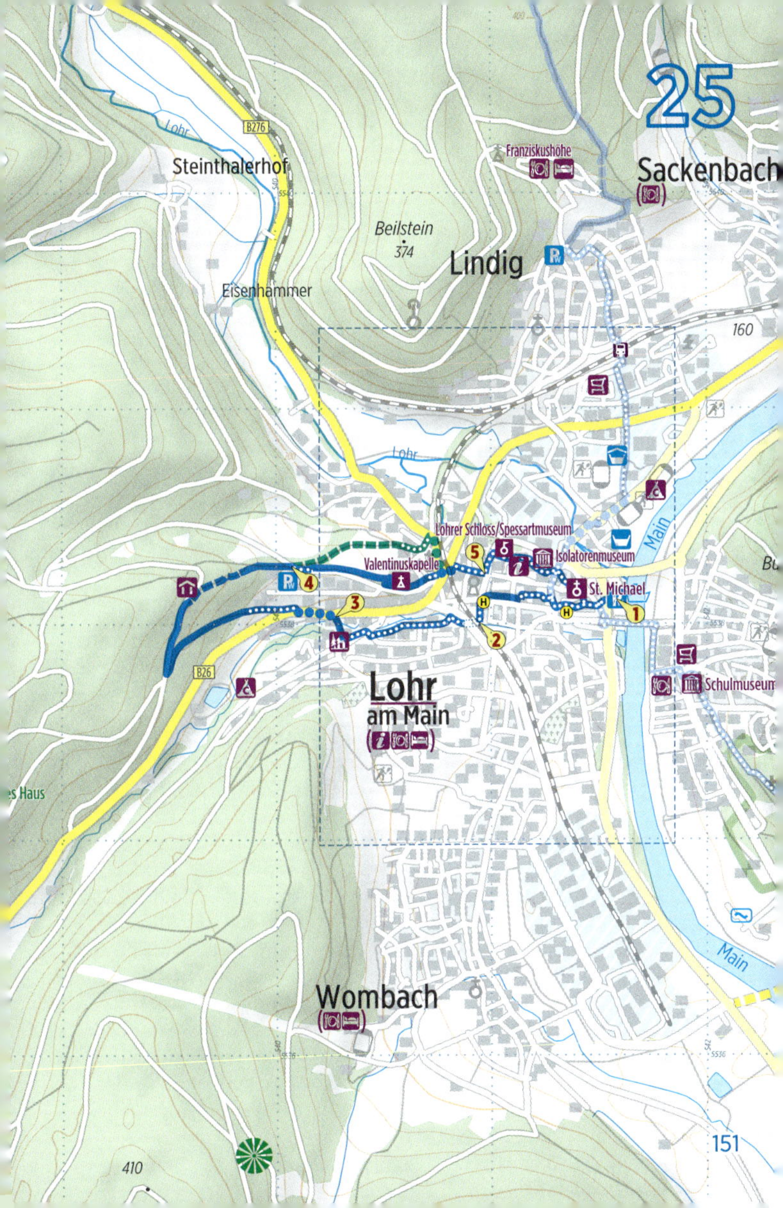

25
Sackenbach
Franziskushöhe
Steinthalerhof
Beilstein
374
Lindig
Eisenhammer
Lohr
160
Lohrer Schloss/Spessartmuseum
Valentinuskapelle
Isolatorenmuseum
St. Michael
Main
Schulmuseum
Lohr
am Main
Wombach
410
B276
B26

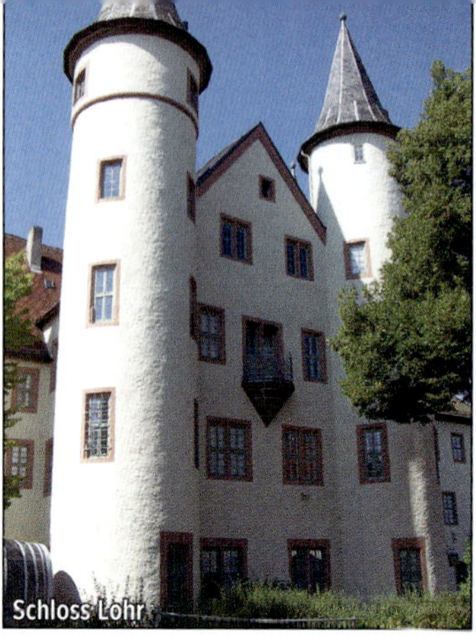

Schloss Lohr

über das Brückchen, dann gleich links in den **Brunnenwiesenweg** ~ vor der Mauer rechts in den Kiesweg und diesem über das Brückchen am Zaun entlang folgen.

3 1,6 (179) Nach der **Papiermühle** an der Einmündung links hoch zur Straße ~ kurz vor dem Ortsausgang von der Bundesstraße rechts in den parallel verlaufenden **Fürstenweg**, weiter bergauf ~ nicht dem Schotterweg in der Rechtskurve nach oben folgen, sondern geradeaus in den Wald ~ an der breiten Schotterwegkreuzung scharf rechts weiter den Berg hinauf ~ nach einem längeren Anstieg den Schotterweg rechts in den schmaleren, bergab führenden Weg verlassen ~ an der Einmündung in den breiteren Schotterweg rechts bergab.

4 3,5 (243) An der Gabelung rechts zum Kreuzweg.

VARIANTE Sie können hier auch links gehen und dem Spessartweg 1 durch einen historischen Hohlweg, die „Klapper", folgen. An der Hauptstraße im Tal treffen beide Varianten wieder zusammen.

Auf der Hauptroute von der Straße auf die parallel verlaufende Wiese wechseln ~ an der Einmündung geradeaus in den Schotterweg ~ rechts an der Valentinuskapelle vorbei.

Valentinuskapelle

Valentinuskapelle. Die Kapelle wurde in den Jahren 1660-1664 errichtet. Im Inneren befindet sich der Hochaltar von Christian Lux und die Barockorgel von 1730. Hier beginnt auch der Ende des 19. Jhs. angelegte Kreuzweg mit 14 Steintafeln aus Buntsandstein.

Dem Kreuzweg bis zur Straße folgen ~ die Straße Valentiusberg queren ~ über die große Kreuzung geradeaus rechts in die **Ludwigstraße**.

5 4,5 (169) An der nächsten Kreuzung links in die **Grafen-von-Rieneck-Straße** ~ rechts zwischen den Mauern hindurch zum **Schlossplatz** ~ am Schlossplatz geradeaus in die **Ottenhofstraße** ~ an der Gabelung links und an der nächsten Gabelung ebenfalls links ~ durch ein Gässchen und über die Treppe hinunter ~ geradeaus in die kleine **Kirchgasse** ~ die Treppe hinauf und links in die **Kapuzinergasse** ~ durch das Törchen die Treppe hinunter in Richtung Main ~ nach dem nächsten Tor links in die **Steinmühlgasse** ~ beim Brunnen links in die **Fischergasse** ~ durch das **Fischertor** zurück zum Parkplatz.

1 5,4 (153) Sie erreichen den Ausgangspunkt und damit das Ende der Tour.

Lohr am Main

Das RÄUBERLAND – Wandern in der Königsklasse

Das RÄUBERLAND im Spessart spielt als eines von nur ganz wenigen Gebieten bundesweit in der Königsklasse der deutschen Wanderregionen. Seit 2016 ist die Region im Hochspessart als „Qualitätsregion Wanderbares Deutschland" zertifiziert. Ob Wegeinfrastruktur, wanderfreundliche Gastgeber, Markierung und Ausschilderung oder Qualitätsrundtouren - das RÄUBERLAND ist in allen Belangen ein ausgezeichnetes Wanderparadies.

RÄUBERLAND
Das Herz im Spessart

Diese herausragende Wanderqualität wurde 2019 nochmals durch den Deutschen Wanderverband bestätigt, der die Auszeichnung nach einer strengen Prüfung vergibt und damit laut eigener Aussage ein „vollendetes Wandererlebnis" garantiert.

Das verbriefte Wandervergnügen wird wie folgt ausformuliert: „Ob eine Tagestour mit Freunden oder Familie, ein kompletter Wanderurlaub ohne wechselnde Unterkunft oder Mehrtagestour mit großem Gepäck: Die Qualitätskriterien Wanderbares Deutschland genügen höchsten Ansprüchen hinsichtlich Wegen, Gastgebern, Service sowie Tourist-Informationen."

Einfacher ausgedrückt: Im RÄUBERLAND wird das Wandern gelebt und geliebt. Die sechs Gemeinden Eschau, Heimbuchenthal, Mespelbrunn, Leidersbach, Rothenbuch und Dammbach tun mit ihren passionierten Gastgebern alles für ein beeindruckendes Wandererlebnis.

Die Touren 26, 30, 31, 32, 42 und 45 führen durch das Räuberland.

www.raeuberland.com

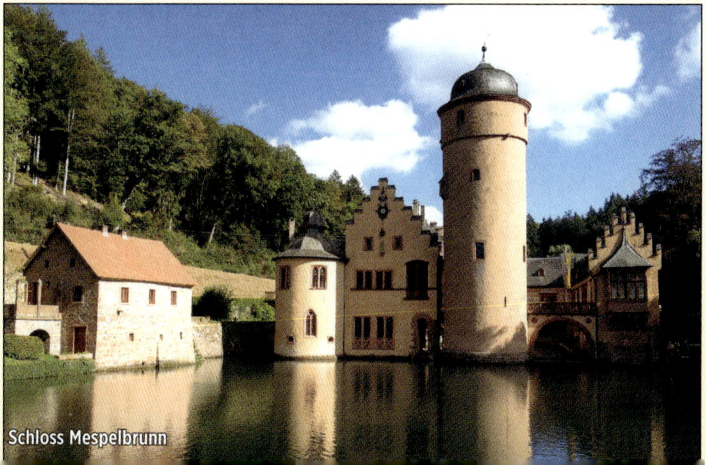

Schloss Mespelbrunn

Tour 26 — 16 km

Kurfürstenweg

Start/Ziel: Rothenbuch, Schlossplatz

Aufstieg: 235 m — *Hartbelag:* 8 %

Abstieg: 436 m — *Wanderwege:* 73 %

Gehzeit: 4 - 4,5 Std. — *Wanderpfade:* 19 %

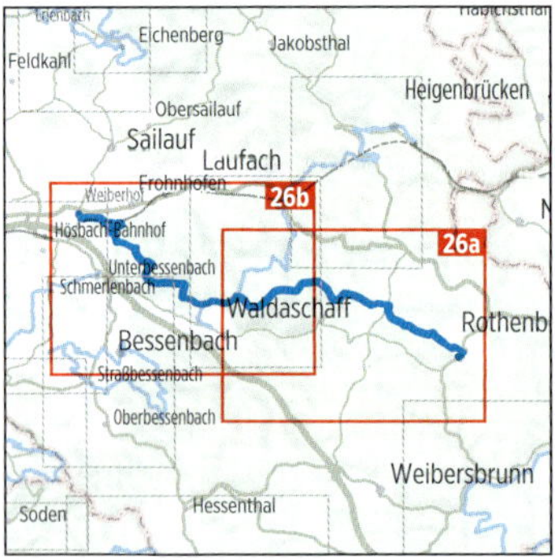

Charakteristik: Der historische Verkehrsweg von Fürsten und Kaufleuten beginnt am schönen Schlossplatz mit dem beeindruckenden Wasserschloss in Rothenbuch und führt schnell aus dem Dorf hinaus auf die Wiesen, die einen schönen Blick auf den Spessart gewähren. Bis kurz vor Waldaschaff geht es durch dichten Wald und ab hier dann auch stetig bergab. Es folgen streckenweise ein paar herrliche Pfade am Waldrand mit schöner Aussicht auf Waldaschaff, bevor es noch einmal durch den Wald bis zum Weiler Steiger geht, der mit tollen Blicken und Einkehrmöglichkeiten ideal für eine Rast ist. Den Abschluss bildet das Schloss Weyberhöfe.

Tipp: Der Kurfürstenweg erhielt 2006 den Tegernseer Tourismuspreis für die gelungene Kooperation zwischen Wissenschaft und Praxis im Tourismus.

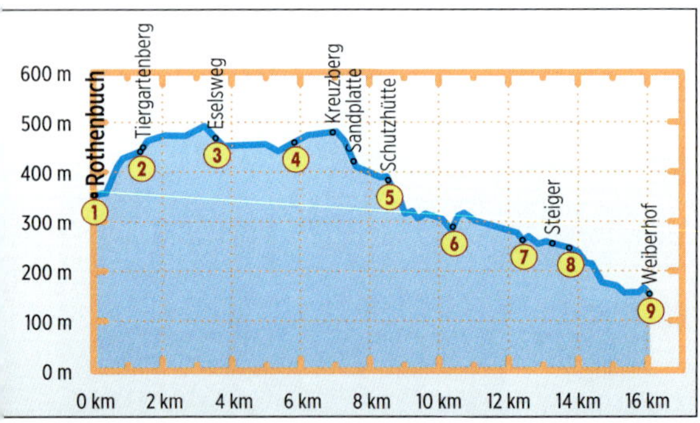

Markierung: Durchgängig gelbes EU-Schiffchen auf blauem Grund.

Anreise Auto: Von der A 3-Ausfahrt

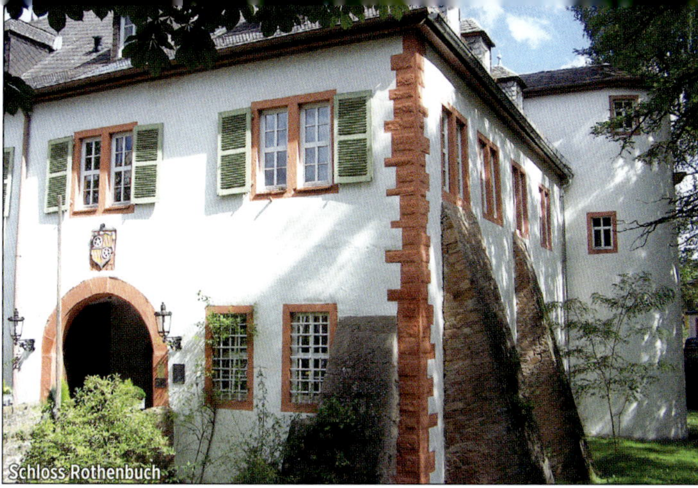
Schloss Rothenbuch

Weibersbrunn der Beschilderung in Richtung Lohr/Rothenbuch folgen. Nach ca. 4 Kilometern rechts abbiegen in Richtung Rothenbuch. An der Einmündung links auf die Hauptstraße. Im Zentrum links auf den Schlossplatz.

Anreise ÖPNV: Vom Hauptbahnhof Aschaffenburg mit Bus 42 (am Wochenende Bus 47) in Richtung Rothenbuch zur Haltestelle Schloss Rothenbuch. Am Ende der Tour von der Haltestelle Weyberhöfe Kreisel, Sailauf mit Bus 45 in Richtung Aschaffenburg nach Hösbach Bahnhof und von dort mit Bus 42 (am Wochenende Bus 47) nach Rothenbuch, Fahrzeit insgesamt ca. 50 Minuten. Am Wochenende müssen Sie lange Wartezeiten einplanen, die Anfahrt dauert dann insgesamt 1 Stunde und 15 Minuten.

Rothenbuch

Gemeindeverwaltung Rothenbuch, Schlosspl. 1, 06094/9400, @ wry137

Altes Bauernhausmuseum, Hauptstr. 25, Mai-Okt., jeden 1. und 3. So im Monat 14-16 Uhr. Das sanierte Fachwerkhaus aus dem Jahr 1780 ist eines der ältesten Bauernhäuser im Spessart. Die Zimmer sind mit Hausgeräten und Möbeln der damaligen Zeit ausgestattet. @ vqb885

Schloss Rothenbuch. Vermutlich 1342 ließen die Kurfürsten von Mainz an der Quelle der Hafenlohr einen Stützpunkt errichten. Um dieses Jagdschloss herum entstanden Wohnhäuser, Hütten und Stallungen für den kurfürstlichen Hofstaat. Unter Erzbischof Daniel Brendel von Homburg wurde das Schloss stark um- und zum Teil neugebaut, um den Spessart auch wirtschaftlich besser nutzen zu können.

1 0,0 (353) Sie starten an der Infotafel zum Hafenlohrtal vor dem Schloss und gehen vor zur Straße ~ links in die **Schlossstraße** ~ links in die **Jägerwiese** ~ an der **Kirche** links in die bergauf führende Nebenstraße ~ an der Gabelung weiter geradeaus

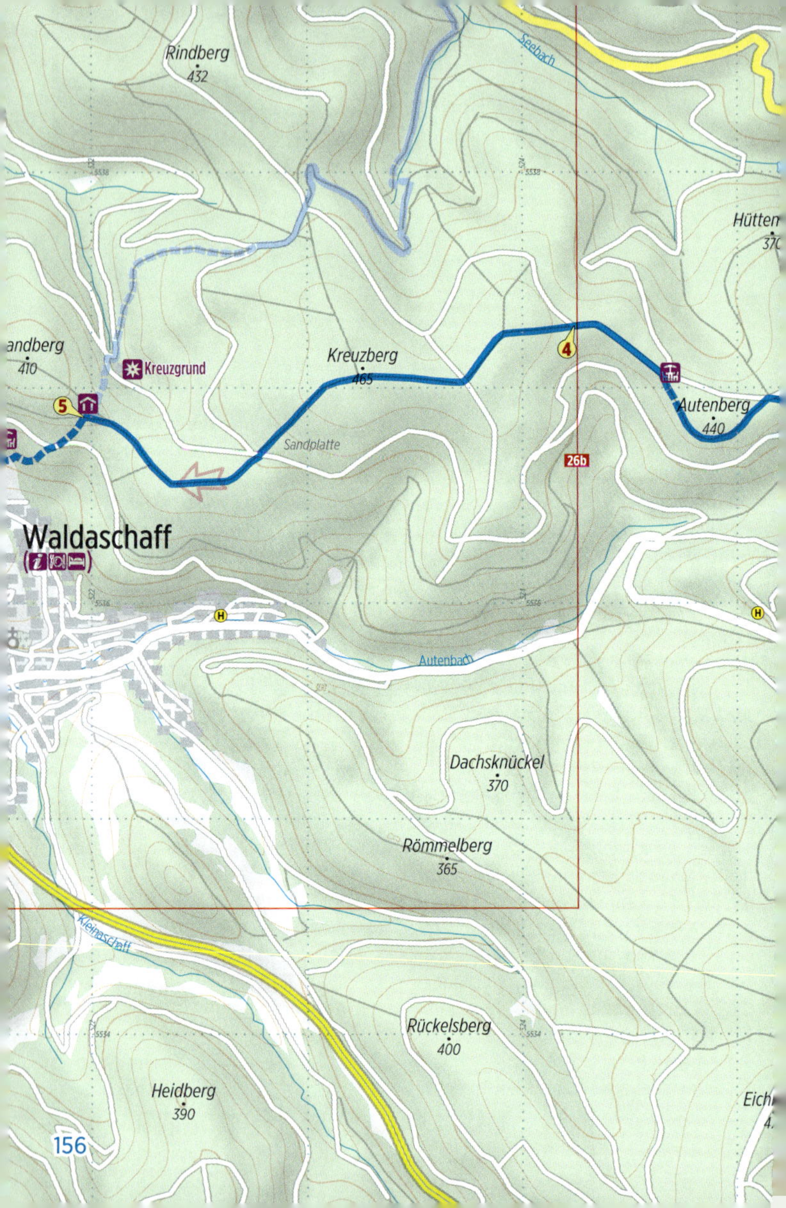
Rindberg
432
Seebach
Hütten
370
andberg
410
Kreuzgrund
Kreuzberg
465
4
5
Autenberg
440
Sandplatte
26b
Waldaschaff
Autenbach
Dachsknückel
370
Römmelberg
365
Kleinaschaff
Rückelsberg
400
Heidberg
390

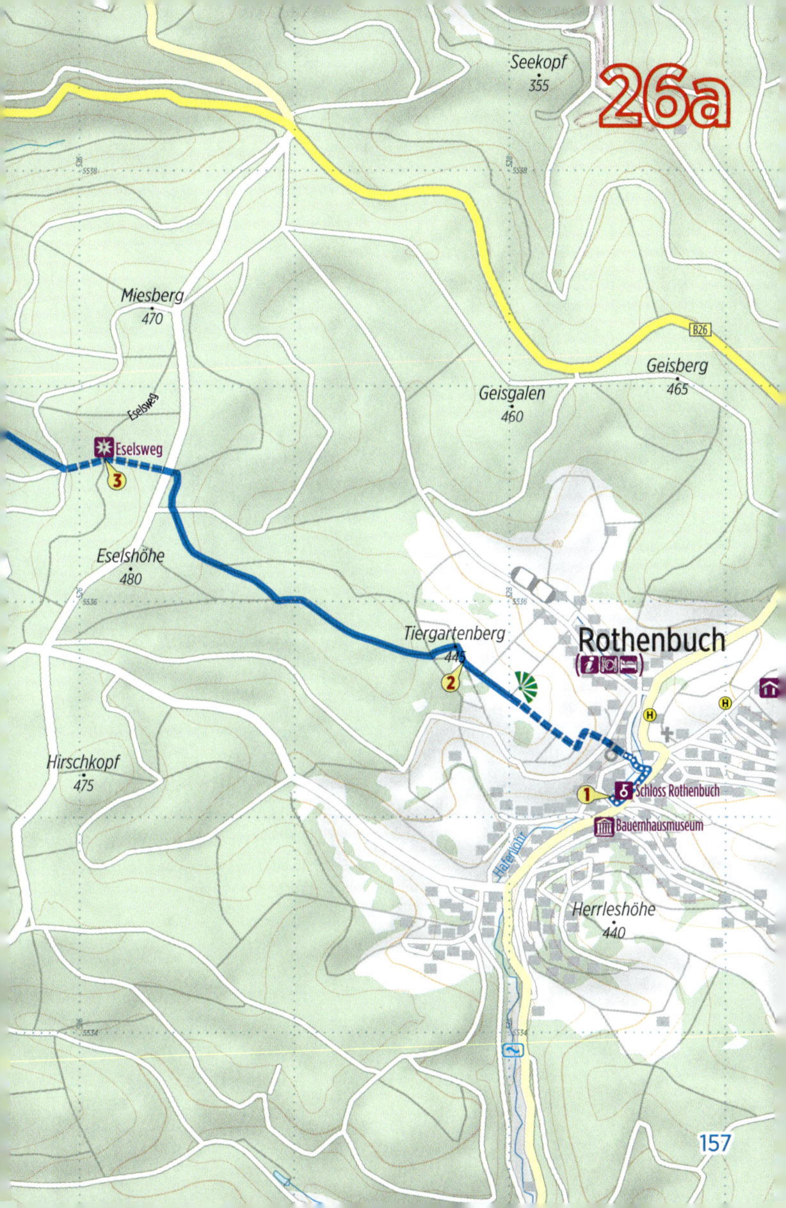
26a
Seekopf
355
Miesberg
470
Eselsweg
Eselsweg
Eselshöhe
480
Geisgalen
460
Geisberg
465
B26
Tiergartenberg
445
Rothenbuch
Schloss Rothenbuch
Bauernhausmuseum
Hafenlohr
Herrleshöhe
440
Hirschkopf
475

⤳ den Asphaltweg kreuzen und geradeaus über die Wiese ⤳ an der Einmündung links ⤳ gleich danach wieder rechts in den Wiesenweg abzweigen.

2 1,4 (441) Am Waldrand an der Einmündung in den Schotterweg rechts ⤳ im Wald links in den Waldweg abzweigen ⤳ an der Kreuzung links und gleich wieder rechts in den Schotterweg ⤳ nach 800 m am Abzweig rechts in den schmaleren Waldweg, es geht bergab ⤳ an der Kreuzung in der Nähe der Straße den breiteren Waldweg kreuzen und geradeaus weiter ⤳ an der Einmündung links in den breiten Schotterweg ⤳ die Staatsstraße queren und geradeaus in den Pfad in den Wald, leicht bergab.

3 3,5 (468) An der Kreuzung mit dem Eselsweg geradeaus ⤳ an der nächsten Kreuzung geradeaus über den

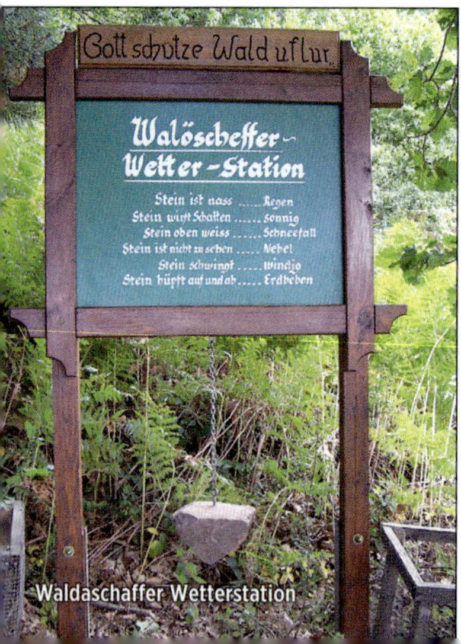

Waldaschaffer Wetterstation

Schotterweg und die zweite rechts in den Waldweg ⤳ an der Schotterwegkreuzung kurz links und gleich wieder links in den Waldweg ⤳ an der Einmündung in den Schotterweg links.

4 5,8 (460) An der Schotterweggabelung geradeaus ⤳ dem breiten Forstweg weiter folgen ⤳ an der Gabelung mit dem Waldweg rechts auf dem Schotterweg bleiben ⤳ an der großen **Kreuzung Sandplatte** am Wanderwegweiser geradeaus weiter ⤳ an der Gabelung links ⤳ an der Kreuzung am **Wanderwegweiser Schutzhütte** geradeaus.

5 8,5 (383) An der Schutzhütte links bergab in den etwas schmaleren Waldweg ⤳ an der Einmündung in den Schotterweg diesen leicht nach rechts versetzt kreuzen und weiter den Waldweg bergab ⤳ nach links auf dem Pfad und aus dem Wald hinaus ⤳ den Hohlweg verlassen und links in den Pfad ⤳ nach der „**Wetterstation**“ oberhalb von **Waldaschaff** bei der Einmündung in den Schotterweg rechts hoch ⤳ kurz danach links in den Pfad ⤳ an der Kreuzung geradeaus in den Schotterweg ⤳ an der Kreuzung mit dem Wanderwegweiser halb links Richtung „Abzweig Spessartweg 2“ ⤳ an der Gabelung rechts.

6 10,4 (287) An der Gabelung am Waldrand rechts auf dem erdigen Weg bleiben ⤳ an der Einmündung in den Schotterweg links bergab ⤳ an der Kreuzung gleichrangiger Schotterwege geradeaus ⤳ an der Einmündung in die Asphaltstraße rechts.

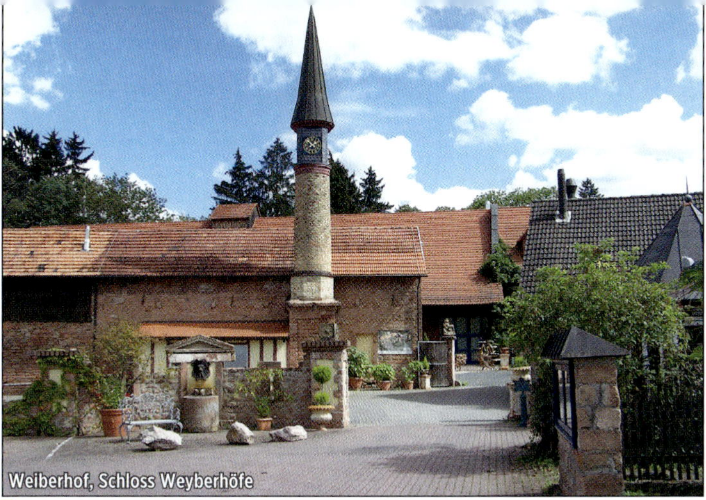

Weiberhof, Schloss Weyberhöfe

7 12,4 (263) Am **Wegweiser Abzweig Steiger** – der Spessartweg 1 zweigt hier nach links ab – geradeaus auf dem breiteren Schotterweg bleiben ⤳ an der Gabelung auf dem Hauptweg bleiben ⤳ am Hof rechts ⤳ an der Gabelung links halten ⤳ an der Querstraße links an der Kapelle vorbei bergab.

Steiger (Bessenbach)

- **Gemeindeverwaltung Bessenbach**, Ludwig-Straub-Str. 2, Bessenbach, 06093/97110, @ bka315
- **Spessart-Ruh**, Steiger 16, 06093/996960, Fr-So ab 11 Uhr, Mo-Mi ab 16 Uhr, @ dwg247
- **Berghof Steiger**, Steiger 25, 06093/566, Di, Mi, Fr ab 17 Uhr, So/Fei ab 15 Uhr, @ dsw347

8 13,7 (247) Rechts in den Schotterweg abbiegen ⤳ an dem Gestüt entlang ⤳ dem breiteren Erdweg nach links bergab folgen ⤳ nach dem Hohlweg im Wald an der Kreuzung links hinunter ⤳ aus dem Wald hinaus und gleich wieder links an den Bahnschienen entlang ⤳ an der Kulturwegtafel rechts durch den kleinen Tunnel unter der Bahn hindurch ⤳ nach dem Tunnel links über den Wiesenweg ⤳ an der Gabelung links über das kurze Schotterstück ⤳ am Bach und am Zaun entlang ⤳ rechts durch das Tor in den Schlosshof.

9 16,1 (153) Die Tour endet an der Kulturwegtafel zum Kurfürstenweg am Schlosshotel Weyberhöfe.

Weiberhof (Sailauf)

- **Gemeinde Sailauf**, Rathausstr. 9, Sailauf, 06093/97330, @ cer164
- **Kurfürstliches Schlosshotel Weyberhöfe**, 06093/993320, tägl. 12-14 Uhr und 18-21 Uhr, @ ohp371

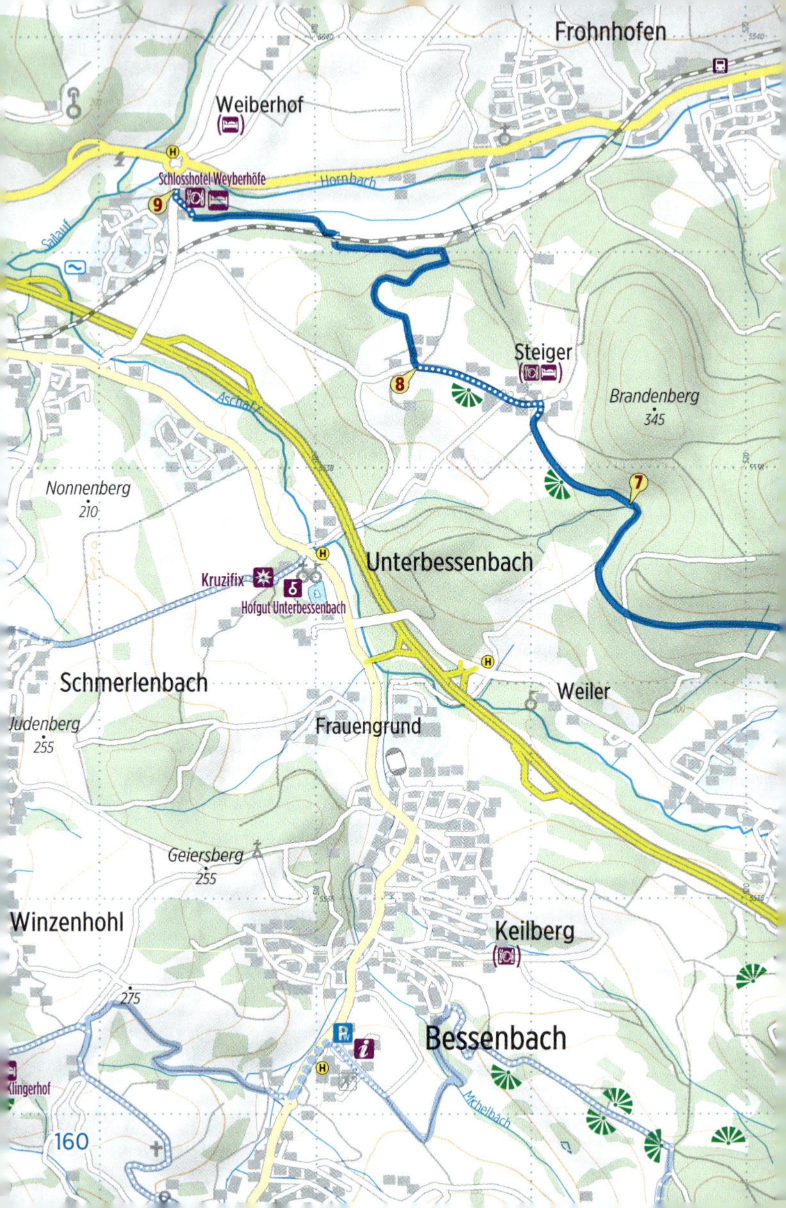

Frohnhofen
Weiberhof
Schlosshotel Weyberhöfe
Hornbach
Sailauf
Aschaff
Steiger
Brandenberg
345
Nonnenberg
210
Unterbessenbach
Kruzifix
Hofgut Unterbessenbach
Schmerlenbach
Weiler
Judenberg
255
Frauengrund
Geiersberg
255
Winzenhohl
Keilberg
275
Bessenbach
Klingerhof
Michelbach

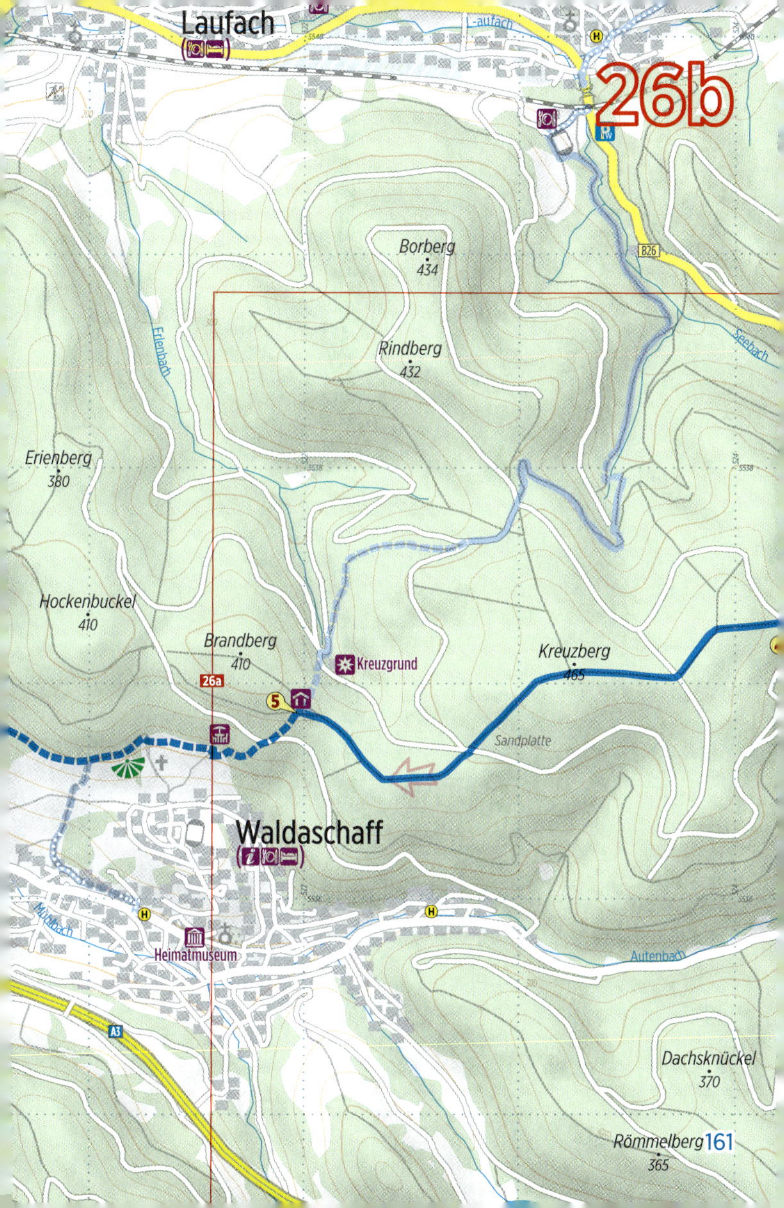

Laufach
26b
Borberg
434
Rindberg
432
Erlenbach
Seebach
B26
Erienberg
380
Hockenbuckel
410
Brandberg
410
26a
Kreuzgrund
Kreuzberg
465
Sandplatte
Waldaschaff
Mühlbach
Heimatmuseum
Autenbach
A3
Dachsknückel
370
Römmelberg
365

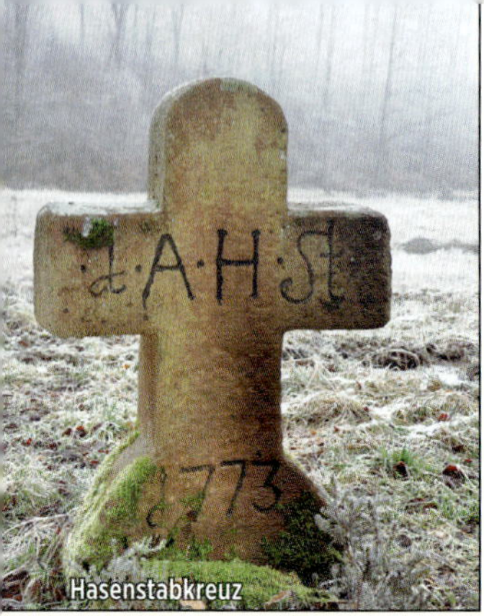

Hasenstabkreuz

Johann Adam Hasenstab

Der Erzwilddieb Johann Adam Hasenstab – auch Hannadel genannt – war der berühmteste Wilderer im Spessart und der einzige, der diese fragwürdige Tätigkeit zu seinem Hauptberuf machte. Um das Leben des berüchtigten und vom Volk bewunderten Wilddiebs ranken sich viele Legenden und Sagen. So soll er nicht nur vom Werwolf gebissen worden sein, sondern auch die Fähigkeit gehabt haben, sich unsichtbar zu machen.
Hasenstab wurde am 21.09.1716 in Rothenbuch geboren und wuchs als Halbwaise auf. Schon als Junge vergriff er sich an den Krebsen und Forellen in den Spessartbächen, was verboten war. Sein erster Schritt in die Kriminalität.
Die anfänglichen Versuche, als ehrlicher Mensch durchs Leben zu kommen, gab er wohl aufgrund einer gewissen Arbeits- und Gehorsamsabneigung recht schnell auf und so fanden seine Karrieren als Kohlenbrenner oder Glasmachergehilfe in Weibersbrunn ein schnelles Ende. Sogar als staatlicher Angestellter im kurfürstlichen Jagddienst – als sogenannter Pürschknecht (Jagdgehilfe) – versucht er sich eine Weile und lernt so nicht nur trefflich Schießen, sondern auch die Arbeitsweise der „Gegenseite“ kennen. Doch schon während dieser Zeit stellt er Schlingen, um auf eigene Faust Kleinwild zu jagen.
Eines Tages wird er ertappt, aber nicht verurteilt, sondern zum Heer geschickt. Bevor es jedoch wirklich ernst wird, gelingt Hasenstab die Flucht zum Kloster Bronnbach, wo er bald als klösterlicher Förster und Jäger wirkt. Doch auch diesen legalen Weg verlässt er wieder und richtet sich in einem neuen Wilderer-Revier im Haseltal und Kropfbachtal ein, da dort drei Herrschaftsbereiche aufeinanderstießen (Mainz, Würzburg und Wertheim). Er wird nach und nach zum Profiwilderer, der durch die Dreistigkeit seines Vorgehens und die Großzügigkeit in den Wirtshäusern von sich reden macht.
Der Staat reagiert mit strengeren Strafen und setzt ein Kopfgeld aus. Mitte der 1750er Jahre wird Hasenstab verwundet und gefangen genommen und zur Zwangsarbeit in der Mainzer Festung verurteilt. Er kann 1757 wieder fliehen und zieht fortan als verkleideter Mönch durch die Lande. Natürlich – wie ein Süchtiger – fängt er wieder mit der Wilderei an und treibt es von Jahr zu Jahr immer wilder. Er gründet regelrechte Wildererbanden und organisiert mit seinem Oberbefehl die Wilderei im gesamten Spessart.

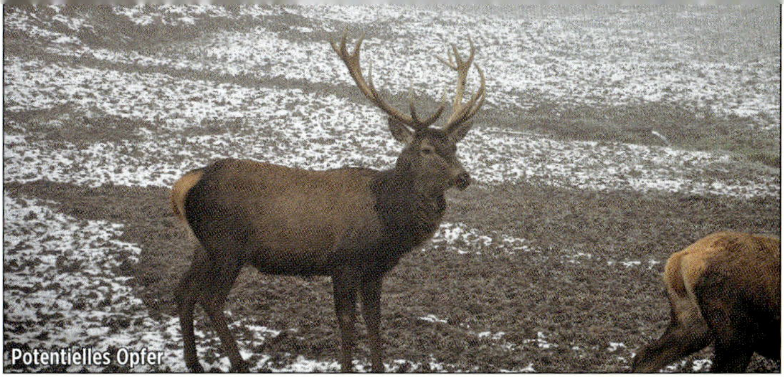

Potentielles Opfer

1770 wird Hasenstab erneut gefangen genommen und soll nach Australien verbannt werden. Er wurde auch in Stockstadt der holländischen Armee übergeben, doch er kehrt unter ungeklärten Umständen wieder zurück in sein Revier.

In der Nacht zum 3. Juni 1773 geschieht dann das Unvermeidliche. Hasenstab wird wohl verraten und auf eine Lichtung im Kropfbachtal gelockt, wo der Revierjäger Johann Sator schon auf ihn wartet. Bei einem Schusswechsel tötet Sator den Spessarter Wilddieb – angeblich mit einer silbernen Kugel – und Hasenstab wird noch am selben Tag auf dem Friedhof in Breitenbrunn begraben. Zur Erinnerung an ihn stiftete das Volk ein Kreuz mit der Inschrift „J.A.H. St. 1773“. Es wurde von der Obrigkeit drei Mal beseitigt und immer wieder aufgestellt, bis man das sog. „Hasenstabkreuz“ schließlich stehen ließ. Noch heute kann man es westlich von Schollbrunn besichtigen.

Zu Ehren des Erzwilddiebs gibt es einen Rundwanderweg, der auf ca. 79 Kilometern die Stellen seines „Wirkens“ miteinander verbindet. Er führt von seinem Geburtsort Rothenbuch über Lichtenau und das Forsthaus Sylvan bis nach Schollbrunn. Von dort geht es über Dammbach, den Echterspfahl und Weibersbrunn zurück nach Rothenbuch. Teilabschnitte lernt man mit den Touren 27, 34 und 35 in diesem Buch kennen (Markierung: s. S. 164).

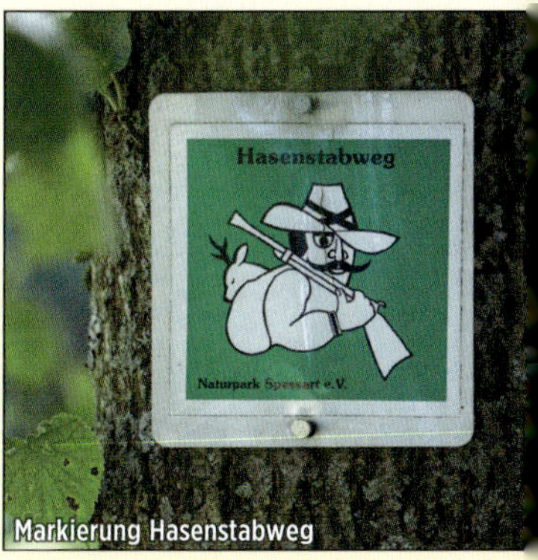

Markierung Hasenstabweg

Ein sehr lesenswertes Buch zum Lebenslauf und den Lebensumständen des Wilddiebs („Des Spessarts Erzwilddieb Johann Adam Hasenstab“) hat Heinz Staudinger verfasst. Es kann im Buchhandel oder beim Naturpark Spessart bestellt werden.

Tour 27 — 17,8 km

Durch das Hafenlohrtal

Start/Ziel: Lichtenau, Parkplatz Gasthaus Hochspessart

Aufstieg: 383 m — *Hartbelag:* 2 %

Abstieg: 383 m — *Wanderwege:* 90 %

Gehzeit: 4 - 4,5 Std. — *Wanderpfade:* 8 %

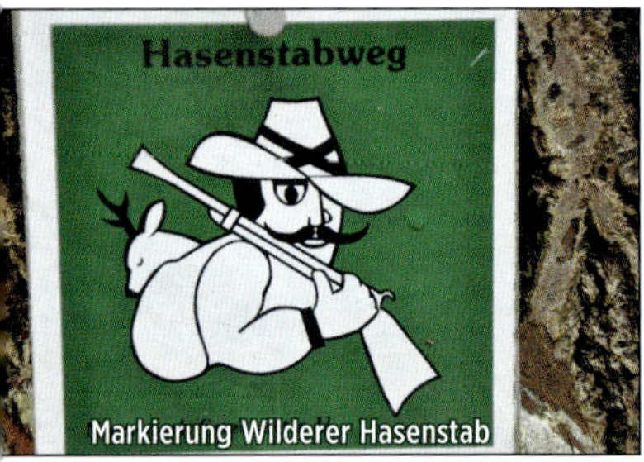

Markierung Wilderer Hasenstab

Charakteristik: Die Tour beginnt in der Lichtenau, einem beliebten Ausflugsziel im Hochspessart. Nach Überquerung der Hafenlohr geht es auf breiten Forstwegen lange stetig bergauf durch typische Spessartwaldlandschaften und vorbei am Naturschutzgebiet Hoher Knuck. Nach dem Eichhall mit beeindruckenden Baumriesen geht es zurück in das Tal und dann recht eben immer entlang der Hafenlohr. Das gleichnamige Tal ist einer der malerischsten Flecken im gesamten Spessart, Teile davon sind als Naturschutzgebiet ausgewiesen.

Nach der Durchquerung des Tals über einen Bohlensteg führt das letzte Stück auf verwunschenen Pfaden durch den dichten Wald zurück zur Einkehr in der Lichtenau.

Markierung: Wilderer Hasenstab (bis Sandkaute) – Roter Querbalken (bis Eichhall) – Rotes Dreieck (bis Parkplatz Steintor) – Rotes Andreaskreuz (bis Eichsee) – Wilderer Hasenstab (zurück zur Lichtenau).

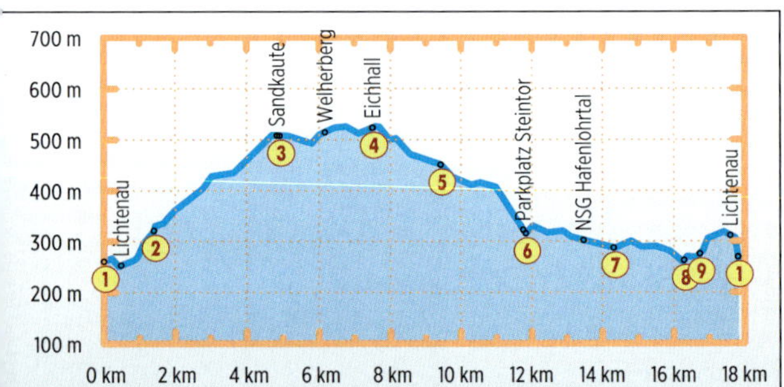

Anreise Auto: Von der A 3-Ausfahrt Weibersbrunn in den gleichnamigen Ort. In Weibersbrunn immer auf der Hauptstraße bleiben, an der T-Kreuzung links Richtung Rothenbuch/Lohr. Nach 4 Kilometern an der Querstraße rechts abbiegen, nach weiteren 4 Kilometern befindet sich der Gasthof Hochspessart mit Parkplatz auf der rechten Seite.

Anreise ÖPNV: Von Aschaffenburg mit dem Bus 42 (am Wochenende Bus 47) zur Haltestelle Naturschutzgebiet Metzger und die Tour dort (bei Wegpunkt 6) beginnen.

Lichtenau (Rothenbuch)

Gasthaus im Hochspessart Lichtenau, ✆ 09352/1228, @ lbn477

1 0,0 (265) Von der Hofeinfahrt am **Gasthaus Hochspessart** ein kurzes Stück auf der Straße am Gebäude entlang, der Markierung Wilderer Hasenstab folgen ⤳ von der Straße auf einen parallel verlaufenden kleinen Pfad wechseln ⤳ links in das Sträßchen Richtung Hoher Knuck ⤳ über die Brücke ⤳ an der T-Kreuzung links in den Schotterweg.

Hoher Knuck

Gasthaus Pension Hoher Knuck, ✆ 09352/1320

An der Gabelung am Wegweiser Lichtenauer Grund rechts in den bergauf führenden Schotterweg.

2 1,4 (321) Am Abzweig eines gleichrangigen Schotterweges der scharfen Linkskurve weiter bergauf folgen ⤳ dem Schotterweg immer bergauf folgen, alle Abzweigungen ignorieren ⤳ am Abzweig am Hochsitz weiter geradeaus ⤳ am **Naturschutzgebiet Hoher Knuck** entlang.

3 4,9 (508) An der Kreuzung am **Wegweiser Sandkaute** der Markierung Roter Querbalken geradeaus folgen ⤳ nach 900 m zweigen Sie an der Lichtung der Markierung folgend vom Hauptweg links ab ⤳ Sie laufen

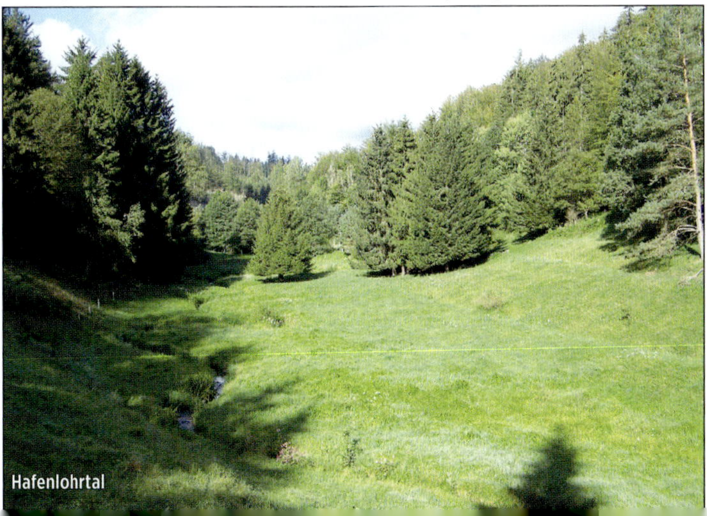

Hafenlohrtal

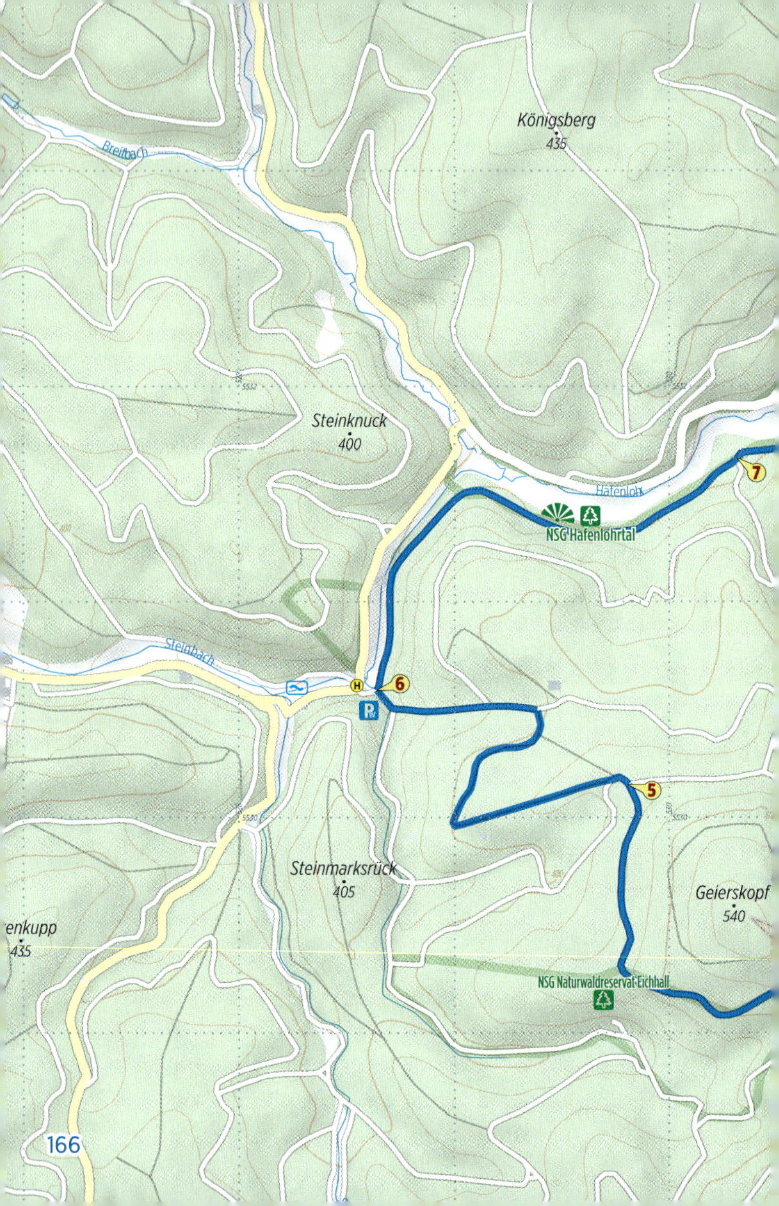
Königsberg
435
Breitbach
Steinknuck
400
Hafenlohr
NSG Hafenlohrtal
7
Steinbach
6
5
Steinmarksrück
405
Geierskopf
540
enkupp
435
NSG Naturwaldreservat Eichhall

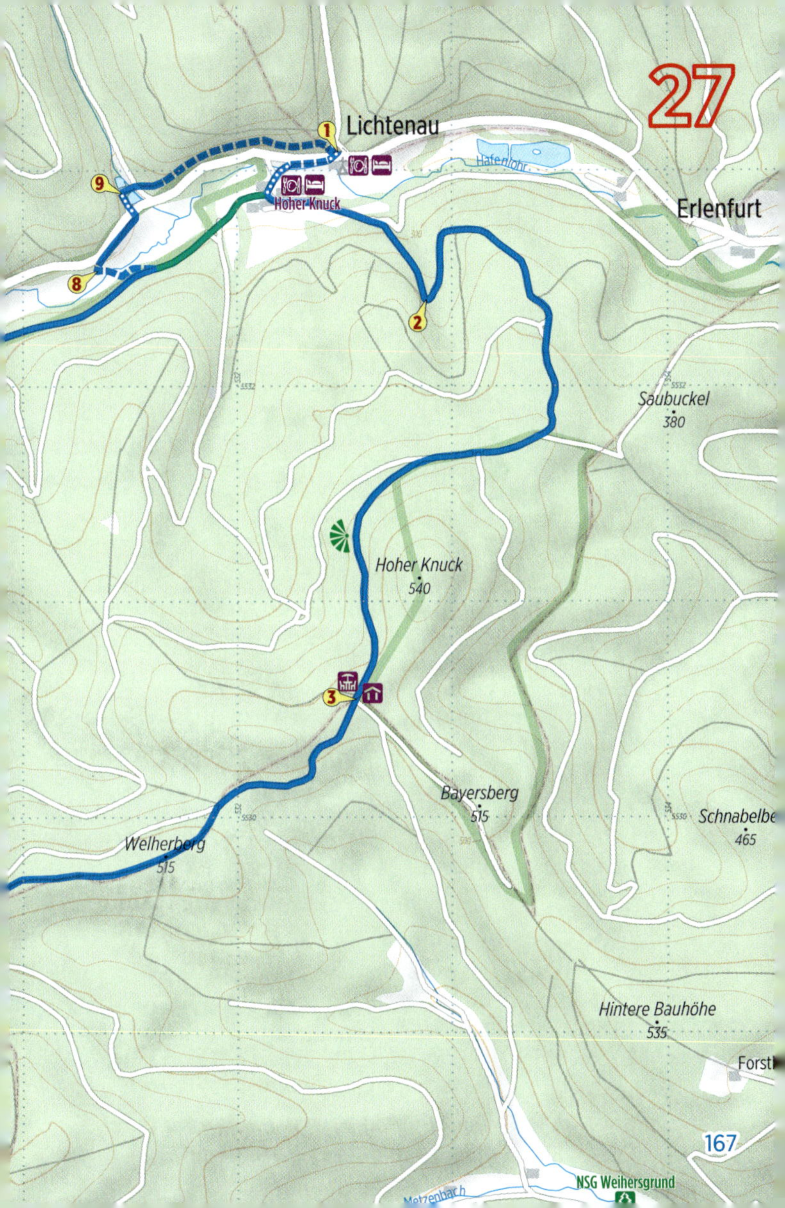
27
Lichtenau
Hafenlohr
Erlenfurt
Hoher Knuck
Saubuckel
380
Hoher Knuck
540
Bayersberg
515
Schnabelbe
465
Welherberg
515
Hintere Bauhöhe
535
Forst
NSG Weihersgrund
Metzenbach

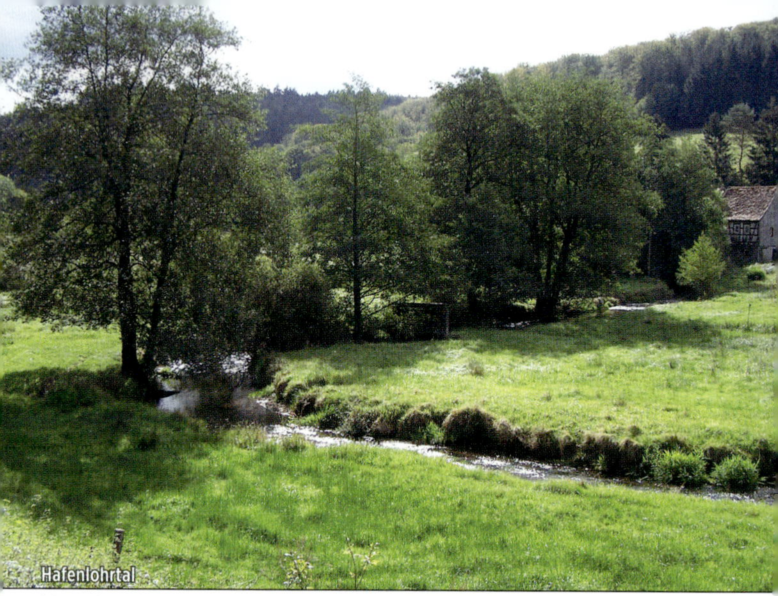

Hafenlohrtal

hinauf auf den Weiherberg, dann sanft wieder hinab ⇝ nach 1,3 km gelangen Sie geradeaus wieder auf den breiten Hauptweg.

4 7,5 (523) An der großen **Kreuzung Eichhall** rechts und kurz danach an der Gabelung nach links, nun dem Roten Dreieck folgen.

Naturschutzgebiet Eichhall

Die Tour führt nun vorbei am Eichhall, einem Schutzgebiet von rund 67 Hektar Größe westlich des unweit gelegenen Geiersbergs, der mit 586 Metern die höchste Erhebung im Spessart ist. Hier werden die höchsten Niederschlagswerte im gesamten Spessart (ca. 1.100 Millimeter/Jahr) gemessen. Der Wald im Eichhall entstand vermutlich während des 30-jährigen Krieges infolge von Brandrodung und Waldfeldbau durch Kriegsflüchtlinge. Ursprünglich war es ein reiner Eichenwald. Die Eichen hier sind bis zu 40 Meter hoch und fast 400 Jahre alt.

TIPP Der informative Flyer „Baumriesen im Spessart" des Naturparks Spessart stellt weitere Schutzgebiete in der Gegend vor. Kontakt: Naturpark Spessart e. V., ✆ 09351/603947, www.naturpark-spessart.de.

5 9,4 (451) Bei der Einmündung eines großen Schotterwegs von rechts weiter geradeaus, auf der kurvigen Strecke bergab durch den Wald.

6 11,8 (315) Nach dem **Wanderparkplatz Steintor** rechts dem Roten Andreaskreuz auf den Schotterweg folgen.

EINSTIEG Wenn Sie mit dem Bus angereist sind, laufen Sie von der Station Naturschutzgebiet Metzger zum Parkplatz und beginnen dort die Tour.

Sie wandern auf dem breiten Schotterweg am Rand des schönen Hafenlohrtals entlang.

7 14,3 (287) An der Dreiergabelung geradeaus auf dem Hauptweg bleiben ~ nach weiteren 1,7 km am Wanderwegweiser scharf links in den Pfad, bergab in den Talboden.

VARIANTE Kurz vor dem Ende der Wanderung haben Sie die Möglichkeit, die Route um 1 km abzukürzen. Folgen Sie dafür am Wanderwegweiser dem Weg geradeaus, Markierung Roter Schrägbalken. Sie verpassen dann jedoch den schönen Weg im Talboden.

8 16,3 (263) Auf der Hauptroute nach dem Bohlensteg scharf rechts in den Pfad ~ links hoch in den Pfad, der aus dem Talboden hinaus führt ~ an der Einmündung auf den breiteren Wanderweg rechts ~ im Waldstückchen links hoch zur Straße ~ die Straße queren und geradeaus in den schmaleren, asphaltierten Weg.

9 16,7 (275) An der Abzweigung vor dem **Eichsee** rechts der Markierung Wilderer Hasenstab folgen ~ an der Einmündung in den Schotterweg diesen kreuzen und geradeaus in den Pfad, bergauf in den Wald ~ an der Kreuzung rechts in den geraden Weg, es geht steil bergab ~ Sie treffen auf die Straße.

1 17,8 (265) Die Tour endet am Parkplatz Gasthaus Hochspessart.

Lichtenau (Rothenbuch)

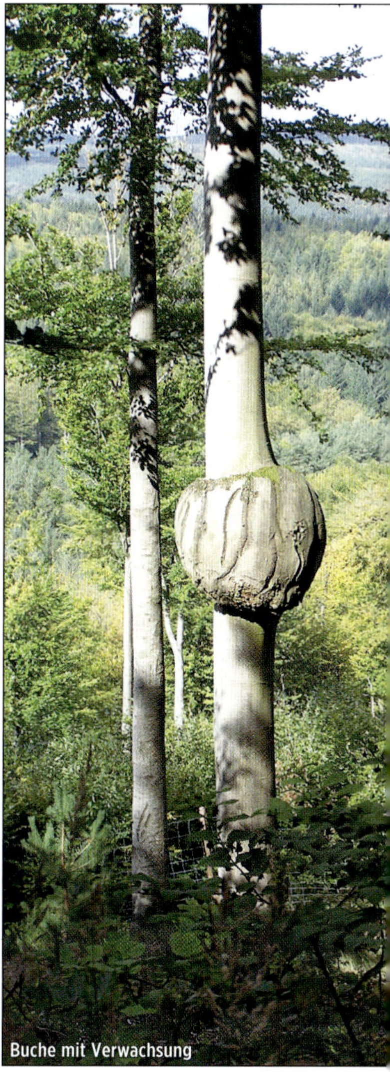

Buche mit Verwachsung

Tour 28 14,9 km

Spessartweg 2 Waldaschaff – Heigenbrücken

Start: Waldaschaff, Bushaltestelle Sandweg
Ziel: Heigenbrücken, Bahnhof

Aufstieg:	558 m	*Hartbelag:*	23 %
Abstieg:	495 m	*Wanderwege:*	48 %
Gehzeit:	3,5 - 4 Std.	*Wanderpfade:*	29 %

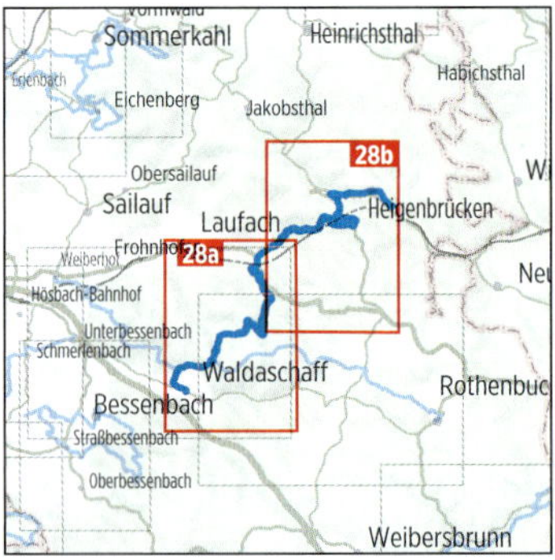

Charakteristik: Die Tour auf dem Qualitätsweg Wanderbares Deutschland erfordert durch ständiges Auf und Ab eine gewisse Kondition. Sie beginnt mit einem steilen Aufstieg aus Waldaschaff hinaus, folgt dann auf der Höhe für eine Weile eben dem Waldrand mit schönen Blicken auf Waldaschaff, bevor sie in den Wald eintaucht. Nach dem kurzen, sehr steilen Abstieg zum idyllischen Kreuzgrund folgen der erneute Anstieg durch dichte Wälder und der Abstieg nach Hain. Der nächste Anstieg führt durch herrliche offene Wiesenlandschaften und später durch den Wald hinauf zum Pollasch, der einen traumhaften Ausblick in das Laufachtal gewährt, bevor es steil und schnell zum Bahnhof im Luftkurort Heigenbrücken geht.

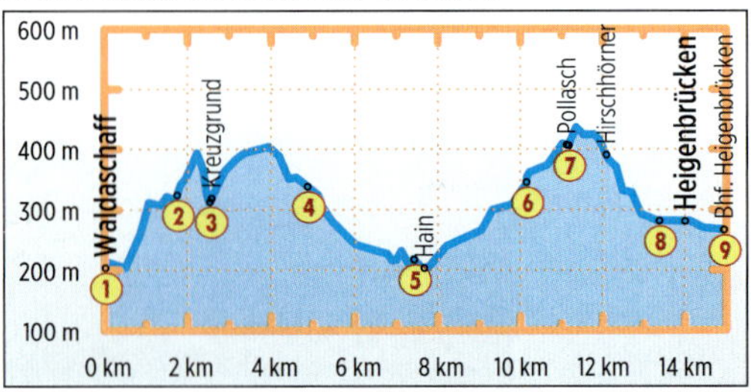

Markierung: Durchgängig Spessartweg 2.

Anreise Auto: Von der A 3-Ausfahrt

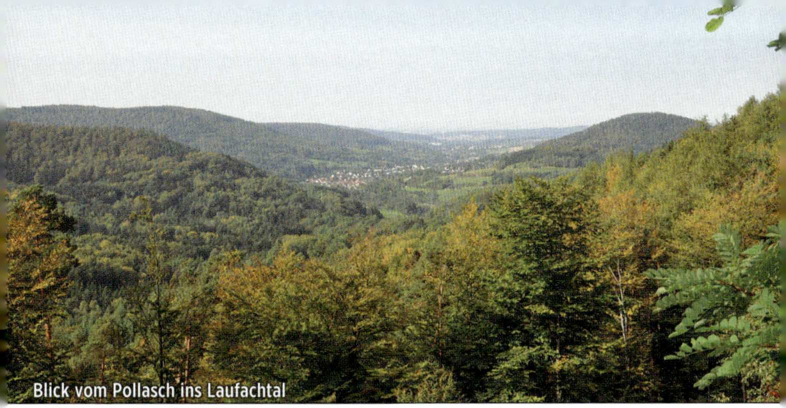
Blick vom Pollasch ins Laufachtal

Bessenbach/Waldaschaff der Beschilderung nach Waldaschaff folgen. Der Start befindet sich in der westlichen Ortshälfte direkt an der Hauptstraße.

Anreise ÖPNV: **Von Aschaffenburg mit Bus 42 und 43 (am Wochenende Bus 47) nach Waldaschaff, Sandweg. Am Ende der Tour von Heigenbrücken mit dem Regionalzug nach Hösbach-Bahnhof und von dort mit Bus 42 bzw. 47 nach Waldaschaff, Sandweg, insgesamt ca. 30 Minuten.**

Waldaschaff

- **Gemeindeverwaltung**, Am Mühlbach 5, ✆ 06095/97100, @ tws143
- **Heimatmuseum**, Aschaffenburger Str. 31, ✆ 06021/52736, ⏲ n. t. V.
- **Gasthof und Hotel Zur Krone**, Aschaffenburger Str. 33, ✆ 06095/757, @ lqp718

1 0,0 (204) Von der **Bushaltestelle Sandweg** rechts hoch in die **Bergstraße** ⇝ links in den schmalen gepflasterten Weg ⇝ an der Gabelung links am Zaun entlang ⇝ an der Straßengabelung rechts hoch ⇝ an der Gabelung das Sträßchen verlassen und links hoch auf den Wiesenweg ⇝ an der Gabelung mit der Rastbank die linke Variante weiter geradeaus bergauf ⇝ am Wegweiser rechts in den breiteren Waldweg ⇝ an der Einmündung am Wanderwegweiser rechts auf den etwas breiteren Weg und gleich danach an der Gabelung links wieder hoch ⇝ rechts ein kurzes Stück auf dem Schotterweg bergab und dann links wieder den Schotter verlassen.

2 1,7 (324) Nach der **Waldaschaffer „Wetterstation"** dem Pfad folgen ⇝ in den Wald und rechts in den breiteren Weg ⇝ an der Gabelung links ⇝ links hoch in den Pfad ⇝ an der Einmündung rechts in den breiteren Waldweg ⇝ den Schotterweg queren und rechts versetzt in den Waldweg ⇝ an der Einmündung rechts in den Schotterweg ⇝ nach der **Schutzhütte am Brandberg** links Richtung Kreuzgrund in den dichteren Wald ⇝ den breiten Waldweg kreuzen und steil bergab.

Kreuzgrund. Das Einzelgehöft und der kleine Teich geben Hinweise auf die Nutzung des Erlenbachtales zum Flößen. 1702 wurde der Floßsee angelegt, aufgrund des schwierigen Bachverlaufes dauerte der Floßbetrieb nur bis um 1750 an. Danach diente der See als Fischteich und das Gehöft wurde für den Forst genutzt.

3 2,5 (313) Den **Kreuzgrund** queren und links auf den Schotterweg ~ kurz danach rechts hoch in den Waldweg ~ an der Kreuzung am Hochsitz geradeaus ~ an der Einmündung rechts in den Schotterweg ~ an der Kreuzung der Schotterwege leicht nach links versetzt geradeaus in den Wald ~ dem Schotterweg bergab folgen.

4 4,9 (338) An der Doppelkreuzung die zweite rechts ~ am Wegweiser „Furt" links bergab in den dichteren Waldpfad in Richtung Hain ~ nach 850 m in der Senke vor dem Bach links ~ dem Schotterweg entlang des Seebachs folgen ~ an der Gabelung links und am Sportplatz entlang ~ an der Asphaltstraße rechts.

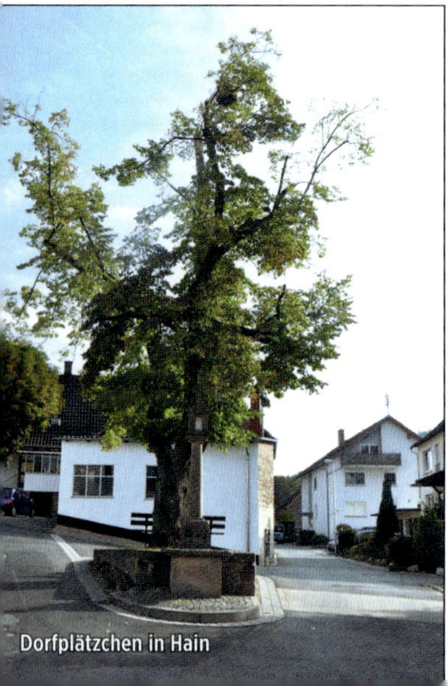

Dorfplätzchen in Hain

5 7,4 (217) An der Querstraße links und auf dem Fußweg links der Bundesstraße unter der Bahnbrücke sowie unter der ehemaligen Bahnbrücke hindurch ~ kurz danach halb rechts in die bergauf führende **Bachstraße** ins Ortszentrum.

Hain (Laufach)

Gemeinde Laufach, Raiffeiseng. 4, Laufach, 06093/9410, @ ytr862

Gasthaus Seebachblick, Im Seebachtal 1, 06093/993180, Mi-Fr 11.30-14 Uhr und ab 17 Uhr, Sa, So/Fei ab 11.30 Uhr, @ yrh156

Durch den Ort folgen Sie der **Heigenbrücker Straße** geradeaus ~ bald nach den letzten Häusern an der Schotterwegkreuzung geradeaus ~ etwa nach 800 m in den Wald hinein ~ am Abzweig eines gleichwertigen Weges, der nach rechts unten führt, geradeaus weiter.

6 10,1 (345) In der Kurve den Schotterweg verlassen in den schmaleren Weg, der nach links hoch abzweigt ~ an der Einmündung in den **Eselsweg** weiter geradeaus ~ kurz vor der Straße rechts in den Pfad.

Am Pollasch. Das moderne Denkmal wurde auf Anregung der Hochspessart-Freunde Rothenbuch, einer der Gründungsvereine des Spessartbunds, 1927 errichtet. Geschaffen wurde es von Georg Lippert aus rotem Buntsandstein. Es dient zur Erinnerung an die gefallen Spessartbundmit-

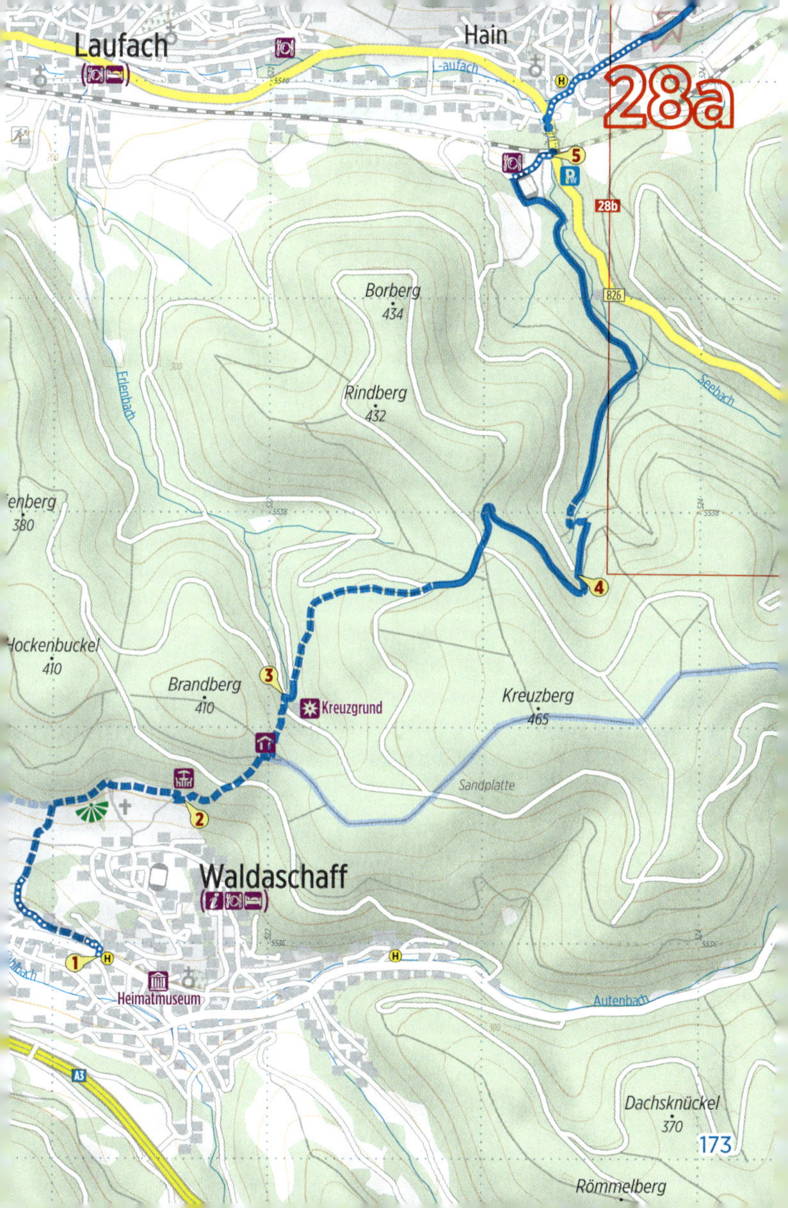
28a
Laufach
Hain
-aufach
28b
826
Borberg
434
Rindberg
432
Seebach
Erlenbach
…enberg
380
Hockenbuckel
410
Brandberg
410
Kreuzgrund
Kreuzberg
465
Sandplatte
Waldaschaff
Heimatmuseum
Autenbach
A3
Dachsknückel
370
Römmelberg

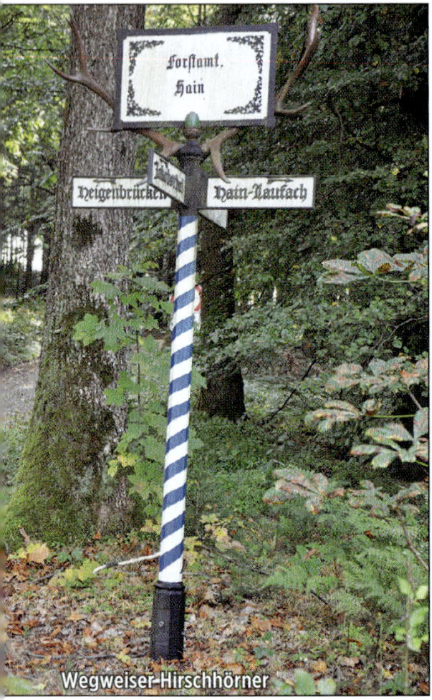

Wegweiser-Hirschhörner

glieder des Ersten Weltkriegs und als Mahnung zum Frieden. Die Wodiankahütte auf diesem Platz hat ihren Namen von Christian Wodianka, Förster und Spessartbund-Mitglied, der sich um die Erschließung des Spessart verdient gemacht hat.

7 11,2 (406) Den **Pollasch-Platz** queren, von hier haben Sie eine herrliche Aussicht in das Laufachtal ⁓ die Straße kreuzen ⁓ nach der Straße links und gleich rechts steil hoch in den Wald ⁓ an der Kreuzung links in den breiten Schotterweg ⁓ noch vor der Straße rechts – nicht scharf rechts! – bergab.

Hirschhörner. Der gusseiserne Wegweiser in Form von Hirschhörnern weist auf einen historischen Altweg von Heigenbrücken ins Aschafftal hin und ist ein Relikt aus den Anfangszeiten des Spessarttourismus zwischen 1870 und 1890.

Links in den Pfad ⁓ an der Einmündung links in den Schotterweg, weiter bergab ⁓ den Schotterweg nach rechts in den Pfad verlassen ⁓ an der Einmündung rechts in die **Lindenallee** ⁓ an der Bushaltestelle links in die **Werner-Wenzel-Straße** ⁓ rechts auf den Platz des Alten Bahnhofs.

8 13,4 (281) Am Platz vor dem Gebäude links auf den Radweg, dann dem Weg entlang der ehemaligen Bahntrasse folgen ⁓ Sie laufen auf dem **Promenadenweg** immer geradeaus in den Ort ⁓ bei der Kirche kurz rechts, dann die Hauptstraße queren und geradeaus in den **Hüttenwiesenweg** ⁓ diesem über den Parkplatz und durch den Park folgen ⁓ am Wegweiser rechts zum **Bahnhof**.

9 14,9 (267) Die Tour endet am Bahnhof Heigenbrücken.

Heigenbrücken

Vorwahl: 06020

- **Tourist-Information**, Hauptstr. 7, ✆ 97100, @ shb774
- **Freizeitanlage Bächlesgrund**, ✆ 97100, ✆ 0179/4545868 Mit Kletterwald, Wasserspielplatz und Wildpark. @ trr414
- **Naturschwimmbad**, Heinrichsthaler Str., ✆ 1240, @ cdm654
- **Flair Hotel Hochspessart**, Lindenallee 40-42, ✆ 97200, @ tsg666
- **Villa Marburg im Park**, Werner-Wenzel-Str. 1, ✆ 979990, @ ixy734
- **Zur Frischen Quelle**, Hauptstr. 1, ✆ 970940, Do-Mo ab 11.30 Uhr, @ hvr746

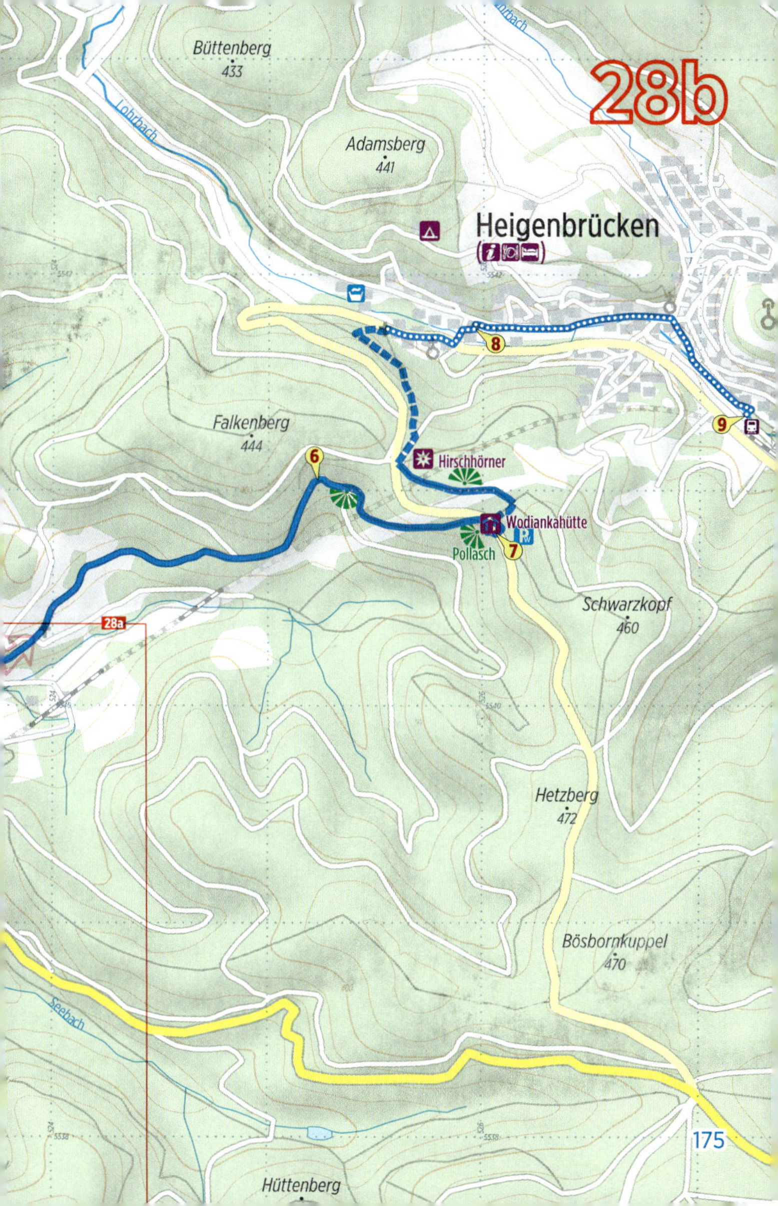

28b
Büttenberg
433
Adamsberg
441
Lohrbach
Heigenbrücken
Falkenberg
444
Hirschhörner
Wodiankahütte
Pollasch
Schwarzkopf
460
Hetzberg
472
Bösbornkuppel
470
Seebach
Hüttenberg
28a
6
7
8
9

Tour 29 — 11,5 km

Spessart – Polka

Start/Ziel: Bessenbach, Gemeindezentrum

Aufstieg:	326 m	*Hartbelag:*	45 %
Abstieg:	326 m	*Wanderwege:*	50 %
Gehzeit:	2,5 - 3 Std.	*Wanderpfade:*	5 %

Charakteristik: Der Europäische Kulturrundweg „Spessart-Polka" zählt wegen seiner wechselnden Landschaften und den zahlreichen herrlichen Aussichten zu den schönsten Rundtouren im Spessart. Nach einem Anstieg durch Wiesen und Feldlandschaften mit tollen Ausblicken führt der Weg am Waldrand entlang zum Waldmichelbacher Hof. Auf dem Weg bergab durch schattige Waldstücke und später am Waldrand entlang in Richtung Straßbessenbach sowie beim erneuten Aufstieg zum Klingerhof überwältigen die Ausblicke auf den Spessart und seine Täler.

Markierung: Durchgängig Gelbes EU-Schiffchen auf blauem Grund.

Anreise Auto: Von der A 3-Ausfahrt Bessenbach/Waldaschaff in Richtung Bessenbach. Nach dem Ortsteil Keilberg die erste links abbiegen in die Ludwig-Straub-Straße.

Anreise ÖPNV: Ab Aschaffenburg oder Hösbach-Bahnhof mit Bus 41 (am Wochenende Bus 47) zur Haltestelle Bessenbach, Rathaus.

Bessenbach

Gemeindeverwaltung Bessenbach, Ludwig-Straub-Str. 2, ✆ 06093/97110, @ bka315

1 0,0 (171) Vom **Gemeindezentrum** entlang der **Ludwig-Straub-Straße** den Berg hinauf ⤳ an den Tennisplätzen vorbei auf den Schotterweg ⤳ am Abzweig in der Linkskurve dem Schotterweg links zwischen Feldern und Wiesen bergab folgen ⤳ nach der Querung des Baches rechts ⤳ scharf links dem Bachbett links des Weges folgen ⤳ bei den Häusern an der T-Kreuzung rechts auf den Asphaltweg ⤳ durch Wiesenlandschaften bergauf ⤳ nach 500 m an der Gabelung halb links auf dem Asphaltweg bleiben.

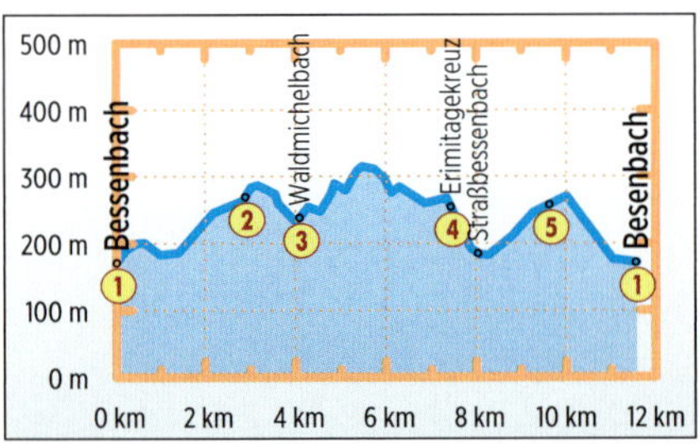

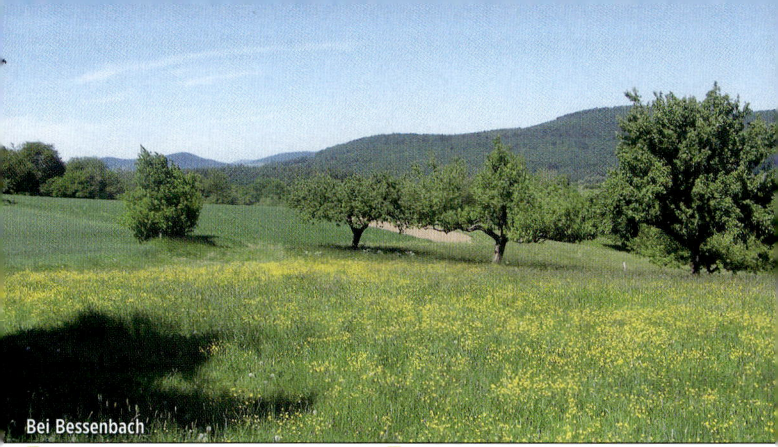

Bei Bessenbach

2 2,9 (270) An der Kreuzung am Waldrand mit dem historischen Wanderwegweiser rechts auf den Schotterweg Richtung Waldmichelbach ⤳ an der Gabelung links und gleich wieder rechts in den Pfad, parallel zum Schotterweg durch den Wald ⤳ an der Einmündung links auf den Schotterweg ⤳ den Waldmichelbacher Hof durchqueren.

Waldmichelbach (Bessenbach)

Waldmichelbacher Hof, Waldmichelbach 4, ✆ 06095/674, ✆ 06095/8334, Mi-Sa 11.30-19.30 Uhr, So 11.30-19 Uhr. Biergarten, Spielplatz, Hofladen, kleiner Weiher, regelmäßig Ponyreiten. @ itm587

3 4,1 (238) Am Fahrradwegweiser links, bergauf in den Wald ⤳ an der Kreuzung am Wegweiser rechts in den Schotterweg ⤳ an der Einmündung in den Schotterweg rechts ⤳ nach 600 m halb rechts auf den abzweigenden Waldweg ⤳ am Waldrand entlang ⤳ an der Einmündung auf den asphaltierten Weg links.

4 7,4 (254) An der Kreuzung am **Eremitagekreuz** rechts, steil bergab in den Ort ⤳ an der **Kirche** rechts auf den Bürgersteig der **Würzburger Straße** ⤳ an der Einmündung rechts in die **Dorfstraße**.

Straßbessenbach (Bessenbach)

Zum Weißen Ross, Dorfstr. 3, ✆ 06095/558, @ mnu863

An der Abzweigung links in die **Bachstraße** ⤳ rechts in die **Hofstraße** ⤳ an der Gabelung am Kreuz mit der Rastbank rechts weiter ⤳ am Kruzifix links steil bergauf.

5 9,6 (257) Durch den **Klingerhof** bis zur Kreuzung.

AUSFLUG: Kurz nach den Häusern geht es links zum Landhotel Klingerhof, es ist nur 500 m entfernt. Von der Terrasse des Restaurants Tenne bietet sich bei gutem Wetter ein Panoramablick über den südlichen Spessart.

Landgasthof Tenne, Am Hügel 7, ✆ 06021/6460, Mo-Sa 15-22 Uhr, So 12-21.30 Uhr, @ pmk662

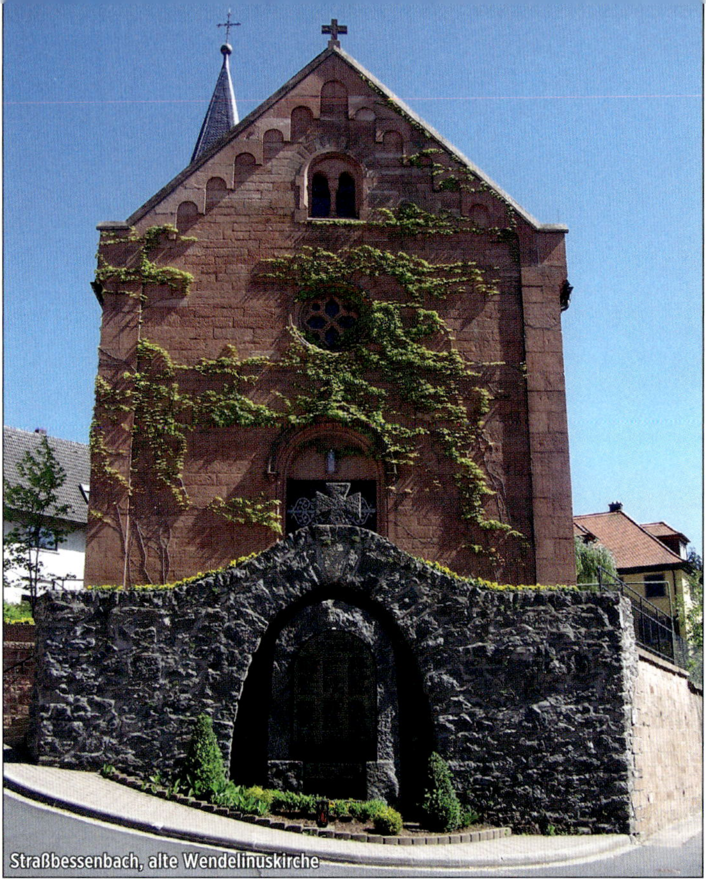

Straßbessenbach, alte Wendelinuskirche

Auf der Hauptroute an der Kreuzung rechts und durch die Wiesenlandschaft bergab ⁓ an der Einmündung in die kleine Straße rechts ab ⁓ auf der Brücke den Bach queren ⁓ vor dem Kreisverkehr die schmale Straße queren ⁓ über die Hauptstraße und links auf den Fuß- und Radweg parallel zur Straße ⁓ nach der **Bushaltestelle** rechts in die **Ludwig-Straub-Straße**.

1 11,5 (171) Die Tour endet am Gemeindezentrum Bessenbach.

Bessenbach

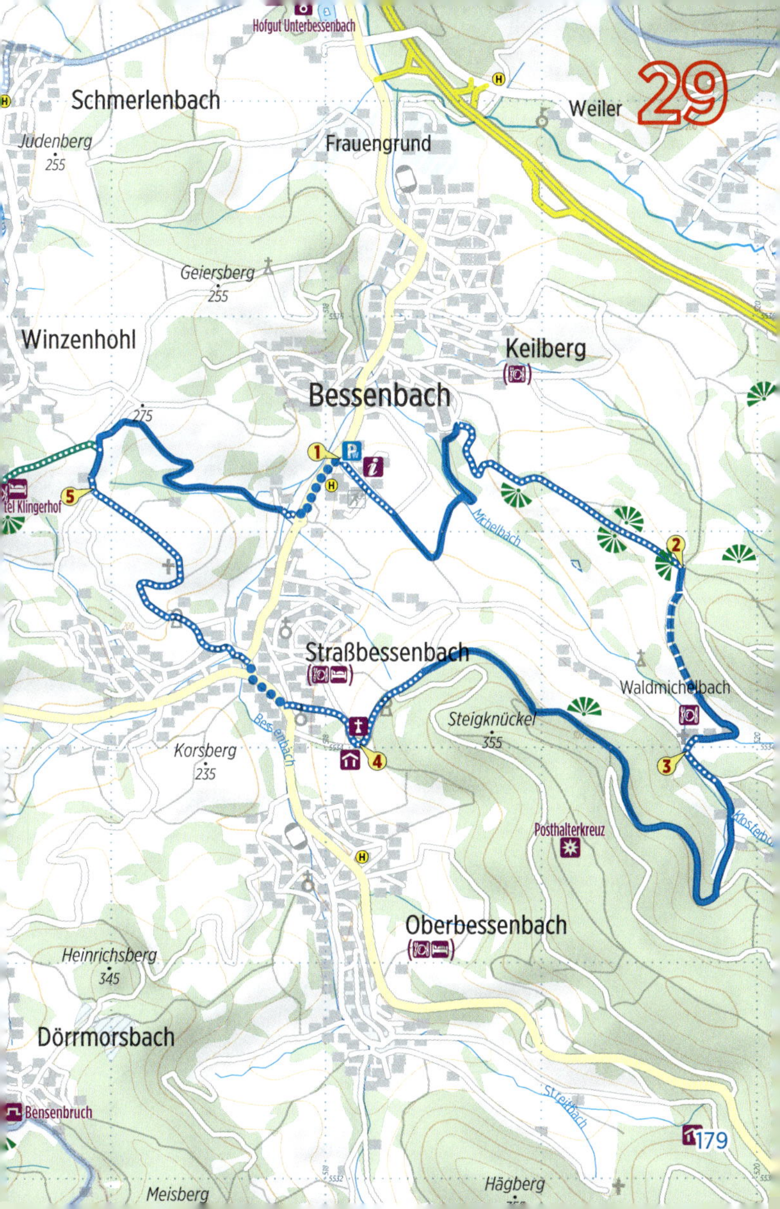
29
Hofgut Unterbessenbach
Schmerlenbach
Weiler
Judenberg
255
Frauengrund
Geiersberg
255
Winzenhohl
Keilberg
Bessenbach
275
1
2
Michelbach
5
tel Klingerhof
Straßbessenbach
Waldmichelbach
Steigknückel
355
3
4
Bessenbach
Korsberg
235
Klosterbach
Posthalterkreuz
Oberbessenbach
Heinrichsberg
345
Dörrmorsbach
Bensenbruch
Streitbach
Hägberg
Meisberg

Das Wirtshaus im Spessart

Kein anderer Begriff ist so eng mit dem Spessart verbunden wie das Wirtshaus und, damit einhergehend, die Räuber. Das Märchen, das Wilhelm Hauff im Jahre 1826 verfasste, und vor allem der Film „Das Wirtshaus im Spessart" prägten dauerhaft das Bild des Spessarts in den Köpfen der Deutschen und sie prägen es heute noch.

Der am 15. Januar 1958 erstmals ausgestrahlte Film wurde zu einem der erfolgreichsten Filme der 1950er Jahre. Regisseur Kurt Hoffmann drehte ihn frei nach Hauffs Erzählung und besetzte die Hauptrollen mit Liselotte Pulver als Franziska Comtesse von und zu Sandau und Carlos Thompson als Räuberhauptmann. Auch Hans Clarin wirkte als Handwerksbursche Peter mit. Es war ein Sensationserfolg und noch heute denken viele Nicht-Spessarter auch jüngeren Semesters zunächst an Räuberromantik und Liselotte Pulver, wenn sie nach dem Spessart gefragt werden.

Der Film wurde teilweise auch im Spessart gedreht. So findet die Anfangsszene auf dem Miltenberger Schnatterloch statt (siehe Tour 39) und das Wasserschloss Mespelbrunn dient als Schloss des Grafen von Sandau (siehe Tour 30). Der Film erzählt von der Comtesse, die nach einer Kutschenpanne in einem unheimlichen Wirtshaus übernachten muss, dort auf die zwei Handwerksburschen Felix und Peter trifft und schließlich mit ihrem Gefolge in die Falle der Räuber gerät, die von ihrem Vater Lösegeld erpressen wollen. Durch eine Maskerade (sie verkleidet sich als junger Bursche und tauscht mit Felix die Kleider) kann sie jedoch entkommen. Franziska muss feststellen, dass ihr Vater nicht gewillt ist, das Lösegeld zu zahlen, sondern sie mit der Gewalt des Militärs befreien will. Sie schließt sich als Mann der Räuberbande an und verliebt sich in den Räuberhauptmann. Das unvermeidliche romantisch-verklärte Happy-End gipfelt dann in eine Bootsfahrt auf dem See vor dem Wasserschloss.

In unregelmäßigen Abständen (alle 5-7 Jahre) führen die Mespelbrunner das Musical „Das Wirtshaus im Spessart" vor der Kulisse des Schlosses auf (www.festspielgemeinschaft-mespelbrunn.de). Ein Spektakel unter freiem Himmel, das man erlebt haben muss!

Zum Wirtshaus gibt es unterschiedliche Theorien: Die einen vermuten die Herberge, in dem Wilhelm Hauf seinerzeit abstieg, als das heutige Hotel Post im Ortsteil Hessenthal. Manche behaupten, es habe in Rohrbrunn gelegen und sei dem Bau der Autobahn A 3 zum Opfer gefallen. In Zeiten des modernen Tourismus ist es kaum verwunderlich, dass nach und nach Dutzende Gastgeber diesen „Titel" für sich beanspruchen.

Tour 30 — 18,8 km

Räuberlandweg 3

Start/Ziel: Mespelbrunn, Bushaltestelle Mespotherm

Aufstieg: 638 m — *Hartbelag:* 24 %

Abstieg: 638 m — *Wanderwege:* 74 %

Gehzeit: 4,5 - 5 Std. — *Wanderpfade:* 2 %

Charakteristik: Wegen der vielen Auf- und Abstiege und der Länge ist diese Tour neben Tour 27 die anspruchsvollste. Der Räuberlandweg 3 beginnt in Mespelbrunn und führt zunächst zum berühmten gleichnamigen Wasserschloss. Dann erfolgt der erste lange Aufstieg und gleich der Abstieg durch den dichten Spessartwald hinunter nach Heimbuchenthal. Der Weg führt sehr steil wieder aus dem Ort hinaus bis zur Kapelle „Herrin der Berge" – eine einsam auf einer Höhenlichtung gelegene Kapelle mit tollen Blicken in die Täler. Nach dem Örtchen Volkersbrunn hat man nochmal einige schöne Aussichten, bevor es zur mitten im Wald gelegenen Traditionsgaststätte Hohe-Wart-Haus geht. Zurück nach Mespelbrunn führt die Tour bergab durch das herrliche Tal des Langen Grunds.

Markierung: Ab Wegweiser Promenadenweg durchgängig Spessarträuberkopf Nr. 3.

Anreise Auto: Von der A 3-Ausfahrt Weibersbrunn in Richtung Mespelbrunn. An der Einmündung rechts auf die St 2312 und nach 200 m links auf die Hauptstraße. Nach ca. 2,3 Kilometern Parkplatz gegenüber der Kirche.

Anreise ÖPNV: Ab Aschaffenburg mit der Linie 40 in Richtung Damm-

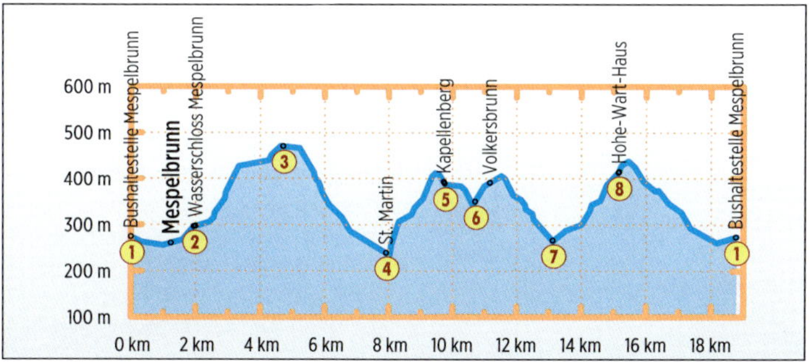

bach zur Haltestelle Mespotherm, Mespelbrunn.

Mespelbrunn

Touristikverband Räuberland, Hauptstr. 16, Heimbuchenthal, 06092/1515, umo864

Wallfahrtskirche Hessenthal, Hessenthal (nördlich von Mespelbrunn). Die Wallfahrt nach Hessenthal ist seit 1293 urkundlich nachweisbar. Ehemalige Kirchenburg mit drei Gotteshäusern: neue, große Wallfahrts- und Pfarrkirche, kleinere alte gotische Wallfahrtskirche (1439) und Gnadenkapelle. Besonders sehenswert sind die Kreuzigungsgruppe von Hans Backoffen (1519) und die Beweinungsgruppe von Tilman Riemenschneider (1485) in der neuen Kirche.

1 0,0 (273) Von der Bushaltestelle auf dem Weg gegenüber der Kirche am Parkplatz vorbei zum **Promenadenweg**, auf diesem links weiter ⤳ nach 500 m rechts über die Brücke und gleich links in die **Elsavastraße** ⤳ an der T-Kreuzung links über das Brückchen ⤳ an der Einmündung rechts auf den Bürgersteig der **Hauptstraße** ⤳ links in die **Schlossallee** ⤳ auf dem Fußweg am Parkplatz entlang ⤳ ab dem Hotel auf der Straße weiter.

Rügers Forstgut, Schlossallee 25, 06092/6080, mba348

2 2,0 (296) Am **Schloss** vorbei geradeaus auf den Schotterweg.

Schloss Mespelbrunn

Schloss Mespelbrunn, 06092/269, März-Nov. 9-17 Uhr. Besichtigung nur im Rahmen einer Führung möglich. iff155

Schloss Mespelbrunn – das Wahrzeichen des Spessarts

1412 ging der Besitz vom Mainzer Erzbischof an die Familie Echter über. 1427 wurde eine erste Wasserburg gebaut, die in der Folgezeit zum Renaissanceschloss umgebaut wurde. Sein heutiges Aussehen verdankt das Schloss größtenteils Peter Echter von Mespelbrunn mit Gemahlin, die den Umbau über 18 Jahre bis 1569 durchführten. Bekanntester Vertreter der Familie ist der Fürstbischof Julius Echter von Mespelbrunn (1544-1617). Mit dem Aussterben der Echter im Mannesstamm 1665 gingen der Besitz und der Name an die Freiherren und späteren Grafen von Ingelheim über, deren Familie noch heute Besitzer des Schlosses ist. Bundesweit bekannt wurde das Schloss als Schauplatz des Films „Das Wirtshaus im Spessart" von 1958, es ist aber bereits seit Mitte des 19. Jahrhunderts Touristenziel. Alle 5 bis 7 Jahre finden vor dem Schloss Freilichtaufführungen statt.

An der Gabelung am Wegweiser Ingelheimer Grund halb rechts auf dem Schotterweg bleiben ⤳ der Spitzkehre des Weges nach rechts bergauf folgen ⤳ an der Schotterwegkreuzung dem Hauptweg über die Spitzkehre weiter bergauf nach links folgen ⤳ rechts in den Erdweg abzweigen, steil bergauf ⤳ an der Gabelung die linke Variante nehmen ⤳ den kleinen Pfad nach rechts bergab nehmen ⤳ am Wegweiser geradeaus

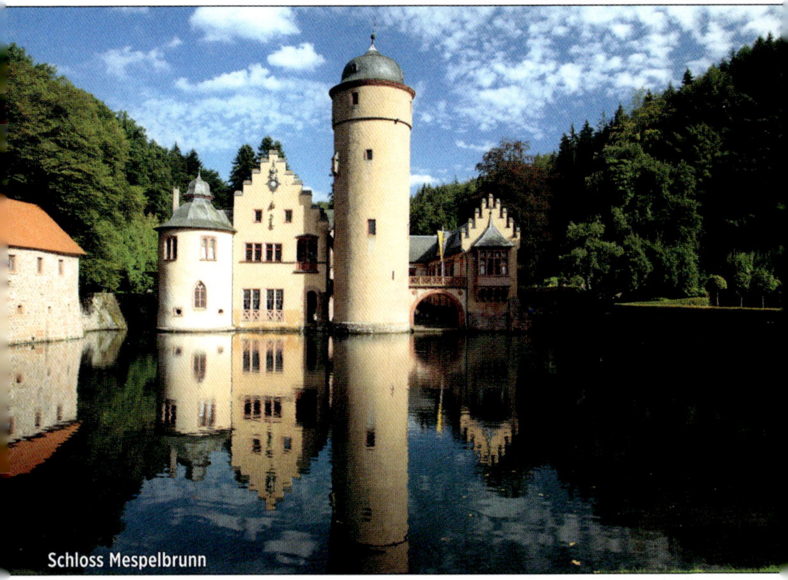

Schloss Mespelbrunn

in den Pfad ⤳ an der Einmündung in den breiteren Erdweg links ⤳ an der folgenden Gabelung rechts ⤳ an der Spitzkehre den Schotterweg verlassen und geradeaus in den schmaleren Erdweg, weiter bergauf.

3 4,7 (470) An der **Schutzhütte Zeugplatte** rechts ⤳ an der Einmündung halb rechts ⤳ an der überwachsenen Picknickbank rechts in den gleichwertigen Schotterweg bergab ⤳ am Abzweig links auf dem Hauptweg bleiben ⤳ die Straße Am Steinberg kreuzen ⤳ geradeaus bergab in die **Klosterstraße** ⤳ an der Einmündung links in die **Hauptstraße**.

Heimbuchenthal

Vorwahl: 06092

Touristikverband Räuberland, Hauptstr. 16, ✆ 1515, @ umo864

St. Martinskirche. Im Barockstil auf den Resten eines Vorgängerbaus, von dem nur noch die Figurengruppe des St. Martin und der Taufstein erhalten sind, erbaut.

Im staatlich anerkannten Erholungsort Heimbuchenthal gibt es eine Vielzahl an Einkehr- und Übernachtungsmöglichkeiten. Der Touristikverband Räuberland informiert nicht nur über Heimbuchenthal, sondern auch über die Hochspessart-Gemeinden Rothenbuch, Leidersbach, Dammbach, Mespelbrunn und Eschau.

4 7,9 (239) Gleich nach der Kirche rechts ⤳ schräg links über den Hotelparkplatz ⤳ an der Gabelung rechts und

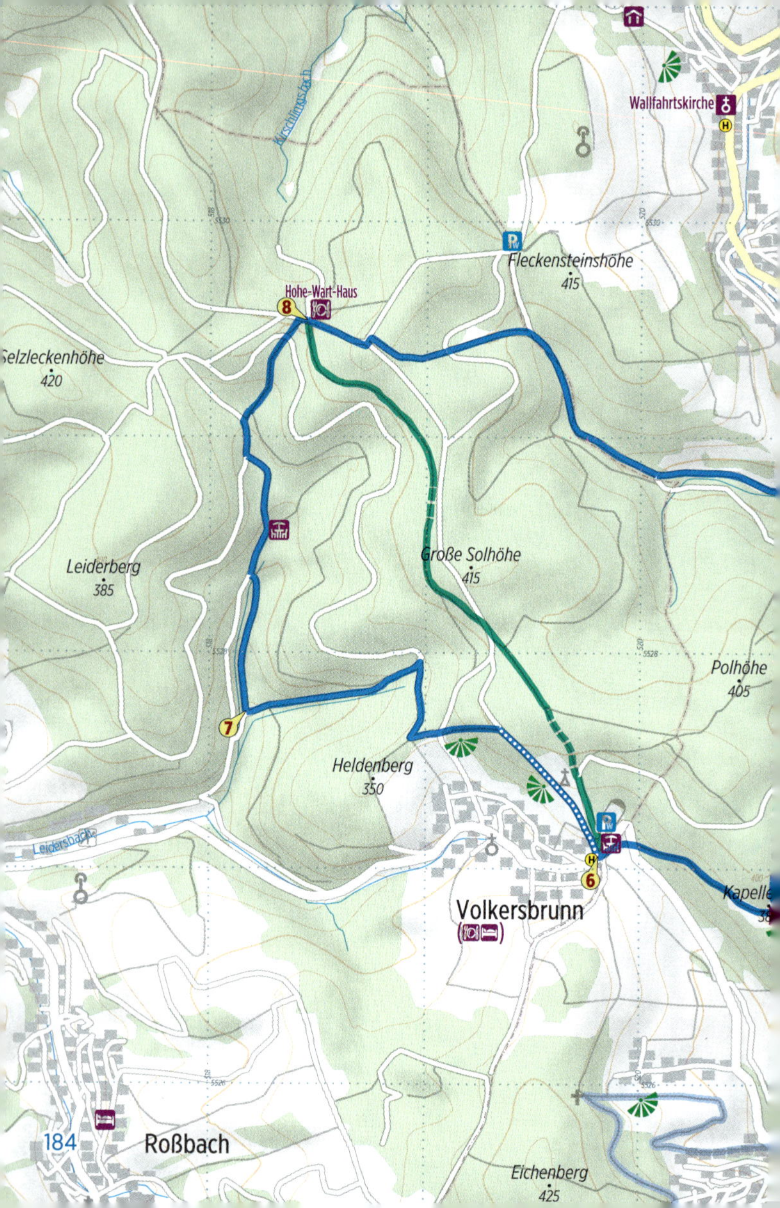
Wallfahrtskirche
Kirschlingsbach
Fleckensteinshöhe
415
Hohe-Wart-Haus
8
Selzleckenhöhe
420
Leiderberg
385
Große Solhöhe
415
Polhöhe
405
7
Heldenberg
350
Leidersbach
6
Volkersbrunn
Kapelle
Roßbach
Eichenberg
425

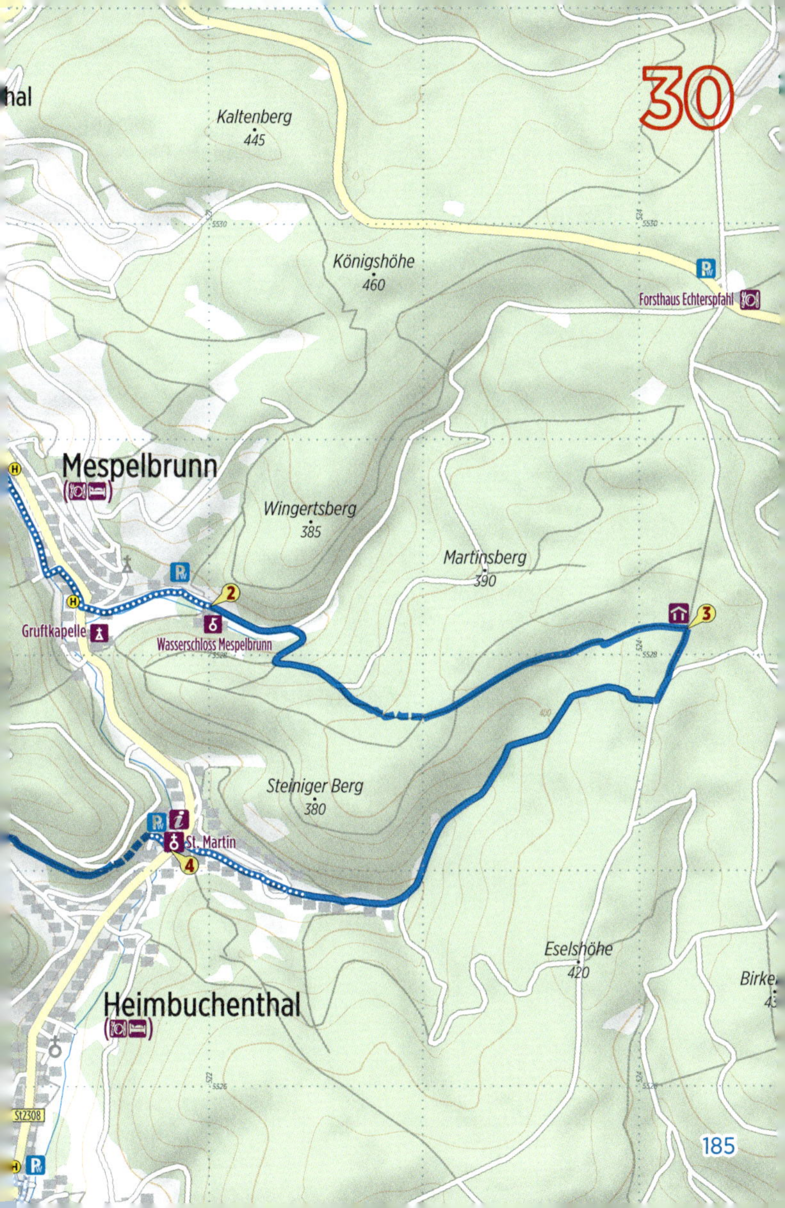
30
hal
Kaltenberg
445
Königshöhe
460
Forsthaus Echterspfahl
Mespelbrunn
Wingertsberg
385
Martinsberg
390
Gruftkapelle
Wasserschloss Mespelbrunn
Steiniger Berg
380
St. Martin
Eselshöhe
420
Heimbuchenthal
St2308

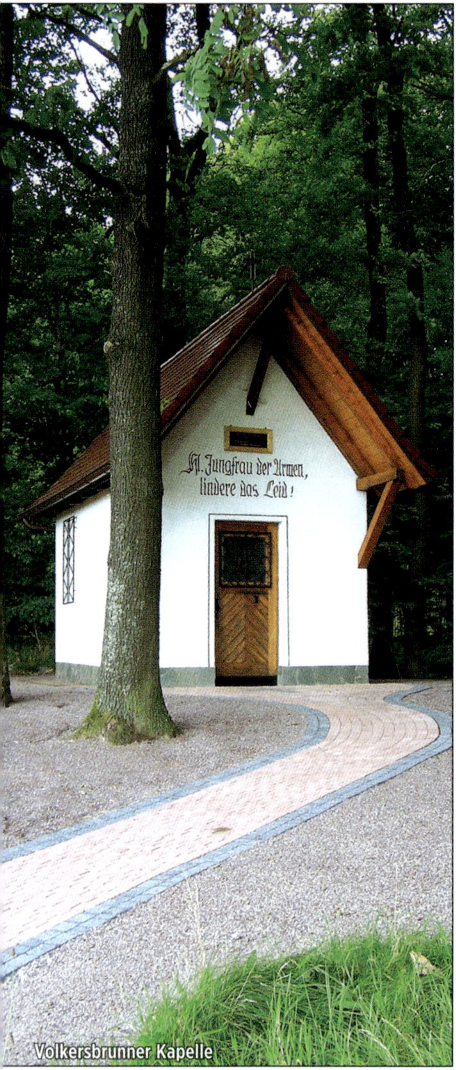

Volkersbrunner Kapelle

über drei Treppenstufen links hoch in den Pfad ~ an der Einmündung auf den breiteren Weg geradeaus halten ~ an der Gabelung steil rechts hoch ~ an der Einmündung links in den Schotterweg und diesen an der Gabelung gleich wieder nach links verlassen ~ dem breiten Erdweg eine Weile bergauf folgen ~ an den nächsten Gabelungen immer links halten ~ an der Einmündung in den breiten Erdweg links.

Kapelle Herrin der Berge. 1853 von einem Heimbuchenthaler nach dem glücklichen Überleben eines Sturms bei der Überfahrt nach Amerika errichtet.

5 9,7 (389) Vor der Kapelle rechts über den Feldwiesenweg und dann wieder bergab in den Wald ~ an der Gabelung kurz vor der Straße links auf dem Hauptweg bleiben ~ die Straße kreuzen und über den Wiesenpfad bergauf.

Volkersbrunn (Leidersbach)

6 10,7 (350) Gleich nach dem Ortseingang rechts in die Straße, am Wanderparkplatz vorbei ~ an der Gabelung mit dem Schotterweg geradeaus auf dem Asphaltweg bleiben.

VARIANTE Wer den Spessartweg 2 noch etwas kennenlernen möchte, folgt an dieser Gabelung dem Schotterweg nach halb rechts. Beide Routen vereinigen sich wieder am Hohe-Wart-Haus.

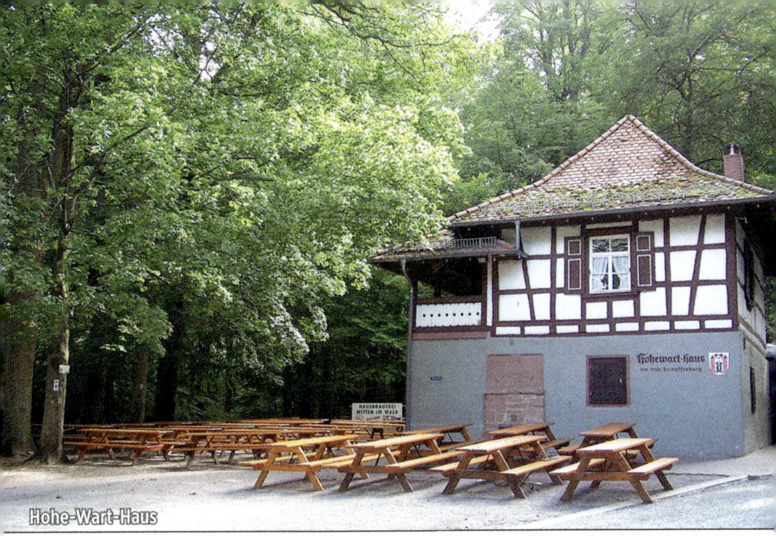

Hohe-Wart-Haus

An der Wegweiserkreuzung im Wald links bergab in den breiten Erdweg ~ an der Kreuzung geradeaus in den Schotterweg ~ an der Schranke dem Schotterweg nach rechts in der Kurve folgen ~ an der Einmündung links bergab ~ an der Gabelung links weiter bergab.

7 13,1 (265) An der **Kreuzung mit Wegweiser Stockgrund** rechts hoch in den Schotterweg ~ an der T-Kreuzung rechts in den größeren Schotterweg ~ an der Gabelung links weiter ~ an der T-Kreuzung nach der Picknickbank rechts und weiter bergauf ~ in der Kurve den Hauptweg verlassen und in den schmaleren Schotterweg, es geht rechts in den dichteren Wald ~ diesen Weg gleich danach ebenfalls verlassen und geradeaus in den schmaleren Weg ~ den Schotterweg kreuzen und auf grobem Schotter weiter bergauf ~ an der Einmündung rechts in den breiten Fahrweg.

Hohe-Wart-Haus, ✆ 06021/3398, ✆ 0173/9884744, im Sommer täglich, im Winter am Wochenende und an bestimmten Tagen, @ gfd144

8 15,2 (412) Von der Hohen Warte geradeaus in Richtung Langer Grund ~ am Fahrradwegweiser links in den Schotterweg und gleich danach rechts in den bergab führenden schmaleren Schotterweg ~ an der Gabelung die linke Variante weiter bergab ~ dem Hauptweg nun weiter bergab auf Schotter durch den **Langen Grund** folgen ~ an der Einmündung nach dem Brückchen links in den **Promenadenweg** ~ auf dem bekannten Weg zurück zum Ausgangspunkt.

1 18,8 (273) Die Tour endet am Parkplatz beim Haus des Gastes.

Mespelbrunn

Tour 31 6,8 km

Durch die Hölle zur Heimat

Start/Ziel: Heimbuchenthal, Parkplatz Buchrain

Aufstieg: 193 m *Hartbelag:* 13 %

Abstieg: 192 m *Wanderwege:* 79 %

Gehzeit: 1,5 Std. *Wanderpfade:* 8 %

Charakteristik: Die Rundtour im Süden von Heimbuchenthal bietet die ganze Vielfalt der Spessartlandschaften. Sie beginnt mit einem ebenen Stück auf dem Europäischen Kulturrundweg „Himmel und Hölle" entlang des idyllischen Elsavatales bis zum Höllhammer, einem ehemaligen Eisenhammer. Weiter geht es auf dem Spessartweg 2 mit einem steilen Anstieg über das „Hammerstäffelchen" und durch eine beeindruckende Allee aus über 40 Lärchen, die 180 Jahre alt sind. Der wunderschön gelegene Weiler Heimathen lädt zur Einkehr ein. Zurück führt der Weg erst eben durch schattigen Wald und dann bergab mit tollen Ausblicken auf Heimbuchenthal und die Hochspessartlandschaft.

Markierung: Gelbes EU-Schiffchen auf blauem Grund (bis zum Höllhammer) – Spessartweg 2 (bis Wegweiser Kreuzdelle) – Nordic Walking rot.

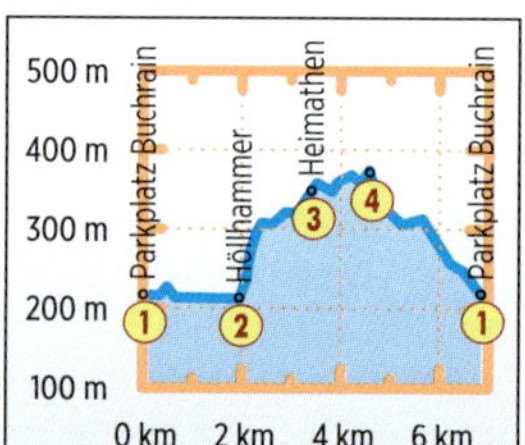

Anreise Auto: Von der A 3-Abfahrt Rohrbrunn der Beschilderung in Richtung Dammbach/Obernburg folgen. Hinter Dammbach rechts ab auf die St 2308 Richtung Heimbuchenthal. Im Ort rechts abbiegen zum Parkplatz Buchrain.

Anreise ÖPNV: Ab Aschaffenburg mit Bus 40 zur Haltestelle Heimbuchenthal Bahnhof. Alternativ ab Bahnhof Obernburg-Elsenfeld mit Bus 64 nach Neuhammer, von dort aus auf dem Spessartweg 2 in ca. 800 m zum Höllhammer und die Tour bei Wegpunkt 2 beginnen.

Heimbuchenthal s. S. 183

1 0,0 (218) Von der Kulturwegtafel vor dem Musikpavillon rechts über den Parkplatz ⇝ die Straße Buchrain queren und geradeaus in den Geh- und Radweg entlang der Elsava ⇝ vorbei an Informationstafeln zu den Ausgrabungen der Burg Mole.

Burg Mole. Mittelalterliche Burganlage, die seit 2008 vom Archäologischen Spessartprojekt ausschnitts-

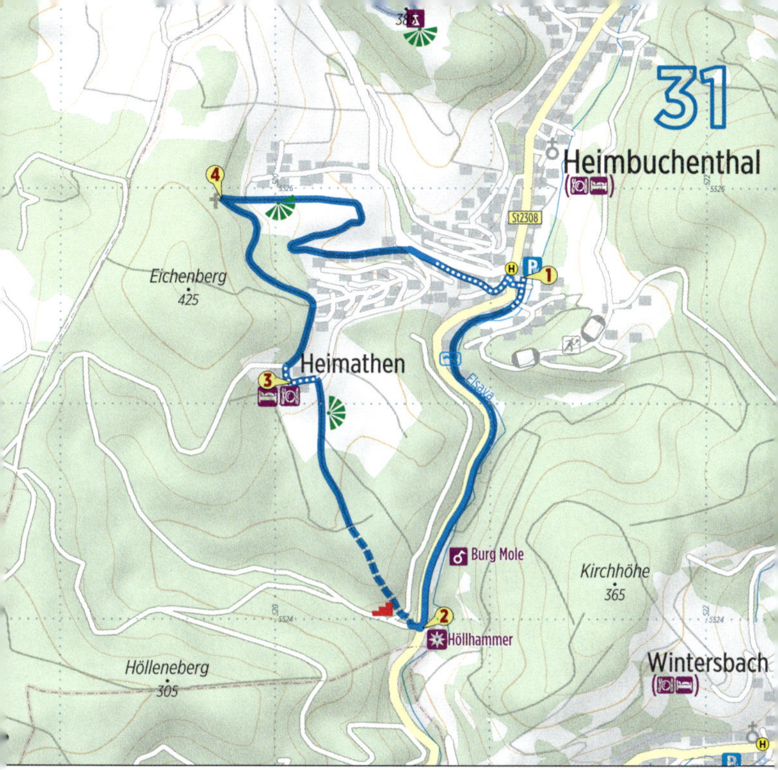

weise erforscht wird. Informationstafeln informieren über die Ausgrabungen.

2 1,9 (212) Am Wanderwegweiser am Höllhammer rechts über die Straße ⤳ in den Schotterweg in den Wald hinein, ab hier folgen Sie der Markierung Spessartweg 2.

✱ **Höllhammer**. Ehem. Eisenhammer, der im Jahr 1700 errichtet wurde, um das vorhandene Holz zu verwerten. Später entstand darum ein eigenständiges Dörfchen mit Betriebsgebäude, Hammerwerk, Herrenhaus, Wasserrädern, Uhrturm, Schule und sogar einem Friedhof. Mit dem Aufkommen der Eisengießerei wurde das Hammerwerk 1891 geschlossen. Heute ist der Gutshof in Privatbesitz und kann nicht besichtigt werden.

Rechts in den schmalen Pfad über die Wiese ⤳ über das Holzbrückchen und die steilen Stufen bergauf ⤳ den Schotterweg kreuzen und weiter die Steinstufen bergauf ⤳ an den Kreuzungen mit den Rastbänken jeweils weiter geradeaus, jetzt durchwandern Sie eine Allee mit 40 jahrhundertealten Lärchen ⤳ aus dem

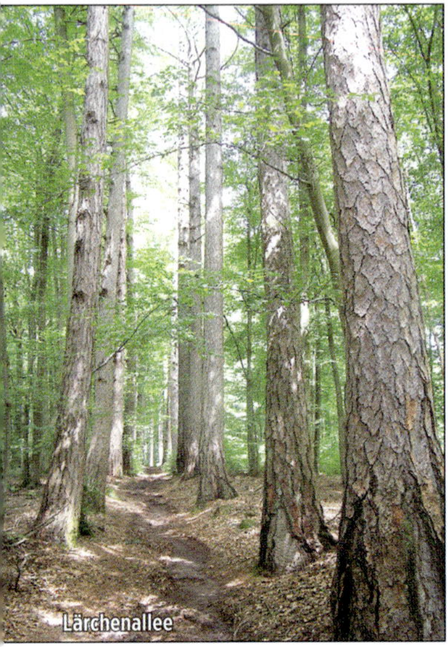

Lärchenallee

Wald hinaus auf den Schotterweg zwischen Weiden hindurch ⇝ an der Asphaltstraße links.

Heimathen

🍽 **Landgasthof Heimathenhof**, Heimathenhof 2, ✆ 06092/97150, @ uoh575

3 3,4 (348) Am Landgasthof Heimathenhof der Straße rechts folgen ⇝ an der Kreuzung rechts in den Schotterweg ⇝ an der Einmündung der Asphaltstraße geradeaus.

4 4,6 (371) Am **Wanderwegweiser Kreuzdelle** den Schotterweg scharf rechts verlassen und der Markierung Nordic Walking (rot) in Richtung Panoramahotel bergab folgen ⇝ die Straße Heimathenhofweg queren und halb rechts in den Schotterweg zur Straße **Schießecke** ⇝ an der Einmündung der Straße **Im Hofgut** links auf der Straße **Schießecke** bleiben ⇝ an der T-Kreuzung rechts in die **Hauptstraße** ⇝ gleich wieder links in die Straße **Am alten Bahnhof**.

1 6,8 (218) Am Parkplatz endet die Tour.

Heimbuchenthal

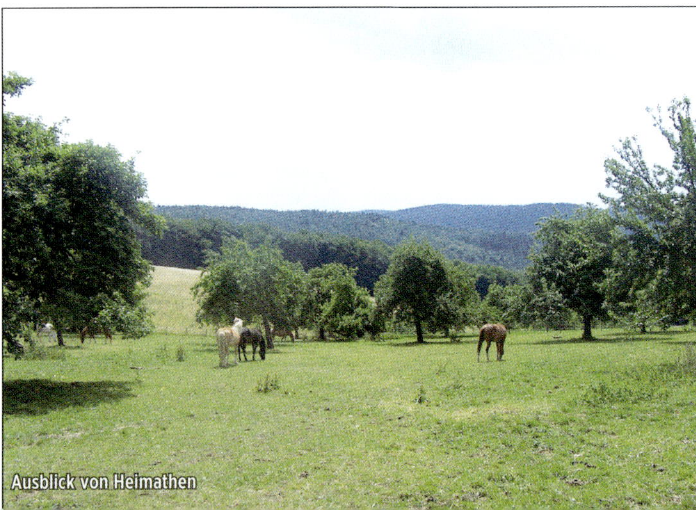

Ausblick von Heimathen

Tour 32 — 9,9 km

Über den Alten Schulweg zur Geißhöhe

Start/Ziel: Dammbach-Wintersbach, Maria-Stern-Platz

Aufstieg: 342 m — *Hartbelag:* 40 %

Abstieg: 342 m — *Wanderwege:* 35 %

Gehzeit: 2,5 - 3 Std. — *Wanderpfade:* 25 %

Charakteristik: Die Südschleife des Europäischen Kulturwegs „Zwischen Scharstein und Geißhöhe" führt zunächst durch wunderschöne Wiesenlandschaften und eine Apfelbaumallee zum Startpunkt des Alten Schulwegs. Der recht steile Schulweg – mit Bächen, Tümpeln und Felsen – ist einer der schönsten Pfade im Spessart. Er führt hinauf nach Oberwintersbach zur Geißhöhe und zum Ludwig-Keller-Turm, von dem aus man einen atemberaubenden 360-Grad-Rundumblick über den Spessart genießt. Der Abstieg führt zunächst durch schöne Waldgebiete, bietet dann noch einmal tolle Blicke auf das Dammbachtal, bevor es parallel zum Ort durch Wiesen und Weiden zurück zum Ausgangspunkt geht.

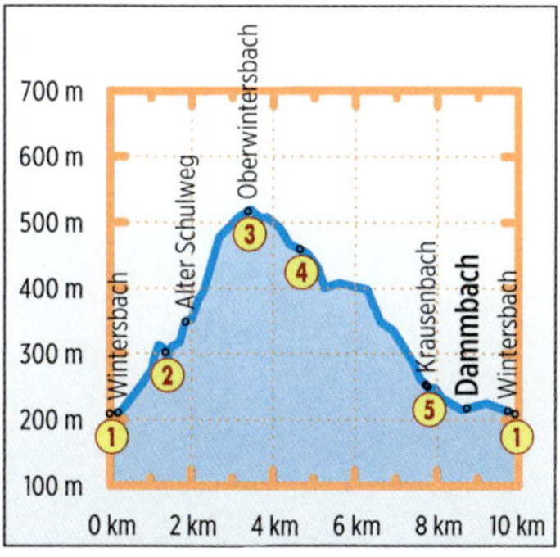

Markierung: Durchgängig gelbes EU-Schiffchen auf blauem Grund.

Anreise Auto: Von der A 3-Ausfahrt Rohrbrunn der Beschilderung in Richtung Dammbach folgen. Auf Höhe der Kirche in Dammbach links abbiegen in die Taubendelle. Der Parkplatz befindet sich gleich nach der Abbiegung auf der rechten Seite.

Anreise ÖPNV: Von Aschaffenburg mit Bus 40 zur Haltestelle Wintersbach, Altes Rathaus (ca. 50 Minuten), von dort zu Fuß die Hauptstraße queren und in die Taubendelle (ca. 100 Meter).

Wintersbach (Dammbach)

Touristikverband Räuberland, Hauptstr. 16, Heimbuchenthal, ✆ 06092/1515, @ umo864

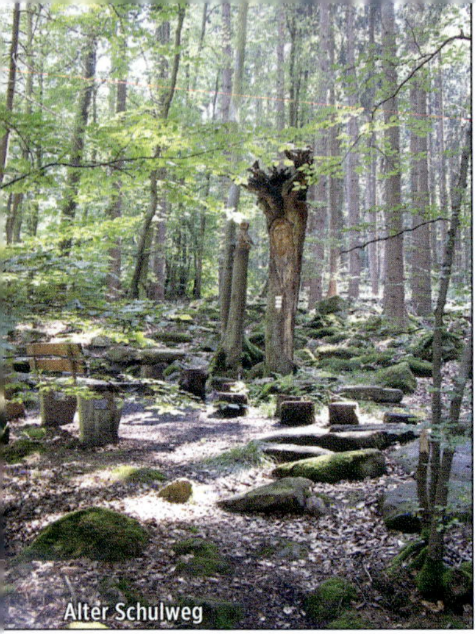

Alter Schulweg

🍽 **Landgasthof Rose**, Wintersbacher Str. 70, ✆ 06092/388, 🕒 Fr-Mi, @ ncq123

🍽 **Wald Hotel Heppe**, Heppe 1, Dammbach, ✆ 06092/9410, @ guq317

1 0,0 (208) Vom **Maria-Stern-Platz** in Richtung Süden der Straße **Taubendelle** folgen ⇝ am Abzweig eines Radwegs geradeaus ⇝ rechts in den schmalen Schotterpfad ⇝ am Wegweiser „Am Bauhof“ links auf den Wiesenweg in Richtung Geißhöhe ⇝ die Straße queren und geradeaus in den Wald, zunächst steil bergab ⇝ über die Treppe hinunter und rechts in den alten Schulweg.

Alter Schulweg

Der alte Schulweg zählt zu den schönsten Pfaden im gesamten Spessart. Ein herrlicher Aufstieg über einen alten Weg, den die Schüler der höchstgelegenen Siedlung im Spessart – Oberwintersbach – täglich nehmen mussten. Er bietet vielseitige Natur mit Bachlauf, Felsenmeer, Tümpel, Zeitzeugen wie Ruhesteinen, einem Mühlstein und einer Wasserpumpstation aus dem Jahr 1923 sowie Mitmachstationen und 14 Szenen aus den Dammbacher Passionsspielen.

2 1,4 (300) Den breiten Forstweg kreuzen und weiter auf dem Pfad in engen Kurven bergauf ⇝ die Asphaltstraße queren und geradeaus auf dem Pfad bleiben ⇝ an der Einmündung auf den Wiesenweg kurz links und gleich wieder rechts steil bergauf in den Pfad ⇝ erneut die Asphaltstraße queren und in den Wanderweg ⇝ an der Einmündung in den Schotterweg geradeaus über die Wiese ⇝ durch den Hof und am **Gasthof** vorbei.

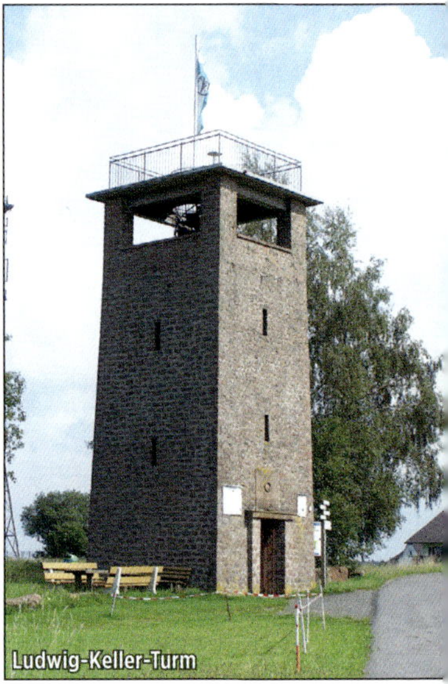

Ludwig-Keller-Turm

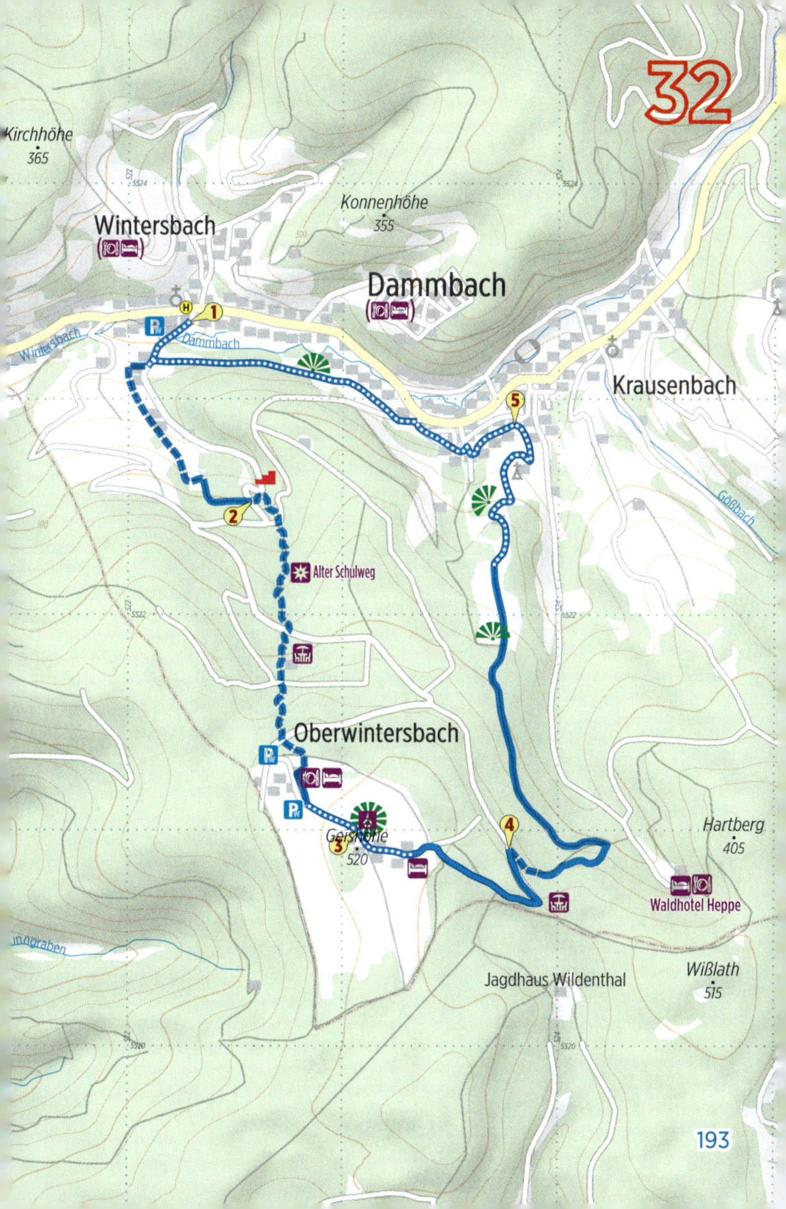
32
Kirchhöhe
365
Wintersbach
Konnenhöhe
355
Dammbach
Krausenbach
Wintersbach
Dammbach
1
2
3
4
5
Alter Schulweg
Oberwintersbach
Geishöhe
520
Hartberg
405
Waldhotel Heppe
Jagdhaus Wildenthal
Wißlath
515
Gößbach

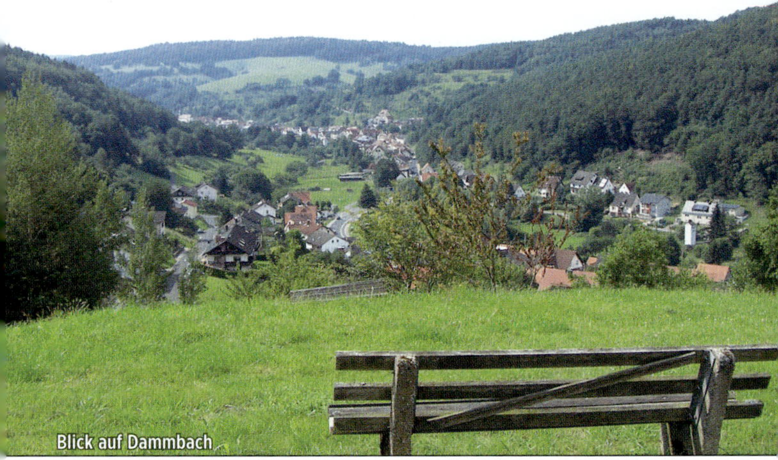

Blick auf Dammbach

Oberwintersbach (Dammbach)

Gasthof/Pension Geißhöhe, Geißhöhe 5, 06092/457, April-Okt. Mi-So, Nov.-März Fr-So, @ fgf275

Über den Parkplatz auf den Wiesenweg ~ an der Einmündung auf das Sträßchen links weiter bergauf.

3 3,4 (516) Am **Ludwig-Keller-Turm** geradeaus dem Wegweiser folgen in Richtung Maria-Stern-Platz ~ an der Gabelung links auf Asphalt bleiben ~ an der Einmündung in den Schotterweg rechts bergab ~ an der Gabelung links in Richtung Waldhotel Heppe ~ an der Spitzkehre nach links.

4 4,7 (459) Scharf rechts in den Pfad ~ links in den Waldweg ~ bei der Einmündung in einen Schotterweg links zunächst kurz bergauf ~ am Abzweig eines etwas schmaleren Forstwegs an der Kreuzung rechts bergab ~ dem Weg aus dem Wald hinaus folgen, bis dieser in Asphalt übergeht und steil bergab führt ~ der Straße **Schnorrenhöhe** folgen.

Krausenbach (Dammbach)

5 7,8 (250) Links in die **Gerlachstraße** ~ über die Treppe zur Straße **Hegmannshöhe** ~ rechts hinunter und gleich wieder links hoch in die **Kurmainzer Straße** ~ über die Kuppe und an der Gabelung rechts ~ am Abzweig links in den **Buchackerweg** ~ an der Gabelung rechts bergab in das kleinere Sträßchen ~ nach 1,2 km an der T-Kreuzung rechts in die **Taubendelle**.

1 9,9 (208) Die Tour endet am Maria-Stern-Platz.

Wintersbach (Dammbach)

Tour 33 11,7 km

Kulturweg Neustadt

Start/Ziel: Neustadt am Main, Kloster
Aufstieg: 379 m *Hartbelag:* 4 %
Abstieg: 379 m *Wanderwege:* 81 %
Gehzeit: 3 - 3,5 Std. *Wanderpfade:* 15 %

Charakteristik: Der Europäische Kulturweg Neustadt am Main beginnt mit einem steilen Aufstieg, der mit herrlichen Blicken auf Neustadt und das Maintal belohnt wird. Der Weg zum magischen Margarethenhof, der auf einer idyllischen Rodungsinsel gelegen ist, und die folgende Strecke zum einsam gelegenen Forsthaus Aurora führen durch dichten Spessartwald stetig bergauf. Auch der Rückweg verläuft durch den Wald, bevor die Tour dann aus ihm heraustritt und schöne Wiesenlandschaften sowie nochmals tolle Blicke auf Neustadt und den Main offenbart. Höhepunkt und Schlusspunkt ist die karolingische Klosteranlage in Neustadt.

Markierung: Durchgängig Gelbes EU-Schiffchen auf blauem Grund.

Anreise Auto: Von der A 3-Ausfahrt Marktheidenfeld der Beschilderung in Richtung Lohr am Main folgen. In Neustadt am Main die zweite links in die Spessartstraße. Nach 100 m ist der Start der Tour gegenüber des Klostereingangs erreicht.

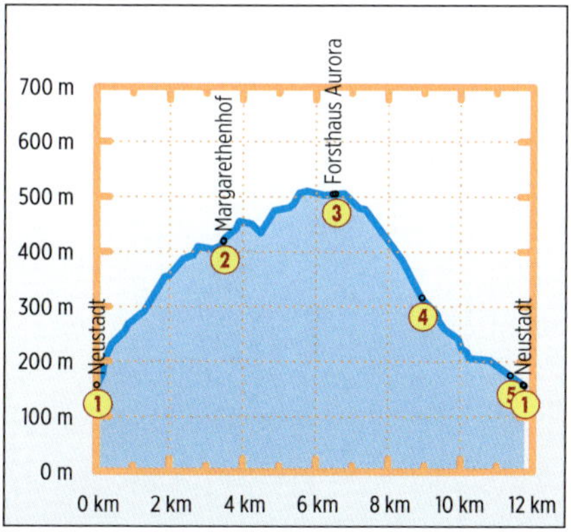

Anreise ÖPNV: Vom Bahnhof Lohr mit dem Bus 630 in Richtung Marktheidenfeld bis zur Haltestelle Gasthof Engel, Neustadt a. Main, von dort 100 m zu Fuß in den Ort.

Neustadt am Main

Vorwahl: 09393

Gemeinde, Spessartstr. 3, ✆ 506, @ qgw525

Kloster Neustadt, s. Info am Ende der Tour

Zur Kohlwiese (Turnhalle), Hauptstr., ✆ 770, ⌚ Mi-Mo. Mit Biergarten.

Dieser Klosterort ist seit dem 8. Jahrhundert bekannt, die Kirche der ehemaligen Benediktinerabtei stammt ursprünglich aus dem 12. Jahrhundert.

1 0,0 (155) Am Wanderwegweiser vor dem **Klostereingang** der Markierung M und Kulturweg in Richtung Margarethenhof in den Ort hinein folgen ⤳ auf der **Spessartstraße** geradeaus ⤳ bei der Gemeindeverwaltung rechts in das gepflasterte Sträßchen ⤳ am Abzweig rechts in den Pfad mit den Treppenstufen ⤳ den Schotterweg kreuzen und weiter auf dem Treppenpfad und **Kreuzweg** hinauf ⤳ am **Parkplatz** nach links in die bergauf führende Schotterstraße.

VARIANTE Links zweigt bald darauf ein kleiner Pfad mit der Markierung M ab. Dieser schöne Pfad kürzt auf 650 m die Schotterstraßenserpentinen des Kulturwegs ab. Die Schottervariante bietet allerdings bessere Ausblicke auf Neustadt und den Main.

Dem Hauptschotterweg über die Spitzkehren folgen ⤳ an der Abzweigung eines anderen Schotterwegs bleiben Sie geradeaus auf der Schotterstraße ⤳ an der Kreuzung am Bildstock halb rechts ⤳ aus dem Wald hinaus auf die Rodungsinsel.

Margarethenhof (Neustadt am Main)

Der Margarethenhof ist ein klösterlicher Wirtschaftshof mit inzwischen profanierter Margarethenkapelle, dessen Geschichte bis in das 12. Jahrhundert zurückgeht. Der Hof ist nicht zugänglich.

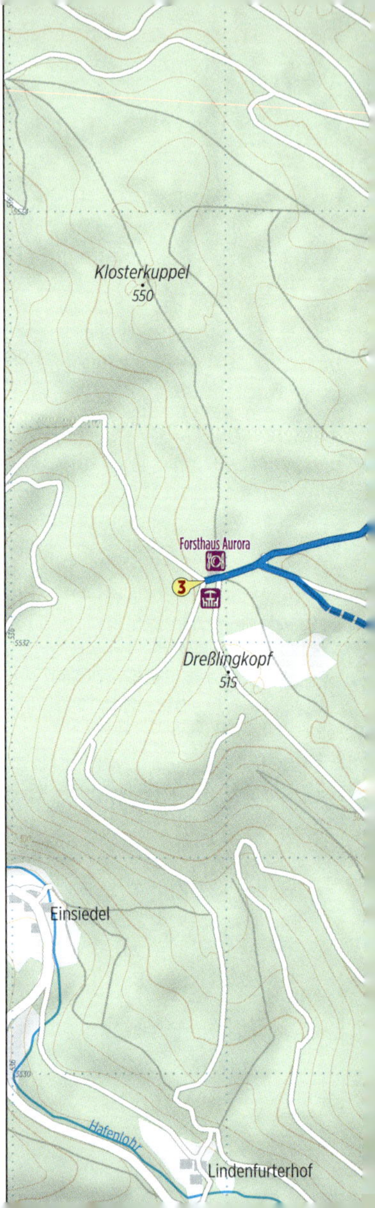

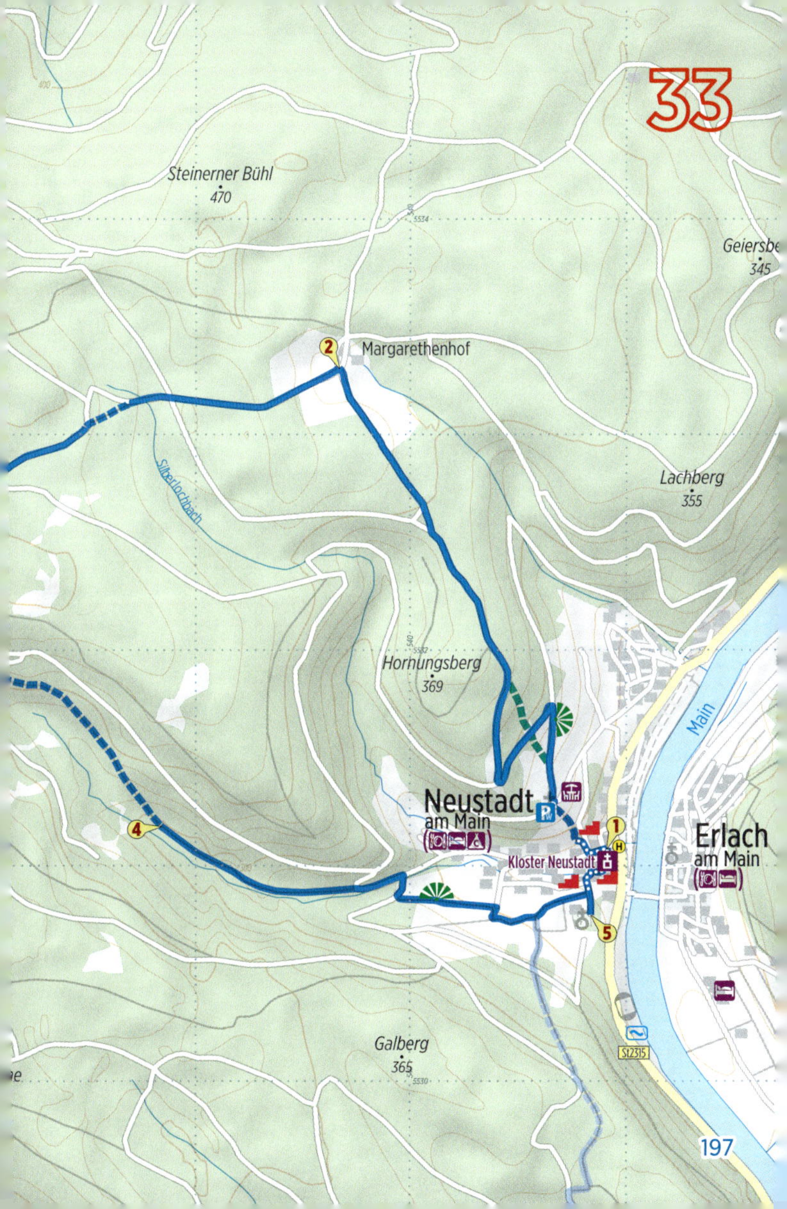
33
Steinerner Bühl
470
Geiersbe
345
Margarethenhof
Silberlochbach
Lachberg
355
Hornungsberg
369
Neustadt
am Main
Kloster Neustadt
Erlach
am Main
Main
Galberg
365
St2315

2 3,5 (415) Am Margarethenhof links dem Schotterweg bergauf folgen und später in den Wald hinein ⤳ dem Hauptschotterweg geradeaus durch den Wald folgen ⤳ in der Rechtskurve kurz nach der Kreuzung den Schotterweg verlassen und geradeaus in den Pfad ⤳ an der Einmündung auf den Schotterweg links weiter bergauf, immer dem breiten Weg folgen ⤳ an der Einmündung in einen anderen Schotterweg weiter geradeaus zum Forsthaus.

Forsthaus Aurora (Neustadt am Main)

Forsthaus Aurora, 09393/202, 0170/3517995, So/Fei 11-17 Uhr, @ gol224

3 6,5 (505) Nach dem Abstecher zum Forsthaus Aurora zurück zur Einmündung ⤳ an der Gabelung diesmal rechts in den bergab führenden Schotterweg ⤳ an der nächsten Gabelung vom Hauptschotterweg rechts in den etwas schmaleren Schotterweg ⤳ den Weg bald darauf links in den Pfad verlassen ⤳ an der Gabelung der Pfade halb rechts ⤳ an der Kreuzung mit dem breiteren Schotterweg geradeaus, weiter auf dem Pfad durch den Wald ⤳ an der Gabelung weiter geradeaus bergab.

4 8,9 (315) An der Einmündung in den Schotterweg links bergab ⤳ an der Einmündung in eine Spitzkehre halb rechts weiter bergab ⤳ am Waldrand den Hauptweg verlassen und rechts bergauf ⤳ 100 m später links in den Weg entlang der Streuobstwiesen ⤳ an der T-Kreuzung rechts hoch, am Bildstock gleich wieder links in den Schotterweg ⤳ an der Gabelung links über Pflastersteine ⤳ dem Ver-

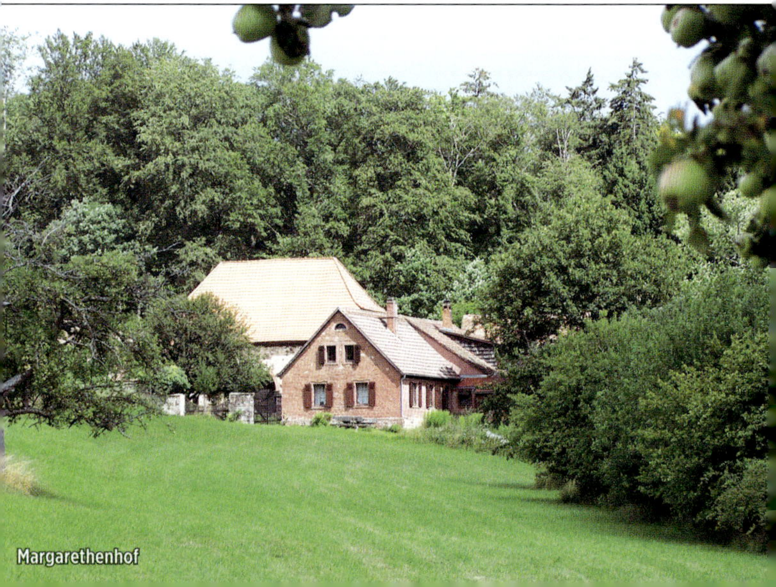

Margarethenhof

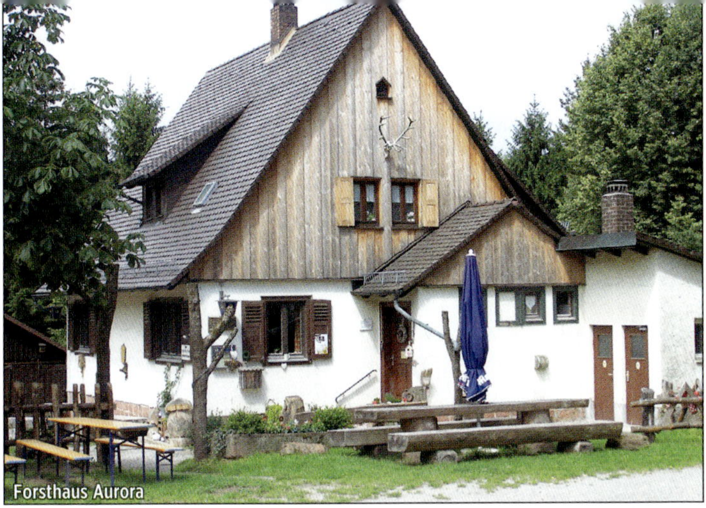
Forsthaus Aurora

lauf des Schotterweges folgen ⤳ der Weg trifft auf ein Asphaltsträßchen, hier lohnt sich rechts ein Abstecher zur St. Michaelskirche.

St. Michaelskirche. Erbaut in der ersten Hälfte des 13. Jhs., mit Umbauten in den Jahren 1729-1733. Der Wall und der Vorgängerbau konnten nach archäologischen Untersuchungen auf die Jahre zwischen 770 und 850 datiert werden. Heute dient sie als Begräbniskapelle und ist nicht zugänglich.

5 11,4 (175) Zurück zum Abzweig ⤳ geradeaus weiter, entlang der Klostermauern und über die Treppe ⤳ nach den Stufen rechts ⤳ rechts in den **Klosterhof**.

Kloster Neustadt

Kloster Neustadt am Main, Klosterhof 3, ✆ 1067. @ qkh156

Die ehemalige Benediktinerabtei Neustadt ist eine der ältesten und bedeutendsten Anlagen dieser Art in Franken. Sie wurde 768/69 vom Bischof Megingoz gegründet. Das Kloster leistete einen wichtigen Beitrag zur karolingischen Mission der Sachsen. Es blieb bis zur Säkularisation unter dem Einfluss der Bischöfe von Würzburg. 1857 zerstörte ein Feuer das Kloster und den größten Teil der Kirche. Der Neubau wurde 1879 geweiht und lohnt mit seiner reichhaltigen Innenausstattung einen Blick. Seit 1907 wird das Kloster von Missions-Dominikanerinnen bewohnt.

Den Klosterhof durchqueren ⤳ links halten ⤳ an der Kirche links vorbei und über die Treppe ⤳ das Kloster verlassen.

1 11,7 (155) Sie verlassen das Klostergelände, die Tour endet an der Straße am Wanderwegweiser.

Neustadt am Main

MITTEL

Tour 34 — 14,9 km

Durch das Mühlental um Schollbrunn

Start/Ziel: Schollbrunn, Ortszentrum

Aufstieg:	427 m	*Hartbelag:*	34 %
Abstieg:	426 m	*Wanderwege:*	65 %
Gehzeit:	3,5 - 4 Std.	*Wanderpfade:*	1 %

Charakteristik: Die Tour führt zunächst auf typischen Forstwegen durch den Wald hinab zur idyllisch an einem Weiher gelegenen Kartause Grünau und danach weiter bergab zur Markuskapelle. Dort beginnen das Haseltal und der Kulturweg Mühlenstraße Haseltal. Immer leicht bergauf erwandern Sie gleich drei Spessartmühlen, die zur Einkehr oder Rast laden. Jede der Mühlen hat ihre eigene Geschichte, die auf den Infotafeln erläutert wird. Die anschließende Schleife führt bergauf zur Schleifmühle. Dann folgt auf Forstwegen und durch dichten Wald der Schlussanstieg zurück nach Schollbrunn.

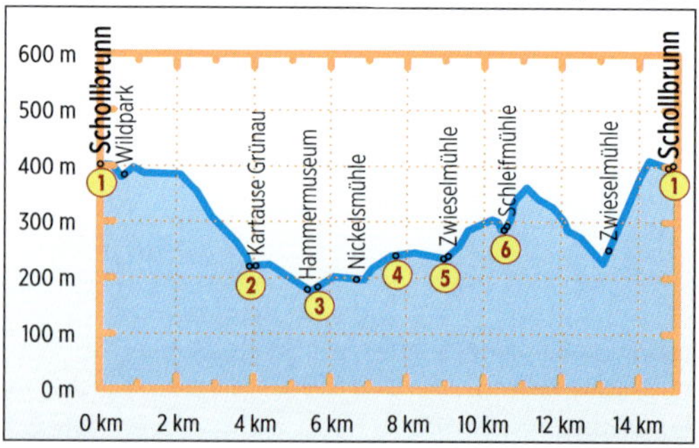

Markierung: Gelbes EU-Schiffchen auf blauem Grund (bis zum Ende des Wildparks) – Roter Hase (bis zur Kartause Grünau) – Gelbes EU-Schiffchen auf blauem Grund (bis zur Zwieselsmühle mit Schleife Schleifmühle) – Roter Querbalken.

Anreise Auto: Von der A 3 die Ausfahrt Rohrbrunn in Richtung Dammbach nehmen. Nach 500 m links abbiegen auf die St 2312 in Richtung Marktheidenfeld. Die erste rechts abbiegen in Richtung Schollbrunn. Im Ortskern die dritte rechts abbiegen zur Kreuzung Spessartstraße.

Anreise ÖPNV: Vom Bahnhof Hasloch (Main) zunächst zu Fuß entlang der Faulbacher Straße zur Haltestelle Post/Bahnbrücke Hasloch und von dort mit Bus 661/662 zur Endstation Schollbrunn, Grüner Baum. Der Ortskern ist ca. 150 m entfernt. Samstags nur eine Verbindung, am Sonntag nur Rufbus.

Schollbrunn

Verwaltungsgemeinschaft, Lengfurter Str. 8, Kreuzwertheim, 09342/926232, 09342/926233, @ dqv574

Gasthaus zum Hirschen, Spessartstr. 1, 09394/97046, @ afn651

Gasthof zur Sonne, Brunnenstr. 1, 97070, Mi-So, @ smy514

1 0,0 (400) Von den beiden Gasthäusern im Ortszentrum laufen Sie in die bergauf führende **Spessartstraße** an der Schranke geradeaus, durch den **Wildpark** bergauf ~ an der T-Kreuzung am Wanderwegweiser links in Richtung Kartause Grünau, der Markierung Roter Hase in den schmaleren Schotterweg folgen ~ an der großen Kreuzung rechts auf den Schotterweg in Richtung Kartause ~ es geht bergab, immer dem breiten Schotterweg folgen.

Kartause Grünau (Hasloch)

Kartause Grünau, 09394/462, Mi-Sa 12-22 Uhr, So/Fei 11-22 Uhr. Mit Biergarten und Spielplatz. Spezialität sind frische Forellen. @ ygb872

2 3,9 (220) Rechts zwischen Kartause und See hindurch und steil hoch in den Wald, von nun an der Markierung des Europäischen Kulturweges folgen ~ an der Einmündung in den breiteren Walderdweg links ~ an der Einmündung nicht geradeaus in den Wald, sondern links auf dem Schotterweg weiter leicht bergab ~ an der **St 2316** nach links.

AUSFLUG Von hier aus führt ein Fußweg zum Hammermuseum im historischen Eisenhammer Hasloch, einem klassizistischen Herrenhaus mit technischer Ausstattung von 1779. Die Ausstellung zeigt über 240 Jahre Firmen- und Industriegeschichte: von den Anfängen des Eisenhammers mit seinen Schmiedeprodukten bis zum international agierenden Kurtz-Ersa-Konzern heute.

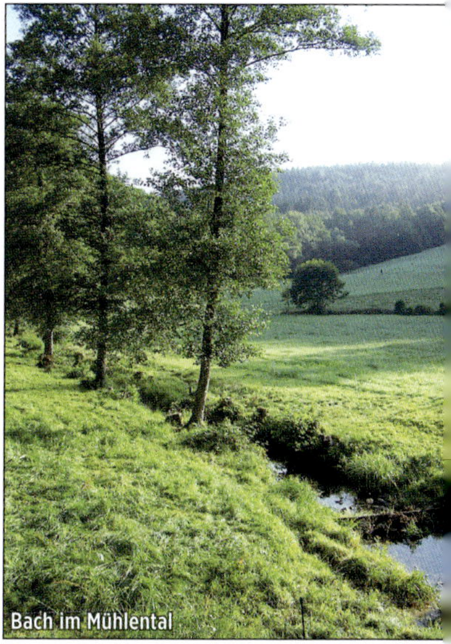

Bach im Mühlental

Hammermuseum, Eisenhammer, 09342/805459, Do-So 11-16 Uhr. In der originalgetreuen und mit Wasserkraft betriebenen Hammerschmiede wird bei Mitmachstationen und Schauschmieden Technik- und Industriegeschichte vermittelt. @ ssa511

Auf der Hauptroute nach 200 m am Wanderwegweiser rechts über die Straße und geradeaus in die kleine Straße Richtung Mühlen ~ der Kulturweg Schollbrunn führt hier nun wieder nach links zurück, auf der

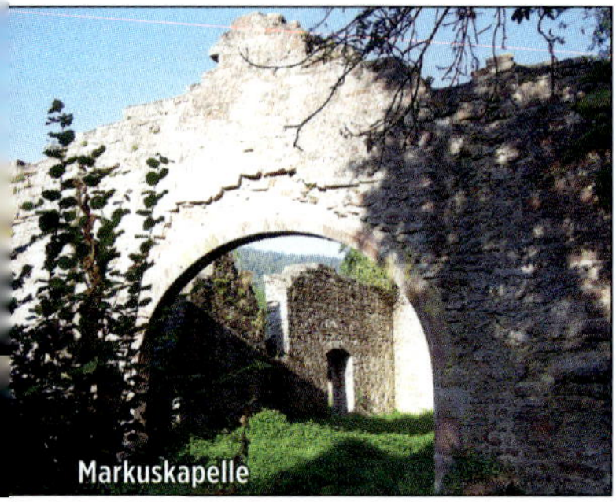

Markuskapelle

anderen Straßenseite beginnt jedoch der Kulturweg „Mühlenweg", dem diese Tour folgt.

Markuskapelle, 1216 erstmals erwähnt, die Marienwallfahrt ist ab 1297 belegt. Im Bauernkrieg wurde die Kapelle so zerstört, dass sie in der Folgezeit verfiel.

3 5,7 (185) Nach der **Markuskapelle** links der kleinen Asphaltstraße bergauf folgen vorbei an der Nickelsmühle.

Nickelsmühle (Schollbrunn)

Landgasthaus Nickelsmühle, 09394/477, @ kuu756

Sie folgen der Asphaltstraße weiter geradeaus.

4 7,7 (240) Sie wandern am Abzweig zur Schreckemühle vorbei.

Schreckemühle (Schollbrunn)

Schreckemühle, 09394/2248, So/Fei ab 10 Uhr, @ nqj182

5 9,0 (235) Nach gut 1,2 km an der **Wegkreuzung Zwieselmühle** geradeaus in Richtung Schleifmühle.

VARIANTE: Nun beginnt eine ca. 4 km lange Schleife zur schönen Schleifmühle. Wer diese weglassen möchte, folgt gleich links dem Roten Querbalken in Richtung Schollbrunn.

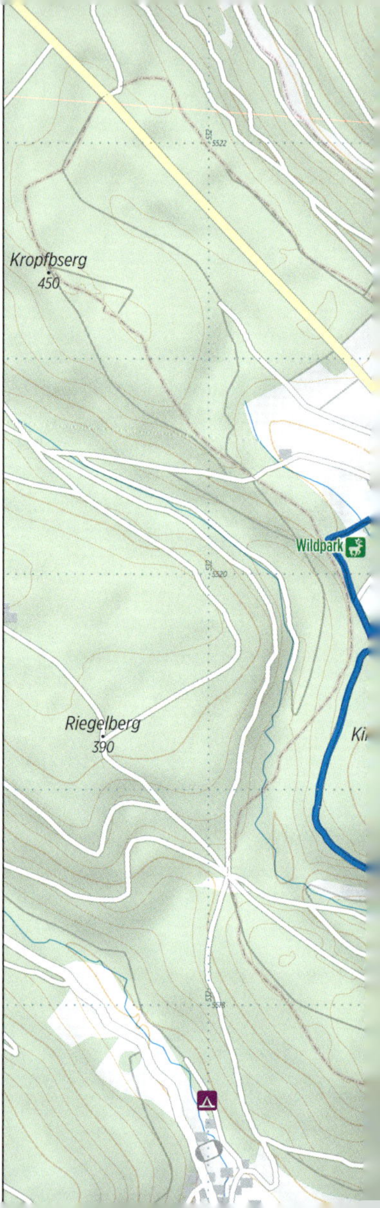

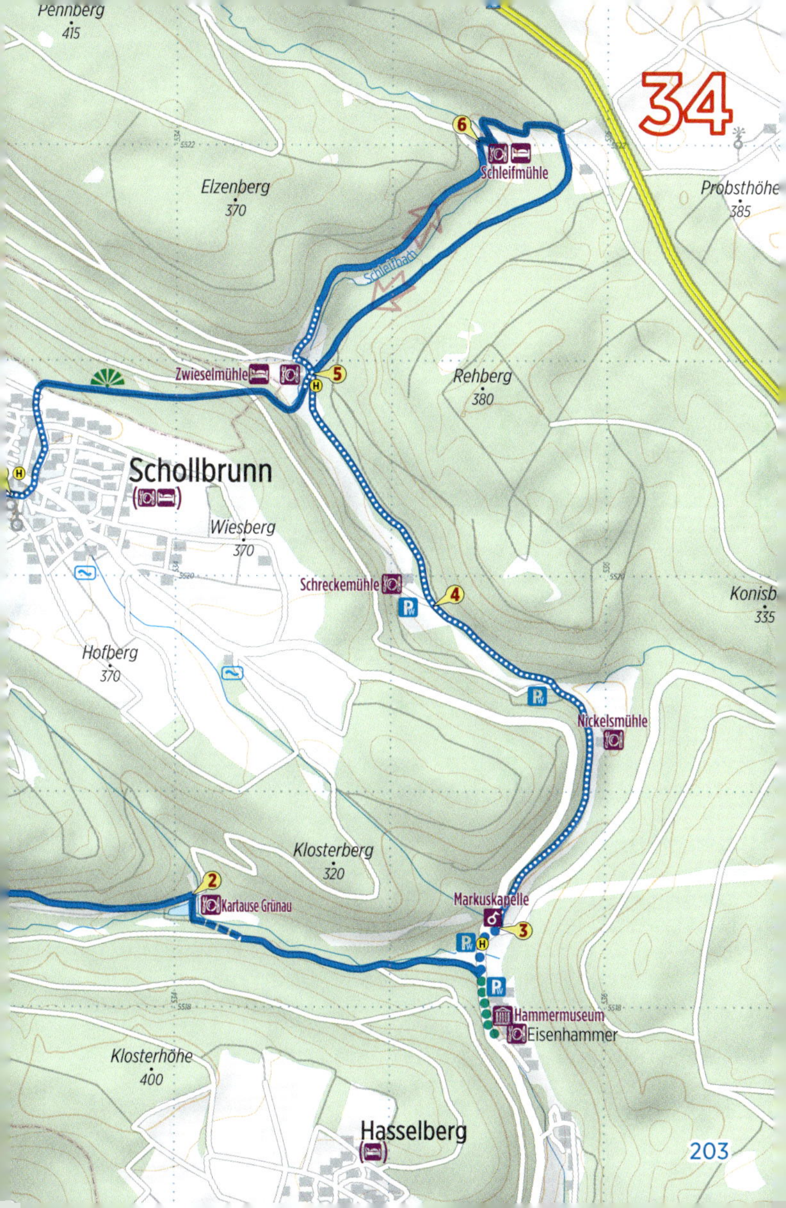
34
Pennberg
415
Elzenberg
370
Schleifmühle
Probsthöhe
385
Schleifbach
Zwieselmühle
Rehberg
380
Schollbrunn
Wiesberg
370
Schreckemühle
Konisb
335
Hofberg
370
Nickelsmühle
Klosterberg
320
Kartause Grünau
Markuskapelle
Hammermuseum
Eisenhammer
Klosterhöhe
400
Hasselberg

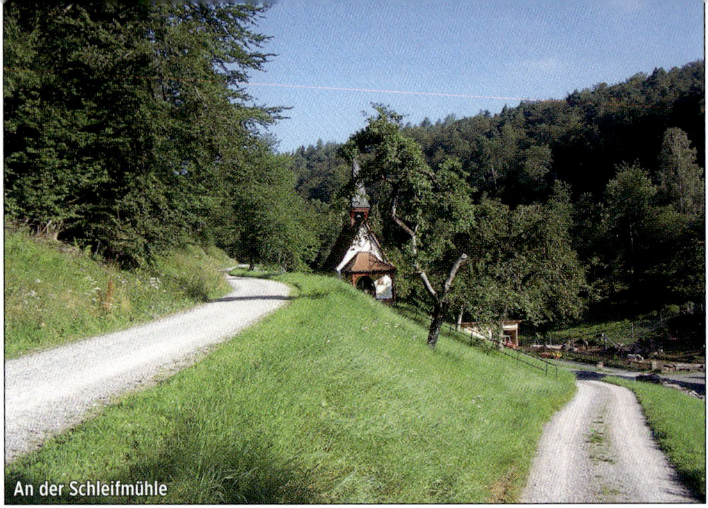

An der Schleifmühle

Zwieselmühle (Schollbrunn)

Pension Zwieselmühle, ✆ 09394/9929469, mit Hofladen, @ jkw168

Nach der Pension der Straße rechts hoch folgen, sie geht bald in Schotter über ⤳ nach 1,3 km an der Gabelung vor der Kapelle rechts hinunter zum Wirtshaus.

Schleifmühle (Schollbrunn)

Wirtshaus/Pension Schleifmühle, Schleifmühle 1, ✆ 09394/2218, @ kbi163

6 10,5 (285) Das Wirtshaus umrunden und bergauf in den Schotterweg ⤳ am Wegweiser rechts in Richtung Baumgartshof, weiter bergauf ⤳ an der Kreuzung am Waldrand rechts in den bergab führenden Schotterweg.

5 14,9 (402) An der Kreuzung Zwieselmühle nun der Markierung roter Querbalken geradeaus in Richtung Schollbrunn folgen, ein kurzes Stück auf Asphalt und dann auf den Schotterweg ⤳ nach der Brücke im Wald rechts bergauf ⤳ an der Gabelung links hoch ⤳ an der Kreuzung den Schotterweg queren und geradeaus weiter in den breiteren Waldweg ⤳ an der Gabelung die linke Variante weiter bergauf ⤳ an der nächsten Gabelung links auf dem Hauptweg bleiben ⤳ an der Kreuzung kurz vor dem Waldrand geradeaus, aus dem Wald hinaus ⤳ dem **Zwieselweg** bergab in Richtung Ort folgen, ab dem Friedhof geradeaus weiter auf der **Friedhofstraße** ⤳ die Rohrbrunner Straße queren und in die Brunnenstraße ⤳ an der Kreuzung halb rechts in die **Spessartstraße**.

1 15,6 (400) Die Tour endet im Ortszentrum von Schollbrunn bei den Gasthäusern.

Schollbrunn

Tour 35 — 9,3 km

Zum Forsthaus Sylvan

Start/Ziel: Torhaus Aurora
Aufstieg: 197 m
Abstieg: 197 m
Gehzeit: 2 - 2,5 Std.
Hartbelag: 0 %
Wanderwege: 74 %
Wanderpfade: 25 %

Charakteristik: Die Tour führt vom Torhaus Aurora zunächst bergab durch dichten Wald in das idyllisch gelegene Naturschutzgebiet Weihersgrund mit tollen Blicken über die Wiesenlandschaft und den Heinrichsbach. Dort steht auch das einsame, bewirtschaftete Forsthaus Sylvan. Der Rückweg führt oberhalb des Weihergrunds streckenweise über herrliche verwunschene Pfade bergauf zur Friedenslinde und dann durch dichten Wald zurück zum Torhaus.

Markierung: Wilderer Hasenstab (bis Sylvan) – Doppelter roter Querbalken (bis Friedenslinde) – B 1 (bis Straßlücke) – Fuchs – Roter Hase.

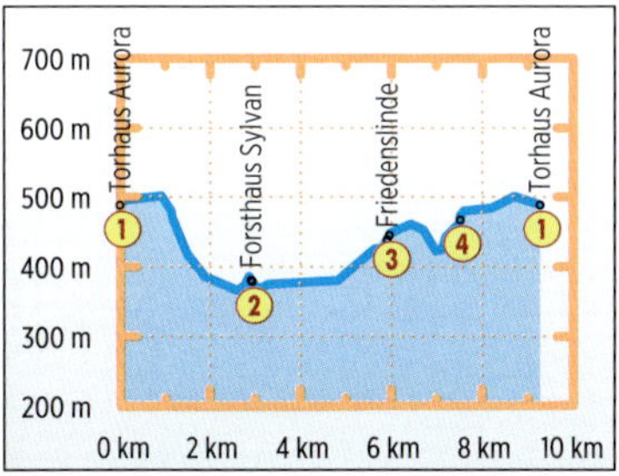

Anreise Auto: Von der A 3-Ausfahrt Rohrbrunn in Richtung Dammbach. Gleich links abbiegen auf die St 2312 in Richtung Marktheidenfeld. Nach ca. 6 Kilometern steht rechter Hand das Torhaus Aurora, links gegenüber ist der Wanderparkplatz.

Anreise ÖPNV: Keine Anfahrt mit öffentlichen Verkehrsmitteln möglich.

Torhaus Aurora (Bischbrunn)

Das Torhaus Aurora, eine ehemalige mainzische Zollstation, wurde 1796 als Ersatz für den hölzernen Vorgängerbau errichtet.

1 0,0 (488) Vom **Wanderparkplatz Torhaus Aurora** der Markierung Wilderer Hasenstab auf dem Schotterweg in den Wald hinein folgen ⤳ an der Gabelung links bergab ⤳ am Wegweiser geradeaus in Richtung Sylvan ⤳ am Abzweig des Schotterwegs nach rechts auf den Pfad wechseln, der parallel zum Hauptweg weiter bergab führt ⤳ an der Pfadgabelung links, über den verwurzelten Pfad bergab ⤳ an der Gabelung links ⤳ am Wegweiser an der Kreuzung mit dem Schotterweg geradeaus ⤳ an der Informationstafel zum **Natur-**

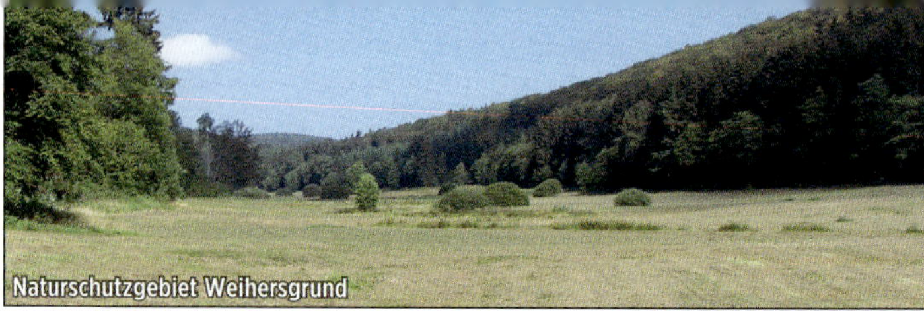
Naturschutzgebiet Weihersgrund

schutzgebiet **Weihersgrund** links in den Schotterweg ⤳ über das Brückchen ⤳ an der Kreuzung rechts zum Forsthaus.

Sylvan im Weihersgrund (Bischbrunn)

Forsthaus Sylvan, ✆ 09394/585, ✆ 0171/3336594, @ rgi685

Das Naturschutzgebiet Weihersgrund wurde 1998 ausgewiesen. Es beherbergt neben seltenen Pflanzen auch selten gewordene Reptilien und Insektenarten wie Feuersalamander, Bergeidechse und Quelljungfer.

2 2,9 (380) Vom Forsthaus Sylvan über den Pfad und die Brücke zurück zum Abzweig mit der Tafel ⤳ links in den Schotterweg, nun der Markierung doppelter roter Querbalken folgen ⤳ am **Wegweiser Überm Heinrichsbach** halb links auf den Pfad in Richtung Friedenslinde.

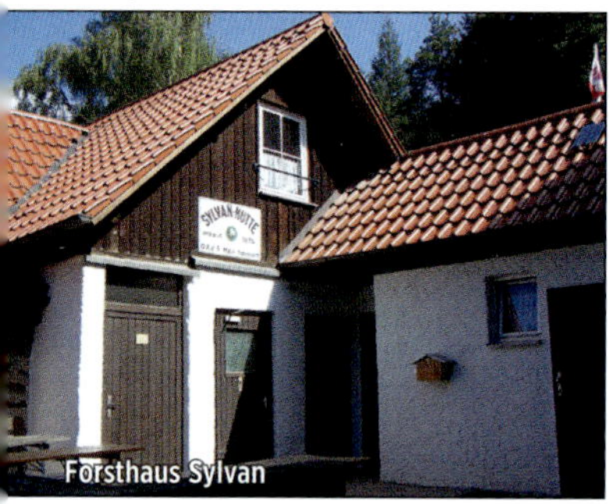

Forsthaus Sylvan

VARIANTE Sie können abkürzen, indem Sie am Wegweiser auf dem Schotterweg bleiben.

Auf der Hauptroute an der Gabelung im Wald die rechte Variante bergauf ⤳ den Kiesplatz queren und weiter auf dem Schotterweg ⤳ an der Kreuzung rechts hoch, auf dem schmaleren Weg bergauf.

3 6,0 (444) An der **Friedenslinde** rechts auf den bergauf führenden Schotterweg, der Markierung B 1 folgen.

Die **Friedenslinde** wurde 1871 von Andreas Emmerich IV. anlässlich der Beendigung des Deutsch-Französischen Krieges gepflanzt.

An der nächsten Kreuzung links abbiegen ⤳ 100 m nach dem Verlassen des Waldes am **Wegweiser Straßlücke Höhe 416** rechts in Richtung Torhaus Aurora ⤳ am nächsten Abzweig links hoch in den Schotterweg (Markierung Roter Hase).

4 7,5 (467) Auf der Höhe die Schotterfahrstraße nach rechts verlassen und in den Waldweg ⤳ an der Schotterwegkreuzung geradeaus ⤳ an der Einmündung links in den bereits bekannten Schotterweg.

1 9,3 (488) Die Tour endet am Parkplatz Torhaus Aurora.

Torhaus Aurora (Bischbrunn)

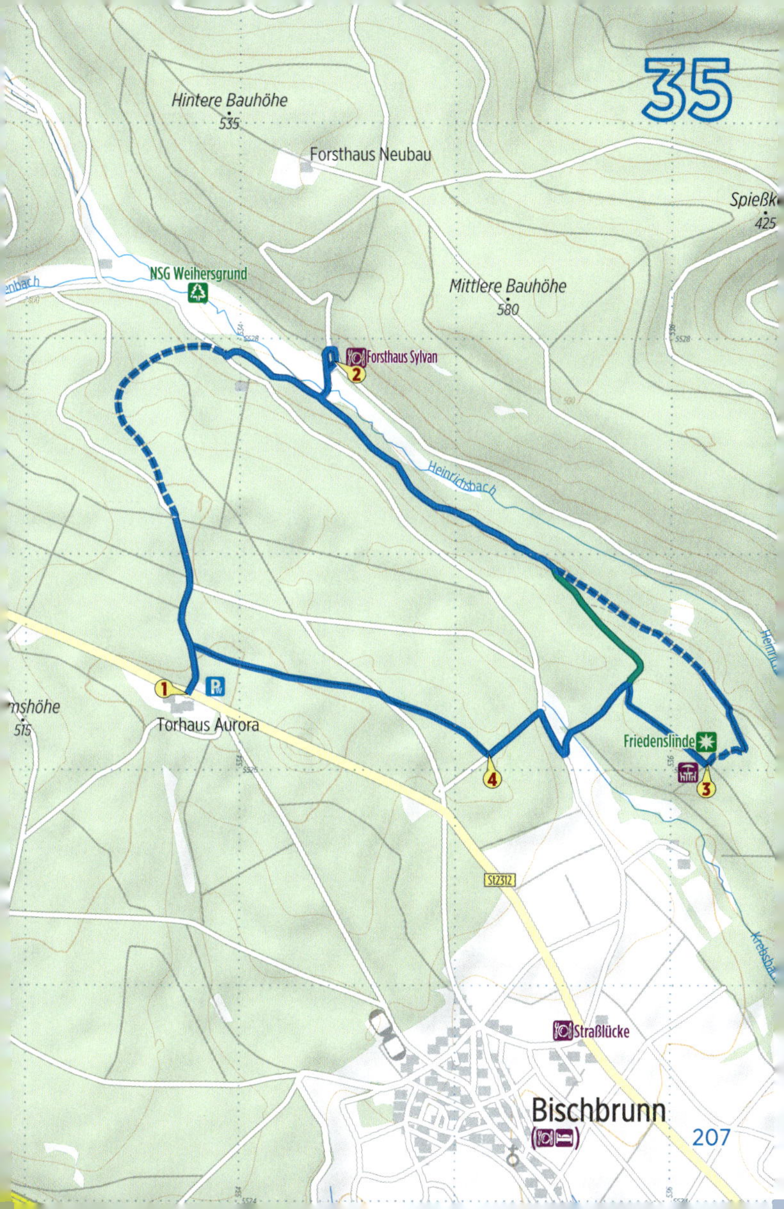
35
Hintere Bauhöhe
535
Forsthaus Neubau
Spießk
425
NSG Weihersgrund
Mittlere Bauhöhe
580
Forsthaus Sylvan
Heinrichsbach
Friedenslinde
Torhaus Aurora
515
St2312
Straßlücke
Bischbrunn
Krebsbach

Marktheidenfeld

Vorwahl: 09391

Touristinformation, Marktpl. 22, 5035414, @ sjv725

Obertor-Apotheke, Obertorstr. 10, 98990 Über 800 Exponate in historischer Einrichtung erläutern mehr als 250 Jahre Apotheken- und Pharmaziegeschichte mit lokalem Bezug. @ dxf771

Schauschmiede, Untertorstr. 6 In einer ehemaligen Scheune wurde eine alte Schmiedewerkstatt als Dauerausstellung eingerichtet. Es wird demonstriert, wie das Schmiedehandwerk am Anfang des vorigen Jahrhunderts ausgeübt wurde. @ fbg312

Pfarrkirche St. Laurentius, im 14. Jh. erbaut und über die Jahrhunderte im romanischen, gotischen, barocken und neobarocken Stil immer wieder harmonisch weiterentwickelt. @ ktk741

Franck-Haus, Untertorstr. 6, 81785 Das barocke Bürgerhaus wurde 1745 vom Kaufmann Franz Valentin Franck erbaut. Es dient heute als Kulturzentrum und ist das Wahrzeichen Marktheidenfelds. Das Haus verfügt über eine herrliche blaue Schaufassade zur Straße hin, Deckengemälde und Stukkaturen.

Führungen, Marktpl. 22, 5035414. Führungen können bei der Tourist-Information gebucht werden. @ ggs824

Wonnemar, Am Maradies 8, 810650. Frei-, Spaß- und Sportbad, Thermalbereich, Saunawelt und Spa, @ rml757

Marktheidenfeld hat eine pittoreske Altstadt mit Fußgängerzone und schöner Mainpromenade. Besondere Gebäude sind das Alte Rathaus aus dem 19. Jahrhundert und die alte Schmiede. Die Alte Mainbrücke am Start der Tour wurde im 19. Jahrhundert erbaut und bereits 1846 für den Verkehr freigegeben.

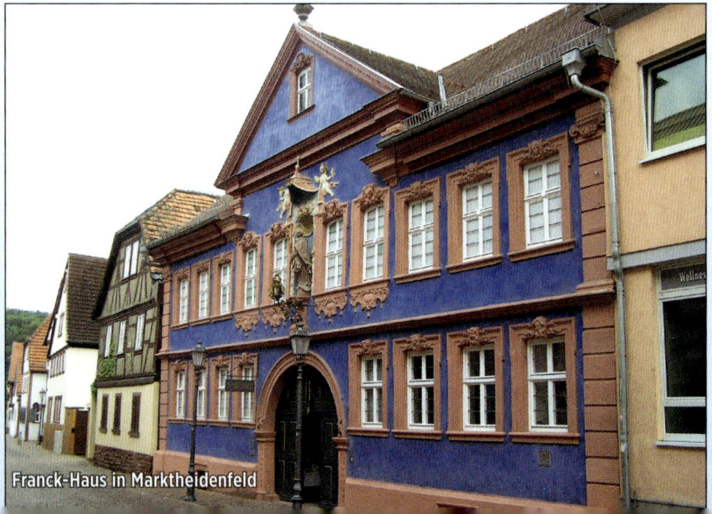

Franck-Haus in Marktheidenfeld

Marktheidenfeld

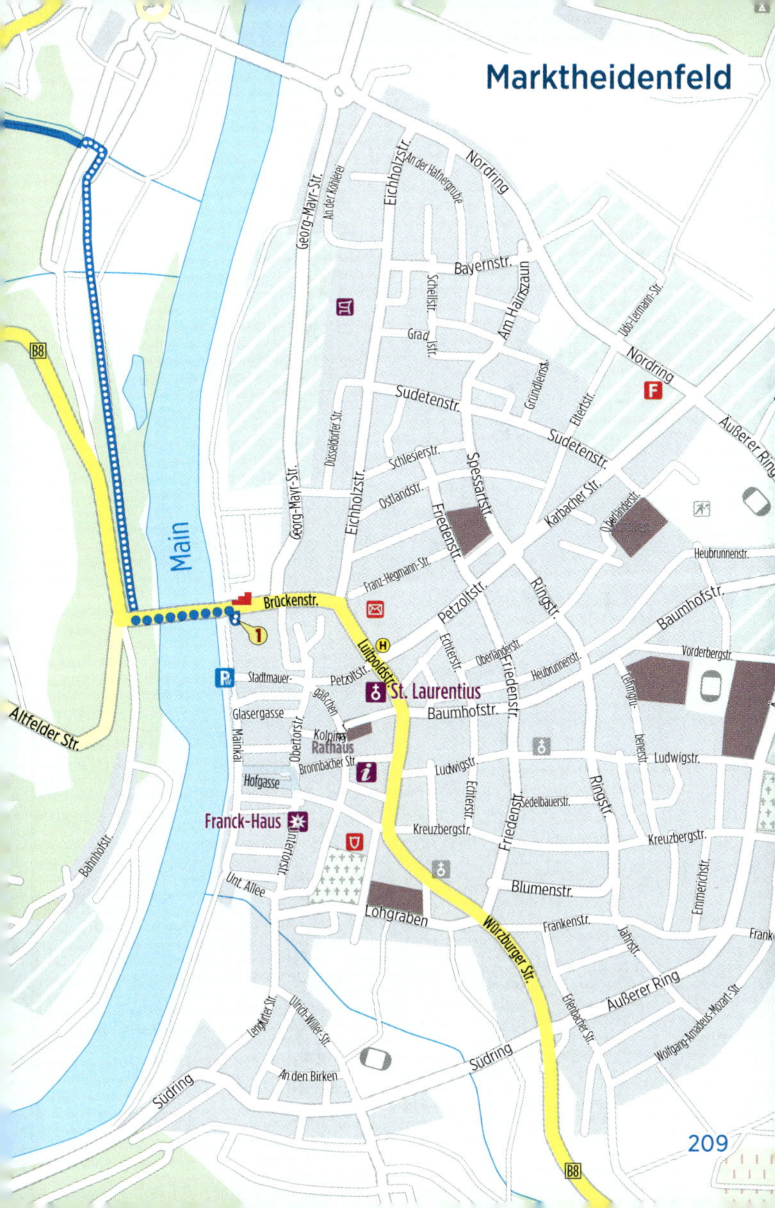

Tour 36 12,8 km

Mainwanderweg Marktheidenfeld – Neustadt

Start: Marktheidenfeld, Parkplatz Mainbrücke
Ziel: Neustadt am Main, Bushaltestelle Gasthof Engel

Aufstieg:	409 m	*Hartbelag:*	37 %
Abstieg:	403 m	*Wanderwege:*	37 %
Gehzeit:	3 - 3,5 Std.	*Wanderpfade:*	26 %

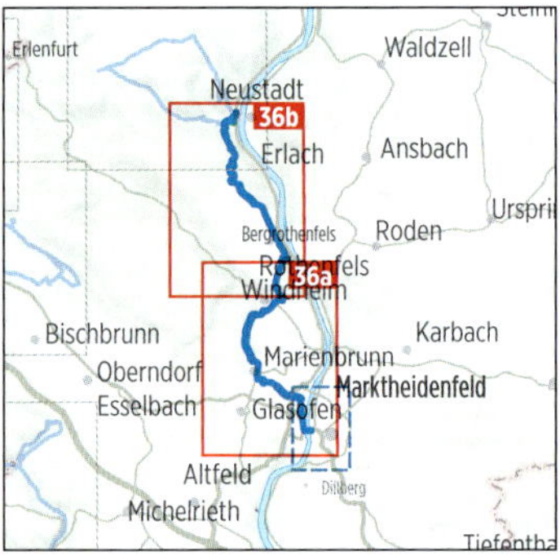

Charakteristik: Besonders die vielen Strecken über Wiesen durch offene Landschaften und der hohe Pfadanteil machen den Reiz dieser Wanderung aus. Die Tour beginnt in Marktheidenfeld und führt zunächst eben auf einem Radweg parallel zum Main. Der erste Anstieg führt über schöne Wiesenpfade zum Örtchen Marienbrunn und weiter bis zum schön gelegenen Friedhof. Es folgt der erste Abstieg durch herrlichen Spessartwald bis zur Hafenlohr in Windheim. Von dort geht es mit tollen Blicken durch offene Wiesenlandschaften erst steil bergauf und dann bergab nach Bergrothenfels und zur Burg Rothenfels. Es folgt ein langer wunderbarer Pfad mit schönen Ausblicken hoch über dem Maintal, bevor dieser dann in den Wald abschwenkt und noch einmal ansteigt. Dann führt die Tour wieder bergab und durch Streuobstwiesen hinunter zum Main nach Neustadt mit der Klosterkirche und den Resten der ehemaligen Abtei.

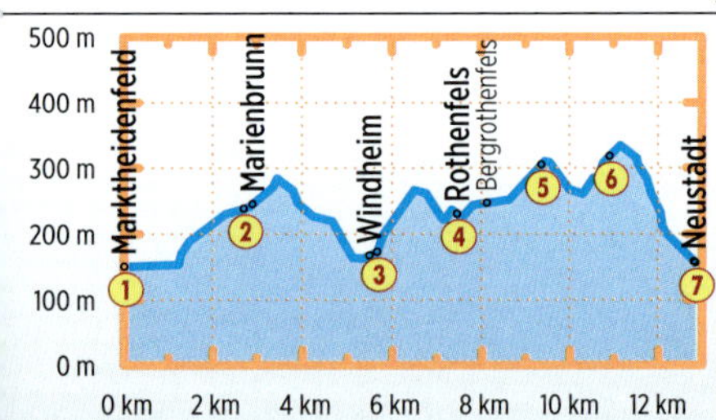

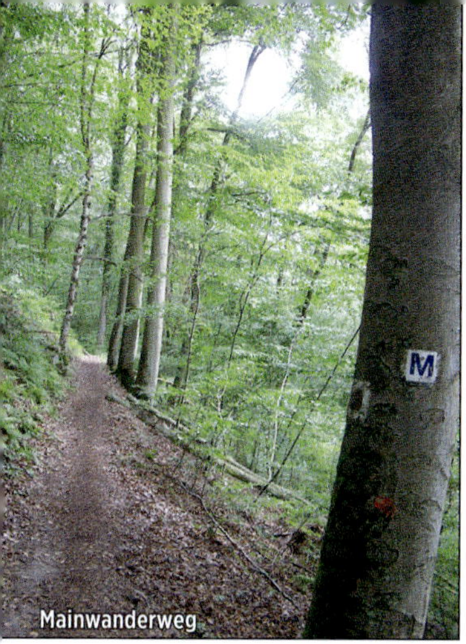

Mainwanderweg

Markierung: **Durchgängig Blaues M.**
Anreise Auto: **Von der A 3-Ausfahrt Marktheidenfeld der Beschilderung in Richtung Marktheidenfeld folgen. Nach der Alten Mainbrücke rechts abbiegen und gleich wieder rechts zum Parkplatz.**
Anreise ÖPNV: **Von Lohr am Main mit dem Bus 630 zur Haltestelle Kupschmarkt in Marktheidenfeld. Von dort zu Fuß über die Petzoltstraße, Brückenstraße und Untere Brückenstraße zum Parkplatz Mainbrücke. Am Ende der Tour Rückfahrt von der Bushaltestelle Gasthof Engel in Neustadt am Main mit dem Bus 630 in knapp 20 Minuten zur Haltestelle Kupschmarkt.**

Markheidenfeld s. S. 208

1 0,0 (150) Vom Parkplatz Mainbrücke über die Treppe auf die Brücke ⇝ auf der anderen Mainseite gleich rechts auf den Radweg ⇝ nach 800 m an einem Gehöft vorbei, dann in den nächsten Weg nach links ⇝ am Querweg erneut links und nach wenigen Metern rechts in den Wald ⇝ bald unter der Straßenbrücke hindurch, dort rechts halten und auf dem Schotterweg zwischen Wiesen und Feldern weiter ⇝ unter der Hochspannungsleitung in der Rechtskurve des Weges geradeaus auf die Wiese ⇝ an der Einmündung in den Schotterweg rechts in Richtung Ort ⇝ an der T-Kreuzung links in den schmalen Asphaltweg.

Marienbrunn (Marktheidenfeld)

2 2,7 (235) Bei der Bushaltestelle Ortsmitte rechts in die Straße **Im Wiesengrund**, es geht leicht bergauf ⇝ in der Rechtskurve der Straße nach links, dann in die **Wachengrundstraße** ⇝ am Friedhof vorbei ⇝ nach 170 m an der Gabelung rechts in das kleine Waldstückchen ⇝ an der Wegweiserkreuzung **Bei den Eichen** rechts und gleich wieder links in den erdigen Waldweg in Richtung Lauterhecke, es geht bergab ⇝ am Querweg links in Richtung Windheim ⇝ an der Kreuzung schräg rechts bergab ⇝ an der T-Kreuzung am Waldrand rechts in den Schotterweg ⇝ an der Kreuzung geradeaus, weiter bergab in die Straße **Alte Bärenhöhle** ⇝ an der Gabelung links in die **Achtelsbergstraße** ⇝ an der Einmündung links halten ⇝ rechts über das Brückchen und danach gleich wieder rechts ⇝ auf der **Ringstraße** am Ortsrand entlang.

Windheim (Hafenlohr)

Vorwahl: 09391

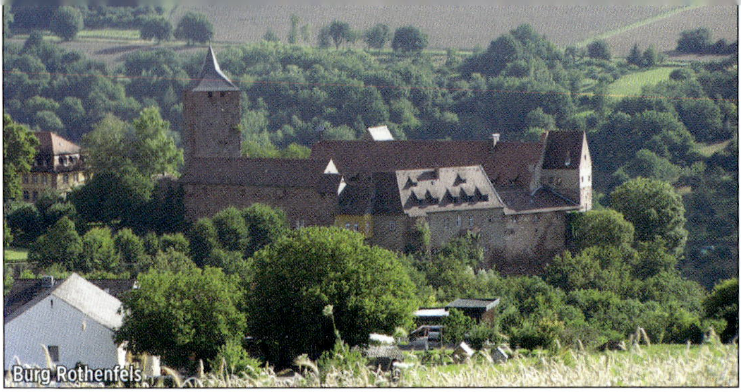
Burg Rothenfels

Zum Hirschen, Hafenlohrtalstr. 1a, 6912, Mai-Aug., Mo-Sa 17-21.30 Uhr, So 10-16 Uhr, Fei 10-20 Uhr, Sept.-April Do Ruhetag, @ hou123

3 5,7 (172) Am Landgasthof die Landstraße queren und geradeaus in das steile Asphaltsträßchen hinauf ⤳ an der Wegweiserkreuzung Ringstraße halb rechts hoch in Richtung Bildstock ⤳ an der Gabelung links auf dem Asphaltweg bleiben ⤳ nach 400 m links in den Schotterweg ⤳ vor dem Strommast rechts über die Wiese ⤳ am Bildstock die Straße kreuzen und geradeaus in den Wiesenweg, steil bergab nach Bergrothenfels.

Bergrothenfels (Rothenfels)

Vorwahl: 09393

Burggasthof Roth, Bergrothenfelser Str. 36, 209, Mi, Fr, Sa ab 17.30 Uhr, So 11-15 Uhr, @ nix766

Zum Löwen, Bergrothenfelser Str. 69, 456, @ cva414

Links in die Straße **Zum Schlangenbrunn** und gleich wieder rechts in die **Wiesentraße** ⤳ über die Treppe hinunter ⤳ nach der Treppe links auf die Straße ⤳ rechts über das Brückchen in die Straße **An der Steige**, wieder bergauf ⤳ die Straße rechts über die Treppe verlassen ⤳ nach dem Wegweiser rechts zur Burg.

Rothenfels

Vorwahl: 09393

Stadtverwaltung, Hauptstr. 34, 409, @ jup785

Burg Rothenfels, 99999, 1148/50 durch die Herren von Grumbach gebaut, ab 1243 wechselnde Besitzer. 1525 wurde die Burg durch aufständische Bauern eingenommen, geplündert und beschädigt, dann wiederhergestellt und ein Verwaltungszentrum der Würzburger Fürstbischofe. 1803 gelangte die Anlage in weltlichen Besitz der Fürsten von Löwenstein-Wertheim-Rosenberg. Die Gebäude wurden in der Folge auch als Schule, Kirche, Gefängnis, Scheune und Stall genutzt. 1919 ging die Burg in das Eigentum des katholischen Vereins der Quickbornfreunde über. Heute befinden sich hier eine Jugendherberge und ein Tagungshaus. @ ehl428

4 7,5 (229) Den Burghof queren und links über die Pflastersteine ⤳ kurz darauf links in den kleinen, parallel auf der Höhe verlaufenden Pfad ⤳ an der

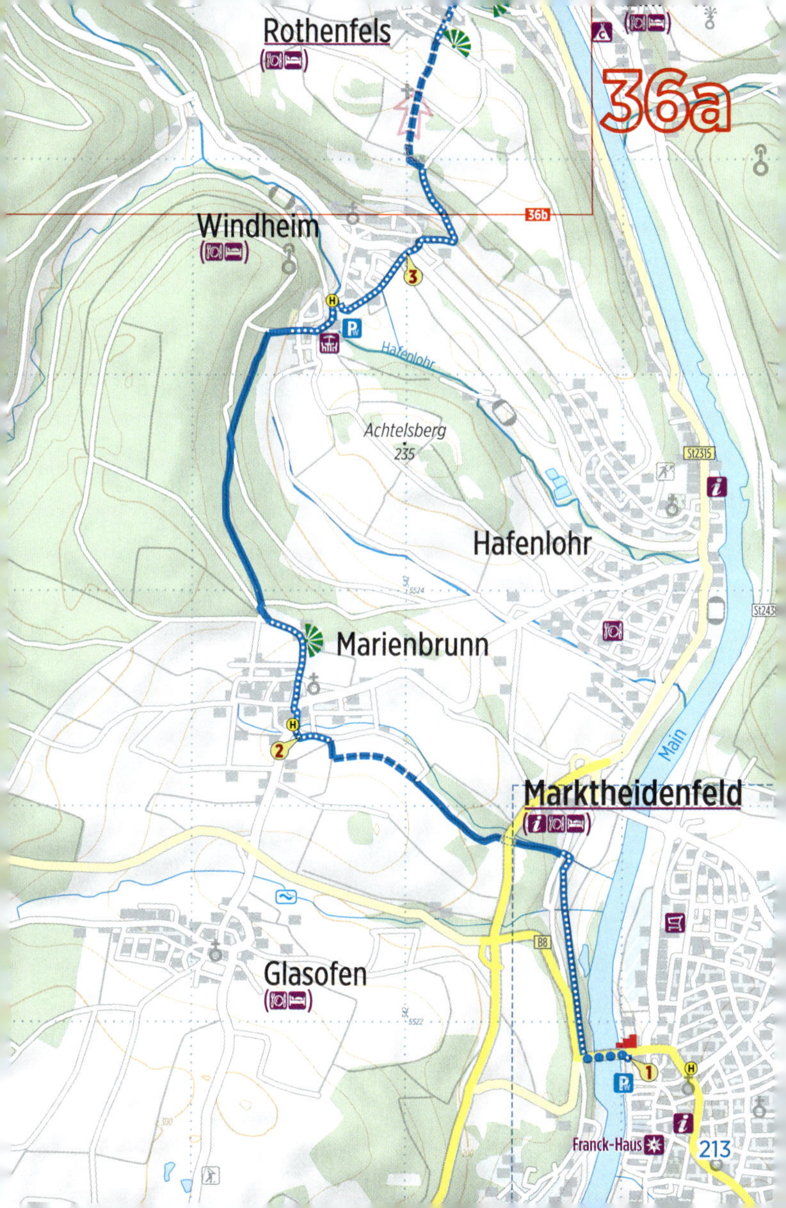

36a
Rothenfels
36b
Windheim
Hafenlohr
Achtelsberg
235
Hafenlohr
St2315
Marienbrunn
Main
Marktheidenfeld
B8
Glasofen
Franck-Haus
213

Gabelung die linke Variante bergauf nehmen ⇝ an der nächsten Gabelung die rechte Variante ⇝ an der erneuten Gabelung die linke Variante weiter bergauf ⇝ an der Einmündung links in die Straße.

5 9,4 (304) An der Wegweiserkreuzung **Rotbild** rechts in den Schotterweg in Richtung Neustadt, es geht bergab ⇝ an der Einmündung links in den Asphaltweg ⇝ rechts in den abzweigenden Asphaltweg, der zu einer Lichtung führt ⇝ an der Gabelung rechts ⇝ an der Gabelung der beiden gleichwertigen Schotterwege rechts weiter bergauf.

6 11,0 (317) Den Schotterweg links in die Büsche auf den erdigen Weg verlassen ⇝ an der Gabelung den kleineren Weg geradeaus nehmen ⇝ geradeaus in den Schotterweg und dann rechts in den schmalen Pfad, nun steil bergab ⇝ den Schotterweg kreuzen und geradeaus auf die Wiese ⇝ an der T-Kreuzung halb rechts in den Schotterweg ⇝ an der Gabelung rechts bergab in den Schotterweg in Richtung Ort ⇝ an der Einmündung links an der Mauer entlang.

TIPP Rechts erreichen Sie nach 100 m die Kirche St. Michael. Von den vermuteten 3 Vorgängerkirchen soll eine als Kapelle der Anlage eines Jagdschlosses von Karl dem Großem errichtet worden sein.

St. Michael. Die Kirche wurde in der ersten Hälfte des 13. Jhs. erbaut, Umbauten erfolgten in den Jahren 1729-1733. Der Wall und ein Vorgängerbau konnten nach archäologischen Untersuchungen auf die Jahre zwischen 770 und 850 datiert werden. Heute dient sie als Begräbniskapelle und ist nicht zugänglich.

Auf der Hauptroute nach der Treppe rechts in die Straße **Am Michaelsberg** ⇝ gleich wieder rechts in den **Klosterhof** ⇝ in der Klosteranlage links ⇝ links an der ehemaligen Abteikirche vorbei ⇝ an den Klosterresten vorbei (zum Kloster s. S. 199) ⇝ über die Treppe die Anlage wieder verlassen ⇝ rechts in die **Spessartstraße**.

7 12,8 (156) Die Tour endet an der **Bushaltestelle** Gasthof Engel.

Neustadt am Main s. S. 195

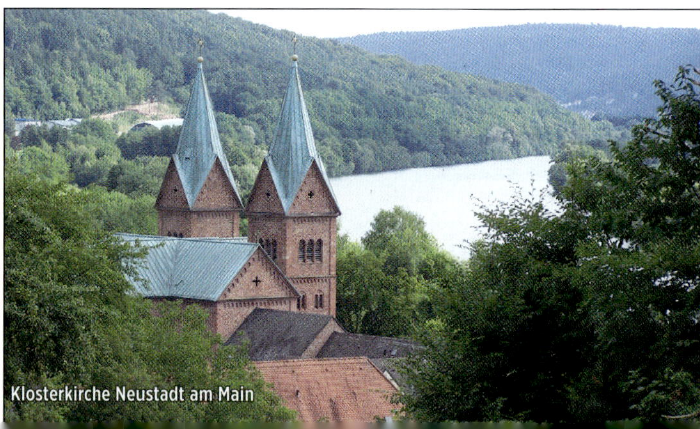

Klosterkirche Neustadt am Main

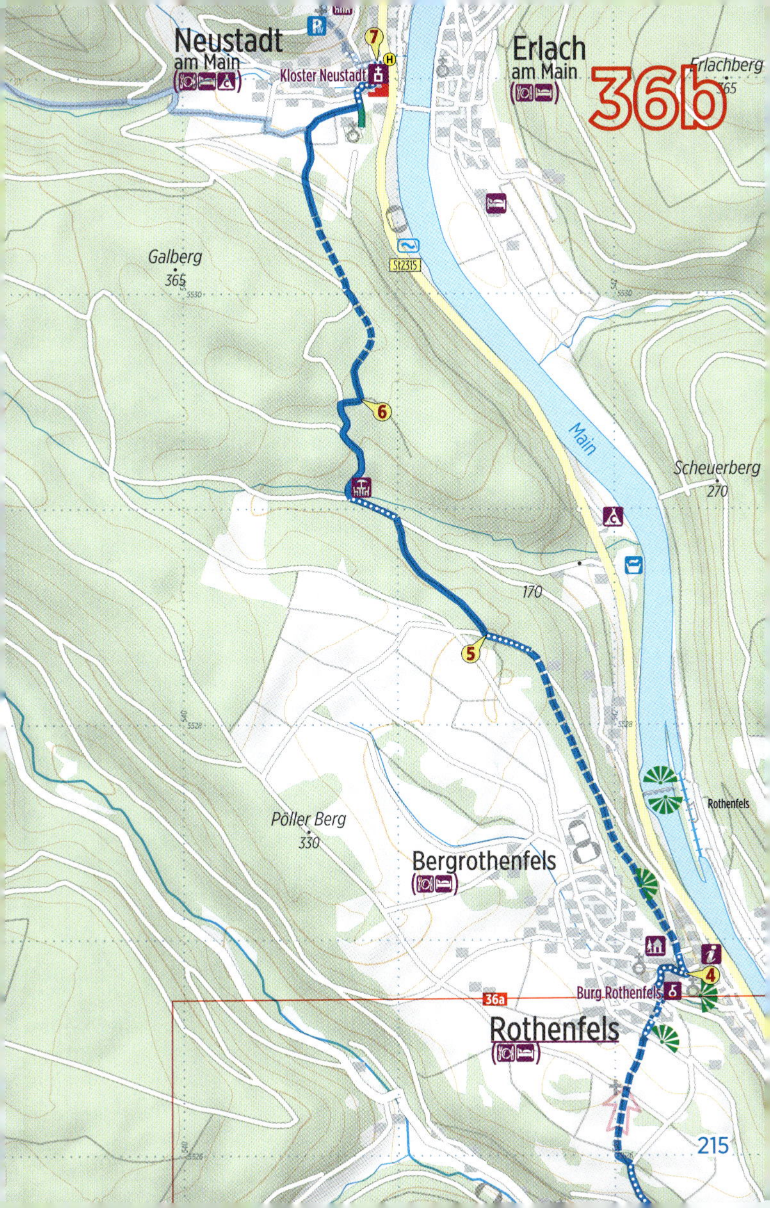

36b
Neustadt am Main
Kloster Neustadt
Erlach am Main
Erlachberg
365
Galberg
365
St2315
Main
Scheuerberg
270
170
Pöller Berg
330
Bergrothenfels
Rothenfels
Burg Rothenfels
36a
Rothenfels
7
6
5
4

Tour 37 14,6 km

Durch das Himmelreich

Start/Ziel: Kreuzwertheim, Parkplatz an der Brauerei

Aufstieg: 187 m *Hartbelag:* 20 %

Abstieg: 187 m *Wanderwege:* 57 %

Gehzeit: 3,5 - 4 Std. *Wanderpfade:* 23 %

Charakteristik: Diese Tour erschließt das Himmelreich – eine nach Norden offene Schleife des Mains, deren Arme an der engsten Stelle nur ca. 600 Meter Luftlinie entfernt sind. Die Tour beginnt mit tollen Blicken auf die imposante Burg Wertheim und führt eben auf Wiesenwegen direkt am Main entlang zum Eingang des Himelreichs. Der Weg folgt der Mainschleife durch herrliche, naturbelassene Ufer- und Wiesenlandschaften immer mit Blick auf das andere Mainufer. Nach Verlassen des Mains geht es auf wunderbaren Pfaden durch Mischwald auf die Höhe, die dichte Vegetation lässt ein bisschen Urwald-Gefühl aufkommen. Zurück auf der „Erde“ führt der Weg bergab ins Tal, bevor er noch einmal zu den Kreuzwertheimer Weinbergen ansteigt, die einen atemberaubenden Blick auf Maintal und Burg Wertheim erlauben. Dichte Laubwälder, idyllische Uferlandschaften, Weinberge und imposante Burgen – diese Tour ist eine Symbiose aller Vorzüge des Spessarts!

Markierung: Schwarzes H (bis Wegweiser Hallstadtgräber) – Blaues M (bis zur Brücke) – Schwarzes H.

Anreise Auto: Von der A 3-Ausfahrt Marktheidenfeld der St 2315 und der Beschilderung nach Kreuzwertheim folgen. Noch vor dem Ort links abbiegen in die Lengfurter Straße. An der Einmündung im Ort links auf die Hauptstraße, nach 400 m rechts zum Parkplatz Fährgasse.

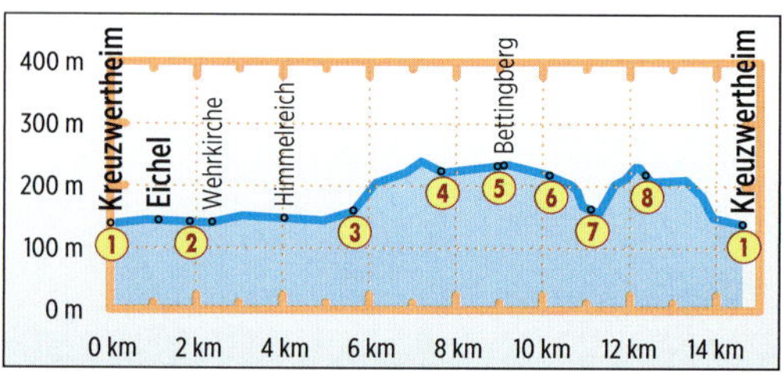

Anreise ÖPNV: Von der Bushaltestelle Altstadt Wertheim in 3 Minuten mit Bus 662 oder 663 zur Haltestelle Brückenstraße in Kreuzwertheim. Sonntags als RUF-Bus. Von der

Brückenstraße zu Fuß die Treppe an der Brücke hinunter zum Wegweiser und Einstieg der Tour.

Kreuzwertheim

Vorwahl: 09342

- **Verwaltungsgemeinschaft**, Lengfurter Str. 8, ✆ 926232, ✆ 926233, @ dqv574
- **Prassek-Scheune**, Pfarrg. 9, ✆ 913501, ✆ 01515/1162828 Das Museum befindet sich in einer 400 Jahre alten Fachwerkscheune neben dem Schloss. Ca. 2000 Exponate, darunter altes Handwerkszeug und originalgetreue Nachstellungen früherer Wohn- und Arbeitsbereiche, geben Einblicke in die Lebens- und Handwerksgeschichte Kreuzwertheims. @ pjq741
- **Schloss Kreuzwertheim**, Hauptstr. Das im 18. Jh. als Landbau errichtete und Ende des 19. Jhs. von Fürst Ernst und Fürstin Wanda zum Wohnsitz umgestaltete Schloss Kreuzwertheim ist auch heute noch Wohnstatt des Adels. Hier residiert die Fürstenfamilie Löwenstein-Wertheim-Freudenberg. @ vcw325
- **Paddle & Boat**, Bahnhofstr. 6, ✆ 912038, ✆ 0170/3301841. Kanu- u. Kajakverleih am Zusammenfluss von Main u. Tauber. @ cwt731
- **Franz**, Hauptstr. 18, ✆ 6600, Mo-Sa 15-23 Uhr, So 9-22 Uhr, @ jiy145

1 0,0 (140) Vom Parkplatz an der Brauerei der Markierung Schwarzes H in Richtung Burg Wertheim auf dem Schotterweg folgen ⁓ am Wegweiser unter der Brücke weiter in Richtung Wittwichsbach, geradeaus am Main entlang.

2 1,8 (142) Am Wegweiser **Grillplatz Wittwichsbach** rechts in das Asphaltsträßchen ⁓ am Abzweig des Schotterwegs geradeaus ⁓ an der Gabelung, wo der Weg in Schotter übergeht, rechts weiter am Main entlang.

3 5,6 (160) Gegenüber von Urphar den Main verlassen und links hoch in den Wald hinein ⁓ an der nächsten Abzweigung rechts ⁓ an der Gabelung links leicht bergauf ⁓ an der Kreuzung der Wege im Wald geradeaus.

4 7,6 (223) An der Gabelung der Pfade links, also auf der Höhe bleiben ⁓ an der Gabelung mit der Schranke am Zaun entlang geradeaus ⁓ an der geschotterten Kreuzung halb rechts ⁓ an der Kreuzung den Hauptweg verlassen und rechts in den schmaleren Weg.

5 8,9 (232) An der T-Kreuzung links ⁓ an der Einmündung eines größeren

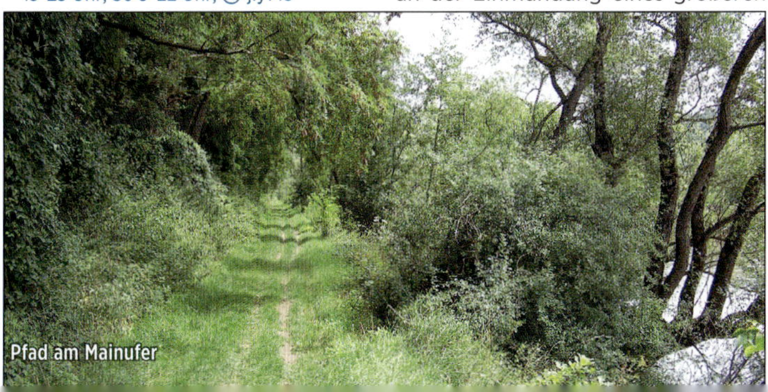

Pfad am Mainufer

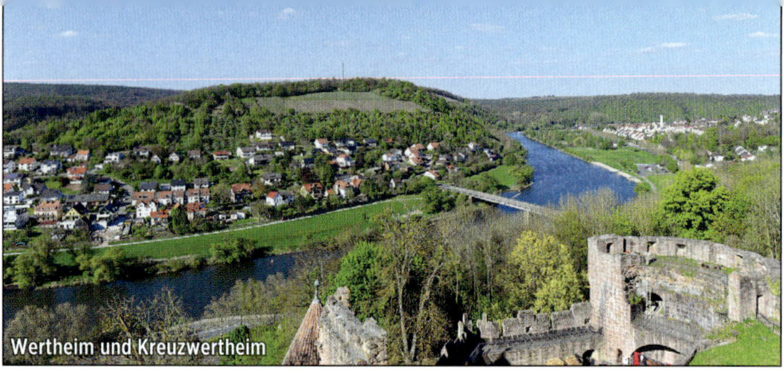
Wertheim und Kreuzwertheim

Weges von links weiter geradeaus auf dem Pfad bleiben ⇝ an der Einmündung in die Schotterstraße rechts bergauf.

6 10,2 (217) An der Kreuzung Hallstattgräber am Wegweiser links in Richtung Wittwichsbach, ab hier der Markierung Blaues M folgen ⇝ an der Wegekreuzung der Schotterwege weiter geradeaus bergab ⇝ an der Einmündung in den Wanderweg kurz links und gleich scharf rechts weiter bergab ⇝ über das Brückchen zum Wegweiser.

7 11,1 (165) Den Schotterweg verlassen und links in den Wiesenweg am Bach entlang ⇝ an der Gabelung rechts in den Wald hinein.

VARIANTE Wenn Sie hier geradeaus der Markierung K 1 folgen, treffen Sie bei Wegpunkt 2 wieder auf den Hinweg. So sparen Sie knapp 2 km und die Steigung, verpassen allerdings schöne Ausblicke und den Abschnitt durch die Weinlagen.

Auf der Hauptroute an der Kreuzung schräg links ⇝ an der Gabelung rechts und gleich wieder links ⇝ an der Dreierkreuzung rechts in den Pfad und aus dem Wald hinaus ⇝ die erste links in den bergauf führenden Schotterweg ⇝ an der Gabelung links und gleich wieder links.

8 12,4 (218) An der alten Weinbergsmauer unterhalb der Weinlagen entlang ⇝ nach 1 km an der Gabelung die linke Variante bergab ⇝ im Wohngebiet links in den **Finkenweg** ⇝ an der T-Kreuzung rechts ⇝ nach der Treppe dem **Finkenweg** bergab folgen ⇝ an der Einmündung links in die **Brückenstraße** ⇝ der Straße nach rechts folgen ⇝ noch vor der eigentlichen Brücke an der Löwenstatue rechts die Treppe zum Main hinunter.

AUSFLUG Wenn Sie ab hier der Markierung E 8 über die Brücke folgen und nach der Brücke rechts abbiegen, erreichen Sie nach ca. 500 m das romantische Fachwerkstädtchen Wertheim, das idyllisch an der Mündung der Tauber in den Main gelegen ist. Beeindruckend ist die mächtige Burg, aber auch der historische Marktplatz und das Glasmuseum sind sehenswert.

Rechts in den bereits bekannten Schotterweg.

1 14,6 (140) Die Tour endet wieder am Parkplatz unterhalb der Brauerei.

Kreuzwertheim

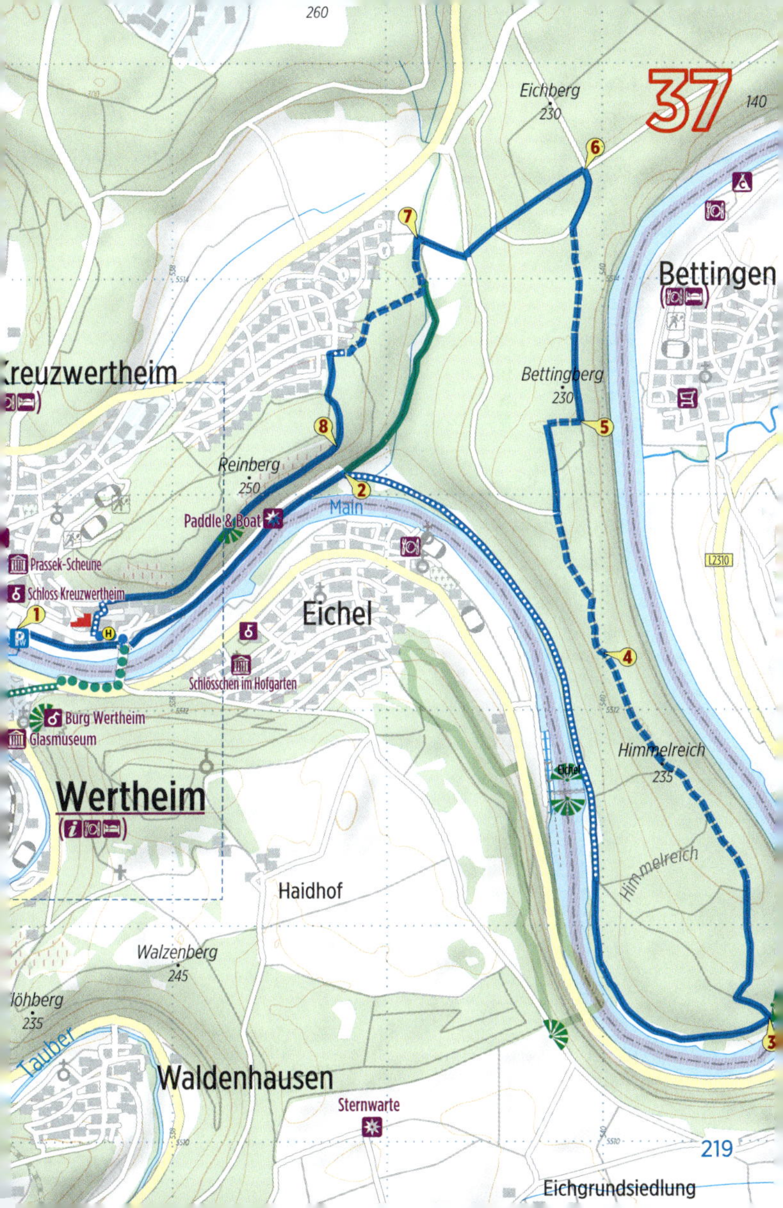
260
37
140
Eichberg
230
Bettingen
reuzwertheim
Bettingberg
230
Reinberg
250
Main
Paddle & Boat
Prassek-Scheune
Schloss Kreuzwertheim
Eichel
Schlösschen im Hofgarten
Burg Wertheim
Glasmuseum
Wertheim
Himmelreich
235
Himmelreich
L2310
Haidhof
Walzenberg
245
löhberg
235
Tauber
Waldenhausen
Sternwarte
Eichgrundsiedlung

Ortsinformationen

Wertheim

Vorwahl: 09342

Tourismus Region Wertheim GmbH, Gerberg. 16, ✆ 935090, @ mpc581

Reederei Henneberger, Mainufer, Zugang über Maing., ✆ 09371/3330. @ rol254

Glasmuseum, Mühlenstr. 24, ✆ 6866 Meisterstücke der Glasbläserkunst von den Anfängen bis in die heutige Zeit. @ mly473

Grafschaftsmuseum, Rathausg. 7,10, ✆ 301513, ✆ 301512 Das historische Museum der Stadt zeigt Kunst und Volkskunst aus der Grafschaft, wie Kleider und Trachten, Scherenschnitte, Münzsammlung uvm. @ kgw687

Ev. Stiftskirche St.Marien, Mühlenstr. 3-5, ✆ 1367 Die spätgotische Basilika ist tagsüber für Andacht und Besuch geöffnet und wurde 1481 von der Pfarrkirche zur Stiftskirche erhoben. @ eqk476

Burg Wertheim, Schlossg. 11, ✆ 913238 Die Burg aus dem 12. Jh. ist eine der größten Steinburgruinen Süddeutschlands und liegt auf einem Sporn zwischen Main und Tauber. @ ick741

Spitzer Turm, Mainpl. 2. Der Spitze Turm (13. Jh.) diente als Wacht- und Wartturm und später als Gefängnis.

Die älteste Siedlung Wertheims entstand am nördlichen Mainufer im 8. Jahrhundert. Der Name Kreuzwertheim steht im Zusammenhang mit dem Marktkreuz, das Zeichen der Marktverleihung durch Kaiser Heinrich II war. Die Burg über dem Zusammenfluss von Main und Tauber wurde erstmals im 12. Jahrhundert als Sitz der Grafen von Wertheim erwähnt. Sie gilt heute als die zweitgrößte Burgruine Süddeutschlands. Zu Füßen der Burg auf dem dreieckigen Sporn am Zusammenfluss von Main und Tauber wurde eine Kaufmanns- und Handwerkersiedlung planmäßig angelegt und ständig erweitert. Über die Jahrhunderte hinweg entwickelte sich Wertheim zu einer wohlhabenden Wein- und Tuchhandelsstadt, ab der Mitte des 20. Jahrhunderts spielte auch die Glasmacherei eine wachsende Rolle.

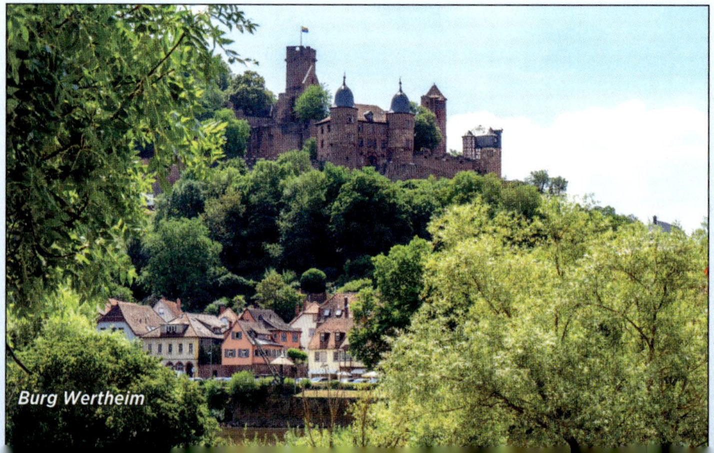

Burg Wertheim

Wertheim

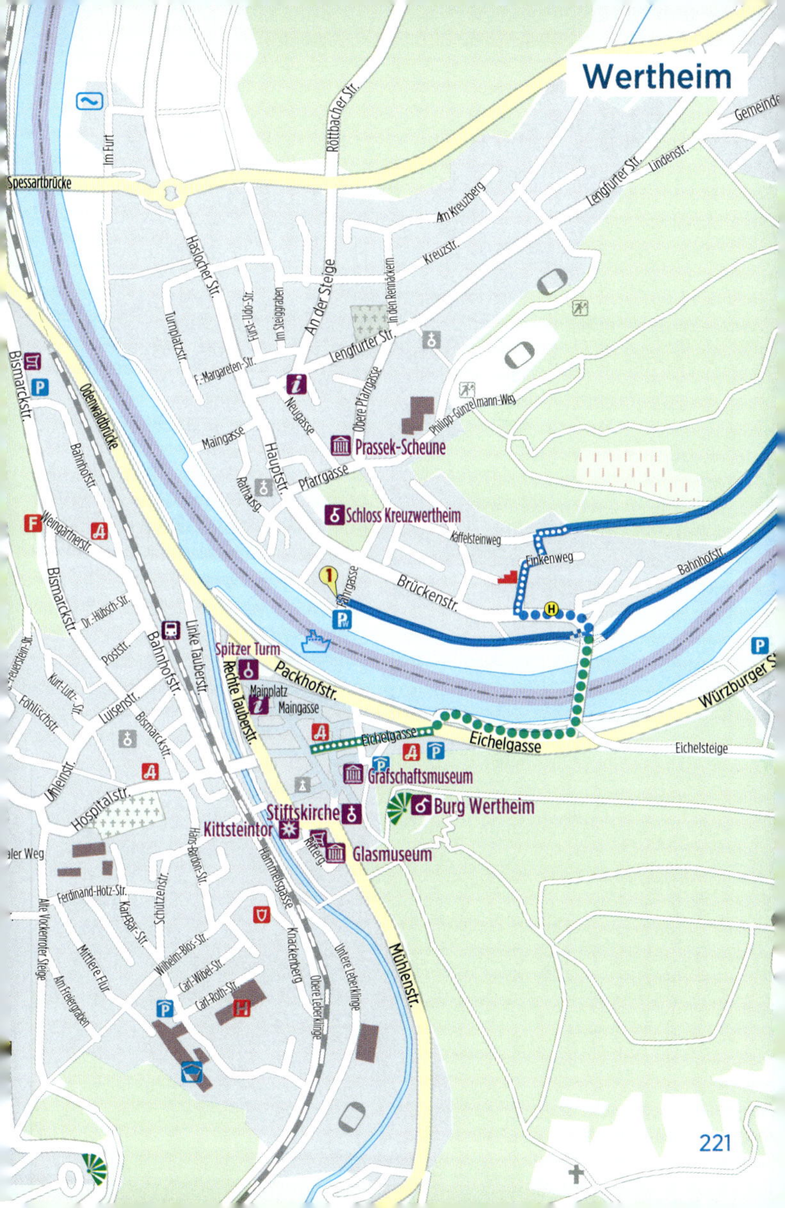

Spessartbrücke
Im Furt
Röttbacher Str.
Gemeinde
Lindenstr.
Lengfurter Str.
Am Kreuzberg
Kreuzstr.
Haslocher Str.
Fürst-Udo-Str.
Im Steiggraben
An der Steige
In den Rennäckern
Turnplatzstr.
F.-Margareten-Str.
Lengfurter Str.
Neugasse
Obere Pfarrgasse
Philipp-Günzelmann-Weg
Maingasse
Hauptstr.
Pfarrgasse
Rathausg.
Prassek-Scheune
Schloss Kreuzwertheim
Käffelsteinweg
Finkenweg
Bahnhofstr.
Fährgasse
Brückenstr.
Bismarckstr.
Odenwaldbrücke
Bahnhofstr.
Weingärtnerstr.
Bismarckstr.
Dr.-Hübsch-Str.
Poststr.
Bahnhofstr.
Linke Tauberstr.
Rechte Tauberstr.
Spitzer Turm
Packhofstr.
Mainplatz
Maingasse
Eichelgasse
Eichelgasse
Eichelsteige
Würzburger St
Kurt-Lutz-Str.
Föhlischstr.
Luisenstr.
Bismarckstr.
Uhleinstr.
Hospitalstr.
Grafschaftsmuseum
Burg Wertheim
Stiftskirche
Kittsteintor
Ritterg.
Glasmuseum
Hans-Bardon-Str.
Hämmelsgasse
aler Weg
Ferdinand-Hotz-Str.
Schützenstr.
Karl-Bär-Str.
Alte Vockenroter Steige
Mittlere Flur
Am Freiengraben
Wilhelm-Blos-Str.
Carl-Wibel-Str.
Carl-Roth-Str.
Krackenberg
Obere Leberklinge
Untere Leberklinge
Mühlenstr.

Tour 38 — 17,6 km

Auf dem Fränkischen Marienweg am Südrand des Spessarts

Start: Stadtprozelten, Bahnhof
Ziel: Freudenberg-Kirchfurt, Bahnhof
Aufstieg: 562 m
Abstieg: 562 m
Gehzeit: 4 - 4,5 Std.
Hartbelag: 33 %
Wanderwege: 52 %
Wanderpfade: 15 %

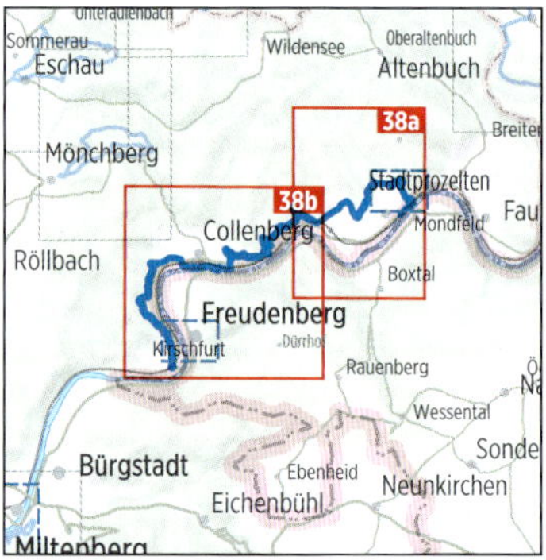

Charakteristik: Eine sehr anspruchsvolle Tour mit zahlreichen, recht steilen Anstiegen. Der Wechsel von Spessartlandschaft und Höhenabschnitten mit tollen Aussichten über den Main sowie Uferlandschaften am Fluss selbst macht diese Tour aber zu einer der schönsten in diesem Buch. Als i-Tüpfelchen führt sie auch noch an den beeindruckenden Ruinen Henneburg und Kollenburg vorbei und belohnt nicht nur beim Schlussabstieg mit tollen Aussichten auf den Main und die Burg Freudenberg.

Tipp: Die Tour kann in Dorfprozelten und in Collenberg abgekürzt werden, da hier direkte Bahnverbindungen zum Ausgangspunkt bestehen.

Markierung: Spessartweg 2 (bis Henneburg) – Fränkischer Marienweg.

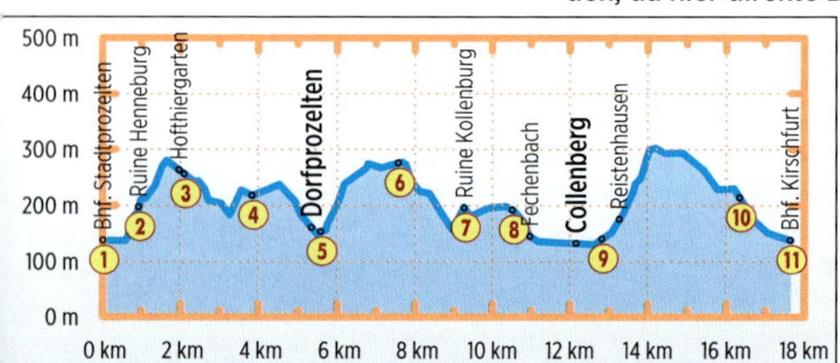

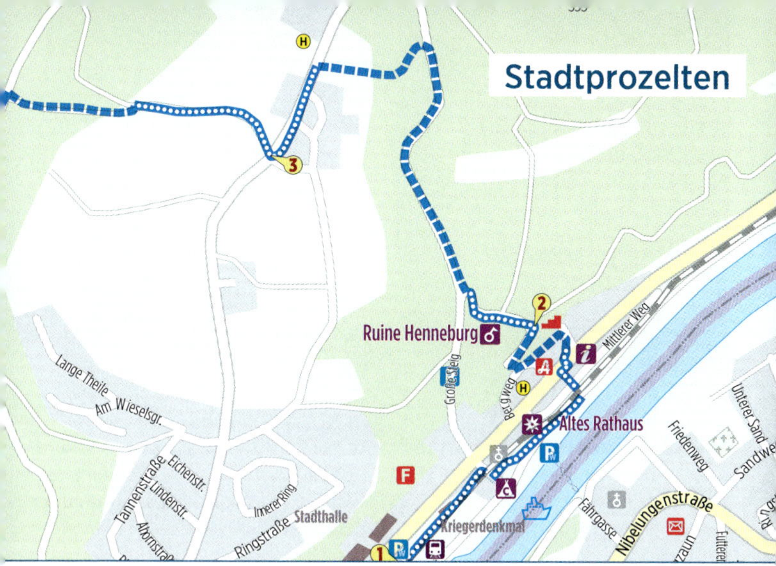

Anreise Auto: **Von der A 3-Ausfahrt Marktheidenfeld auf die B 8 in Richtung Wertheim. Nach 7 Kilometern im Kreisverkehr in Kreuzwertheim die erste rechts in die Haslocher Straße und der Straße für ca. 12 Kilometer folgen. Der Bahnhof Stadtprozelten ist auf der linken Seite im Stadtzentrum.**

Anreise ÖPNV: **Bahnhof Stadtprozelten (Strecke Miltenberg – Wertheim). Am Ende der Tour vom Bahnhof Freudenberg-Kirschfurt in 14 Minuten zurück zum Bahnhof Stadtprozelten.**

Stadtprozelten

Vorwahl: 09392

Tourismusinfo, Hauptstr. 41, 9847222, xoh833

Mainfähre Stadtprozelten - Mondfeld, Am Mittelthor, 09342/301-551, sdy287

Maria Himmelfahrt. Katholische Pfarrkirche (ehem. Spitalkirche) mit gotischem Kirchturm, dessen unterer Teil aus dem 14. Jh. stammt. An der Nordwand eine lebensgroße Sandsteinfigur aus dem 13. Jh., die sog. Gräfin von Henneberg.

Altes Rathaus, Hauptstr. 131. Das bauhistorische Kleinod mit dem hohen Giebel stammt aus dem 16. Jh. und besitzt einen Treppenturm und einen auf toskanischen Säulen errichteten Erker.

1 0,0 (136) Vom **Bahnhof Stadtprozelten** nach rechts in das kleine Sträßchen ~ vor der Unterführung links am Zaun entlang in die gepflasterte Gasse ~ nach der Treppe rechts durch die Bahnunterführung, dann links ~ an der Fähre vorbei ~ links durch die Unterführung zurück in den Ort ~ an der T-Kreuzung rechts in die **Hauptstraße** und gleich wieder

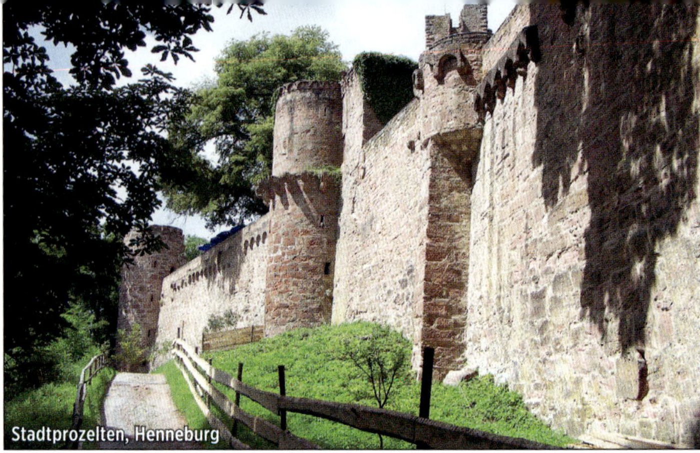
Stadtprozelten, Henneburg

links in das enge Gässchen zur Burg ~ rechts durch das Tor in die Burganlage.

Henneburg

Burgruine Henneburg, Neuer Weg, ✆ 9847222 (24). Als „Burg Prozelten" im 12. Jh. von den Schenken von Clingenburg (s. Tour 43) erbaut. Der östliche Pallas stammt aus der Mitte des 13. Jhs., ein Umbau erfolgte im 14. und 15. Jh. durch den Deutschen Orden, bevor die Burg 1483 an das Erzstift Mainz kam. Vermutlich wurde sie 1688 von den Franzosen zerstört. Sie zählt zu den schönsten Burgruinen Deutschlands. Zwei Türme können bestiegen werden und bieten einen phantastischen Ausblick auf das Maintal. Der Eintritt ist frei.

2 0,9 (196) An der Einmündung links in den größeren Schotterweg, nun der Markierung Fränkischer Marienweg folgen ~ am **Wegweiser Henneburg** in die kleine Straße, die Serpentinen hinunter ~ an der ersten Spitzkehre die Hauptstraße nach rechts verlassen ~ den mit Steinen durchsetzten Weg links steil hoch in Richtung Hofthiergarten verlassen ~ an der Kreuzung nach dem Waldstück geradeaus über die Wiese ~ an der Einmündung links auf die Straße ~ auf der Straße durch Hofthiergarten.

Hofthiergarten (Stadtprozelten)

3 2,1 (255) Am Ende der Siedlung rechts auf den Asphaltweg ~ kurz nach Eintritt in den Wald links in den bergab führenden Pfad ~ an der Gabelung geradeaus auf dem Hauptweg bleiben ~ an der T-Kreuzung links in den Schotterweg ~ am **Grill- und Picknickplatz Selbrunn** geradeaus bergauf auf die Wiese ~ an der Gabelung links ~ am **Wegweiser Dorfprozelten** dem Schotterweg geradeaus folgen.

4 3,8 (217) An der Einmündung rechts hoch zur Asphaltstraße ~ am **Parkplatz Bichelberg** links, nun an den Weinbergen vorbei bergab ~ der **Höhbergstraße** bergab in den Ort folgen.

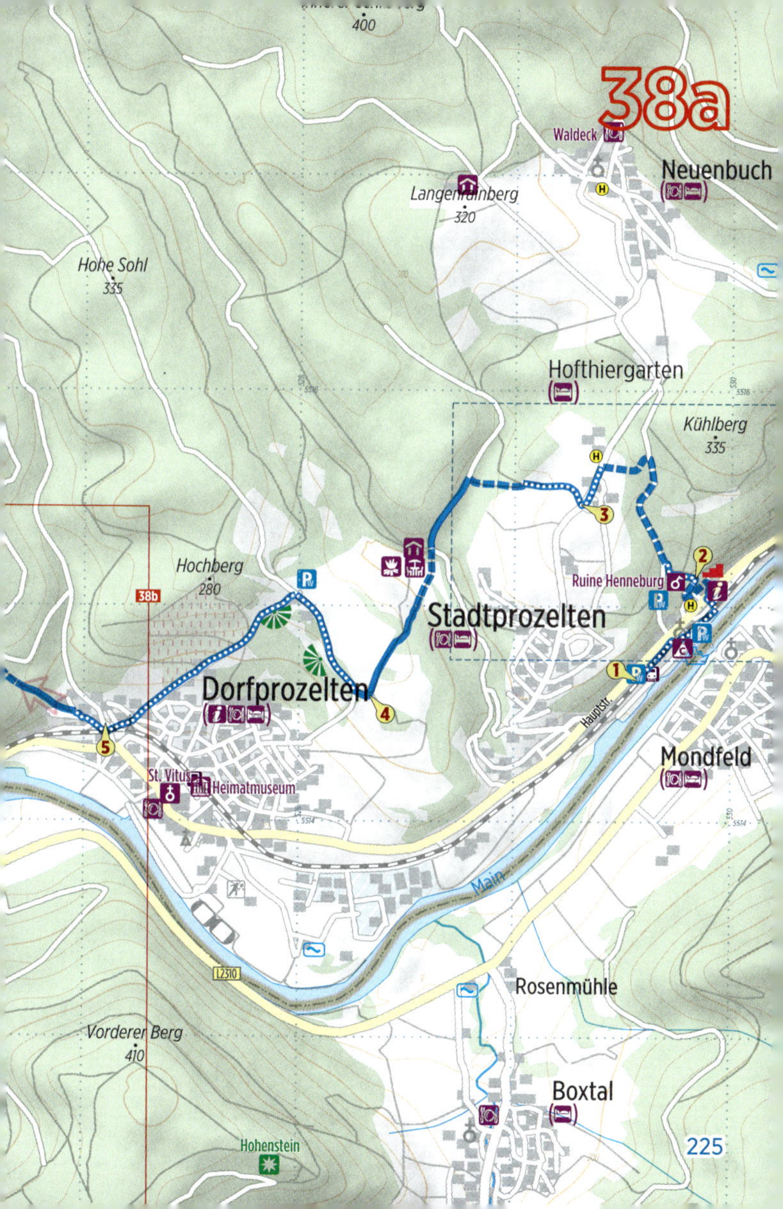
38a
400
Waldeck
Neuenbuch
Langenrainberg
320
Hohe Sohl
335
Hofthiergarten
Kühlberg
335
Ruine Henneburg
Stadtprozelten
Hochberg
280
38b
Dorfprozelten
Hauptstr.
Mondfeld
St. Vitus
Heimatmuseum
Main
L2310
Rosenmühle
Vorderer Berg
410
Boxtal
Hohenstein

Dorfprozelten

Vorwahl: 09392

Gemeinde, Schulg. 2, ✆ 97620, @ rei634

Heimatmuseum, Bahnstr., ✆ 7880, ✆ 97620 Wechselnde Ausstellungen im alten Bahnhof und eine Bergbremsbahn aus der Steinhauerepoche dokumentieren die geschichtliche Entwicklung der Gemeinde. @ ukv775

St. Vitus, Bahnstr. 5. Das neuromanische Kleinod (1899-1901) wurde nach Plänen des Dombaumeisters Dr. Josef H. Schmitz erbaut und von den Schiestlbrüdern Rudolf, Matthäus und Heinz künstlerisch ausgestattet. Sehenswert sind u. a. die Glasfenster, das Bild der Heiligen Familie und die Heiligenfigur St. Sebastian von 1480. @ lyw783

Goldener Stern, Maing. 5, ✆ 7295, Di-So, @ uup886

Zur goldenen Krone, Hauptstr. 61, ✆ 7528, Mi-Mo, @ esb665

5 5,6 (152) An der Kreuzung am Wanderwegweiser im Zentrum rechts bergauf in die **Steingasse**.

TIPP: Hier links und nach ca. 400 m erneut links in die Bahnstraße erreichen Sie den Bahnhof mit Verbindungen zurück nach Stadtprozelten.

An der Gabelung rechts in die Straße **Am Roten Rain** ⁓ gleich darauf links in den Schotterweg, weiter bergauf ⁓ an der nächsten Gabelung die linke Variante, also geradeaus bergauf ⁓ an der T-Kreuzung links in den Schotterweg ⁓ am Eingang zum Wald geradeaus weiter dem Hauptschotterweg folgen.

6 7,6 (275) Am Rechtsknick des Hauptschotterweges gehen Sie geradeaus

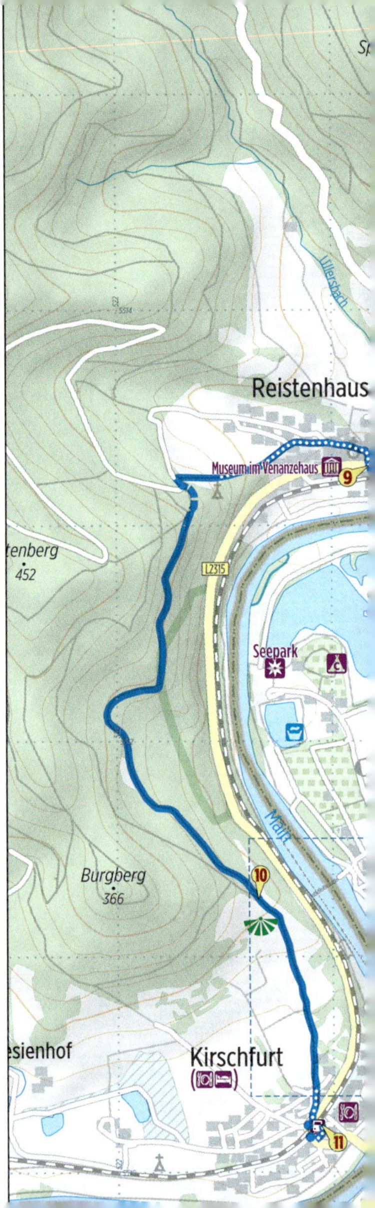

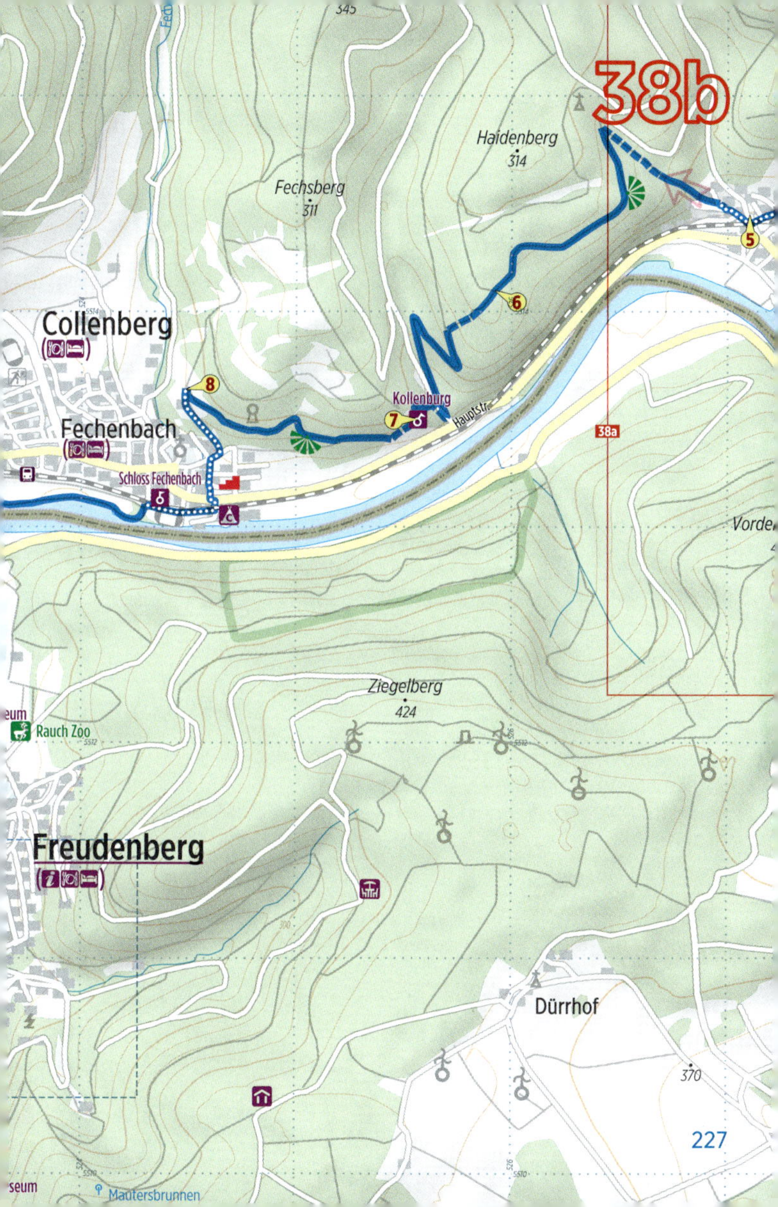
38b
Haidenberg
314
Fechsberg
311
Collenberg
Fechenbach
Schloss Fechenbach
Kollenburg
Hauptstr.
38a
Vorde
Ziegelberg
424
Rauch Zoo
Freudenberg
Dürrhof
370
Mautersbrunnen

in den Waldweg ~ an der T-Kreuzung links und dann gleich rechts in den Pfad, steil bergab durch den Wald ~ an der Einmündung links in den Kieswaldweg, weiter bergab ~ der 180-Grad-Kurve nach rechts folgen ~ an der Gabelung auf dem Hauptweg bleiben ~ an der Einmündung auf den größeren Schotterweg diesen kreuzen und scharf rechts in den kleinen Waldweg in Richtung Burgruine ~ den Serpentinen steil hinauf folgen.

Burgruine Kollenburg, Anmeldungen zu Führungen unter 09376/1299. Errichtet wurde die Burg im 12. Jh. von Conradus Colbo Schenk von Schüpf, der von Kaiser Friedrich Barbarossa als Reichsschenk ins Maintal geholt wurde und mit seiner Familie hier etwas mehr als 100 Jahre residierte. Im 14. Jh. nahm die Familie der Rüdt von Kollenburg diese Stellung ein und baute die Burg zu einer wehrhaften Feste aus. Ab dem 17. Jh. verfiel die Burg, erhalten sind noch der Bergfried und der Burgbrunnen. @ won315

7 9,2 (180) Links an der Burg vorbei, dann rechts in den steilen Pfad hinunter ~ am Abzweig rechts bergauf, an den Sandsteinterrassen vorbei ~ dem Kreuzweg geradeaus bergab folgen.

8 10,5 (191) An der Einmündung links in die Asphaltstraße ~ gleich am Ortseingang links in die Straße **In den Herrnäckern** ~ in der Kurve rechts in den kleinen gepflasterten Pfad ~ an einem Sandsteinhaus vorbei und über ein paar Treppchen hinunter zur Hauptstraße.

Collenberg a. Main

Vorwahl: 09376

Rathaus, Kirchpl. 2, 97100, @ nos512

Schloss Fechenbach, Schlossstr. 1. Das Barockschloss wurde 1754 vom Würzburger Hof- und Dombaumeister Johann Michael Fischer erbaut. Es diente als Adelssitz der Freiherren von Reigersberg und später den Freiherren von Bethmann. @ var564

Zur Alten Eisenbahn, Hauptstr. 41, 998838, Mo-Sa ab 17 Uhr, So/Fei ab 10 Uhr

Collenberg beheimatete seit dem frühen Mittelalter regional bedeutende Adelsgeschlechter. Sehenswert ist neben der Kollenburg und Schloss Fechenbach auch der Fechenbacher Kreuzweg aus Sandsteintafeln mit Bronce-Motiven, der an dieser Tour liegt.

An der Einmündung links in die Hauptstraße und gleich rechts unter

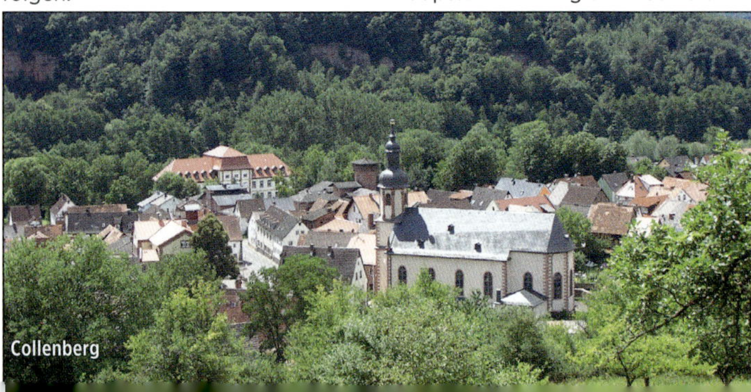

Collenberg

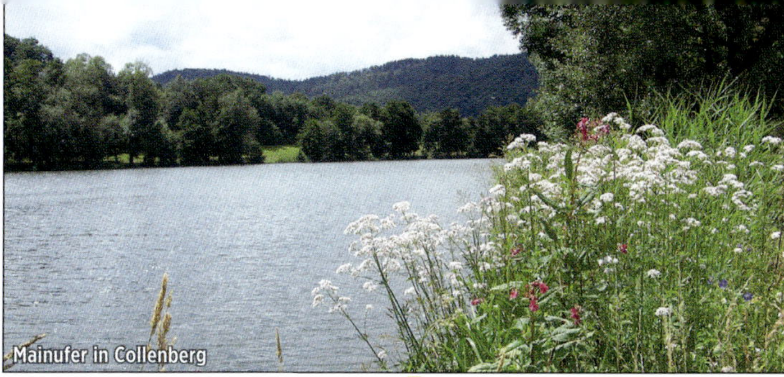

Mainufer in Collenberg

der Unterführung hindurch ⇝ nach der Unterführung rechts in den Fahrradweg.

Camping Maintal, Schlossstr. 42, ✆ 09376/1270, ⏲ April-Okt., tägl. ab 11 Uhr, @ dbq411

An der Kreuzung den Fahrradweg verlassen und links in den Schotterweg in Richtung Main ⇝ rechts zum Main und auf dem Wiesenweg am Fluss entlang ⇝ an der Gabelung nicht dem Radweg direkt zum Main folgen, sondern geradeaus weiter ⇝ an der Kreuzung rechts in Richtung Ort.

Reistenhausen (Collenberg a. Main)

Vorwahl: 09376

Museum im Venanzehaus, Brunnenstr. 27, ✆ 614, ✆ 998906 Das Heimatmuseum hat als besonderes Thema die Steinhauerkunst, das Steinhandwerksgewerbe sowie die Schifffahrt. Infos beim Gemeindeamt Collenberg. @ uam484

Gasthaus Zum Schiff, Mainstr. 3, ✆ 09376/222

TIPP: Vor der Bahnbrücke rechts und entlang der Schienen erreichen Sie nach gut 500 m den Bahnhof Colenberg, den Sie für eine vorzeitige Abreise nutzen können.

9 12,8 (140) Die Hauptstraße queren und nach 60 m halb links in die **Hainbuchstraße** ⇝ an der Gabelung links hoch und an der **Kirche** vorbei steil bergauf ⇝ an der Gabelung links in die Straße **Roter Bergweg** ⇝ an der Gabelung links, weiter steil bergauf ⇝ an der Kreuzung am Waldrand links hoch in die Schotterstraße ⇝ gleich danach links in den schmalen Wanderweg abzweigen ⇝ an der Gabelung mit dem Hohlweg links, den Pfad steil bergauf nehmen ⇝ an der Einmündung auf den breiteren Waldweg links ⇝ an den folgenden Abzweigungen immer auf dem Hauptweg bleiben ⇝ an der Einmündung geradeaus bergab in den Schotterweg.

10 16,3 (213) An der Einmündung in den breiteren Schotterweg links in Richtung Kirschfurt ⇝ halb links in den bergab führenden Schotterweg ⇝ an der T-Kreuzung rechts in die **Hauptstraße** ⇝ nach den Schienen links in die Straße **Am Bahnhof**.

11 17,6 (137) Die Tour endet am **Bahnhof Kirschfurt**.

Kirschfurt (Collenberg)

Ortsinformationen

Miltenberg

Vorwahl: 09371

Tourismusgemeinschaft DREI AM MAIN, Engelpl. 69, 404119, @ fxf261

Reederei Henneberger, Mainanlage, 3330. Rundfahrten in Miltenberg, andere Fahrten nach Bedarf, große und kleine Rundfahrten, Schleusenfahrten mit fachlicher Erklärung einer Mainstufe. @ ptr418

Stadtpfarrkirche St. Jakobus, Türme aus dem Jahr 1830. Im Inneren sehenswert u. a. die um 1400 geschaffene Dreikönigsgruppe und das Sandsteinkruzifix von 1527.

Ev. Pfarrkirche St. Johannes (1897)

Römisches Kohortenkastell, Altstadtweg 21. Ehemaliges Römerkastell, welches in der Zeit von 159/169 n. Chr. den Übergang des Grenzverlaufs am Main sicherte. 260 n. Chr. zogen die Römer ihre Truppen an den Rhein zurück. @ baq785

Brauerei Faust, Hauptstr. 219, 971313, Erlebnisführungen n. V. Die 1654 gegründete Faust-Brauerei ist die älteste Brauerei im Rhein-Main-Gebiet. @ dae878

Gasthaus „Zum Riesen", Hauptstr. 99, 2582, 3644 Das älteste Gasthaus in Deutschland wurde 1590 vom Baumeister Jacob Stoer erbaut. Es war über Jahrhunderte Trinkstube von Königen und Adeligen. Kurfürsten, geistliche und weltliche Herren waren hier zu Gast, sodass es zu Recht den Namen „Fürstenherberge" führt. @ msd274

Altes Rathaus, erstmals 1379 als Stadtwaage erwähnt. Das Gebäude diente als Kauf- und Lagerhaus, in welchem aufgrund des Stapelrechts die Kaufleute für drei Tage ihre Waren anbieten mussten.

Hallen-Freibad Miltenberg, Jahnstr. 1, 404700, @ emm735

(weitere Sehenswürdigkeiten in Tour 39)

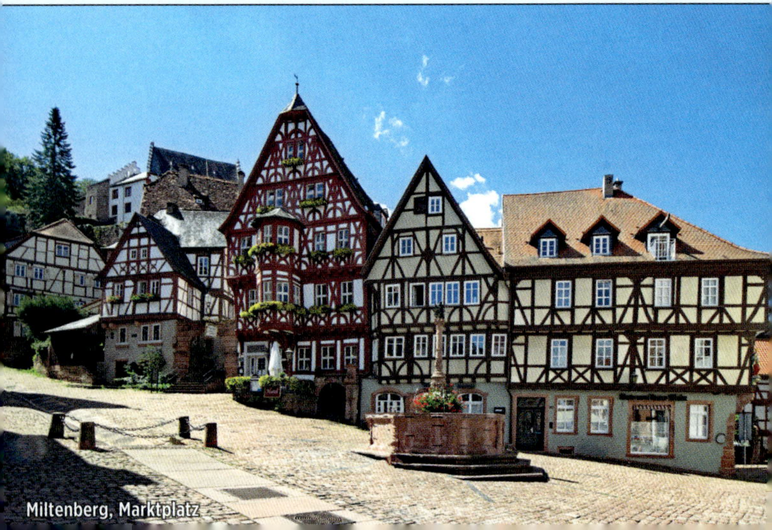

Miltenberg, Marktplatz

Miltenberg

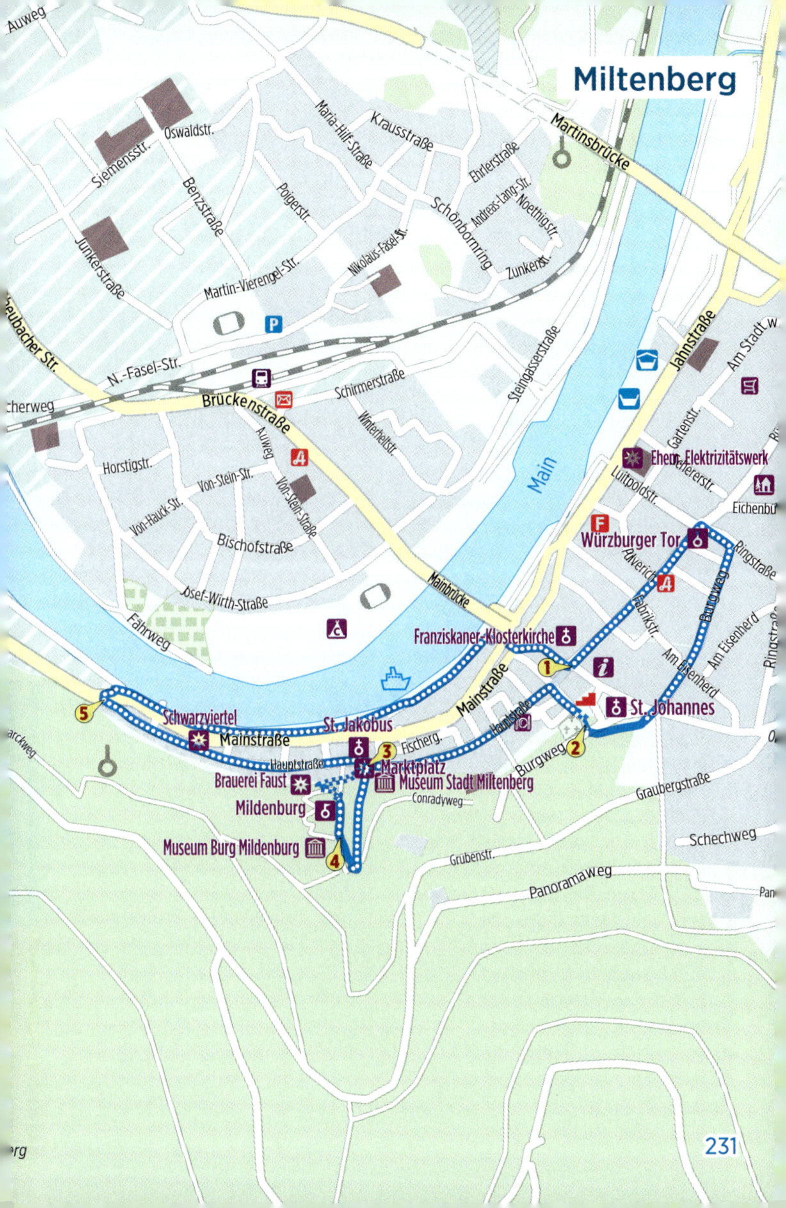

Auweg
Martinsbrücke
Siemensstr.
Oswaldstr.
Maria-Hilf-Straße
Krausstraße
Ehrterstraße
Benzstraße
Poigerstr.
Schönbornring
Andreas-Lang-Str.
Noethigstr.
Junkerstraße
Nikolaus-Fasel-Str.
Zunkerstr.
Martin-Vierengel-Str.
Neubacher Str.
N.-Fasel-Str.
Jahnstraße
Am Stadtw.
Steingasserstraße
Schirmerstraße
Brückenstraße
Winterheltstr.
Horstigstr.
Auweg
Gartenstr.
Ehem. Elektrizitätswerk
Von-Stein-Str.
Von-Hauck-Str.
Von-Stein-Straße
Main
Luitpoldstr.
Eichenbü
Bischofstraße
Würzburger Tor
Ringstraße
Josef-Wirth-Straße
Mainbrücke
Fabrikstr.
Burgweg
Fährweg
Franziskaner-Klosterkirche
Am Eisenherd
Mainstraße
Hauptstraße
St. Johannes
Schwarzviertel
St. Jakobus
Mainstraße
Fischerg.
Burgweg
Hauptstraße
Marktplatz
Brauerei Faust
Museum Stadt Miltenberg
Graubergstraße
Conradyweg
Mildenburg
Schechweg
Museum Burg Mildenburg
Grubenstr.
Panoramaweg
1
2
3
4
5

Tour 39 3,7 km

Spaziergang durch Miltenberg

Start/Ziel: Miltenberg, Engelplatz
Aufstieg: 66 m *Hartbelag:* 89 %
Abstieg: 66 m *Wanderwege:* 5 %
Gehzeit: 1 Std. *Wanderpfade:* 6 %

Charakteristik: Der Spaziergang führt durch die oft als Perle des Mains bezeichnete Stadt Miltenberg, die 1137 erstmals urkundlich erwähnt wurde. Er beginnt am Engelplatz und macht einen Schlenker über das Würzburger Tor und den Jüdischen Friedhof zur Hauptstraße – der malerischen Fußgängerzone. Schmuckstück ist der Marktplatz mit tollen Fachwerkensembles und dem Renaissancebrunnen. Der Aufstieg zur Burg wird mit einem tollen Blick auf das Maintal und dem 2011 eröffneten Museum Burg Miltenberg belohnt. Zurück geht es durch das Schwarzviertel und entlang der Mainpromenade.
Markierung: Ohne Markierung.
Anreise Auto: Auf der B 469 über Obernburg fahren und weiter auf die St 2310 in Richtung Miltenberg. In der Stadtmitte links abbiegen, unter der Brücke hindurch auf den großen Parkplatz am Main. Vom Parkplatz aus die Hauptstraße queren und über die Ziegelgasse bergauf zum Startpunkt Engelplatz.

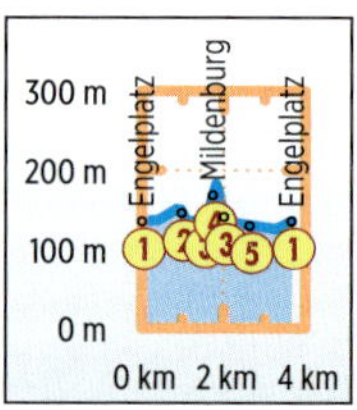

Anreise ÖPNV: Vom Bahnhof Miltenberg aus gibt es zahlreiche Busverbindungen zum Engelplatz (Dauer: ca. 5 Minuten), Sie können auch ins Zentrum laufen.

Miltenberg s. S. 230

1 0,0 (135) Vom **Engelplatz** auf der **Hauptstraße** an der Klosterkirche vorbei.

Franziskaner-Klosterkirche am Engelplatz, Baubeginn 1667. Sehenswert sind die barocke Innengestaltung und das Hauptportal mit Rundbogen.

Am Ende der Straße durch das **Würzburger Tor**.

Würzburger Tor. 1379 erstmals erwähnt. Ehemals äußere Stadtbegrenzung für die Vorstadt.

Hinter dem Würzburger Turm rechts in die **Ringstraße** ⁓ nach dem **Zuckmanteltur**m (erbaut 1351) rechts in den bergauf führenden **Burgweg** ⁓ an der Kreuzung geradeaus in den schmaleren **Karolinenweg** ⁓ rechts in den Parkweg ⁓ den Park nach rechts wieder verlassen.

2 1,0 (146) Die Straße queren und geradeaus die Trep-

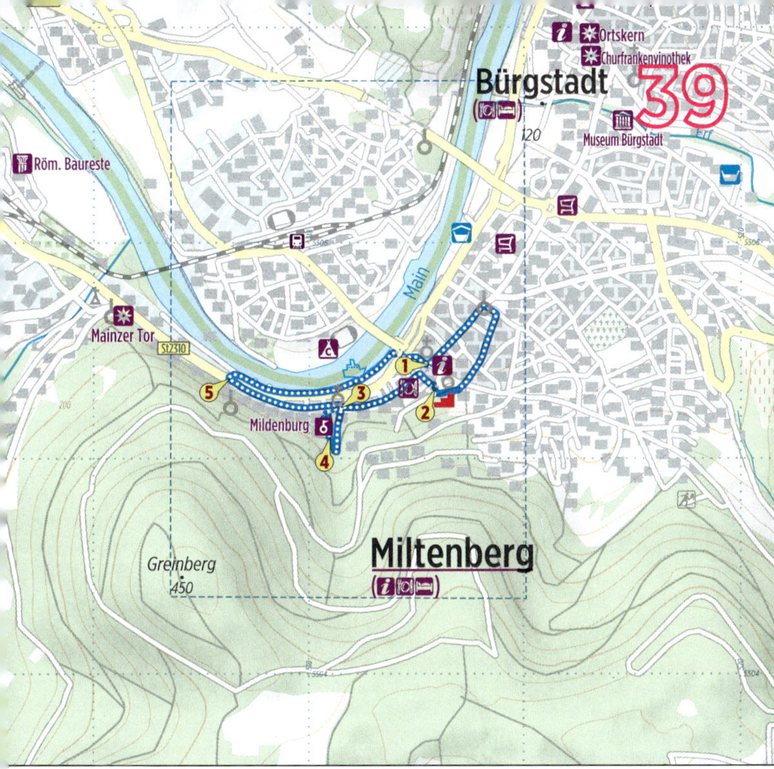

pe hinunter, am Jüdischen Friedhof vorbei.

- **Alter Jüdischer Friedhof**, Burgweg. Es wird vermutet, dass auf dem zwischen Stadtmauer und Burgweg gelegenen Friedhof bereits im 15. Jh. Bestattungen durchgeführt wurden. Beerdigt wurde hier bis Ende des 19. Jhs., danach auf dem Neuen Jüdischen Friedhof.

Durch das Tor der ehemaligen Stadtbefestigung geradeaus in die Altstadt ~ an der Kreuzung mit der **Hauptstraße** links in die Fußgängerzone.

- **Marktplatz**. Der berühmteste Platz Miltenbergs wird auch Schnatterloch genannt. Gesäumt von mehreren pittoresken Fachwerkhäusern. Renaissance-Marktbrunnen aus Buntsandstein mit Kandelabersäulen und der Statue der Gerechtigkeit von 1583. Besonders sehenswert sind das Weinhaus am Alten Markt, die Amtskellerei (heute Sitz des Museums der Stadt Miltenberg), der Schnatterlochturm und der Renaissancetorbogen, der Aufgang zur Burg, sowie das Rokokohaus aus dem Jahre 1750 an der Nordseite des Platzes.

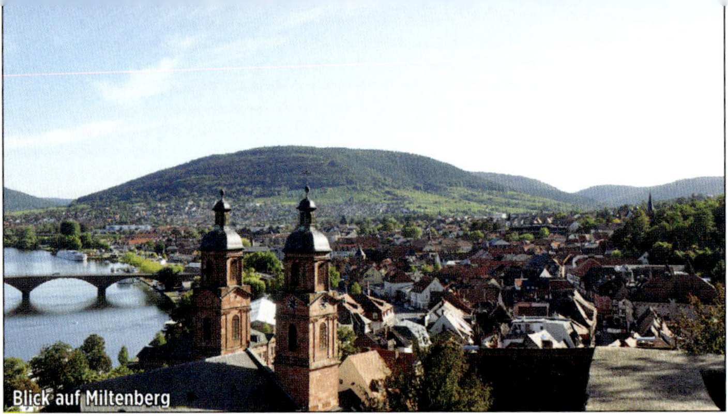

Blick auf Miltenberg

🏛 **Museum Stadt Miltenberg**, Hauptstr. 169-175, Am Schnatterloch, ✆ 668504 In einem der schönsten Fachwerkhäuser der Stadt ist das städtische Museum untergebracht, das anhand einer reichen Sammlung über die Kulturgeschichte Miltenbergs und dessen Umland informiert. Ausgezeichnet mit dem Bayerischen Museumspreis. @ ecn413

3 1,5 (138) Den **Marktplatz** schräg links queren ⇝ rechts die Treppe hoch zur **Mildenburg**.

Mildenburg

Vorwahl: 09371

🏛 **Museum Burg Miltenberg**, Mildenburg, ✆ 668504 Das Museum zeigt klassische Ikonen und moderne Kunst. @ fcj128

Mildenburg, ✆ 668504, Mitte März bis Okt., Di-So 11-17.30 Uhr. Die Burg stammt aus dem 13. Jh., erbaut vom Mainzer Erzbischof. Der älteste Teil der Burganlage ist der Bergfried. Das heutige Wohngebäude mit hohem Dach und Treppengiebel wurde 1390-1396 durch den Erzbischof Konrad von Weinsberg errichtet. Die Burg wurde mehrfach erweitert bzw. nach der Zerstörung im Markgrafenkrieg durch den Erzbischof Daniel Brendel von Homburg (1555-1582) teilweise wieder aufgebaut. Seit 1979 ist die Anlage im Besitz der Stadt Miltenberg.

4 1,7 (168) An der Burg vorbei durch das gemauerte Tor in den Schotterweg ⇝ an der Gabelung links ⇝ durch das nächste Tor hindurch und die Treppe hinunter ⇝ unter der Brücke hindurch zurück zum **Marktplatz**.

3 2,0 (140) Vor der Kirche links in die **Hauptstraße**, durch das Schwarzviertel.

Schwarzviertel. Ältester Teil der Stadt mit Bannhaus und Judenbad.

5 2,7 (135) Am Ende der Straße die Mainstraße queren und rechts in die **Mainpromenade** ⇝ am Main entlang zurück zur **Mainbrücke** ⇝ rechts über den Parkplatz ⇝ die Mainstraße queren und geradeaus in die **Ziegelgasse**.

1 3,6 (140) Die Tour endet wieder am **Engelplatz**.

Miltenberg

Der Spessartbund – gelebte Wandertradition seit über 100 Jahren

Ohne den Spessartbund gäbe es diesen hikeline-Wanderführer wohl nicht in dieser Form. Das Wandern im Spessart wäre nicht nur langweiliger und weitaus komplizierter – es wäre wohl nur sehr eingeschränkt möglich. Viele der beeindruckenden Natur- und Kulturschönheiten des Mittelgebirges, die abseits der Städte und Dörfer liegen, sind verlässlich nur über markierte, gepflegte und gesicherte Wanderwege zu erreichen. Und so manches urige Wirtshaus im Wald oder in einem der verwunschenen Wiesentäler würde wohl in Vergessenheit geraden.

Doch es gibt ihn ja – den Spessartbund.

Der regionale Wanderverband ist seit mehr als hundert Jahren DIE Interessenvertretung für das Wandern im Spessart. So kümmert sich der Spessartbund ehrenamtlich mit hunderten von Helfern um die Instandhaltung und Betreuung der Wanderwegemarkierung im gesamten Spessart und zeichnet damit verantwortlich für ein Wanderwegenetz von ca. 6.500 Kilometern. Er bietet mit seinen Ortsgruppen jährlich über 1.000 Wanderungen an, fördert die Jugend- und Familienarbeit, pflegt Kultur und Geschichte und setzt sich für den Naturschutz ein.

Der Spessartbund ist Mitglied im Deutschen Wanderverband und wurde 1913 als Arbeitsgemeinschaft gegründet. Er versteht sich als gemeinsame Interessensvertretung für alle am Spessart interessierten Menschen und verbindet etwa 10.000 Mitglieder in ca. 80 Ortsgruppen zwischen Frankfurt und Würzburg.

Eine der wichtigsten Stätten des Spessartbunds ist das Pollaschdenkmal in der Nähe von Heigenbrücken, den man über Tour 28 erwandern kann. Hier gedenken die „Spechte“ jedes Jahr ihrer Mitglieder – gelebte Wandertradition seit über 100 Jahren, die hörbar wird, wenn aus hunderten von Kehlen das Spessartbundeslied erklingt: „So lasst uns froh durch Spessartwälder ziehen ...“

www.spessartbund.de

Tour 40 7,5 km

Mönchberger Runde

Start/Ziel: Mönchberg, Parkplatz Sportplatz
Aufstieg: 210 m *Hartbelag:* 5 %
Abstieg: 210 m *Wanderwege:* 89 %
Gehzeit: 1,5 Std. *Wanderpfade:* 6 %

Charakteristik: Die kurze Runde um Mönchberg zeichnet sich durch lange Abschnitte durch herrlichen Laubwald aus. Zunächst erfolgt der Anstieg auf Forstschotterwegen hinauf zum Eselsweg. Dort beginnt der attraktivste Wegabschnitt: Ein herrlich verwunschener, naturbelassener Pfad durch dichte Vegetation. Nach einem kurzen Anstieg zur erneuten Kreuzung mit dem berühmten Eselsweg verläuft die Tour auf Schotter mit schönen Blicken auf Mönchberg und die umliegende Spessartlandschaft angenehm stetig bergab. Am Ende der Tour haben Sie im Luftkurort Mönchberg reichlich Möglichkeiten zum Einkehren.

Markierung: M 1 (bis Wegpunkt 3) – Räuberland 2 (bis zum Nordic-Walking-Parkplatz) – M 1.

Anreise Auto: Von der A 3-Ausfahrt Rohrbrunn der Beschilderung in Richtung Obernburg folgen und hinter Eschau links in Richtung Mönchberg abbiegen. In Mönchberg im Ortszentrum links abbiegen auf die Hauptstraße. Rechts in die Jahnstraße und die zweite links in die Straße Unterm Sportplatz zum dortigen Parkplatz.

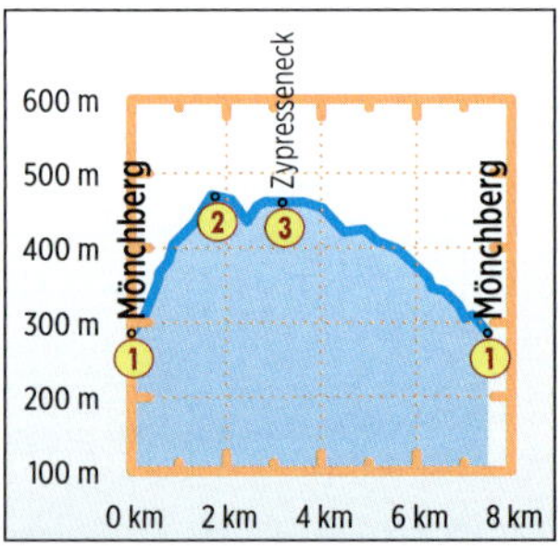

Anreise ÖPNV: Ab Aschaffenburg oder Obernburg-Elsenfeld mit Bus 61 nach Mönchberg, Freizeitanlage. Sonntags ab Bahnhof Miltenberg mit Bus 83.

Mönchberg

Vorwahl: 09374

- **Verwaltungsgemeinschaft Mönchberg**, Hauptstr. 44, ✆ 979960, @ nsa776
- **Heimatmuseum Mönchberg**, Hauptstr. 42, im historischen Rathaus, ✆ 9799630
- **St. Johannes der Täufer**, Kirchg. Die Barockkirche stammt aus dem 18. Jh.
- **Spessartbad Mönchberg**, Schwimmbadstr., ✆ 303

1 0,0 (286) Vom Parkplatz der Straße **Unterm Sportplatz** folgen ⤳ rechts in die Straße **Am Wasen** ⤳ an der T-Kreuzung links hoch

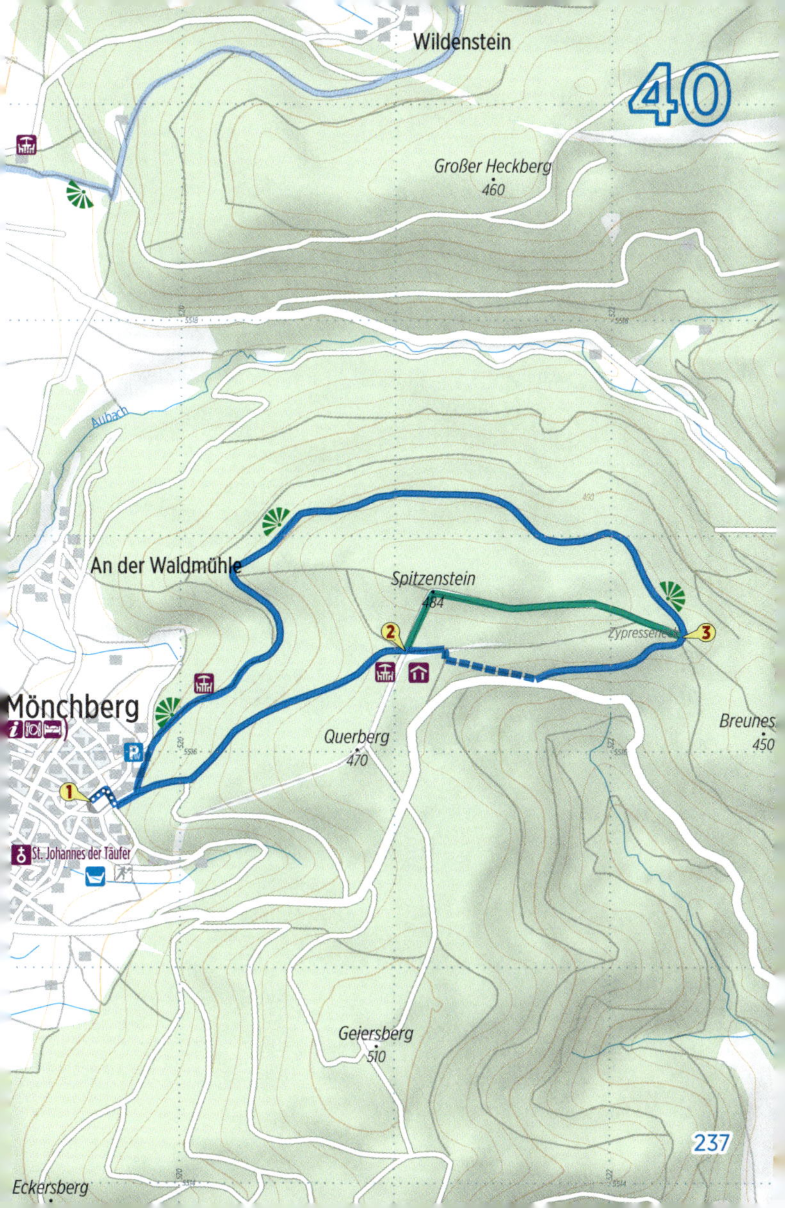
40
Wildenstein
Großer Heckberg
460
Aubach
An der Waldmühle
Spitzenstein
484
Zypressen
Mönchberg
Querberg
470
Breunes
450
St. Johannes der Täufer
Geiersberg
510
Eckersberg

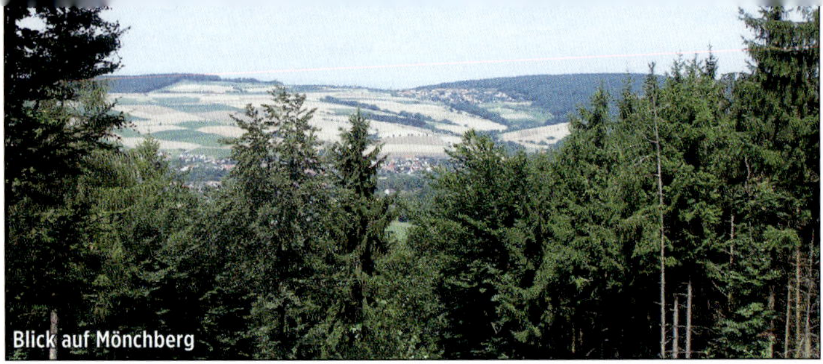

Blick auf Mönchberg

in den Schotterweg ⤳ an der Abzweigung geradeaus, ab hier der Markierung M 1 folgen ⤳ es geht steil bergauf, immer auf dem Schotterweg bleiben.

2 1,8 (470) An der Kreuzung mit dem Eselsweg den Schotterweg queren und geradeaus in den Erdweg Richtung Zypresseneck.

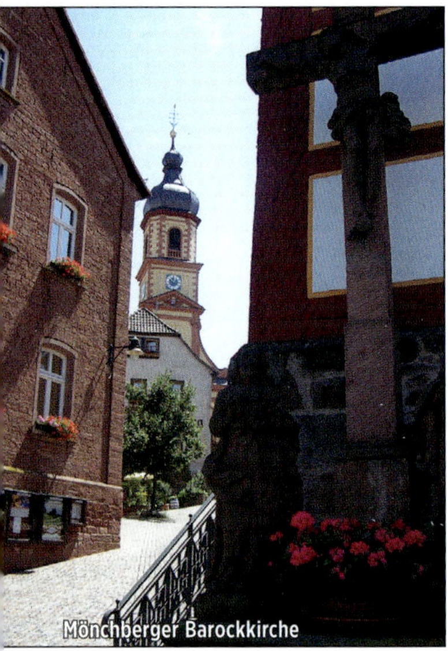

Mönchberger Barockkirche

VARIANTE Wer gerne ein Stück auf dem bekannten Eselsweg (Markierung Schwarzes E) laufen möchte, biegt hier links ab und folgt dem E auf Schotterwegen. Am Wegweiser Zypresseneck treffen Sie wieder auf die Hauptroute.

Auf dem Hauptweg nach 200 m rechts abbiegen, über die Wiese in den Wald ⤳ links in den schmalen Pfad, es geht leicht bergab ⤳ den breiteren Wanderweg kreuzen und weiter geradeaus auf dem Pfad bergab ⤳ an der T-Kreuzung links auf den Schotterweg, nun wieder bergauf.

3 3,2 (460) An der Kreuzung am **Zypresseneck** geradeaus, nun der Markierung Räuberland 2 folgen ⤳ immer auf dem geschotterten Hauptweg bleiben ⤳ an der Kreuzung dem Hauptweg nach links folgen ⤳ am **Parkplatz** mit der Nordic-Walking-Tafel schräg links hoch in den Panoramaweg, nun wieder der Markierung M 1 folgen ⤳ an der T-Kreuzung rechts bergab ⤳ auf dem bekannten Weg zurück zum Ausgangspunkt.

1 7,5 (286) Die Tour endet am Parkplatz unterhalb des Sportplatzes.

Mönchberg

Tour 41 8,2 km

Burg Wildenstein

Start/Ziel: Eschau, Parkplatz Sportgelände
Aufstieg: 223 m *Hartbelag:* 27 %
Abstieg: 223 m *Wanderwege:* 52 %
Gehzeit: 2 - 2,5 Std. *Wanderpfade:* 21 %

Charakteristik: Dieser Europäische Kulturrundweg führt vom Ortskern in Eschau bergauf durch Offenlandschaft mit herrlichem Ausblick auf den Spessart in den Wald zur Burg Wildenstein. Die eindrucksvolle Ruine aus dem 13. Jahrhundert kann anhand von Informationstafeln besichtigt werden und bietet zudem einen schönen Ausblick auf den idyllischen Weiler Wildenstein. Hier finden sogar noch aktuelle archäologische Ausgrabungen statt. Der weitere Weg führt entlang von Bächen und der Elsava größtenteils durch Wiesenlandschaften zurück nach Eschau.

Markierung: Durchgängig gelbes EU-Schiffchen auf blauem Grund.

Anreise Auto: B 469-Ausfahrt Obernburg in Richtung Elsenfeld/Eschau. In Eschau zweigt die Zufahrt zum Parkplatz Sportgelände von der Elsavastraße ab.

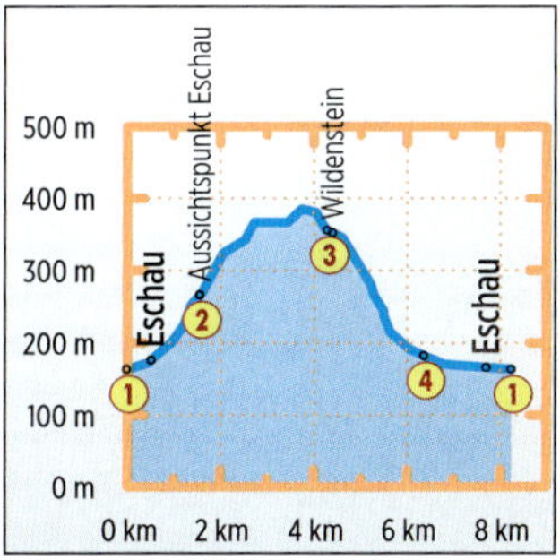

Anreise ÖPNV: Vom Bahnhof Obernburg/Elsenfeld mit Bus 64 in Richtung Neuhammer zur Haltestelle Eschau, Marktplatz. Am Wochenende nur alle zwei Stunden.

Eschau

Touristikverband Räuberland, Hauptstr. 16, Heimbuchenthal, ✆ 06092/1515, @ umo864

Zum Löwen, Elsavastr. 80, ✆ 09374/494, @ ujn584

Geisheckenmühle, Geisheckenweg 1, ✆ 09374/320, @ cug455

1 0,0 (163) Am **Parkplatz Sportgelände** in den Radweg ⤳ rechts in Richtung Ortszentrum über ein Brückchen ⤳ die Elsavastraße queren ⤳ auf der Straße **Matzenberg** bergauf ⤳ an der Einmündung links in die **Kirchstraße**, leicht bergab ⤳ an der Gabelung nach der Kirche rechts in die **Rathausstraße** ⤳ durch ein enges Mauergässchen zur

Straße ⤳ rechts in die **Wildenseer Straße** ⤳ links steil bergauf in den **Raiffeisenplatz**, der später zur **Spessartstraße** wird ⤳ am Friedhofstor geradeaus an der Mauer entlang ⤳ den Schotterweg hinauf zum **Aussichtspunkt Eschau**.

2 1,6 (265) Am Aussichtspunkt in den Wald hinein und rechts ⤳ an der T-Kreuzung scharf links in den Schotterweg ⤳ dem Schotterweg folgen bis zu einer Informationstafel zu Burg und Weiler Wildenstein ⤳ geradeaus unter den Stromleitungen hindurch

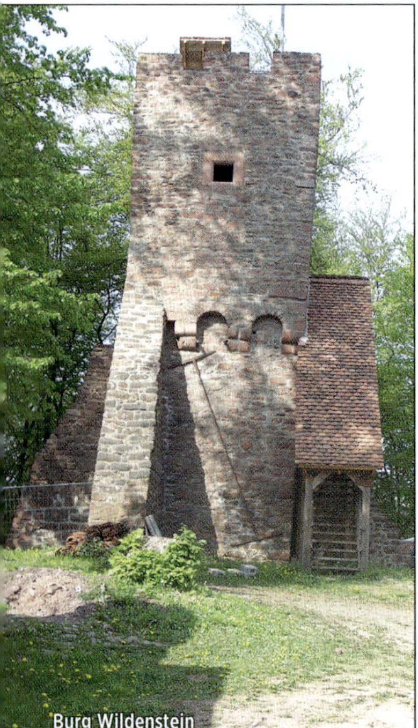

Burg Wildenstein

⤳ an der Gabelung links zur Burg Wildenstein.

Wildenstein (Eschau)

Burg Wildenstein. Die etwa 1230-1250 errichtete Höhenburg auf dem Sommerberg war durch einen Ringgraben und eine Ringmauer geschützt. Die erste urkundliche Benennung stammt aus dem Jahr 1260. Heute sind von der romanischen Anlage noch große Teile der Mauer, ein Turm und Kellergewölbe erhalten.

Burg Wildenstein ist die einzige Burgruine im inneren Spessart, die größtenteils erhalten geblieben ist. Sie wurde – wie auch der Ort Eschau – im 13. Jahrhundert von den Grafen von Rieneck, die hier ihr größtes Territorium im südlichen Spessart besaßen, gegründet. Die Grafen versuchten ihren Machtanspruch gegenüber den Mainzer Kurfürsten, mit denen sie im Streit lagen, zu festigen. Nachdem diese Expansionsbemühungen nach der Auseinandersetzung mit Mainz (1260-1271) beendet wurden, verblieben um Eschau drei Säulen ihrer Herrschaft: Die Burg als Verwaltungsmittelpunkt, die Siedlung als lokales Wirtschaftszentrum und das Kloster Himmelthal (s. Tour 42). Mit der Erfindung der Feuerwaffen verlor die Burg ihre militärische Bedeutung.

3 4,3 (355) An der Dreiergabelung in den mittleren Weg, steil bergab in einen kleinen Hohlweg ⤳ an der Einmündung scharf rechts in den Wanderweg, nicht auf die Asphaltstraße ⤳ an der Gabelung halb links in den bergab führenden Waldpfad ⤳ bei der Einmündung in einen Schotter-

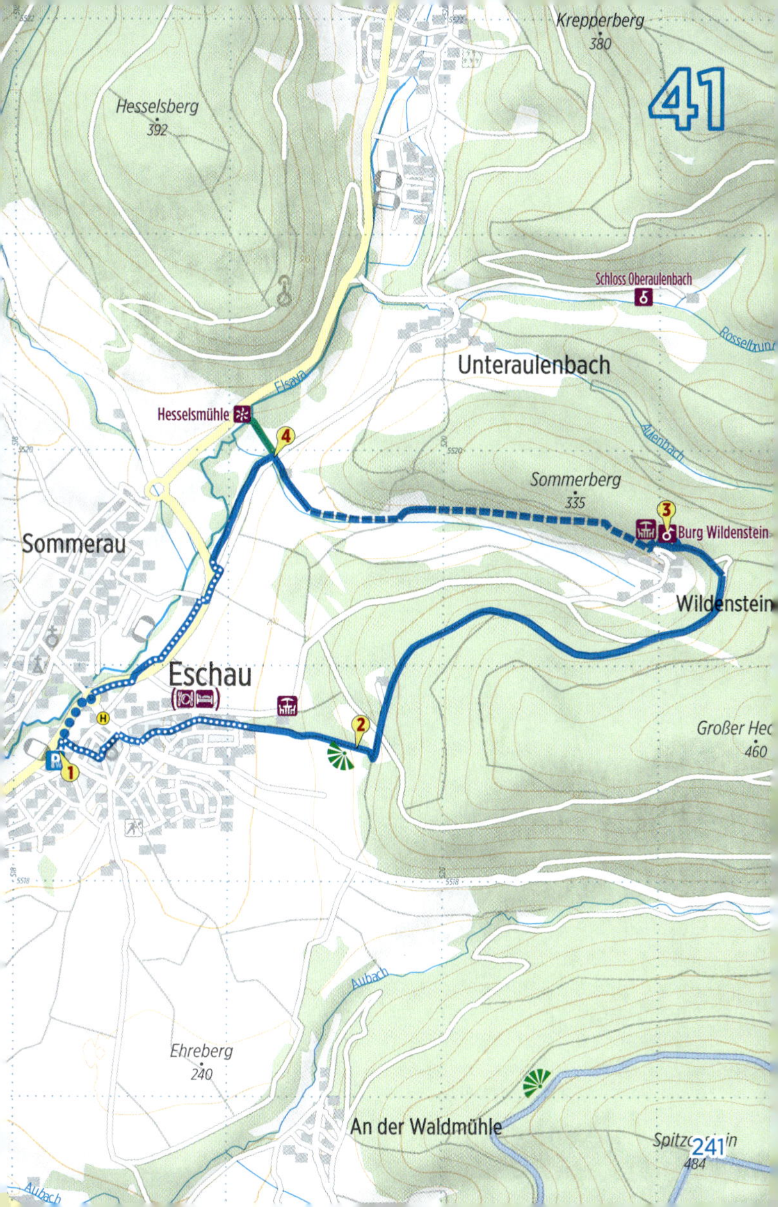

41
Krepperberg
380
Hesselsberg
392
Schloss Oberaulenbach
Unteraulenbach
Elsava
Hesselsmühle
4
Aulenbach
Sommerberg
335
3
Burg Wildenstein
Sommerau
Wildenstein
Eschau
2
1
Großer Hec
460
Aubach
Ehreberg
240
An der Waldmühle
484
Aubach

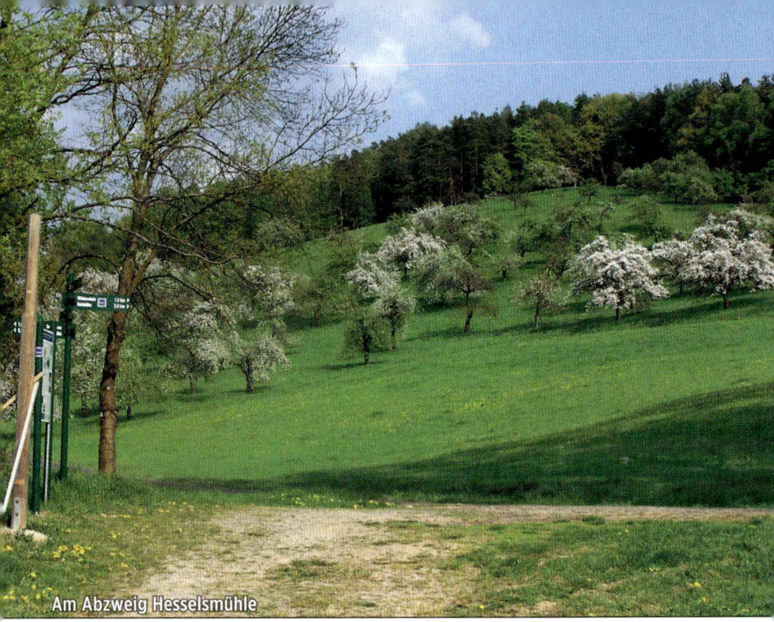

Am Abzweig Hesselsmühle

weg rechts ~ an der Gabelung halb links ~ nach 40 m den Weg verlassen und rechts auf den Wiesenpfad ~ dem Bächlein linkerhand leicht bergab folgen.

4 6,4 (182) Die Asphaltstraße überqueren.

AUSFLUG: Sie können hier einen Abstecher zur 200 m entfernten Hesselsmühle machen.

Links leicht bergab auf den breiten Wiesenweg ~ nun laufen Sie im Elsavatal auf einem alten Bahndamm ~ an der neugebauten Landstraße wechseln Sie auf die rechte Seite, Sie können aber auch auf dem Radweg links der Straße verbleiben ~ Sie laufen auf dem Wanderweg parallel zur Straße ~ kurz vor dem Kreisverkehr wechseln Sie auf die linke Straßenseite und folgen dem Radweg in den Ort ~ am Kreisverkehr vorbei ~ an der Gabelung nicht in die Unterführung, sondern geradeaus zum Parkplatz Sportgelände.

1 8,2 (163) Am Parkplatz ist das Ende der Rundtour erreicht.

Eschau

MITTEL

Tour 42 16,5 km

Fränkischer Rotweinwanderweg Elsenfeld – Erlenbach

Start: Obernburg-Elsenfeld, Bahnhof
Ziel: Erlenbach am Main, Bahnhof

Aufstieg:	279 m	*Hartbelag:*	43 %
Abstieg:	274 m	*Wanderwege:*	48 %
Gehzeit:	4 - 4,5 Std.	*Wanderpfade:*	9 %

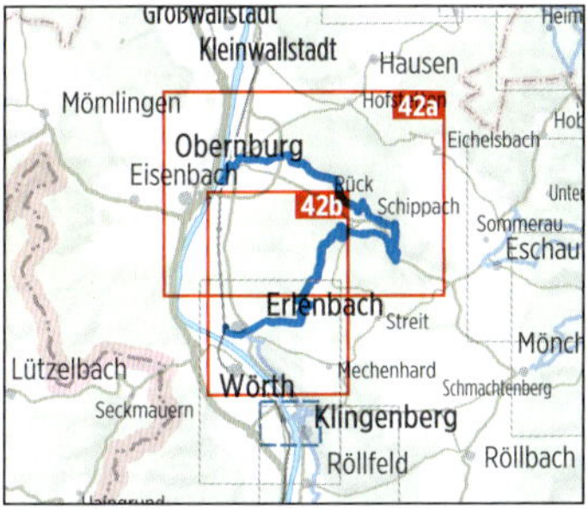

Charakteristik: Die Wanderung auf dem Fränkischen Rotweinwanderweg führt zunächst in das Elsavatal hinein und oft am Waldrand entlang mit tollen Ausblicken auf das Tal, den Spessart und den Odenwald. Es folgen der landschaftliche Höhepunkt mit dem Abschnitt durch die Rücker Weinlagen und das sehenswerte Kloster Himmelthal. Nach dem Aufstieg über Schippach zeigen sich die beeindruckenden Weinberge noch einmal aus der Ferne, bevor es auf der Höhe am Waldrand entlang – wieder mit schönen Spessartpanoramen – und dann bergab nach Erlenbach zurück an den Main geht.

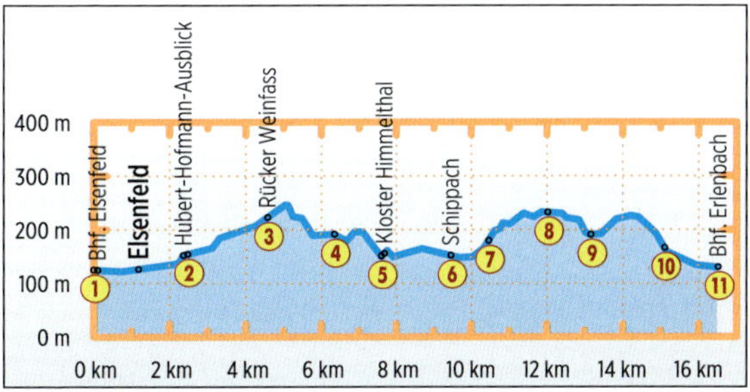

Tipp: In den Ortsteilen Rück und Schippach, durch die diese Tour führt, gibt es zahlreiche Häckerwirtschaften, die zur Verkostung der Rücker Weine einla-

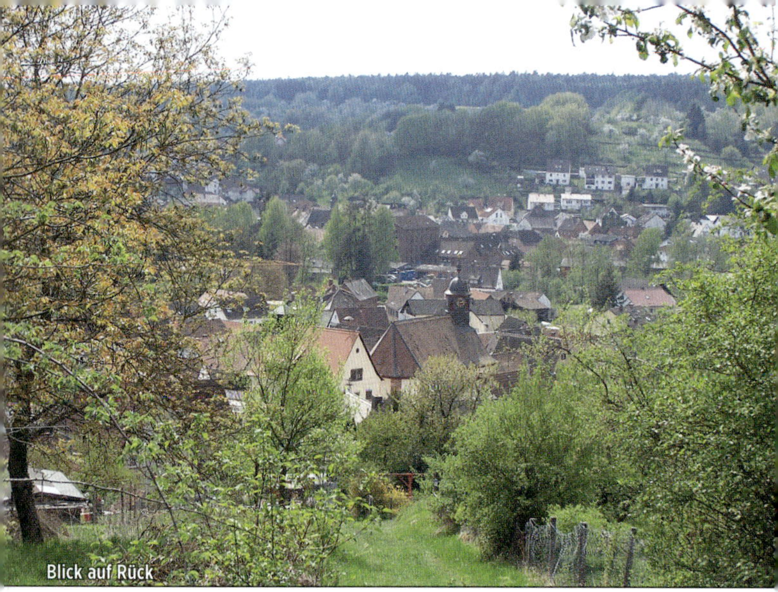

Blick auf Rück

den – Infos zu den Terminen unter www.churfranken.de.

Markierung: Durchgängig Fränkischer Rotweinwanderweg.

Anreise Auto: B 469-Ausfahrt Obernburg/Elsenfeld, rechts auf die Brücke in Richtung Elsenfeld. Noch auf der Brücke rechts abbiegen und an der Einmündung links zum Bahnhof.

Anreise ÖPNV: Ausgangs- und Endpunkt der Tour liegen an der Bahnstrecke Aschaffenburg – Miltenberg.

Elsenfeld

Vorwahl: 06022

- **Gemeinde Info**, Marienstr. 29, ✆ 50070, @ gog654
- **Heimatmuseum**, Hauptstr. 21, ✆ 509470 Das Heimatmuseum befindet sich im 1751 gebauten „Wamser Haus" und präsentiert zahlreiche Exponate rund um die Ortsgeschichte sowie das Leben und die Wirtschaft der vergangenen Jahrhunderte. @ nwi383
- **Freizeitbad Elsavamar**, Dammsfeldstr. 13, ✆ 649712. Badelandschaft, Römersauna, Wellness, @ hrs513
- **Elsavapark Elsenfeld**, Am Mühlweg 5, ✆ 50070, ✆ 0175/9935280 Der Beach- u. Freizeitpark mit Tiergehege bietet neben den Volleyballfeldern auch eine Skateanlage, die Möglichkeit Badminton, Basketball, Tischtennis und Soccer zu spielen sowie einen Grillplatz, u. v. m. @ dhp355
- **Gasthaus Zur Krone**, Hauptstr. 44, ✆ 8492, Do-Mo 11-14 Uhr und 17-19.30 Uhr, Di 11-14 Uhr, @ erg564

1 0,0 (124) Vom **Bahnhofsvorplatz** durch die Unterführung ~ links auf den Fahrradweg an den Bahngleisen entlang ~ am Recktsknick der

Bahnhofstraße laufen Sie geradeaus weiter entlang der Gleise ⤳ an der Kreuzung nach dem Elsavabrückchen rechts in Richtung Gaststätte zur Krone ⤳ an der Straße links, nun entlang der **Hauptstraße** ⤳ nach der Kirche rechts in die **Pfarrer-Rudolf-Straße** ⤳ geradeaus über die Marienstraße in die **Rücker Straße**, die später zur **Friedhofstraße** und zum **Eichelsbacher Weg** wird ⤳ am Kreisverkehr die zweite Ausfahrt auf den straßenbegleitenden Radweg ⤳ am nächsten Kreisverkehr geradeaus über die Umgehungsstraße.

2 2,5 (154) Nach dem **Hubert-Hofmann-Ausblick** am Wegweiser **Rotes Kreuz** rechts abbiegen, in Richtung Schützenhaus Diana ⤳ links am Schützenhaus vorbei.

Schützenhaus Diana bei Josef, Schützenhausstr. 1, ✆ 06022/1652, @ mbf417

Geradeaus in den Wanderweg ⤳ an der Gabelung auf dem Forstweg links weiter bergauf durch den Wald bis zum Eisentor.

3 4,6 (222) Am **Rücker Weinfass** vorbei ⤳ dem Weg zwischen Waldrand und Weinbergen folgen ⤳ an den Gabelungen jeweils links ⤳ an der T-Kreuzung links, steil bergab ⤳ an der nächsten Abzweigung scharf rechts bergab ⤳ am Garagenhäuschen links, gleich danach rechts und entlang der Weinberge.

4 6,3 (190) Die Weinberge verlassen und auf dem Wanderweg steil bergab ⤳ in den ebenen Pfad auf der Höhe über dem Elsavatal, später bergab auf den Forstweg ⤳ an der Einmündung

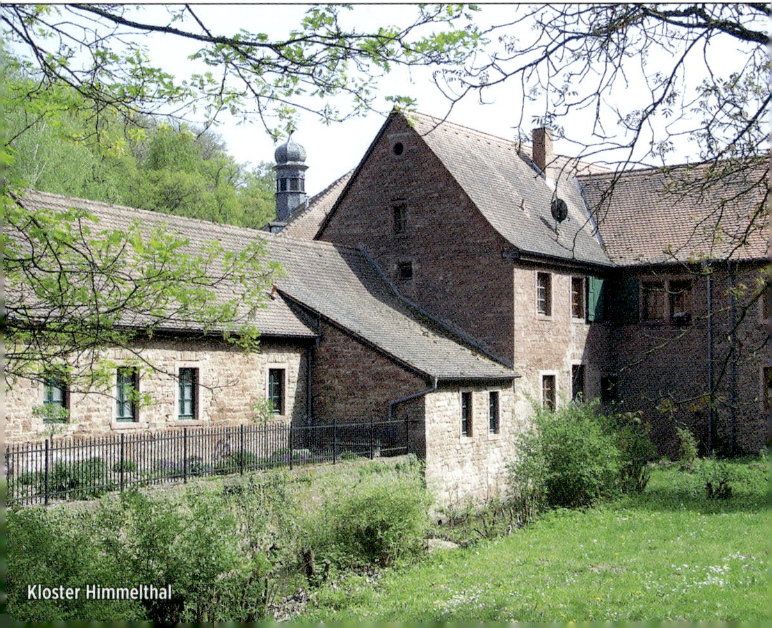
Kloster Himmelthal

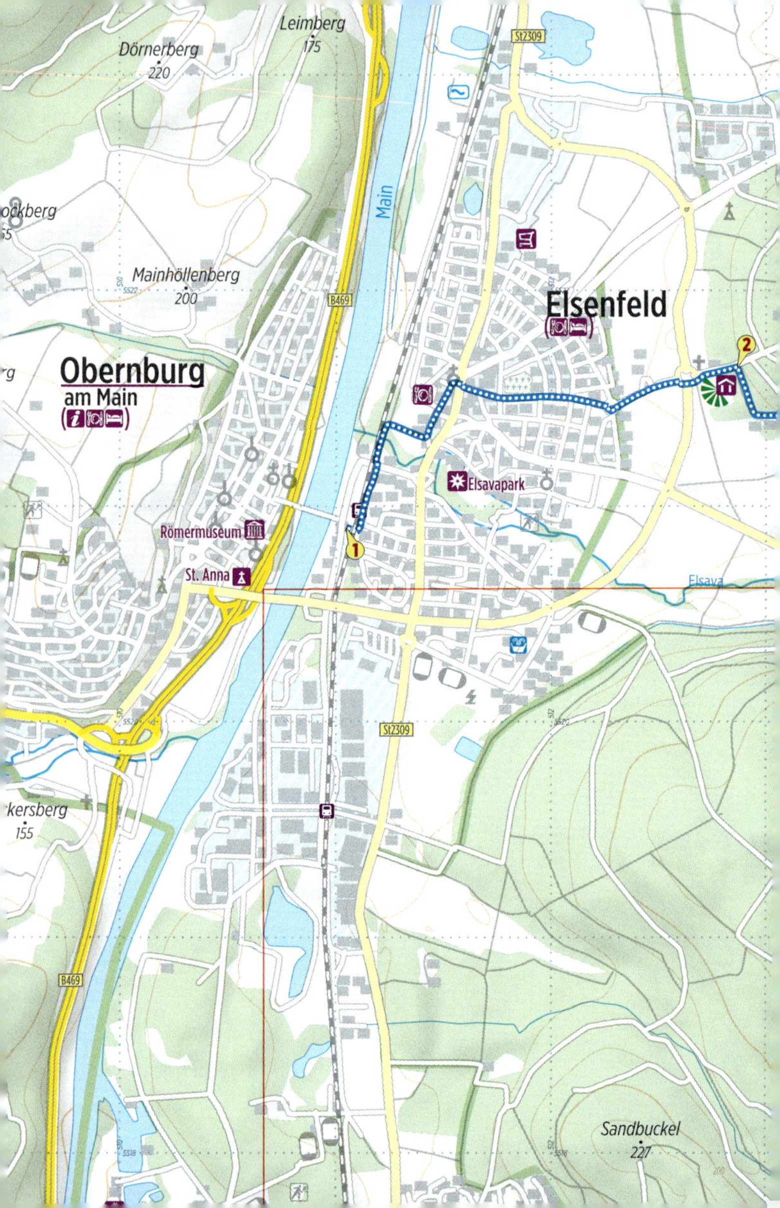

Leimberg
175
Dörnerberg
220
St2309
Main
ockberg
55
Mainhöllenberg
200
B469
Elsenfeld
Obernburg
am Main
Elsavapark
Römermuseum
St. Anna
Elsava
St2309
kersberg
155
B469
Sandbuckel
227

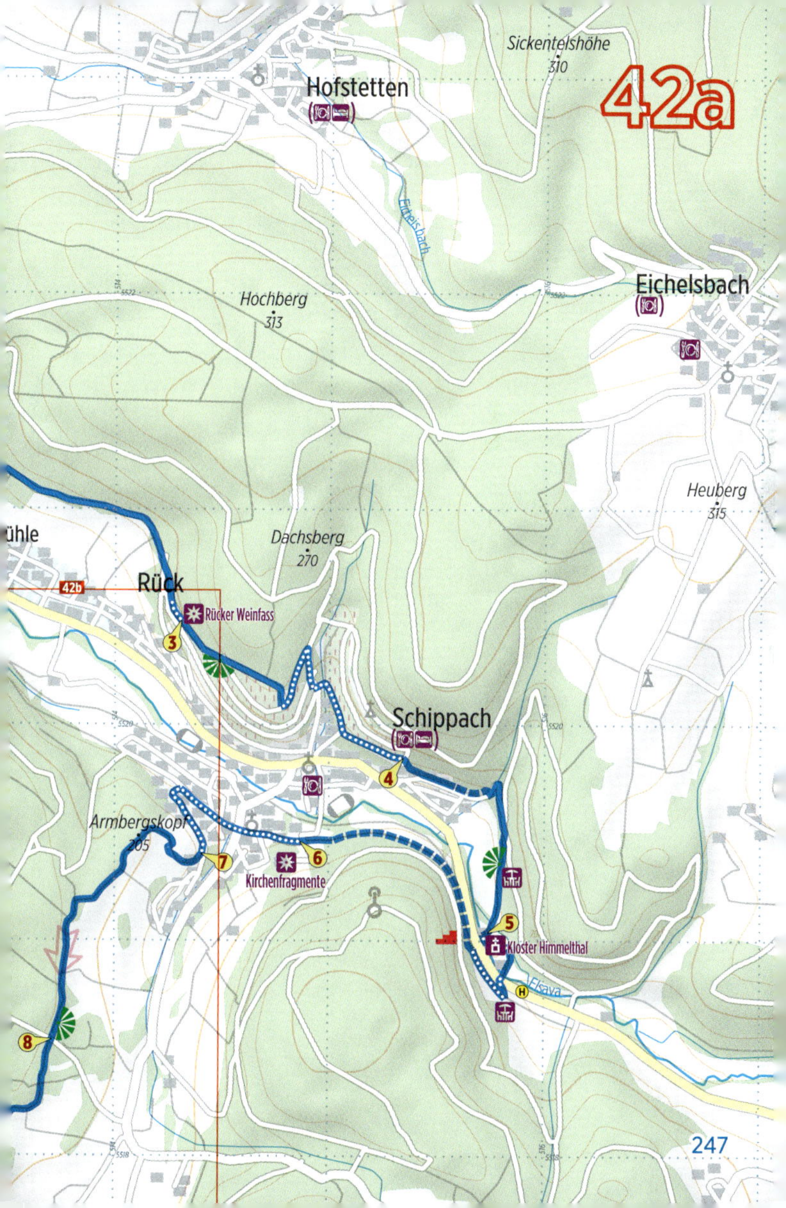

42a
Hofstetten
Sickentelshöhe
310
Eichelsbach
Hochberg
313
Eichelsbach
Heuberg
315
Dachsberg
270
ühle
42b
Rück
Rücker Weinfass
3
Schippach
4
Armbergskopf
205
7
6
Kirchenfragmente
5
Kloster Himmelthal
Elsava
8

kurz rechts und dann scharf links bergauf in den Schotterweg ⤳ an den Rastbänken rechts ⤳ an der Gabelung rechts bergab ⤳ über die Steinbrücke.

5 7,6 (150) Durch das Tor zum Kloster Himmelthal.

Kloster Himmelthal

Ehemaliges **Kloster Himmelthal**

Kloster Himmelthal wurde 1232 von Zisterzienserinnen auf dem Grund einer Schenkung der Grafen von Rieneck erbaut. Nach Zerstörungen während der Reformation und des 30-jährigen Krieges wurde es den Aschaffenburger Jesuiten überlassen und in seiner heutigen Form wiederaufgebaut. In den ehemaligen Klosterräumen sind heute eine Berufsbildungsstätte sowie eine Schule zur Erziehungshilfe mit heilpädagogischer Tagesstätte untergebracht. Im herrlichen Ambiente des Kloster Himmelthal findet Ende Juli immer das traditionelle Weinfest statt. Jeden zweiten Sonntag ist hier in der Klosterstube auch die Häckerwirtschaft geöffnet.

Nach dem ersten Tor links ⤳ vor dem zweiten Tor erneut links ⤳ die Klosteranlage durch eine Mauer verlassen ⤳ rechts zwischen Elsava und Klostermauer entlang ⤳ vor der Brücke rechts ab, vor zur Straße ⤳ die Straße queren und dem Weg zum Wald folgen ⤳ an der T-Kreuzung rechts in den Radweg ⤳ auf Höhe des Klosters links ab in den Pfad in den Wald hinein ⤳ über die Treppenstufen bergauf ⤳ an der Einmündung rechts in den Pfad, parallel zum Radweg am Waldrand entlang ⤳ an der Einmündung rechts in den Wiesenpfad.

6 9,5 (150) Geradeaus auf die Straße, an den Kirchenfragmenten vorbei.

TIPP: Die Fragmente stammen von der 1912 von Barbara Weigand in Schippach geplanten Weltfriedenskirche, deren Bau allerdings 1915 eingestellt wurde.

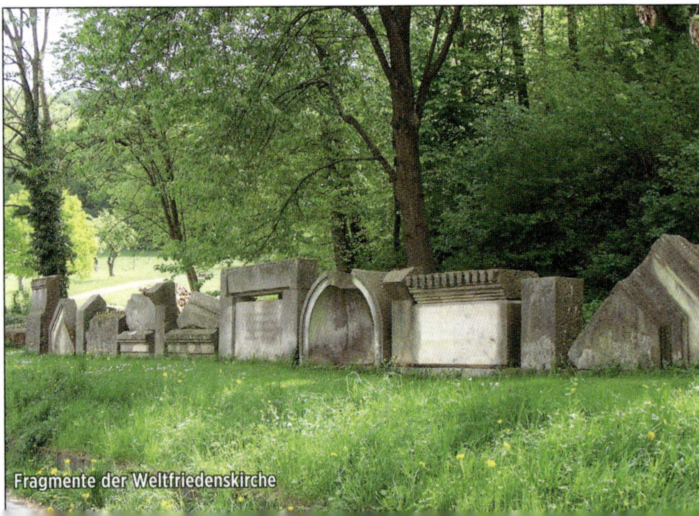

Fragmente der Weltfriedenskirche

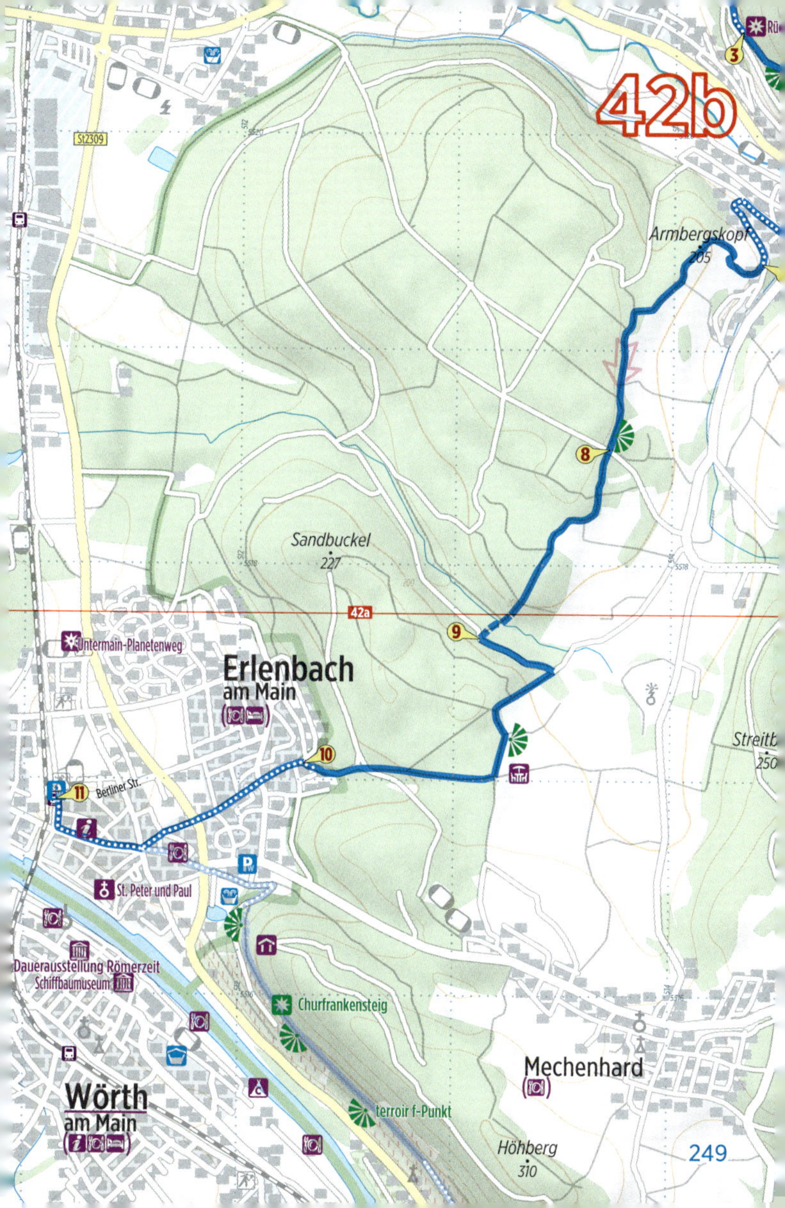
42b
Armbergskopf
205
Sandbuckel
227
42a
Erlenbach
am Main
Untermain-Planetenweg
Berliner Str.
St. Peter und Paul
Dauerausstellung Römerzeit
Schiffbaumuseum
Churfrankensteig
terroir f-Punkt
Mechenhard
Höhberg
310
Wörth
am Main
St2309
8
9
10
11
3

An der Kreuzung geradeaus in die **Sankt-Pius-Straße**.

Schippach (Elsenfeld)

St. Antonius. Saalkirche aus dem Jahr 1752.

Grüner Hahn, Sankt-Pius-Str. 2, 06022/5089485, Mo, Do, Fr 12-14 Uhr und 17-21 Uhr, Sa, So/Fei ab 11.30 Uhr, @ wsa618

An der Kreuzung bei der Kirche geradeaus in die **Waldstraße** ~ nach gut 300 m links hoch in den **Armbergsweg** ~ auf dem Wanderweg bis zur Rastbank.

7 10,5 (179) An der Abzweigung nach den letzten Häusern rechts halten ~ am Spielplatz halb rechts weiter bergauf durch die Streuobstwiesen ~ an der Einmündung eines anderen Weges von links weiter geradeaus über die Wiese ~ an der Kreuzung am Waldrand links ~ dem Weg am Waldrand entlang folgen ~ an der Kreuzung im Wald links, weiter in Waldrandnähe.

8 12,0 (232) An der nächsten Kreuzung im Wald geradeaus ~ weiter zwischen Wald und Feldern am Waldrand entlang ~ an der Kreuzung geradeaus bergab in den Wald hinein ~ links in den wurzligen Pfad, erst steil bergab und später steil bergauf.

9 13,2 (190) An der T-Kreuzung links in den Schotterweg ~ an der Einmündung rechts bergauf, dem Schotterweg am Waldrand entlang folgen ~ an der Gabelung links ~ 300 m später an der Kreuzung **Sohlödenwiesen** rechts in den Wald ~ bergab bis zum Spielplatz.

10 15,1 (165) Am Wegweiser **Neurod** links bergab in die Straße **Am Stadtwald**, ab dem Hotel **Seeweg** ~ die Miltenberger Straße queren ~ in die Spielstraße und über einen Asphaltweg zur Ortsmitte, ab hier wandern Sie ohne Markierung ~ nach dem kleinen Park an der Kreuzung geradeaus in die **Bahnstraße** ~ vor der Unterführung rechts auf den **Bahnhofsplatz**.

11 15,4 (130) Die Tour endet am Bahnhof in Erlenbach.

Erlenbach am Main

Vorwahl: 09372

St. Peter und Paul, Hauptstr. 64. Die 1907/08 im neugotischen Stil erbaute und 1964 erweiterte Kirche steht auf den Fundamenten eines neugotischen Vorgängerbaus. Im Inneren sind eindrucksvolle Holzschnittarbeiten einer Pietà aus dem 14. Jh. zu sehen. Die Orgel aus dem Jahr 1984 stammt von Winfried Albiez, einem der bekanntesten Orgel-Bauer des 20. Jhs.

Untermain-Planetenweg, Elsenfelder Str. 55, Parkpl. Hermann-Staudinger-Gymnasium, 70444 Der Planetenweg mit Infotafeln beginnt in Erlenbach und führt entlang des Maintal-Fahrradweges bis Kleinwallstadt. @ atd881

Bergschwimmbad, Mechenharder Str., 944256, @ wet861

Bistro Al Centro, Bahnhofspl. 10, 73025, Mi-So, @ jkg774

Zum Ross, Elsenfelder Str. 2, 5159, 0151/16012258, @ btg321

Tour 43 — 18,8 km

Fränkischer Rotweinwanderweg Erlenbach – Großheubach

Start: Erlenbach am Main, Bahnhof
Ziel: Kleinheubach, Bahnhof

Aufstieg:	408 m	*Hartbelag:*	65 %
Abstieg:	407 m	*Wanderwege:*	30 %
Gehzeit:	4,5 - 5 Std.	*Wanderpfade:*	5 %

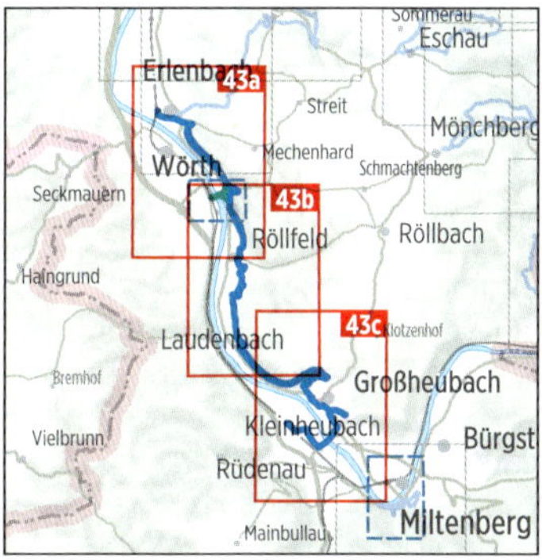

Charakteristik: Dieser Abschnitt des Fränkischen Rotweinwanderwegs ist dessen Königsetappe. Vor allem zwischen Erlenbach und Klingenberg bieten sich nicht nur atemberaubende Ausblicke auf die Weinberge und das Maintal, der Weg verläuft auch direkt in den Terrassensteillagen der Weinberge. Die Burg Clingenburg und das Kloster Engelberg mit seiner exponierten Lage hoch über dem Maintal sind sehenswerte Höhepunkte. Die berühmten 612 Stufen zum Kloster führen zu einem herrlichen Ausblick und einer zünftigen Einkehr. Die letzten Kilometer führen Sie auf

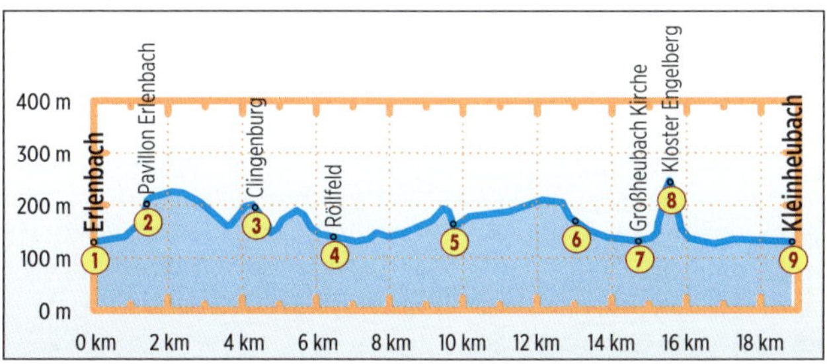

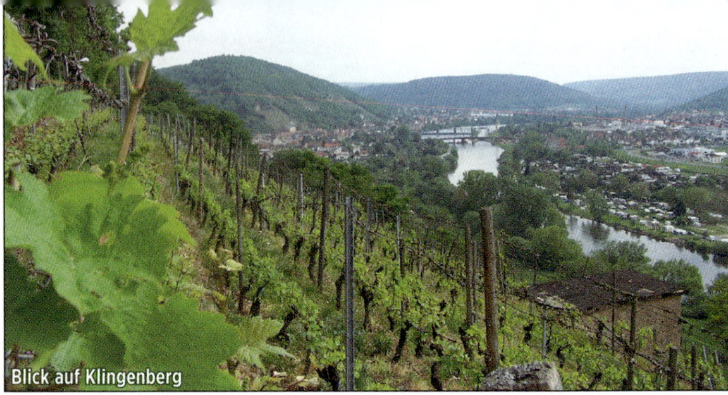

Blick auf Klingenberg

die andere Mainseite nach Kleinheubach, wo Schloss Löwenstein als letzter Höhepunkt auf Sie wartet.

Markierung: Bis Kloster Engelberg Fränkischer Rotweinwanderweg, danach ohne Markierung.

Anreise Auto: Von der B 469-Ausfahrt Obernburg/Elsenfeld rechts auf die Brücke in Richtung Elsenfeld, danach rechts abbiegen. Nach dem Ortseingang die erste rechts am Schulzentrum vorbei in die Elsenfelder Straße. Die zweite rechts in die Berliner Straße. Der Bahnhof mit großem Parkplatz befindet sich auf der rechten Seite.

Anreise ÖPNV: Start- und Endpunkt der Tour liegen an der Bahnstrecke Aschaffenburg – Miltenberg. Alternative Rückfahrt von der Haltestelle Großheubach, Feuerwehrhaus.

Erlenbach am Main s. S. 250

1 0,0 (130) Vom **Bahnhofsplatz** links in die **Bahnstraße** ⤳ geradeaus in die **Mechenharder Straße** ⤳ die Miltenberger Straße über die Ampel queren und halb rechts bergauf in den Radweg ⤳ nach dem **Schwimmbad** dem Fahrradweg in einer scharfen Rechtskurve folgen ⤳ links die Treppe hinauf.

TIPP: Bevor es zum Pavillon hoch geht, können Kletterbegeisterte einen Abstecher zum Churfranken-Klettersteig machen. Dazu einfach hier dem Hauptweg wenige hundert Meter folgen. Weitere Infos unter www.churfranken.de.

2 1,4 (202) Nach dem Pavillon weiter die Treppen hinauf ⤳ nach den Treppen rechts auf den Schotterweg ⤳ dem Weg zwischen Weinbergen und Waldrand folgen, Sie kommen an einem **terroir f-Punkt** vorbei.

TIPP: „terroir f - Punkt Churfranken“: Die Magischen Orte des Frankenweins terroir f sind durch außergewöhnliche Aussichten in und auf die Weinbergslandschaft gekennzeichnet und sollen gleichzeitig Informationen und Fachwissen rund um den Weinbau vermitteln.

Auf der Höhe immer geradeaus durch die Terrassenweinlagen ⤳ nach den Weinbergen und dem Abstieg ins Maintal an der Gabelung rechts halten und zur **Bergwerkstraße**.

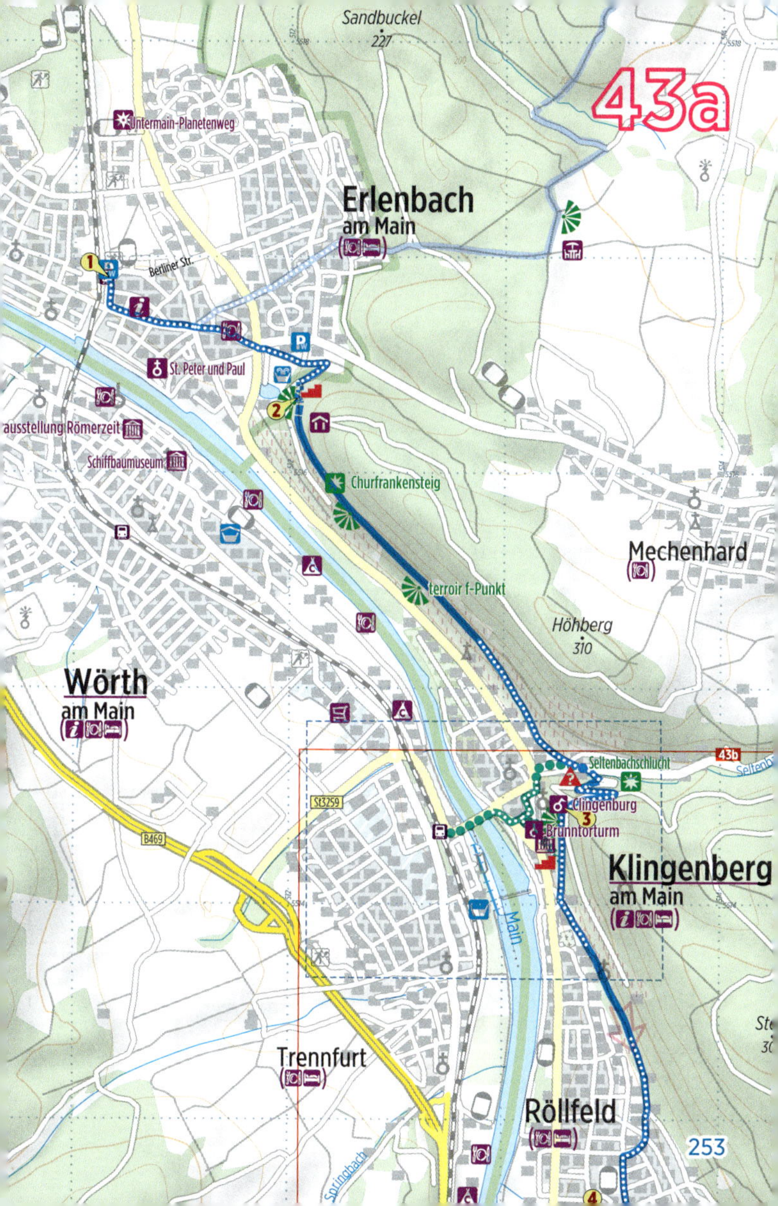
43a
Sandbuckel
227
Untermain-Planetenweg
Erlenbach
am Main
Berliner Str.
St. Peter und Paul
ausstellung Römerzeit
Schiffbaumuseum
Churfrankensteig
terroir f-Punkt
Mechenhard
Höhberg
310
Wörth
am Main
Seltenbachschlucht
43b
Clingenburg
Brunntorturm
Klingenberg
am Main
St3259
B469
Main
Trennfurt
Röllfeld
Springbach

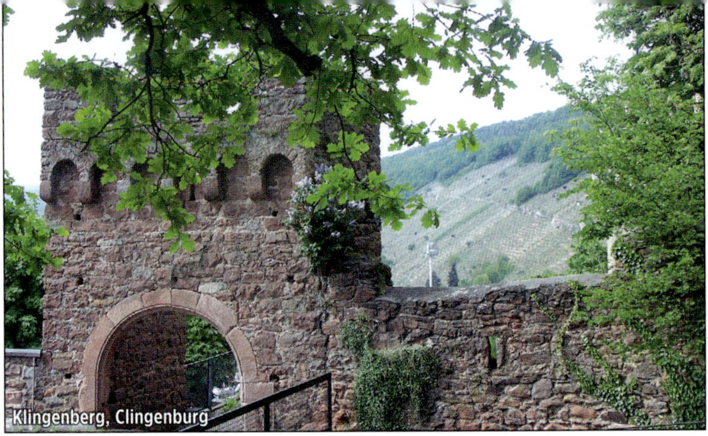

Klingenberg, Clingenburg

VARIANTE An dieser Stelle müssen Sie sich entscheiden, ob Sie dem Fränkischen Rotweinwanderweg hinunter in den Ort folgen wollen – nachfolgend als Variante beschrieben – oder den Weg über die Ruine Clingenburg wählen. Sie können auch erst durch die schöne Altstadt mit den zahlreichen Fachwerkhäusern aus dem 16. und 17. Jahrhundert schlendern und anschließend nach dem Aufstieg links am Weinberg entlang 250 m hinauf zur Burgruine laufen.

Klingenberg am Main

Vorwahl: 09372

Tourist-Info, Wilhelmstr. 12, ✆ 13360, @ hsk863

Weinbau- und Heimatmuseum, Wilhelmstr. 13a, ✆ 13351, ✆ 13360 Ⓒ Tradition des Weinbaus, Gläser- und Flaschensammlung, Dorfschmiede, Tongrube mit Schaustollen. @ cwa183

Stadtschloss, Hofstr. 13. Das um 1560 von dem Kurmainzischen Amtmann Hans Leonhard Kottwitz von Aulenbach erbaute Schloss ist seit 1693 in Besitz der Familie des Geschlechts der Mairhofen. 1950 fand hier das erste Winzerfest im Untermain statt, das anschließend zur alljährlichen Tradition wurde.

Aussichtsturm und Ringwall, ✆ 20698. Der Aussichtsturm auf dem Gipfel des Schlossberges gewährt eine wunderbare Aussicht in das Maintal. Geöffnet während der Öffnungszeiten des Wanderheimes.

Brunntorturm, Hauptstr. 55. Der Turm ist das südlichste der ehemaligen drei Stadttore, die Klingenberg umgaben. Im Inneren des Turms befindet sich eine Arrestzelle. @ umy682

Rosengarten, Rathausstr. 9 (24) Der heutige Rosengarten war einst Teil der Stadtschloss-Anlage, wurde 1741 im französischen Stil angelegt und ca. 50 Jahre später durch ein Teehäuschen ergänzt. Im 20. Jh. wurde der restliche Teil des Schlossgartens hinzugefügt. Heute bildet der Rosengarten eine stimmungsvolle Kulisse für kulturelle Veranstaltungen. @ rin123

Rebstock, Bergwerkstr. 2-6, ✆ 2685, Ⓒ Mo-So 11-14 Uhr und 17-22 Uhr, @ sto742

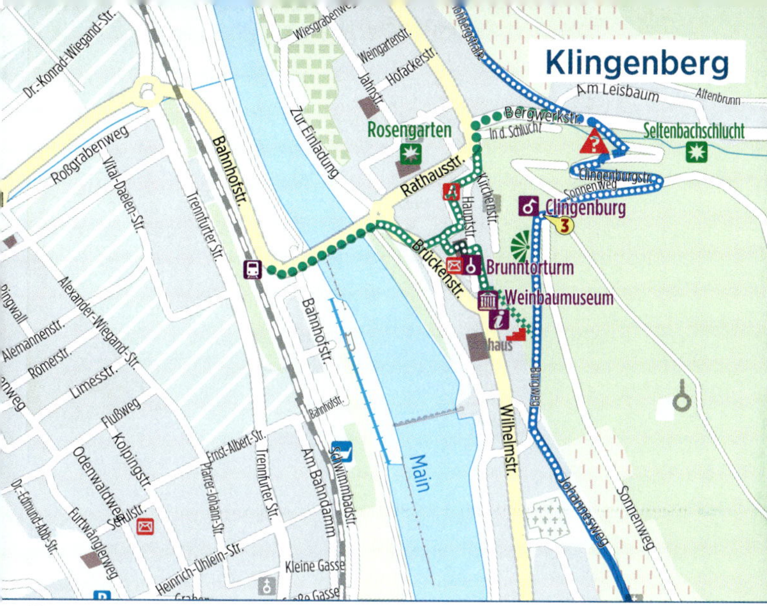

Wanderheim, Oberhalb der Burg, am Aussichtsturm, ✆ 20698, ✆ 0162/8199583, @ xkq687

Auf dem Weinwanderweg durch die Innenstadt

Sie folgen der **Bergwerkstraße** rechts hinunter in den Ort ⤳ an der Querstraße links, Sie halten sich links und laufen auf die alten Fachwerkhäuser zu ⤳ dort rechts in die Straße **In der Altstadt** ⤳ an der Querstraße links, am Alten Gewürzamt und weiteren schönen Fachwerkhäusern vorbei ⤳ am Ende rechts in die **Lindenstraße** ⤳ in die nächste Straße links und im Zickzack zum Brunnentorturm.

AUSSTIEG Den Bahnhof Klingenberg erreichen Sie, wenn Sie auf der Lindenstraße geradeaus und dann über die Mainbrücke gehen.

70 m nach dem Brunnentorturm und direkt vor dem Weinbaumuseum links und auf dem Treppenweg hinauf ⤳ oben an der Rastbank dem **Burgweg** nach rechts folgen.

Auf dem Weg zur Burgruine folgen Sie der **Bergwerkstraße** kurz nach links, zweigen aber gleich wieder rechts in die **Clingenburgstraße** ab ⤳ auf der Brücke über den Seltenbach.

Seltenbachschlucht. Die Seltenbachschlucht ist gesäumt von Buntsandstein und zählt zu den 100 schönsten Geotypen Bayerns. Am Ende der Schlucht stößt man auf das alte Tonbergwerk, das 2011 aus wirtschaftlichen Gründen geschlossen werden musste. @ qss514

⚠ Nach der Brücke scharf rechts in einen steilen Pfad mit Geländer und

Steintreppe ⤳ rechts in die Asphaltstraße, nun der **Clingenburgstraße** zur Burg folgen ⤳ rechts ab über den **Parkplatz**.

Clingenburg. Die staufische Höhenburg stammt aus dem 12. Jh., erster Erbauer war Conradus Colbo, Mundschenk von Kaiser Friedrich Barbarossa. Bis ins 16. Jh. war die Burg bewohnt, dann verfiel sie über die Jahrhunderte. Im 19. Jh. wurde die Ruine von den damaligen Stadtvätern in einen Festplatz umgestaltet. @ dqb824

Restaurant-Café Burgterrasse Clingenburg, Clingenburgstr. 5, ✆ 2594, Sommer tägl., Winter Mi-So, @ vad667

Die Clingenburg wurde um das Jahr 1170 errichtet. Heute sind nur noch Reste der Wohnbauten und die Grundmauern des Bergfrieds erhalten. In der Zeit von 1994 bis 2019 fanden jährlich im Sommer vor der historischen Kulisse der Clingenburg die Clingenburg-Festspiele statt, die in dieser Zeit bekanntesten Festspiele im Spessart-Mainland mit Zehntausenden von Zuschauern.

3 4,4 (196) An der Clingenburg vorbei halb rechts in den **Burgweg** ⤳ die Treppe zum Gaststätteneingang hinunter und vor dem Eingang links bergab.

AUSSTIEG

An der Rastbank etwa 250 m nach dem Restaurant führt ein Weg rechts die Treppe hinunter in die Altstadt. Wer die Wanderung vorzeitig beenden will, kann nach einem Bummel durch die schöne Klingenberger Innenstadt über die Mainbrücke zum Bahnhof laufen.

An der Treppe vorbei geradeaus weiter dem Hauptweg folgen ⤳ unten

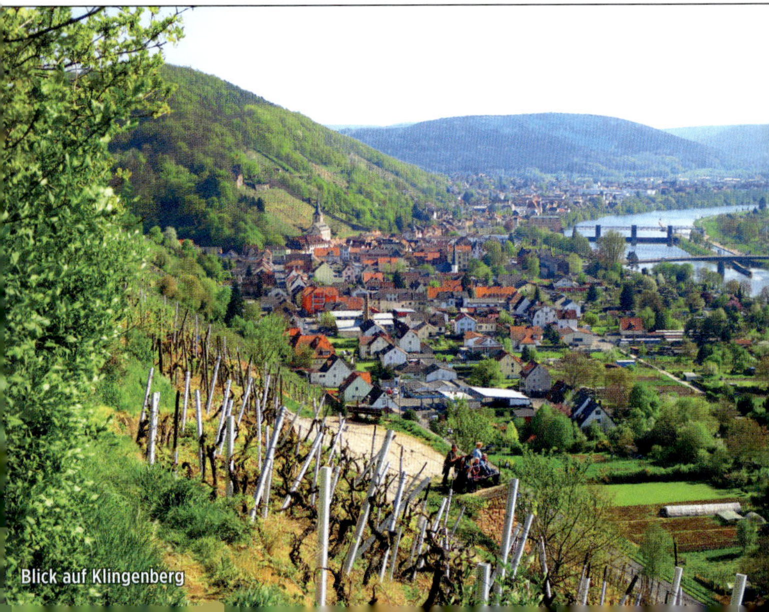

Blick auf Klingenberg

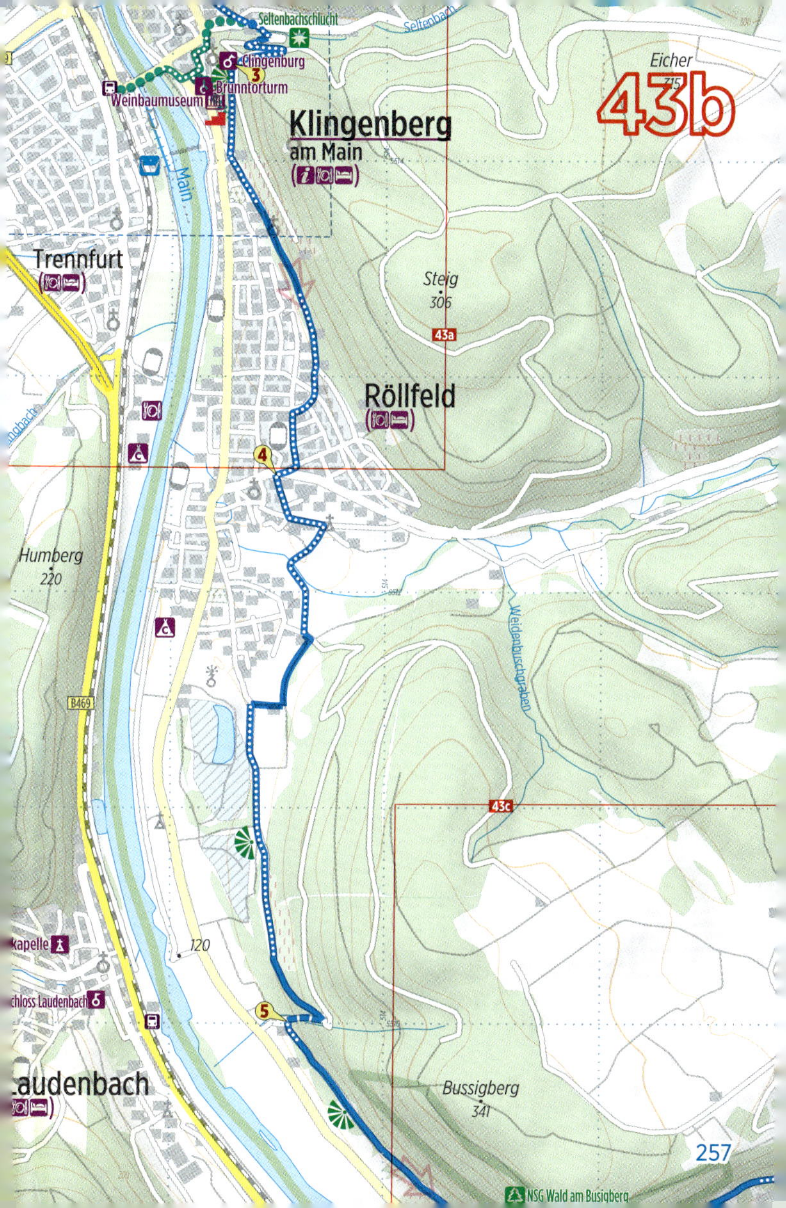
43b
Seltenbachschlucht
Seltenbach
Clingenburg
3
Brunntorturm
Weinbaumuseum
Klingenberg
am Main
Eicher
Main
Trennfurt
Steig
306
43a
Röllfeld
4
Humberg
220
B469
Weidenbuschgraben
43c
120
kapelle
chloss Laudenbach
5
audenbach
Bussigberg
341
NSG Wald am Busigberg

Tour 43

im Ort links und auf der Straße **Johannesweg** wieder bergauf ⁓ immer geradeaus, bald die Weinberge durch einen Wildschutzzaun verlassen ⁓ nach dem letzten Weinberg bergab durch den Wald nach Röllfeld ⁓ der **Urbanusstraße** folgen ⁓ an der zweiten Kreuzung links in die **Oberlandstraße** ⁓ an der T-Kreuzung rechts in die **Langgasse**.

Röllfeld (Klingenberg am Main)

Vorwahl: 09372

Katharinenhof, Langg. 35, ✆ 99890, Fr-Di 17-22 Uhr, So zusätzlich 11-14 Uhr, abends nur bis 21 Uhr, @ efh325

4 6,5 (140) 30 m nach dem Hotel-Restaurant links in die **Gartenstraße** ⁓ an der T-Kreuzung links in die **Himmeltaler Straße** ⁓ an der **Kapelle** in den rechten der drei Wege ⁓ nach dem Holzbrückchen links der Radwegbeschilderung durch Wiesen und Felder folgen ⁓ an der T-Kreuzung links und am Wegweiser **Kachelstraße** gleich wieder rechts auf den Schotterweg ⁓ nach 350 m an der Abzweigung rechts ⁓ links auf den Asphaltweg, leicht ansteigend ⁓ an der Rastbank mit schönem Ausblick links ⁓ durch die Röllfelder Weinlagen ⁓ nach zwei Eisentoren dem Weg leicht ansteigend durch Waldstücke folgen ⁓ an der Rastbank scharf rechts bergab auf den Pfad.

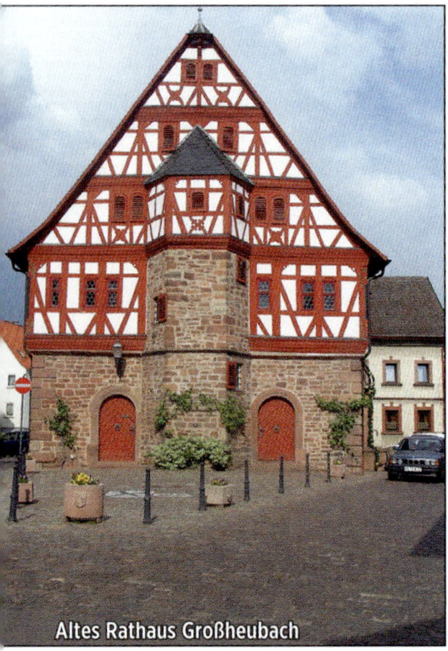

Altes Rathaus Großheubach

5 9,7 (165) Links auf den Asphaltweg ⁓ am Ortsschild Großheubach vorbei weiter auf den Schotterweg ⁓ der Weg führt an mehreren Rastbänken vorbei durch die Großheubacher Weinlagen ⁓ hinab zu den ersten Häusern in den **Steigeweg**.

6 13,0 (170) Rechts in die **Fasanenallee** ⁓ an der T-Kreuzung rechts ⁓ der Fasanenalle bis zum Ende folgen ⁓ links in den Kiesweg ⁓ den Frankenring queren und geradeaus in die **Frühlingsstraße** ⁓ nach der Einmündung der Kapellenstraße links am **Friedhof** entlang ⁓ nach dem Friedhof die erste rechts ⁓ an der T-Kreuzung links in die **Friedhofstraße**.

Großheubach

Vorwahl: 09371

Tourist-Information, Hauptstr. 26, Drogerie Busch, ✆ 6500470, @ bas338

Altes Rathaus, 1611/1612 als Sitz eines Unteramtmannes für das Amt Prozelten erbaut, das Erdgeschoss wurde als Gefängnis genutzt.

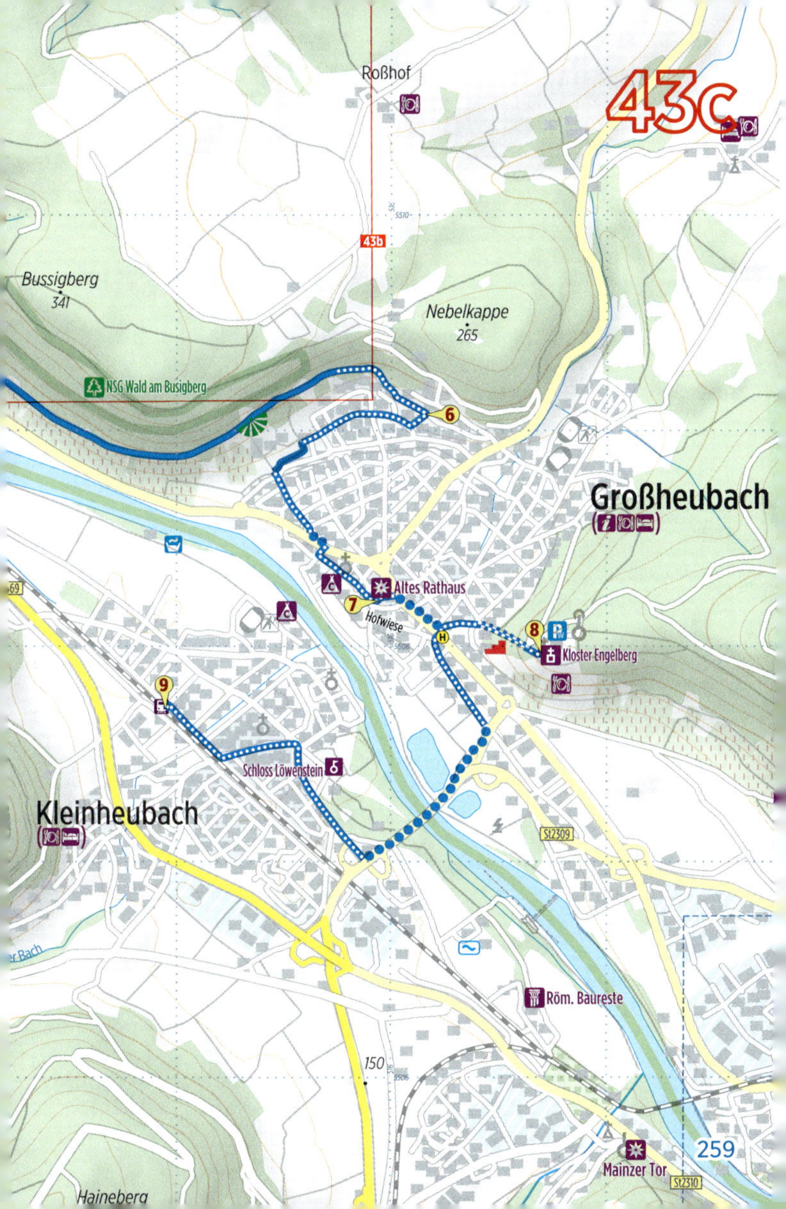

43c
Roßhof
43b
Bussigberg
341
Nebelkappe
265
NSG Wald am Busigberg
Großheubach
Altes Rathaus
Hofwiese
Kloster Engelberg
Schloss Löwenstein
Kleinheubach
St2309
Röm. Baureste
150
Mainzer Tor
St2310
Haineberg

Rosenbusch, Engelbergweg 6, ✆ 650400, ⌚ Mo-Sa 18-23 Uhr, So/Fei 11.30 Uhr-15 Uhr und 17.30-21 Uhr, @ xlt613

Bretzel, Kirchstr. 1, ✆ 2824, ⌚ April-Okt., Fr, Sa ab 17 Uhr, So/Fei ab 11 Uhr, @ kcw155

Zur Krone, Miltenberger Str. 1, ✆ 2663, ⌚ Mi-So, 11.30-14 Uhr, 17-21 Uhr, @ joo233

7 14,7 (132) Nach der Kirche an der T-Kreuzung links in die **Mainstraße** ⁓ am **Alten Rathaus** vorbei ⁓ an der Einmündung rechts in die **Hauptstraße** ⁓ links in die **Schafgasse**, gleich danach rechts in den **Engelbergweg** und am Hotel Rosenbusch vorbei ⁓ am Ende der Straße über die Steintreppe hinauf, dabei den Staudenweg queren ⁓ über insgesamt 612 Stufen gelangen Sie auf den sogenannten Engelsstaffeln hinauf zum Kloster Engelberg.

Kloster Engelberg

Kloster Engelberg, ✆ 9489412 Das frühere Kapuzinerkloster wurde nach der Säkularisation 1828 von den Franziskanern übernommen, die seitdem hier seelsorgerisch tätig sind. Im Jahr 2019 wurde allerdings beschlossen, die Anlage mittelfristig aufzugeben. Vom Kloster kann man eine herrliche Aussicht über das Maintal genießen. @ jao141

Trinkwasserbrunnen. Im Jahr 1651 wurde vom Pfaffenbrunnen bis zum Kloster eine Trinkwasserleitung errichtet. Zuvor hatten die Kapuzinermönche das Trinkwasser mit Eimern von der oberhalb gelegenen Quelle ins Kloster getragen. Seit 1929 ist das Kloster an die Wasserversorgung Großheubachs angeschlossen.

Kloster-Laden, ✆ 9489423, ⌚ Di-So 11-18 Uhr, So 10-17 Uhr. Im ehemaligen Weinkeller des Klosters werden neben dem Klosterbrot u. a. diverse Liköre, Brände, Wustspezialitäten und Andenken verkauft. @ onk716

Klosterschänke, Engelberg 1, ✆ 9143914, ⌚ Di-So 10-18 Uhr, in der Saison bis 20 Uhr. Mit Biergarten im Innenhof des Klosters. @ tky718

Um 1300 wurde hier eine einfache Holzkapelle errichtet und dem Erzengel Michael geweiht. Daher der Name Engelberg. Aus der gleichen Zeit stammt eine Marienstatue. So nahm die Wallfahrt ihren Anfang. Erstmals beurkundet wurde die Michaelskapelle im Jahr 1406. 1630 berief der Mainzer Erzbischof Kapuziner auf den Engelberg und ließ ihnen ein Kloster bauen. 1828 übernahmen die Franziskaner. Die Holzkapelle wurde im Laufe der Jahre durch Stein ersetzt und verlängert. 1697 kam die Antoniuskapelle hinzu, 1699 die Marienkapelle. 1845 wurde die Fürstengruft auf der linken Seite angebaut und 1900 die Votivkapelle auf der rechten. 1899 erhielt die Kirche ihre heutige Gestalt (Quelle: Klosterprospekt, www.franziskaner-engelberg.de).

8 15,7 (244) Vom Kloster Engelberg wieder hinunter in den Ort ⁓ an der Einmündung in die **Hauptstraße** kurz links und dann gleich rechts in die Straße **In den Seegärten**.

AUSSTIEG: Sie können die Tour auch hier in Großheubach beenden und mit dem Bus 80/81 und der Bahn über Miltenberg/Klingenberg nach Erlenbach zurückfahren.

Wenn Sie weiter nach Kleinheubach gehen wollen, folgen Sie der Straße **In**

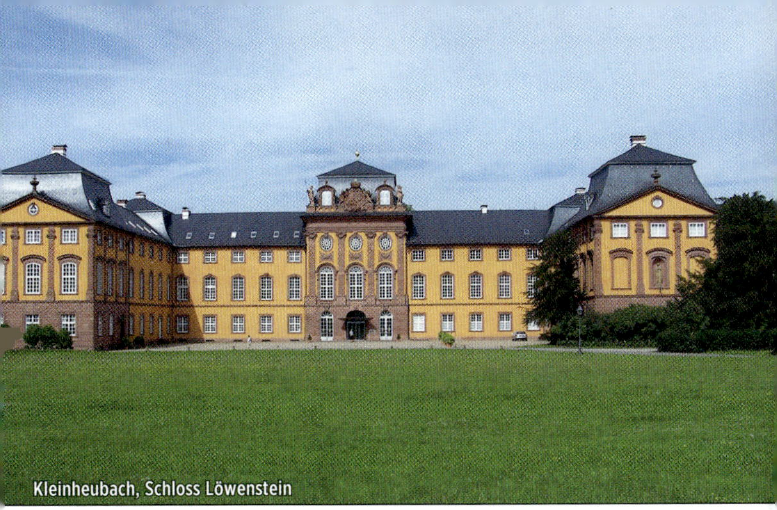

Kleinheubach, Schloss Löwenstein

den Seegärten, also an der Gabelung links ⇝ rechts auf die Brücke über den **Main** ⇝ auf der anderen Flussseite rechts hinunter ⇝ an der Einmündung rechts in die **Hauptstraße** und vor zum Schloss Löwenstein.

Schloss Löwenstein, Schlosspark 5, ✆ 09371/9486600. Das Schluss wurde 1725 nach den Plänen von Remy de la Fosse, einem der Architekten von Versailles, für Fürst Dominik Marquard zu Löwenstein errichtet. Seinerzeit war es das einzige Schloss im französischen Stil in Unterfranken. Später entstanden mehrere klassizistische Bauten wie das Gewächshaus, eine Reitschule, die Schlosskapelle und der Dienerschaftsbau. Der 16 ha große Schlosspark ist im Stil eines englischen Landschaftsgartens angelegt. Heute ist das Schloss Event-Location. Eine Besichtigung innen ist nicht möglich. @ fgt768

Theaterpavillon Lilli Chapeau, Orangerie des Schloss-Löwenstein, ✆ 9896336, ✆ 0172/7762915. Nebst Lilli Chapeau als Hauptdarstellerin bespielen auch Pferde, Hunde und Hühner die kleine Manegenbühne im Schlosspark. @ gcy481

Links in die **Friedenstraße** ⇝ vor den Gleisen rechts in die **Bahnhofstraße**.

9 18,8 (130) Die Tour endet am Bahnhof Kleinheubach.

Kleinheubach

Vorwahl: 09371

Tourismusgemeinschaft DREI AM MAIN, Engelpl. 69, Miltenberg, ✆ 404119, @ fxf261

Martinskirche, Marktstr. Barockkirche aus dem Jahr 1710, mit barocker Innenausstattung. Die Fresken im Glockenturm stammen aus der Vorgängerkirche von 1455.

Altes Rathaus, Am Alten Rathaus. Das 1738 erbaute Fachwerkhaus ersetzte das Rathaus aus der Mitte des 16. Jhs., das bei einem Brand vernichtet wurde.

Tour 44 3,8 km

Walderlebnispfad Hutmannswald

Start/Ziel: Sulzbach am Main, Parkplatz Schützenhaus

Aufstieg: 61 m *Hartbelag:* 0 %

Abstieg: 58 m *Wanderwege:* 89 %

Gehzeit: 1 Std. *Wanderpfade:* 11 %

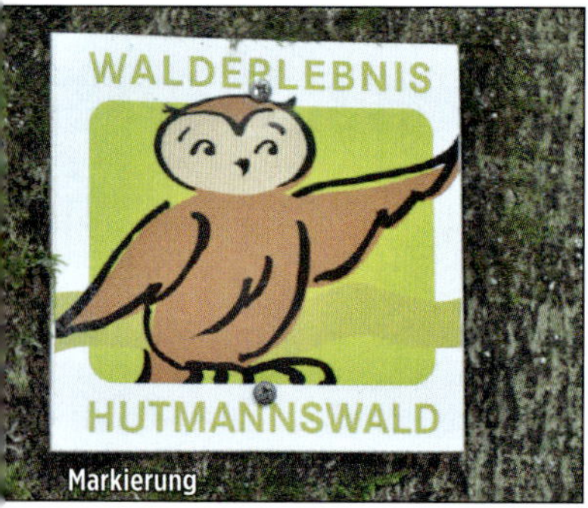

Markierung

Charakteristik: Der Walderlebnispfad Hutmannswald ist ein tolles Erlebnis für die ganze Familie. An 10 Stationen können kleine und große Waldentdecker selbst aktiv werden und die Zusammenhänge in der Natur erleben. Die Mitmachstationen reichen von einem Barfußpfad über einen Trommelplatz bis hin zu einer Balancierbrücke, einem Elfengarten und einem Pirschplatz mit Spurenstempel und Tierweitsprung. Außerdem informieren Tafeln über die Tier- und Pflanzenwelt sowie die Arbeit des Försters. Der mit einer Ausnahme recht ebene Weg bietet für alle Altersklassen Spaß, Spiel und Informationen.

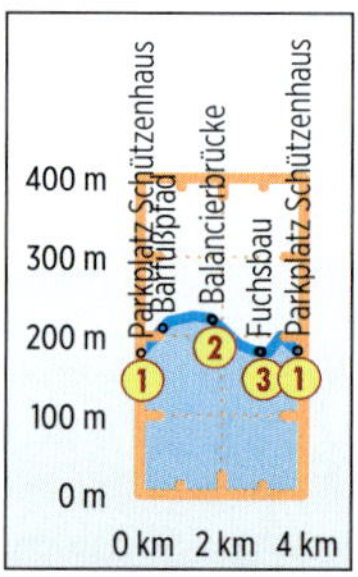

Markierung: Durchgängig Braune Eule auf gelbem Grund.

Anreise Auto: Von der B 469-Ausfahrt Kleinwallstadt/Großwallstadt Richtung Kleinwallstadt. Nach der Mainbrücke links abbiegen. In Sulzbach vor der Kirche rechts in die Jahnstraße. Halb rechts in den Höhwaldweg, an dessen Ende der Parkplatz des Schützenhauses liegt.

Anreise ÖPNV: Vom Bahnhof Sulzbach 4 Minuten Fußweg zur Haltestelle Niedernberger Straße und dann mit Bus 1 (Richtung Spessartstraße) oder Bus 62 (Richtung Obernburg-Elsenfeld) zur Haltestelle Höhfeldstraße. Von dort ca. 700 Meter zu Fuß rechts in die Höhfeldstraße und die zweite links in den Höhwaldweg. Beide Busse starten auch am Hauptbahnhof Aschaffenburg.

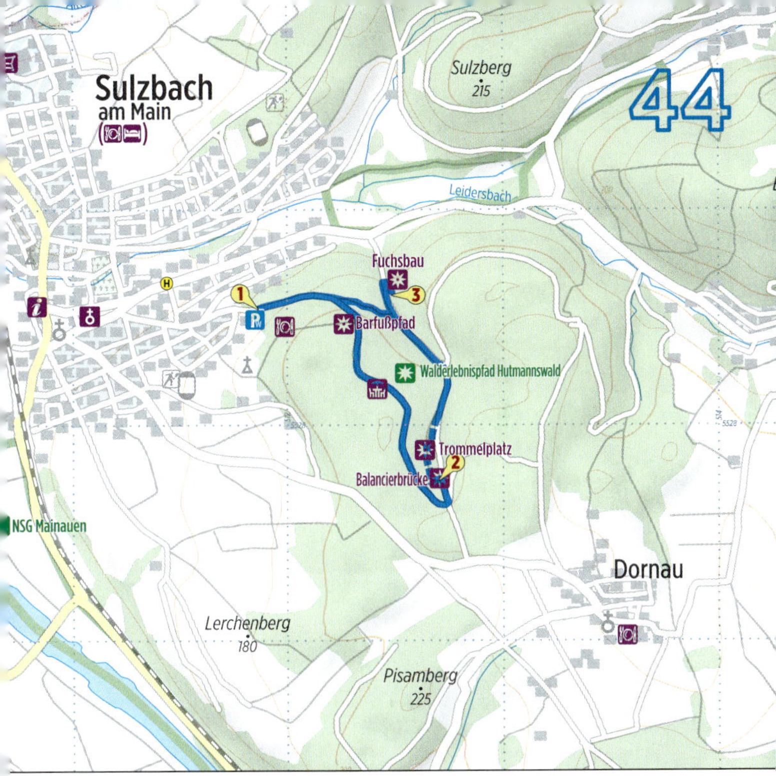

Sulzbach am Main

Vorwahl: 06028

- **Markt Sulzbach am Main**, Hauptstr. 36, ✆ 97120, @ mkq324
- **St.-Anna-Kirche**. Mit Portal aus dem späten 18. Jh.
- **Pizzeria Lanzelot**, Höhwaldweg 50, ✆ 7460, Do-Di, @ nxg463

Das Dorf Sulzbach war im Mittelalter vollständig von einer Mauer umgeben. Die Wehranlage mit Doppeltürmen, Zwingern und Toren war etwa um 1500 als geschlossener Ring angelegt. Damals zählte der Ort etwa 500 Einwohner. Die Sanierung der Ortsbefestigung erfolge in den Jahren 2012 bis 2015. Dabei wurden noch vorhandene Mauerbereiche restauriert und der Verlauf von nicht mehr vorhandenen Abschnitten teilweise durch eine spezielle Pflasterung im Boden sichtbar gemacht.

1 0,0 (180) Vom Parkplatz am **Schützenhaus** dem Schotterweg leicht bergauf in den Wald folgen ~ an der Gabelung beginnt der eigentliche

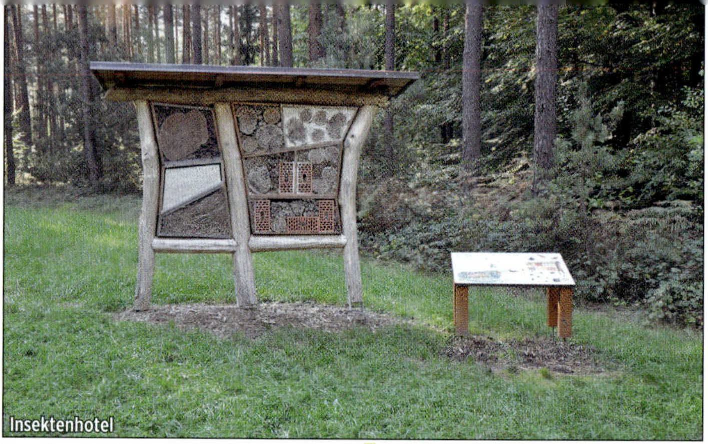

Insektenhotel

Rundweg, hier rechts auf dem Schotterweg weiter leicht bergauf bleiben ⇝ an der Schotterwegeinmündung links ⇝ gleich danach an der Gabelung links, leicht bergab.

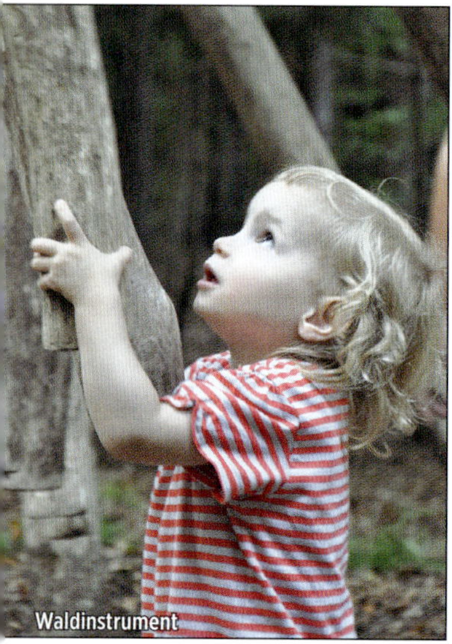

Waldinstrument

2 1,8 (220) Links über die **Balancierbrücke** ⇝ nach der Brücke rechts ⇝ den Pfad rechts hinunter ⇝ an der Einmündung in den breiteren Waldweg links ⇝ bei der Einmündung eines Schotterwegs von rechts weiter geradeaus ⇝ dem Schotterweg nun leicht bergab folgen ⇝ am Abzweig des Pfades gehen Sie erst einmal weiter geradeaus, hier beginnt der Abstecher zum Fuchsbau ⇝ am Abzweig rechts.

TIPP Am Fuchsbau gibt es Informationen über den Waldboden und das Leben der Füchse, außerdem einen „Fuchsbau“ mit Röhren und Tunneln zum Herumtoben.

3 2,9 (180) Vom **Fuchsbau** den Abstecher zurück zum Abzweig nehmen ⇝ rechts hoch in den steilen Pfad ⇝ an der Einmündung in den bereits bekannten Schotterweg rechts.

1 3,8 (182) Die Tour endet wieder am Parkplatz am Schützenhaus.

Sulzbach am Main

Tour 45 — 6,9 km

Durch den Sakko-Canyon

Start/Ziel: Leidersbach-Ebersbach, Kreuzung Ebersbacher Straße/Altenburgstraße/Hauptstraße

Aufstieg: 167 m — *Hartbelag:* 53 %

Abstieg: 167 m — *Wanderwege:* 44 %

Gehzeit: 1,5 Std. — *Wanderpfade:* 3 %

Charakteristik: Die Tour führt teilweise auf Leidersbacher Nordic-Walking-Routen und auf dem Europäischen Kulturweg „Durch den Sakko-Canyon“. Sie beginnt mit dem Anstieg aus dem Ortsteil Ebersbach heraus durch dichten Wald, der in einen recht ebenen Höhenweg mit tollen Blicken auf Leidersbach und den sogenannten Sakko-Canyon mündet. Es folgen der Abstieg und der Rückweg im Tal des Leidersbaches am hübschen Ortszentrum vorbei zum Ortsteil Ebersbach.

Tipp: Leidersbach ist bekannt für seine Bekleidungsindustrie. Hier gibt es zahlreiche Fabrikverkaufsgeschäfte mit hochwertiger Mode und exzellentem Preis-Leistungsverhältnis.

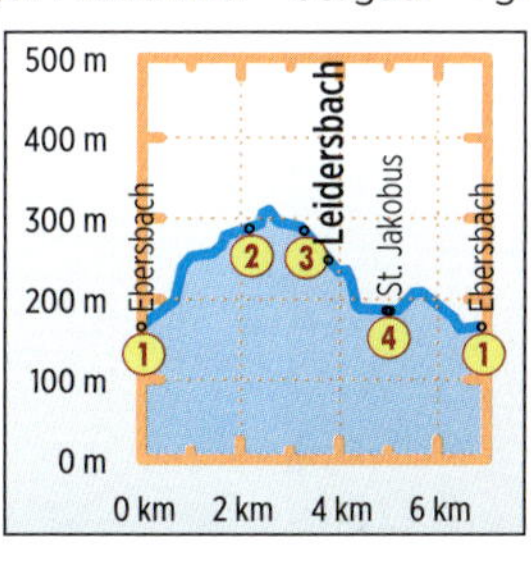

Markierung: Gelbe EU-Schiffchen auf blauem Grund (bis Wegweiser Staudenhöfe) – NW 3 bis Marienplatz (Infotafel) – NW 1.

Anreise Auto: In Sulzbach am Main in die Spessartstraße in Richtung Leidersbach, die Straße wird später zur Ebersbacher Straße. Im Ortsteil Ebersbach in der scharfen Rechtskurve links in die Altenburgstraße zum Parkplatz.

Anreise ÖPNV: Von Aschaffenburg oder Obernburg/Elsenfed mit Bus 62 zur Haltestelle Beim scharfen Eck in Leidersbach.

Ebersbach (Leidersbach)

i Rathaus Leidersbach, Hauptstr. 123, Leidersbach, ✆ 06028/97410, @ eii855

1 0,0 (166) Mit Markierung **Kulturweg** der **Altenburgstraße** folgen ~ an der Gabelung rechts ~ am Abzweig am Wanderwegweiser rechts bergauf ~ gleich danach links in den Schotterweg Richtung Stutzberg Anschluss ~ an der Gabelung den Hauptschotterweg verlassen und rechts in den Wald hinein, weiter bergauf ~ am Abzweig rechts bergauf ~ geradeaus über die Kreuzung ~ an der Einmündung geradeaus, Sie erreichen den Waldrand.

2 2,2 (287) An der Rastbank und der Hütte vorbei wieder in den Wald hinein ⤳ am **Wegweiser Stutzberg** geradeaus in Richtung Staudenhöfe in den Wald ⤳ an der T-Kreuzung am Waldrand rechts in den Schotterweg.

3 3,3 (285) Am **Wegweiser Staudenhöfe** rechts in die Straße **Staudenhöfe**, der Markierung NW 3 folgend bergab in den Ort ⤳ auf dem **Plantagenweg** entlang ⤳ an der T-Kreuzung rechts in den **Kiefernweg** ⤳ links in die **Schillerstraße** ⤳ rechts in die **Goethestraße**.

Heidi's Eiscafé, Goethestr. 4, ✆ 06028/3131, @ wwm375

Links ab in einen gepflasterten Fußweg ⤳ die Treppe steil bergab ⤳ die Hauptstraße nach links versetzt queren ⤳ nach Querung des Leidersbaches rechts in die **Kolpingstraße**.

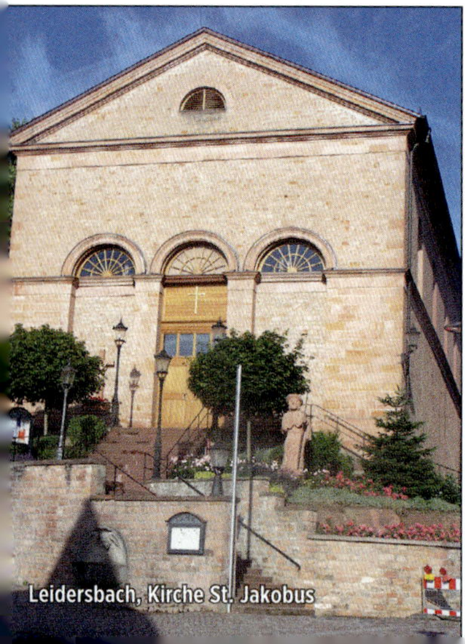

Leidersbach, Kirche St. Jakobus

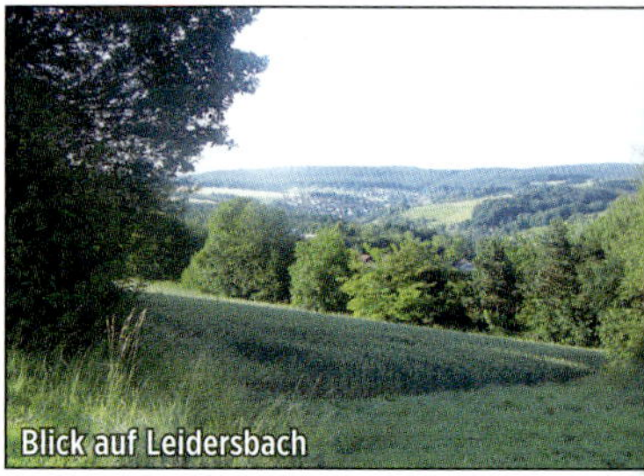

Blick auf Leidersbach

Leidersbach

Vorwahl: 06028

Rathaus Leidersbach, Hauptstr. 123, ✆ 97410, @ eii855

St. Jakobus, 1821 aus rotem Buntsandstein erbaut

Zur Krone, Hauptstr. 106, ✆ 999670, @ kgp753

Zum Grünen Tal, Am Marienpl. 5, ✆ 1467, @ odx412

4 5,0 (186) Im Ortszentrum an **Marienplatz** und Kirche vorbei geradeaus in den **Friedhofsweg**, ab hier folgen Sie der Markierung Nordic Walking 1 ⤳ am **Wegweiser Kleine Hecke Leidersbach** geradeaus in Richtung Altenburgstraße Ebersbach ⤳ an der Gabelung rechts bergab in die Straße **Kleine Hecke** ⤳ an der Kreuzung links in die Straße **Am Mühlfeld** ⤳ rechts die Treppe hinunter ⤳ die Pfarrer-Fäth-Straße kreuzen und in den gepflasterten Weg geradeaus ⤳ die Treppe hinunter und über den Leidersbach in die **Floßgasse** ⤳ rechts in die **Ebersbacher Straße**.

1 6,9 (166) In der Rechtskurve erreichen Sie die **Altenburgstraße**, wo die Tour endet.

Ebersbach

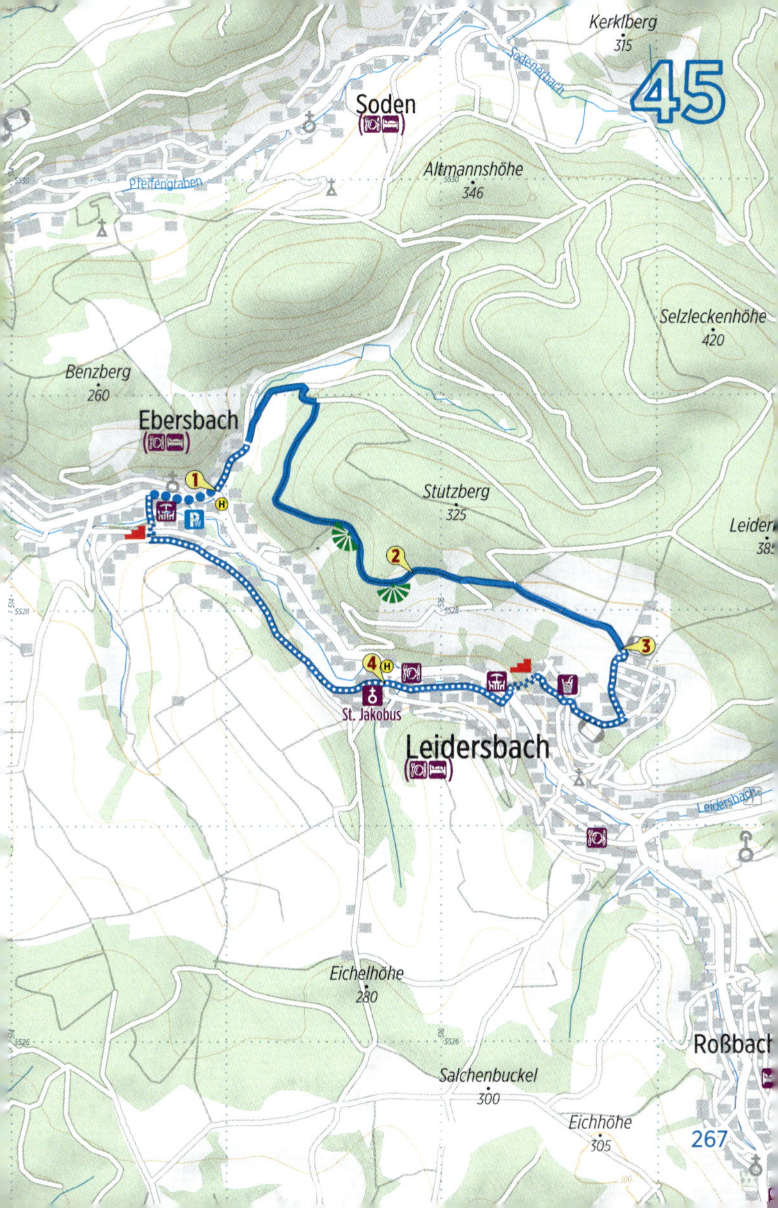
45
Kerklberg
315
Soden
Sodenerbach
Pfeifengraben
Altmannshöhe
346
Selzleckenhöhe
420
Benzberg
260
Ebersbach
Stutzberg
325
Leider
385
St. Jakobus
Leidersbach
Leidersbach
Eichelhöhe
280
Roßbach
Salchenbuckel
300
Eichhöhe
305

Ortsindex